崇明中青年刑事法文库
吴宏耀　主编

国家社会科学基金一般项目"刑事错案风险分配研究"（12BFX059）结项成果

刑事证明结构运行与优化

李昌盛　著

中国政法大学出版社

2023·北京

声　明　　1. 版权所有，侵权必究。
　　　　　2. 如有缺页、倒装问题，由出版社负责退换。

图书在版编目（CIP）数据

刑事证明结构：运行与优化/李昌盛著.—北京：中国政法大学出版社，2023.7
ISBN 978-7-5764-0804-1

Ⅰ.①刑… Ⅱ.①李… Ⅲ.①刑事诉讼－证据－研究 Ⅳ.①D915.313.04

中国国家版本馆CIP数据核字(2023)第021748号

书　　名	刑事证明结构：运行与优化 XINGSHI ZHENGMING JIEGOU:YUNXING YU YOUHUA
出版者	中国政法大学出版社
地　　址	北京市海淀区西土城路 25 号
邮　　箱	fadapress@163.com
网　　址	http://www.cuplpress.com（网络实名：中国政法大学出版社）
电　　话	010-58908466(第七编辑部) 010-58908334(邮购部)
承　　印	固安华明印业有限公司
开　　本	720mm×960mm　1/16
印　　张	19.25
字　　数	325 千字
版　　次	2023 年 7 月第 1 版
印　　次	2023 年 7 月第 1 次印刷
定　　价	80.00 元

要懂得"100-1=0"的道理。一个错案的负面影响足以摧毁九十九个公平裁判积累起来的良好形象。执法司法中万分之一的失误，对当事人就是百分之百的伤害。

——习近平

目 录

绪 论 ... 001

第一章
刑事证明结构 ... 016

一、分段与接力 ... 016
二、横向查证结构 ... 019
三、纵向结构中的延续 ... 023
四、结构性特征 ... 025

第二章
作为查明真相协助者的辩方 ... 032

一、查证责任和如实回答义务 ... 032
二、辩方证明必要的权利保障 ... 036
三、准确及时查明真相的助手 ... 043

第三章
"积极抗辩事由"的证明责任 ... 047

一、说服责任 ... 050

二、提供证据责任　　　　　　　　　　063

三、"战术性"证明责任　　　　　　　073

第四章
求真结构的三根支柱　　　　　　　078

一、科学精神　　　　　　　　　　　079

二、仁爱之心　　　　　　　　　　　081

三、客观尺度　　　　　　　　　　　082

第五章
结构运行的现实风险　　　　　　　101

一、斗争思维　　　　　　　　　　　101

二、两根软支柱的脆弱性　　　　　　104

三、软支柱之上的硬尺度　　　　　　118

第六章
证明标准的功能　　　　　　　　　143

一、确保真实论　　　　　　　　　　144

二、证明标准与期望损失最小化　　　150

三、错判社会损失的选择与比较　　　153

第七章
证明标准的比较　　　　　　　　　164

一、静态局部比较论　　　　　　　　164

二、两种标准的差异　　　　　　　　166

三、中国的有关问题　　182

第八章
剩余风险的治理　　190

一、接力赛模式　　192
二、辩论赛模式　　196
三、模式比较与治理原理　　202
四、问题和出路　　208

第九章
证明结构的优化　　222

一、实质化基本原理　　224
二、收集责任的分配　　226
三、拒绝事由法定化　　233
四、调查方式的选择　　242

结　语
刑事证明的困境　　260

一、证据材料的价值　　260
二、乐观谦逊可知论　　268
三、非此即彼的框架　　275
四、风险分配的难题　　282

后　记　　295

绪 论

一、证明的内涵

从刑事司法的参与者来说，刑事诉讼是由一系列具有不同角色的主体前后相继的判断活动组成的。此种判断活动由两部分组成：一是以法律为根据的规范性判断活动；二是以证据为基础的事实性判断活动。规范性判断分为三种：以实体法为根据的判断、以程序法为根据的判断和以证据法为基础的判断。当然，与大陆法系的立法体例一样，我国并无美国那种专门的《联邦证据规则》，作为基本法律的"证据法"一并规定于《刑事诉讼法》[1]之中，辅之以专门性或综合性的司法解释、司法解释性文件和其他规范性文件。即便如此，以证据法为基础的判断具有独立性，既不同于以程序法为凭据的判断，也不同于以实体法为依据的判断。例如，是否决定予以逮捕是一个对犯罪嫌疑人利益影响重大的判断，其判断的法律根据是《刑事诉讼法》有关逮捕要件的规定。此为程序性决定。但据以作出逮捕决定的证据是否应当"依法"加以排除，则是一个以证据法为基础的判断。它与逮捕决定之间不仅在时间上是分离的，而且在功能上也完全不同，也没有任何必然联系。首先，对于具有法律意义的案件，按照先确定事实再确定法律效果的逻辑要求，证据法优先适用，程序法其后适用。其次，证据排除通常旨在确保据以作出判断的证据可靠、程序公平或兼而有之，而逮捕旨在保障诉讼顺利进行。最后，

---

[1] 为表述方便，本书中涉及的我国法律直接使用简称，省去"中华人民共和国"字样，例如《中华人民共和国刑事诉讼法》简称为《刑事诉讼法》，全书统一，不再说明。

排除证据的决定并不一定导致不予逮捕，因剩余证据可能足以符合逮捕的证据要件。没有排除证据的决定也不一定导致逮捕，因为证据要件、刑罚要件或必要性要件并未成就。再如，是否达到了定罪必需的法定证明标准，属于以证据法为基础的判断活动，而非实体法的判断问题，即使会产生实体上有罪或无罪的结果。证明标准规范一般可以表达为：当待证事实已经证明到特定程度时，将此事实当作真实的。其适用在理论上至少包括三大步骤：一是证明标准所设定的证明度有多高（确定大前提）；二是基于裁判前所得到的特定案件的全部可采证据，该案的证明达到了多高的证明度（确定特定案件的小前提）；三是将第二步评估的结果与第一步分析的结果进行对比并判断是否达标，得出具有法律效果的判断：将待证事实当作是真实的或不真实的。[1]

从证明标准规范的适用步骤就可以看出，无论是何种具有法律效果的规范性判断，都必须将以证据为基础的事实性判断活动作为前提。认定构成故意杀人罪，必须以判定某人实施了故意杀人的行为为前提；认定某位法官应当回避，必须以判定该法官存在法律规定的回避事由为前提；认定某个证据属于《刑事诉讼法》第56条应当加以排除的供述，必须以判定存在刑讯逼供等非法方法为前提。质言之，事实判断活动是任何规范性判断的必要条件。在经典的三段论法律适用模式下，如果法律规范本身的公正性并无争议、法律规范的前提与后果也足够明确，司法活动就成为一种事实认定活动：判断法律规范中的抽象前提事实在具体个案中是否得以具体"例证"。在现代理性主义时代背景下，该事实判断活动必须以证据材料为基础并以理性推论为方法。以证据材料为基础并以理性方法论证特定事实判断结论的活动，就是证明。它是整个司法大厦的基石。

---

[1] 在英美法系的陪审团审判中，证明标准规范适用过程中的"三部曲"非常明显。法官必须在庭审结束之后退庭评议之前，向陪审团进行指示：认定案件事实必须达到的法定证明标准是什么及其含义。陪审团根据庭审中出示的证据判断特定案件的证明达到了什么程度并结合法官的指示作出判断。

二、证明"两部曲"

以证据材料为基础并以理性方法论证特定事实判断结论的活动,在本质上是由两个步骤组成的。事实认定者必须首先判断现有的证据材料是否足以担保作出结论性判断,然后再判断给出哪一种结论。前者可被称为证据调查阶段,后者可被称为证据评价阶段。两者对应的问题的性质并不一致。证据调查阶段对应的是如下决定:裁判者决定是以现有的经过检验的证据为基础作出是否采信证据和是否有罪的判断,还是推迟最终决定以便进一步增加证据或检验证据后再作出判断。证据评价阶段是指通过综合分析现有的全部证据,结合经验常识和理性推理,判断全部证据指向肯定性的有罪结论或否定性的无罪结论的程度,即证据在区分有罪与无罪结论方面达到的水平。在现有的二分法裁判框架下,最终的判断对应的决定要么是有罪,要么是无罪,法律不允许裁判者拒绝作出最终判断。

因此,证据调查阶段旨在为结论性的判断做好充分的准备工作,以免贸然下判以后出现的新证据或新的检验有可能否定或削弱最终判断的客观基础。从理论上来说,证据调查并不是有罪与否的结论性判断问题,而是结论性判断的前提。它非但不是结论性判断的一个组成部分,甚至应该努力避免在准备阶段作出结论性判断。过早地形成结论性判断会产生先入为主之见,即倾向于进一步寻找、收集有助于证实预先结论的证据材料,而忽略、排斥可能否定倾向性结论的证据材料。它的基本要求是将所有依法可以得到的必要的相关证据纳入调查之中。正如毛泽东同志所言:"一切结论产生于调查情况的末尾,而不是在它的先头。"[1]即使进一步调查证据有可能会使证据之间的矛盾性增加或使得原先确信的结论难以确定,也不能"假装"证据已经齐全,进而仓促、执意作出结论性判断。唯有在证据调查阶段保持对有罪或无罪结

---

[1] 中共中央整党工作指导委员会编:《毛泽东同志论党的作风和党的组织》,人民出版社1983年版,第2页。

论的中立态度，最终的结论性判断才能建立在扎实的客观基础之上，从而使错误判断的风险降至现实中可以达到的最低程度。至于证据最终指向何种结论及达到何种程度是证据评价问题，而不是证据调查问题。

证据调查阶段规范的重点，并非最终决策之时必须要有多少证据才能认定事实，因为此时已无证据可查，而是在最终决策之前还有多少应当具有调查可行性的证据尚未被收集调查，以及按照何种更有利于查清案情的方式进行调查。易言之，就是如何防止在证据调查尚未达到实践上最优的程度时作出最终决断。例如，辩方申请法院通知行贿人出庭作证，理由是对他的庭前书面证言的真实性有异议，那么此时是以书面证言为基础进行调查还是以庭审证言并结合书面证言进行调查？从调查证据的目标来说，只要该证据具有现实可得性，且具有重要性，值得我们花费时间和精力进行调查，原则上自然应当选择后者，因为后一种选择在原有（书面）证据的基础上增加了（当庭言词）证据，且给予控辩审三方在法庭上检验证言可信与否的机会。但可能也有法官认为，书面证言有其他证据印证，具有可信性，无须进一步调查此证人。这是典型的前后颠倒的思维方式。证据是否可信本来是结论性的证据评价阶段的一个组成部分，它应当以严格调查证据为前提，以印证为由拒绝调查证据就等于"假设"证人在法庭上将会提供的信息与书面证言没有任何差异，这种假设是没有理论根据的，纯属"预断"，因为证人当庭给出的证言有可能与之前的书面证言一致，也可能完全相反，甚至可能给出一个不同版本的新信息。在没有对其进行调查之前，我们并不知道属于哪一种情况。正是由于不知道，所以才有必要对其进行当庭调查。

当证据的调查已经达到了司法实践上的最优状态，则进入证据评价阶段。此时的证据状态有可能是天平的一边"轻于鸿毛"，另一边"重于泰山"。也就是说，证据的证明力有可能压倒性地指向有罪结论或无罪结论。这种状态可能是每个裁判者都期望得到的"铁证如山"的证据状态。期望终归是期望，但凡在有事实争议的案件中，通常都可能处于某种证据短缺的状态，并非铁

绪　论

证如山式地指向某个结论。

　　证据评价的过程在本质上是一个以当前严格调查的证据为基础的经验判断过程。天平之称只是一种比喻，法律原则上无法给出一套具体的规范，确保裁判者按照哪种方式来评价证据才能得出最符合真相的结论。法律至多只能从理性确信的水平提出一个难以客观精确化的要求。至于选择的标准到底是优势证据标准还是排他性或排除合理怀疑标准，则是根据不同的价值权衡设定的，旨在合理地分配误判风险，而非为了追求真相。例如，民事案件所要求达到的证据区分度，法律通常只要求达到优势证据的程度，而刑事案件则要求达到更高的程度。其原因在于，民事案件旨在平等或大致平等地分配错误判断的风险，而刑事案件则旨在将错误判断的风险主要分配给控方或尽可能降低误判有罪的风险。因此，刑事案件中较高的事实认定标准是以提升放纵坏人的风险为代价来降低冤枉好人的风险，而不是在整体上提升判断的准确性。

　　要求在"制度"上进一步降低最终的证据评价阶段的误判风险是无法做到的。因为在最终评价阶段，裁判者只能作出一个符合证据自身价值的精确的评估。但如果评估后发现有罪的可能性为80%，此时由于已无证据可查，裁判者已经没有办法将疑点彻底澄清。因此，在最终的证据评价阶段，如果还存在错误认定事实的风险，此时在制度上能够做到的就是如何分配风险的问题，而无法降低风险，因为"在其他条件相同的情况下，证明标准越高，越会导致更多的错误无罪判决和更少的错误有罪判决"。[1]提高有罪判断的证明标准将会增加放纵犯罪的风险，降低有罪判断的标准将会增加冤枉好人的风险。因此，要在制度上降低误判的风险（追求不枉不纵的目标），主要依赖于如何设计一套"查出真相"的证据调查制度，而不是设计出一套如何"正确"评价证据的规则。

---

〔1〕 Michael L. DeKay, *The Difference between Blackstone-Like Error Ratios and Probabilistic Standards of Proof*, 21 Law & Social Inquiry 95（1996），p.97.

三、实质化证明

鉴于法律规范的多样性，刑事证明在广义上必然包括实体法事实的证明、程序法事实的证明和证据法事实的证明。在刑事司法语境下，人们更关心实体法事实的证明问题。这也无可厚非。一方面，古今中外，刑事司法所要解决的核心问题都是被告人的定罪量刑问题。另一方面，在现代司法理念下，程序法和证据法固然有一些独立的价值追求，但其核心还是为了保障实体法得到准确适用。就此而言，目前不同法系的理念并无根本差异。例如，德国将"实体事实之正确性"作为刑事诉讼的首要目的。[1]我国《刑事诉讼法》也将"保证刑法的正确实施"作为排在首位的立法宗旨。即使在较为重视纠纷解决和防范权力滥用的美国，其联邦最高法院也明确肯定"一起审判的基本目标就是发现真相"。[2]因此，笔者对刑事证明的研究将采取该传统视角，即重点研究关涉被告人有罪无罪的实体法事实的证明。

本研究所涉及的另一个关键词是"实质化"。实质化就是在证明资源的约束条件下，遵循司法证明原理，优化与证明活动有关的制度，以使证明制度在整体上降低错误认定案件事实的风险。我们可以将其概括为在资源约束条件下实现制度性求真利益的最大化。

（一）资源约束

证明是一种必须投入资源才能产生回报的认知活动。资源总是有限的，而不是无限的。有三种类型的资源为证明活动设定了外在的界限。

第一种类型的约束是认知资源的限制。证明所仰赖的认知资源主要有证据材料、知识和理性推理的能力。它们是任何一起案件证明活动的基本要素。我们只能根据已有的知识，理性地分析当前可以得到的证据材料，论证待证事实。但此三要素都存在一定的限度。

---

[1] 参见［德］克劳思·罗科信：《刑事诉讼法》，吴丽琪译，法律出版社2003年版，第5页。
[2] Tehan v. U. S., 382 U. S. 406（1966），at 416.

就证据材料来说，在有些案件中，期望得到的证据材料由于客观原因无法获得，任何人对此均无过错。它有可能本来存在，但由于取证不及时，时过境迁，已经消失殆尽。在另一些案件中，本来应当可以得到的证据材料由于人为的过错（有意或无意）而导致它无法呈现于法庭。任何证据材料中有证明价值的信息，都必须仰赖知识加以分析和评价。但无论是基于生活经验而获得的常识性知识，还是鉴定专家用来鉴别证据的科学原理，都无法为我们提供完全精准无误的分析结果。例如，司法证明一直以来都较为依赖人证，但迄今为止，人类还没有一套科学的知识体系和鉴别方法准确地识别诚实与撒谎。即使有了此类知识和技术，问题并未结束。诚实的人只是如实地汇报自己的所见所闻，但如果他的见闻失实，则会"诚实地"陈述一个其信以为真的"虚假"事实。如果分析证据所依靠的知识存在缺陷或谬误，它就会对证明结果产生系统性影响。中世纪的巫术审判就是一个例证。根据当时的"知识"，所谓"巫术"，就是与魔鬼建立契约关系后具备的一种能力。如果被告人不能哭泣，就可以作为认定被告人与魔鬼之间存在契约关系的证据，可以据此认定构成巫术罪。[1]美国联邦调查局在2015年4月公开承认，该局在长达20多年的时间内，提供给法院作为对被告不利证据的"毛发"和"齿痕"鉴定意见，均有缺陷。[2]

仅有证据和知识，并不能自动完成证明任务。证明作为一种认识活动，一方面要收集证据材料和提取大脑中储存的知识库中的知识分析证据，另一方面要保持理性的态度和精神。但人类同样也只有有限理性，非理性的倾向如影随形。例如，心理学和神经科学的研究一再揭示，人类在证明过程中存在一个显著的证实倾向（confirmation bias）。证实倾向是指在收集证据时往往倾向于寻找支持、肯定预先假设的证据的倾向，在分析证据时往往只看到其

---

[1] 参见［美］米尔吉安·R. 达马斯卡：《比较法视野中的证据制度》，吴宏耀等译，中国人民公安大学出版社2006年版，第56-57页。

[2] 参见苏凯平："以'高风险复杂系统理论'探讨刑事司法系统中的'不可避免错误'——以冤案与死刑案件为中心"，载《月旦法学》2018年第7期，第230-231页。

中与预先假设一致的解释或提取有助于证实结论的知识来评价证据的价值。证实倾向难以彻底根除。[1]除非将证明主体的头脑中的知识清空,并让证明主体在思考过程中能够避免作出任何预判或预设,否则证实倾向就难以避免。但没有预设,证明活动就成了无目标的活动,没有知识也无法完成哪怕最简单的理性证明任务。

认知资源对于证明活动的约束容易让人产生一种悲观的情绪。但论证认知资源的有限性,并不意在否定证明主体准确认定事实的能力,而在于体认到人类求证真相的难度。只有当我们清醒地认识到限度,才可能找到证明活动的阻碍。也只有当我们知道阻碍何在,我们才能有针对性地将阻力降至最低程度。因此,对于制度设计者和践行者来说,不但要体认到认知资源的局限性,不能无视它们,否则就可能产生脱离实际的制度和做法,更关键的是要在认识到这些局限之后,通过优化制度设计和实践将认知资源的限制降至尽可能小的程度。例如,认识到证据材料的缺失在有些情形下是无法补救的且无任何人为的过错,那么就不能强行要求证明事实必须要有特定的证据;如果认识到可能存在人为因素导致证据不完整,则必须设计出相应的制度尽力排除人为因素在证据开发方面的消极影响。

第二种类型的约束是物质资源的限制。证明活动是一项消耗性活动。当前国内一项大型科学研究的经费动辄上百万乃至上千万元,司法证明活动也不例外。无论是收集固定证据还是检验分析证据,都必须投入人力、物力、财力等物质资源。首先,在特定的社会发展阶段,每个社会投入刑事司法的资源量总处于特定的限度之内。刑事证明活动只能在现有资源允许的条件下降低错误认定事实的风险。其次,任何社会面临的问题都不仅仅是犯罪与刑罚,教育、医疗、社会保障、基础设施、环境保护、国防安全等问题的解决也需要投入大量的社会资源。在整体社会资源较为稳定且有限的条件下,刑事司法资源的投入还要进一步受到来自其他领域的资源竞争。假如资源配置

---

[1] 我们将在后文详细阐述这一非理性思维情形对我国刑事证明所带来的结构性风险。

不合理，也将会产生与司法误判相同的风险，甚至会在其他领域产生更大的风险。例如，如果投入刑事证明的资源严重挤压了投入医疗的资源，导致一个健康的正常人因社会投入医疗资源的不足而死去，那么则应适当减少投入刑事司法的资源，类似的医疗悲剧本可以避免，我们可能会怀疑国家资源配置的合理性和公平性，因为避免司法误判并非这个社会所要避免的唯一伤害。因此，国家有时候可能基于政策优先性的考虑，将一部分本可以投入司法证明中的资源转移到教育、医疗和社会保障等公共产品当中，进一步削弱了司法证明的资源投入总量。最后，在投入司法证明活动的资源给定的条件下，制度的设计者和践行者还必须从内部优化资源配置。如果在无须投入较多司法证明资源的案件中消耗过多资源，就可能会导致本来需要较多司法证明资源的案件无法得到充分的保障。

第三种类型的约束是伦理资源的限制。刑事司法中为了发现实质真实的证明活动，会与特定历史时期其他重要的伦理价值产生冲突。一个社会得到普遍认可的伦理道德准则构成了求真活动的伦理限制。伦理准则构成的限度具有两种形态：一是底线伦理的限制，即绝不允许跨越雷池一步的行为准则。例如，即使从发现真实的目标来看，被追诉人所提供的信息具有很大的证明价值，且通过刑讯的手段有可能获得这些信息，但在当今世界，目前尚未发现任何一个国家在立法上明确将刑讯逼供作为一种取证手段。这是人类为了生活在一个文明、有尊严的社会而设定的伦理底线，不允许为了追求真相而予以权衡甚至牺牲。当然，社会普遍认可的人与人之间互动的伦理准则在不同国家和不同历史时期是存在差异的。在现代民主社会，许多国家都将宪法中确立的基本价值（通常以基本人权的方式加以确认）作为一个社会各种活动（包括证明活动）的底线。二是求真利益与其他值得保护的利益之间的权衡。此时，其他值得保护的利益与求真利益并不是一种你死我活的绝对选择，而是力图综合考虑其他利益与求真利益，实现整体预期收益的最大化。如果说底线伦理构成了证明活动的质的限度，那么其他并非出于绝对价值层面的利益则构成了证明活动的度的限制。例如，卧底或线人提供给司法机关的情报或证言有可能招致犯罪组织和有关人员的报复，从而面临人身被侵害的风险，这就与证人在公开审判下接受控辩审三方以直接的方式予以调查询问的证明方式产生了冲突。此时必须对求真利益与保护证人的利益进行权衡。

（二）优化

证明活动的优化就是在资源约束的条件下，采取一定的措施、方法和技术改善制度和实践，以期获得更有利于发现实质真实的结果。首先，证明活动的优化是证明资源约束的必然结果。正是由于存在认知资源、物质资源和伦理资源的限制，任何一个社会在特定的历史阶段都无法跳出它们所施加的限制而设计出可行的和可接受的证明制度。这是一个显而易见的证明规律或常识，但却容易被人忽略。罔顾认知资源限制的必知论、不管物质资源限制的不计成本的求真论和无视伦理资源的真相高于一切价值的绝对论，都是缺乏资源约束观念的体现。证明优化观念是在承认证明资源限度的条件下如何将求真活动做到最好。其次，优化是一个渐进的永远没有终点的过程。其原因就在于证明资源所带来的限制处于永恒的变化之中。无论是获得证据的技术、分析证据仰赖的知识，还是物质资源的投入和社会价值观，都会随着时间的推移而变化，由此导致优化的路径、措施和方法随之不断变化。最后，就特定历史时期的司法活动来说，优化具有两重含义：一是在条件允许的情况下，尽可能做到最优；二是在条件限制的情况下，尽可能做到次优，此时次优就是相对最优。例如，假如我们认为关键证人在公开的法庭上亲自出庭作证是证明案件事实的最优方法，那么我们就应当采取措施确保诸如此类的证人在争议案件中出庭，而不是以次优的书面证言代替亲自出庭。但如果此类证人在开庭审理前已经死亡或证人失踪后国家穷尽了一切合理的努力而无法找到，那么以其审前的书面证言作为调查对象，就是次优选择。次优就是在条件约束下，选择一种对真相利益损害较小的方式来从事证明活动。

(三) 与证明活动有关的制度

证明是由一系列前后相继的活动组成的。简而言之，它必须首先提出某种具体的假设，然后再收集证据或进行实验以检验假设，最后判断证据证实或证伪某个假设。所有现代科学原理的证明都遵循假设、检验和结果评价这三个基本步骤。就司法审判活动来说，待证的假设主要是控方起诉书中所指控的具体犯罪事实，提出与案件有关的全部证据并在法庭上对证据的证明效果进行调查质证则是检验，最后裁判者则根据检验的结果判断待证假设或待证具体事实是否得到了证明。基于控审分离的原则，指控的具体犯罪事实必须由控方在起诉的时候加以确定，因此通常情况下，待证假设并不是司法证明制度关注的核心问题。[1]司法证明所关注的核心问题是待证假设是否得到了经过严格检验的充分证据的支持。因此，正如前述，司法证明制度的基本要素由证据调查制度和证据评价制度共同构成。制度建构的目标就是通过优化证据规则和程序规则确保在资源条件约束下让待证事实得到全面调查和严格检验，确保与真实相符的假设得到确认以及与真实相悖的假设得到否定。

与证明直接相关的制度与任何其他法律制度一样，都有两种规范形式：一为规则（rule），二为原则（principle）或标准（standard）。就此两种制度形式来说，在规范行为以达到预期目标方面各有利弊。一般来说，规则属于一种刚性较强的制度形式，规则以"全有或全无"（all or nothing）的方式得到适用，可以较为有效地约束受规范主体的自由裁量的空间。其弊端在于，对于实现规范目标而言，可能涵盖过宽，超出了规范目的；也可能涵盖过窄，导致规范目的有时难以实现。例如，立法者可以规定传闻证据一律不具有可采性。这个规则的适用简洁明了，只要判断所提供的证据属于传闻证据，就可以否定它的证据资格。假如立法者设定该规则的目的是防止采纳传闻证据

---

[1] 但也可能出现假设修正的情况，即所谓"追加、变更起诉"。

导致事实认定的错误,那么该规则就可能存在涵盖过宽的问题,致使一些本来具有真实性的证据被否定,阻碍了规则设立目标的实现。正因为如此,许多规则皆有例外。英美法系的传闻规则即是如此。但规则的例外还是"规则"。原则或标准可以解决规则存在的问题,因为原则或标准可以根据规范目的综合各种情况后作出判断,但其可预期性较差,且容易在缺乏"德性"之人的手中遭到滥用。到底需要多少证据才算"证据充分"就是一种标准或原则,任何人都无法计算出具体的数量,只能具体情况具体判断。

四、错案的含义

无论是作为"法律外行"的媒体、社会民众、政治家,还是作为"法律人"的法学专家、法律工作者,总习惯于把"冤案""假案""错案"合称为"冤假错案"。冤案是指没有违法犯罪的人却被认定为罪犯。它重在强调最后的误判状态(无罪判有罪)。假案则是伪造、编造子虚乌有的证据、事实,导致无罪的人被追究责任。它着重强调"冤案"背后的人性之恶,即故意陷人于罪。错案是指虽有犯罪事实发生,但由于办案过失,导致无罪的人被定罪处罚。它在一定程度上可以视为冤案的另一种表达方式,只是可能渗入了对办案者出现过失的责备。这个普遍流行的话语折射出我国有关错案观念的潜在偏向:错案等同于错判有罪。难怪一提起错案,人们很容易联想到无辜者锒铛入狱的故事。

这却只是硬币的一面而已。无论如何,谁也不能否认这也是一个错误:将一个客观上实施了犯罪的被告人宣告无罪。释放有罪的人同样是"错误"。两者的共同特征是裁判的结果与事实不符。我们可以将前一种错案称为错误有罪判决,后一种称为错误无罪判决。两者均属于错案。可能由于我们在现实生活中看到的错案通常是前一种,再加上"无罪推定""疑罪从无"等观念的宣传和普及,我们有时候并不把后一种错误视为错案。但是,正如亚里士多德曾言:"说是者为非,非者为是,是假的;而说是者为是,非者为非,是真的。"他所提出的判断是非对错的理论称为"符合论"。[1]简而言之,一个事实命题的对错取决于它是否与事物的实际情况一致且对应。就司法活动来说,符合论最合乎人们的直观和常识。认定张三杀死李四是不是正确的,取决于客观上是否发生了张三杀死李四的事实。事实上如此,则判决就是正确的;事实上并非如此,则判决是错误的。因此,所谓错案就是判决结果中对犯罪构成要件事实的认定与客观情况不符。为了进一步解释本研究的错案问题,需要进一步说明如下:

首先,本研究中的错案是误判有罪和误判无罪的合并称谓。目前绝大多数国家的法律制度只允许法院选择两种判决:有罪或者无罪。[2]两种判决对应的事实是四种状态(见表0-1):两种正确判决和两种错误判决。两种错误判决包括错误肯定(false positive)指控的犯罪事实和错误否定(false negative)指控的犯罪事实。因此,所谓提高裁判事实认定的准确性,并不单指提高无罪者获得无罪判决(正确无罪判决)的可能性,而应同时包括提高正确有罪判决的可能性。同理,减少错误判决,应当是指同时降低错误有罪判决和错误无罪判决的数量,并不单指前者。必须予以说明的是,本研究所使用的错案并不是日常话语中"冤假错案"中的"错案",因为它已经在日常用法中接近于"冤案"(错误定罪)。

表0-1 两种判决及其对应的客观状态

判决结果	有罪判决	无罪判决
客观状态	认定有罪者有罪	认定有罪者无罪
	认定无罪者有罪	认定无罪者无罪

---

[1] 参见陈波:《悖论研究》,北京大学出版社2014年版,第148页。
[2] 就笔者接触到的文献而言,苏格兰可能是当前唯一存在三种判决形式的国家。苏格兰陪审团可以根据案件的具体情况作出有罪判决、未得到证实的判决(not proven verdict)和无罪判决。参见Larry Laudan, *Need Verdicts Come in Pairs?*, 14 Int'l J. Evidence & Proof 1 (2010), pp.10-13.

其次，本研究中的错案是指犯罪事实认定的错误（factual error），并不是法律适用的错误（legal error）。所谓事实认定的错误，就是法院认定的作为裁判基础的构成要件事实与案件实际情况相悖。例如，原本是甲将被害人乙捅伤，却认定为丙将被害人乙捅伤。法律适用的错误则是对法律规范的错误解释、错误运用以及对事实作出的错误法律评价。例如，将强奸罪"违背妇女意志"这个要件理解为受害人必须存在外在的反抗行为，这就是对法律构成要件的错误解释。当然，要想绝对精确地区分裁判中的事实问题和法律问题几乎不可能。这在证据法领域表现得尤为明显。错误地适用证据规则将一个有证明力的真实的证据予以排除或者将一个虚假的证据予以采纳，就是典型的交叉领域。证据规则适用错误是法律错误，但适用结果也可能导致要件事实认定错误。

无论是实体法的错误适用，还是程序法与证据法的错误适用，都不必然会导致事实认定的错误。如果有同等价值的其他证据可以采信，即使错误地适用证据规则将一个有证明力的真实的证据予以排除，也可以认定相应的事实。但是，实体法、程序法和证据法均会对事实认定的正确性产生显著影响，这是显而易见的。例如，犯罪构成要件的设定和解释属于实体法问题，但要件事实的多寡以及对要件事实所蕴含的社会事实的范围的解释，则影响事实认定的难易程度，从而也就影响事实认定的准确程度。

最后，本研究中的错案是指实体犯罪事实的认定错误，而非量刑事实和程序事实的认定错误。诉讼过程中需要予以认定的事实可以分为实体事实和程序事实，前者可以分为犯罪事实和量刑事实。量刑事实认定错误（如错误认定不存在自首），也会导致裁判不公，有时也被称为"错案"。但这毕竟与犯罪事实认定错误存在差异。犯罪事实认定错误是一种"质"的错误，量刑事实认定错误则是一种"量"的错误，前者涉及刑罚权有无的问题，后者涉及刑罚权大小的问题。这并不是说后者是一种更小的错误，恰恰相反，有时候后者导致的错误可能比犯罪事实认定错误更严重。例如，将一个已满16周岁但未满18周岁的被告人认定为已满18周岁，从而否定了他获得减轻处罚的机会并导致其被判处死刑。这比一个醉驾案件错误认定犯罪事实并判处被告人拘役3个月要严重得多。

程序事实是指不直接涉及被告人罪与刑问题，但为了推进诉讼顺利进行而必须要加以认定的事实。任何一起诉讼在作出最终的刑罚权有无和大小的判断之前，通常要经历若干个程序性步骤。在不同的程序背景下，也就涉及作出不同的程序性决定，程序性决定同样要以一定的事实作为判断的基础。因此，也就存在程序事实错误认定的问题。例如，错误地作出回避决定，导致应当回避的裁判者没有退出案件审理；错误地认定不存在违法侦查行为，导致应当排除的证据被采纳。与法律适用错误会影响事实认定错误一样，程序事实认定的错误也会影响实体事实认定的准确性，但二者不具有必然联系。应当回避的裁判者因程序事实认定错误而没有回避，也可能会作出正确的裁判。

本研究将错案界定为实体犯罪事实的认定与客观事实不符，并不是说其他类型的错误（如错误适用法律、错误认定程序事实）并不重要。刑事司法是一个流动的系统，立法与司法相互影响，实体与程序联系紧密，法律与事实更是你中有我、我中有你，更不用说侦查、起诉、审判不同程序阶段的互动性影响，上述分类纯粹是为了厘定研究主题，以便从实体事实误判的角度对刑事证明问题展开研究。

第一章
刑事证明结构

由于西方法制尤其是英美法系制度在近现代的强势影响力，当代世界的刑事司法构造在外观上极其相像。一是普遍设立了不同的国家机关，如警察局、检察院和法院，分别行使追诉审判权。二是辩护权作为专门维护被告人合法利益的力量得到了普遍认可。但就如何设置证明犯罪事实的权限和程序问题，则呈现百花齐放的状态。

新中国成立后，"远法德国""近采日本"的清末、民国刑事诉讼法统被废除。新中国力图开创一个符合社会主义人民民主政权的新法制，但由于政治运动频发，及至新中国成立30年后的1979年，才颁行了《刑事诉讼法》。该法历经三次大修，至今已达不惑之年，其间虽有曲折反复，但整体结构一直未有大变，且日趋稳固。就证明案件事实的角度而言，我们可以将此结构称为公检法"分段包干与选择性接力"的证明结构。这种模式对我国证据的调查和评价等制度的设计均产生了直接影响，从而塑造了具有鲜明中国特色的证明体制。

一、分段与接力

在我国公诉案件的横向刑事诉讼架构中，程序被严格地切割为泾渭分明的不同节点，即侦查、起诉和一审。立法把不同节点的查证责任分配给组织结构上不具有隶属关系的不同国家机关。各机关在各个阶段处于主导地位，且均需收集一切与案件有关的证据，直至各个机关认定犯罪事实已经查清，且有确实充分的证据予以证实，否则并不允许将案件移交给下一个诉讼阶段处理或作出有罪认定。此乃证据收集的分段包干责任制。分段包干责任制是公检法三机关分工负责原则在获取证据查明事实方面的直接体现。在分段包干责任制下，公检法三机关虽有职权配置的不同，分别执掌侦查权、起诉权和审判权，但这只是工作方式或查案程序的差异，并非工作目标和查证责任的区分。三者共同致力于各自主导的诉讼阶段以尽力收集证据，查明案件真相。

按理说，假若公安机关已经在侦查阶段全面收集证据，没有遗漏，检察机关和审判机关就无证据可取。但"在司法实践中，办案人员对一个案件的认识往往不是一次完成的，而是经过曲折反复，甚至是多次的曲折反复才能完成的。在未完成对一个案件的认识之前，难免发生脱离实际的主观性和片面性"。甚至某些案件可能受到"以权谋私、徇私枉法等不正之风的影响"。[1]因此，出于对前一端口办案机关因粗心大意、疏忽过失或恶意违法导致未尽职责甚至滥用权力的担忧，为了避免偏差，立法者要求下一阶段办案人员不仅应当审查前一阶段工作成果是否达标（制约），而且还应当在未达标的情况下继续收集证据（配合），以便拾遗补缺、排除矛盾和澄清疑点，尽力还原真相，最大限度地达至不枉不纵的目标，此为接力求真。因此，后端办案机关的接力办案具有自动延续性，下一机关并无权力拒绝承担接力查案的任务。无论是在横向的侦诉审关系中，还是在纵向的一、二审以及死刑复核审关系中，后端办案机关都必须承担起识别错误、纠正错误的责任。在我国，并无类似于英美法系的预审制度，也无类似于德国的中间程序制度，这些制度都给予了法院对审前所收集的证据是否达到了启动审判的条件的审查权和驳回权。如果侦查起诉机关在审前所收集的证据不达标，法院有权直接驳回起诉。在我国，无论侦查机关移送给检察院的案件情况如何，也无论检察院起诉到法院的案件情况如何，后端办案机关都必须接受案件，无权力将其认为不达标的案件通过程序性的驳回制度予以驳回。在人命关天的死刑案件中，这种自动接力的特征达到了极致。案件必须要一段一段地自动走完全部路程，直到最高人民法院或高级人民法院确认案件的事实认定无任何差错，证据确实充分，"证明"活动才算终结。即使在上诉审活动中，"全面审查"制度的建

---

[1] 王桂五："人民民主专政理论是建设具有中国特色的检察制度的理论基础"，载中国法学会编：《毛泽东思想法学理论论文选》，法律出版社1985年版，第97页。

立也使上诉审法院自动成为事实认定的接力机关。哪怕被告人对一审法院的事实认定无任何异议，二审法院也有法定的责任和义务，对一审法院的证据状况和事实认定问题进行复查，以便识别和纠正错误。

但是，接力并不是接棒后跑向下一站的"运动员式接力"，而是"选择性接力"，或曰"先裁后跑式接力"。也就是说，后面程序阶段并非如同三乘一百米的后两棒，接续跑完求真运动。就制度设计的初衷而言，将我国横向诉讼结构概括为"流水线式司法"，是欠准确的。盖因司法求真活动作为一种实践活动，可以获取的有价值的证据不可能是无限的，如果公安机关在第一阶段已经将证据收集齐全，且已达标，那么后续阶段对照法律标准予以认可，就会确认第一阶段的事实认定结论。但下一阶段的办案人员不但没有义务必须认同上一阶段的事实认定结论，而且有责任站在自己的视角对案件进行独立审查。因此，"先裁后跑式接力"是指后续阶段的办案人员必须先当裁判员，判断前序阶段是否已经完成了分配的任务（事实是否已经查清，证据是否确实、充分），如果确认任务完成，就必须直接交付下一阶段处理（检察机关）[1]或作出有罪判决（审判机关）。此时外观上就像流水线司法。但是如果未达标，且具有进一步调查的可能性，裁判员就会转变为运动员，继续进行澄清案情的接力活动。易言之，接力查案并不具有强制性，只有当检察院、法院认为事实不清、证据不足的时候，才有接力的必要。此为"选择性接力"的第一个特色。

此外，接力查案的主体具有可选性。在起诉阶段，检察机关可以选择退回公安机关补充侦查，也可以选择自行侦查。在审判阶段，法院在检察机关建议补充侦查后，应当将案件退回检察院继续侦查，法院没有不同意检察机关补充侦查建议的权力，[2]也可以在检察机关不建议补充侦查的情况下，选择通知在案的证人到庭、庭外调查核实、通知新的证人到庭或补充鉴定、重

---

[1] 免予起诉或酌定不起诉除外。

[2] 1998 年《最高人民法院关于执行〈中华人民共和国刑事诉讼法〉若干问题的解释》（以下简称《1998 年最高法解释》）第 157 条第 1 款规定："在庭审过程中，公诉人发现案件需要补充侦查，提出延期审理建议的，合议庭应当同意。……"2012 年《最高人民法院关于适用〈中华人民共和国刑事诉讼法〉的解释》（以下简称《2012 年最高法解释》）第 223 条第 1 款规定："审判期间，公诉人发现案件需要补充侦查，建议延期审理的，合议庭应当同意，……"

新鉴定等方式，进行补充性的调查。此为"选择性接力"的第二重含义。易言之，初始查案责任，即"侦查"案件的责任，具有一元专属性；接力查案的责任则为二元主体共享。前者体现了分段包干的要求，后者则体现了分段后互相配合的要求。当然，为了防止久查不决，推诿责任，当退查次数用尽或办案期限已到时，从理论上来说，检察机关、审判机关必须按照现已取得的证据作出符合法定要求的决定和裁判，且均需遵守疑罪从"放"的"决裁"原则。

需要提及的是，在1979年《刑事诉讼法》接力查案的权力配置模式中，检察院和法院都享有完全相同的退查和自查选择权。易言之，在起诉阶段，检察院可以退回公安机关补充侦查，也可以自行补充侦查；在审判阶段，法院可以退回检察机关补充侦查，也可以自行补充调查。二者在各自主导的阶段对接力主体享有完全相同的选择权。但自1996年《刑事诉讼法》修改后，为了避免法院"先定后审""庭审走过场"，立法废除了法院可以将案件退回检察机关补充侦查的权力。因此，作为前接侦查后启审判的检察机关，在法律上享有选择接力查案主体的主导权。一方面，在起诉阶段，检察官可以自由选择退查或自查；另一方面，在审判阶段，即使法院认为案件尚需进一步收集证据查证案情的，但由于法院无权将案件退回检察机关进行补充侦查，所以如果检察机关不"建议"补充侦查，在理论上法院就只能自己补查。

二、横向查证结构

分段包干与选择性接力的证明模式脱胎于1979年《刑事诉讼法》，经1996年《刑事诉讼法》予以完善，至2012年《刑事诉讼法》日益成熟，最终形成了当前的证明构造。

1979年《刑事诉讼法》奠定了侦诉审三阶段分段查明案情的框架，但在关键节点的查证责任方面，由于立法规定不明确或责任分配不明晰，导致难以确定阶段性责任。一是立法对公安机关侦查终结移送检察院审查起诉的条件未作规定，导致侦查阶段的查证责任不明。在1979年《刑事诉讼法》的实施中，由于终结侦查的法定要求不明，有的地方公安机关对证据收集的要求把握过高,导致久侦不结;有的地方公安机关则对证据收集的要求把握过低,导致一些明显未达到起诉条件的案件也被移送检察院审查起诉。1996年《刑事诉讼法》明确了侦查终结的条件,其与提起公诉、有罪判决的标准保持一致,必须达到犯罪事实清楚,证据确实、充分的程度。至此,证据收集的三段分工责任制在任务分配上实现了完全统一。[1]二是起诉阶段仅规定了退回补充侦查的时间,未明确退查的次数,导致某些证据不足的案件被反复退查,案件像皮球一样在公安机关和检察机关之间踢来踢去,公安机关和检察机关在起诉阶段的接力责任分工模糊。为此,1996年《刑事诉讼法》将起诉阶段退查的次数限定为两次,禁止检察机关无原则地逃避接力办案的责任。经两次退查后,检察机关必须在法定办案期限内接力查案或作出起诉与否的决定,即承担起阶段性的办案责任。[2]三是在检察院起诉后,法院享有关于是否符合开庭审判条件的审查权,只有当犯罪事实清楚,证据确实、充分,法院才有责任开庭审判;对于主要事实不清、证据不足的,则可以选择退回检察院补充侦查,也可以"在必要的时候"自己进行"勘验、检查、搜查、扣押和鉴定"。由于立法并未对何时自查和何时退查的条件作出限定,且对退查次数同样毫无限制,在司法实务中,法院为了降低查案负担,往往优先选择退查,存在不查清不开庭的倾向。这与当时的检察机关屡屡退查的选择如出一辙,均是为了规避阶段性接力查案的责任。为了克服法院先定后审的倾向,落实庭审在查明案件事实过程中的关键地位,1996年《刑事诉讼法》废除了庭前实质审查的规定,只要起诉书中有明确的指控犯罪事实并且附有证据目录、证人名单和主要证据复印件或者照片的,就应当决定开庭审判。审判人员没有权力以事实不清为由将案件退回检察机关补充侦查。这就使法院必须担负审判阶段调查案情的重担,不能再将接力查案的负担踢给审前机关。[3]

对最后一点结论必须要略作说明,学界以前普遍认为1996年《刑事诉讼法》的修正确立了所谓"控辩式审判"的模式,弱化了法院的查案职责,但从整体结构上来看,这一认识可能与实际不符。立法者在1996年《刑事诉讼

---

[1] 参见1979年《刑事诉讼法》第93条和1996年《刑事诉讼法》第129条。
[2] 参见1979年《刑事诉讼法》第99条和1996年《刑事诉讼法》第140条。
[3] 参见1979年《刑事诉讼法》第108条和1996年《刑事诉讼法》第150条。

法》中对审判制度的修正,主要解决了三大问题:一是认为对起诉案件进行实质化预审,导致预断严重,庭审查明事实的功能虚化,于是废除了依职权主动将案件退回检察机关补充侦查的制度;二是认为在证据调查方式上由法官主导,大包大揽,无法充分发挥控辩双方在庭审调查中的作用,于是将举证质证的工作主要交由控辩双方负责;三是为了明确穷尽调查手段后存疑案件的处理方式,确立了证据不足宣告无罪的制度。但这并不意味着法官可以单凭控辩双方收集、出示的证据并依据定罪标准就作出判决,变为一个纯粹的裁判员。在证据收集方面,审判人员对庭审调查的证据有疑问的,可以补充讯问或询问,也可以宣布休庭,通过采取"勘验、检查、扣押、鉴定和查询、冻结"等措施进一步获取证据,查明案情,也可依职权或依申请通知在案证人、新的证人到庭作证,调取未移送的或新的证据材料。在检察院未建议补充侦查或补充侦查次数用尽的情况下,一旦案件事实或证据存疑,且有调查的必要性和可能性,法院都有义务采取其认为适当的手段接力取证。易言之,1996年《刑事诉讼法》修正后,由于废止了证据不足的依职权退查制度,如果检察院认定证据确实、充分,没有补查的必要,但法院认定证据不足的案件,就必须自己开展庭上或庭下的调查,以便探知真相,证据不足的无罪判决只能是穷尽调查手段后无法查清犯罪事实的"裁判规则"。从此意义上而言,1996年"控辩式审判"改革不是弱化了审判机关接力澄清案情的责任,而是"坐实了"法院在审判阶段的查证责任。这与分段包干和选择性接力的证明结构所追求的目标完全契合。

2012年《刑事诉讼法》修正进一步强化了这一模式,重点是明确了两次补充侦查后证据不足的法律效果。1996年《刑事诉讼法》虽然解决了起诉环节补充侦查的次数问题,但并没有明确规定对补充侦查后仍然达不到起诉条件的案件如何处理,立法赋予了检察机关针对证据不足案件不起诉的"裁量权":可以不起诉。也就是说,补充侦查后,证据不足的,检察机关有权作出不起诉决定,但其并无责任必须作出不起诉决定。立法人士在《刑事诉讼法》的释义中也指出:"经过补充侦查,仍然证据不足,不符合起诉条件的……人民检察院是'可以'作出不起诉决定,当然也可以提起公诉,由人民法院判决,这需要由人民检察院根据案件的具体情况确定。"[1]这就等于肯定了检察机关可以逃避选择性接力中的决断责任,也与起诉条件的规定明显相悖。为此,2012年《刑事诉讼法》限定了两次补充侦查后证据不足的法律效果,检察机关不再享有裁量不起诉的权力,而是"应当不起诉"。这就明晰了检察机关在起诉阶段选择性接力的"裁判"责任。

顺便提及,2012年《刑事诉讼法》在"证据"一章中新增了"举证责任"条款,明确规定"公诉案件中被告人有罪的举证责任由人民检察院承担"。举证责任新规似乎弱化乃至取消了审判阶段法院调查收集"有罪证据"的责任。但问题在于,如果检察院未尽举证责任,没有将犯罪事实证明到确实、充分的程度,法院是可以不顾有无进一步澄清事实的可能性,径直宣告无罪,还是应当收集、调查、获取证据以进一步查证犯罪事实。就当前《刑事诉讼法》的任务、结构、原则和立法人士的"说明"来看,举证责任条款并没有卸除法院对疑案的接力澄清的义务。首先,《刑事诉讼法》的首要任务是准确、及时地查明犯罪事实,正确适用法律,实现不枉不纵。在检察院未尽举证责任的条件下,法院不问查明犯罪事实的可能性,直接判决无罪,与刑事诉讼法的首要任务明显相抵触。其次,为了实现该任务,《刑事诉讼法》确立了分工负责、互相配合、互相制约的结构。分工不是为了相互掣肘,而是为了分段合力完成任务;制约不是为了阻碍真相的发现,而是为了克服单一主体认知德性和伦理德性的不足,以便发现错误和纠正错误;配合不是要求放弃职守,而是先进行"裁断",认为达标才予以支持,认为未达标则接力完成发现真实的任务。在证据材料尚未穷尽的条件下,法院毫不含糊地以宣告无罪作为检察院未尽举证责任的处理方式,与裁判后接力的配合要求相抵触,也与分工但合力求真的要求不一致,且可能阻碍了通过制约发现错误、纠正错误的目标。再次,从《刑事诉讼法》制定伊始,我国法律为了实现客观真实的目标,规定了侦检审全面收集证据的客观性义务,这一原则一直保留至今。法律明确要求"审判人员、检察人员、侦查人员必须依照法定程序,

---

[1] 郎胜主编:《关于修改刑事诉讼法的决定释义 中华人民共和国刑事诉讼法的修改与完善》,中国法制出版社1996年版,第172页。

收集能够证实犯罪嫌疑人、被告人有罪或者无罪、犯罪情节轻重的各种证据"。[1] 除非确实已无证据可查，审判人员在其主导的阶段单以检察院举证不足为由直接宣告无罪，也与刑事诉讼法施加给审判人员的客观性义务相抵触。最后，立法人士的立法说明中明确指出，此处的举证责任并不能否定法院客观全面审查证据的义务，法院"不能只消极审查人民检察院提出的证据，在法庭审理过程中，合议庭对证据有疑问的，也可以宣布休庭对证据进行调查核实"。[2] 换言之，不能仅凭立法有了举证责任规定，审判人员就能把自己定位为一名"消极的"裁判者，而是要在"有据可查"时进行必要的接力求真活动。因此，从刑事诉讼法的整体系统来看，举证责任新规并没有改变业已形成的稳固的分段包干与选择性接力的求真结构。

三、纵向结构中的延续

在我国，普通刑事案件实行两审终审制，死刑案件实行自动复核制。但无论是上诉审法院还是复核审法院，都必须履行全面审查原则，不受上诉、抗诉范围的限制，甚至不受是否上诉、抗诉的限制。上级法院必须对下级法院裁判的实体内容和审判程序、事实认定和法律适用、定罪和量刑进行详尽的审查，并在审理后根据最终认定的证据状况作出相应的裁判。从事实认定的角度来看，上级法院承担着与起诉机关、一审法院相同的阶段性责任和选择性接力的任务。

就分段责任来说，二审法院作为普通刑事案件的"终审"法院，同样要在查清案件事实的基础上作出裁判。由于二审法院必须对自己作出的事实认定结论承担独立的阶段性包干责任，即使一审法院完全依照合法的审判程序作出的事实认定，也对二审法院没有拘束力。正如同检察机关、一审法院必须确保起诉阶段、一审阶段所认定的犯罪事实应当达到确实、充分的要求，二审法院必须确保在二审阶段所认定的犯罪事实达到相同的要求。因此，二

---

[1] 从立法表述来看，该条规定并没有按照诉讼流程将侦查人员摆在第一位，而是将审判人员放在首要位置，由此可以看出立法者对审判人员履行全面收集证据义务的强调和重视。

[2] 全国人大常委会法制工作委员会刑法室编：《关于修改中华人民共和国刑事诉讼法的决定：条文说明、立法理由及相关规定》，北京大学出版社2012年版，第45页。

审法院与侦查机关、起诉机关、一审法院也只有工作方式或查案程序的不同，并无工作目标和查案责任的区分。例如，在程序上，侦查机关在作出侦查终结的决定时，可以把持包办，没有义务必须听取当事人及辩护人的意见；[1] 起诉机关在作出起诉与否的决定前，有义务必须听取上述人员的意见，但无须"开庭"或"听证"；一审法院在作出判决之前，必须要通过开庭的方式调查案件事实和听取意见；二审法院在作出裁判之前，可以根据案件的情况选择开庭或不开庭两种方式。但各阶段的主导机关都有义务在各自的诉讼阶段全面收集证据，查清案件事实。在人命关天的死刑案件中，复核审法院同样要严把"证据关""事实关"，确保死刑案件的事实认定结论达到证据确实、充分的要求。

毫无疑问，二审法院在对证据、事实进行复查复审的过程中，可能出现两种情况：一是认为一审法院的事实认定结论和证据规格已经达标，二是认为未达标，存在证据不足、事实不清的问题。在第一种情况下，二审法院会确认一审的结论，如同一审法院、起诉机关在案件达标时，确认起诉书、侦查终结的结论。在第二种情况下，二审法院同样有选择性接力的职责。一方面，当其裁断一审法院的证据规格和事实认定未达标时，不得像流水线司法一样，将此案件打上二审的标签，交由有关机关付诸执行。其有责任在通常诉讼程序接力求真的最后一棒中挖出真相。另一方面，二审法院既可以选择自己查清事实后改判，也可以选择将案件发回一审法院继续调查。接力查证的主体也具有可选性，与之前的选择性接力的模式并无任何差异，即要么自查要么退查。在疑罪从无原则没有得到实务普遍接受的历史条件下，一起案件可能会在一、二审法院之间反复倒腾，来回循环。[2] 直到2012年《刑事诉讼法》明确限定了以事实不清、证据不足为由的发回重审次数只能为一次，选择性接力中的二审退查权才得到了一定程度的遏制。但分段包干和选择性

---

[1] 2012年《刑事诉讼法》第159条新增了案件侦查终结前侦查机关听取辩护人意见的制度，但此规定并非强制性的规定，只有当辩护人积极主动地要求向公安机关提出听取意见的要求时，公安机关才必须听取。但立法并未对听取意见后的法律效果作出任何规定，甚至没有要求公安机关必须履行答复义务。由此可见，侦查终结前的辩护意见对公安机关没有任何法律上的拘束力。

[2] 1984年发生在我国的吴留锁案件就是一起典型案件，该案历时14年未结案。案情和评析参见陈瑞华：《看得见的正义》，中国法制出版社2000年版，第47—54页。

接力的架构在上诉审阶段并未松动,正如 1996 年和 2012 年《刑事诉讼法》对起诉阶段检察机关退查权的限制一样,立法修改的目的是对此证明结构进行局部微调和优化,以使"分段"责任更加明确,改革目的是完善此种证明结构,以维持它在新时代的生命力,而非进行结构性改造。这种选择性接力的模式在高级人民法院针对死刑缓期执行案件的复核中,照样延续。[1]从 2012 年《刑事诉讼法》第 239 条规定来看,对于不核准死刑的案件,立法也允许"最高人民法院可以发回重新审判或者予以改判"。这事实上也认可了最高人民法院针对事实不清、证据不足的案件,可以退查或自查后改判的选择权。[2]

四、结构性特征

我国当前的刑事证明结构,形成了一些与西方国家证明体制颇有差异的特色。分析这些特色,有助于我们更深入地了解我国刑事证明活动的内在运行机理。近年来,以审判中心主义取代我国之前司法实践中形成的侦查中心主义,可以说是学术界研究的热点。但若是对我国的刑事证明结构的运行特征缺乏深刻的理解,就难以真正把握这一制度的结构性问题,实现这一目标是非常困难的,甚至可能导致目标定位的错误。

(一)去中心主义

在分段包干和选择性接力的查证结构中,要找出一个证据调查和事实认定的"中心"殊为不易。中心就是查证事实的关键环节。在分段接力的证明结构中,无论是横向的程序推进还是纵向的程序救济,阶段性程序虽由不同的机关主导,但分步推进的程序功能在探知真相方面并无任何分化。每个机关在各自主导的诉讼阶段都有相同的查证责任。通俗地说,查证案情,还原

---

[1] 参见《2012 年最高法解释》第 349 条第 1 款第 4 项、第 5 项。

[2] 从该条规定来看,对于裁定不予核准的案件,最高人民法院要么裁定后发回,要么裁定后改判。但最高人民法院在司法解释中"废止"了不予核准后予以改判的路径。依照现有司法解释中的有关规定,最高人民法院如果裁定不予核准,一律发回重审。由此可以看出,最高人民法院在利用自己的司法解释权"续造法律",将选择性接力的查证责任"制度性"地转移给了下级法院。且从现有的制度来看,在死刑复核程序中,以事实不清证据不足为由的发回重审的次数并无限制。参见 2012 年《刑事诉讼法》第 239 条和《2012 年最高法解释》第 350 条、第 351 条和第 352 条。

真相，不是哪一家可以说了算的，没有谁可以垄断事实认定的最终话语权。从表面来看，生效裁判是由法院作出的，其似乎可以掌握有无犯罪事实的最终决断权。但这一最终决断权并非"权威"意义上的"最终"决定权，只是程序分工意义上的"最后"决断权。仅仅因为其在时间序列中处于最后一个节点，因此而成为最终的决断者。换言之，当程序按部就班地走到了终点，法院就必须得给出一个说法，不得不给出一个最后的判断。但这并不意味着查证案件真相的大门自此就可以关闭，诉讼自此"终结"。从法律上来说，此时诉讼的事实认定活动只能说暂时终了，而尚未完结。就再审启动的法律条件而言，如果有新的证据出现，可以否定或质疑以前认定的事实，甚至在无任何新证据出现的情况下，只要生效裁判被再审启动权主体认定为事实不清、证据不足，国家都有责任继续审理和"接力"查明事实真相。如此往复，以至无穷。

由是观之，我国刑事诉讼探知事实的能力是由作为一个诉讼的"整体"予以担保的，诉讼的大门永远向有价值的新证据甚至"新评价"敞开。没有哪一个主体在"局部"的诉讼阶段可以垄断调查真相的权力和单独承担查证事实的责任。因此，在收集证据以便查证事实的诉讼法任务方面，分段接力的结构形成了一种"去中心主义"的格局。每一个诉讼阶段（含再审阶段）都有调查收集证据和查明案件事实的权责，但没有哪一个阶段的主体享有"认定"事实的权威。无论上一阶段所认定事实的程序是否遵循了"法的正当过程"（due process of law），其结论对下一阶段的主导者而言，均无必须接受的拘束力。如果说在这种结构中有真正的"中心"，那就是案件的"真相"本身。一个制度建构者所设想的不关乎程序也不关乎权力而是由"铁证"所打造的"客观事实"，才是整个诉讼的中心。它才是将"权力"转化为无可撼动的"权威"的真正靠山，也是"程序"产生"作茧自缚"效应的终极保障。毫无疑问，这是一种与现代科学主义精神不谋而合的探求真相的模式。一方面，由不同主体进行持续性的复查体现了科学领域内的同行审查的思想；另一方面，用证据和事实说话体现了科学领域内的实证主义的思想。

（二）多中心主义

但吊诡的是，在去中心主义的同时，该结构同时催生了事实查证的"多中心主义"。多中心主义，并不是说每个诉讼阶段都是查证案件事实的"关键"环节，而是说每个阶段都有成为事实认定"高潮"的可能性。易言之，后一程序阶段在前一程序调查取证存在缺漏时可以拾遗补缺，也可以在前一阶段调查取证存在片面性时补偏救弊，从而成为整体的刑事司法体系中查证事实的核心。当然，作为开启诉讼程序且承担第一道查证职责的侦查机关，也同样可以成为查证事实的关键角色，从而使侦查成为整个程序中事实认定的"中心"。

撇开政治地位、政策需要和民众的司法观念不谈，单就刑事诉讼中侦查机关的职责、程序中的位置、收集证据的实际能力和诉讼事实查证的特殊性来看，分段包干和选择性接力的构造使侦查阶段成为事实认定中心的可能性更大，但也完全符合制度设计者的预期目标。一是侦查机关并不只是帮助法院或检察院准备案件，并不是打下手的角色，它本身就负有全面收集证据以查清事实的"独立"责任。二是由于侦查阶段处于诉讼的第一个阶段，距离案发时间更短，有更为便利的条件将证据收集齐全，查明案件真相。三是侦查机关取证的经验、技术和手段优于同样承担查证职责的检察机关和审判机关，因此实际调查能力也更强。四是用来证明案件事实的证据通常不具有重复获取的可能性，这一点迥异于科学实验的求真活动。科学家如果对同行的实验结论有所怀疑，他完全可以按照同样的实验程序来获得"新证据"，以判断同行的实验结论与证据是否吻合。只要觉得有必要，且有财力、人力的保障，实验完全没有次数的限制，可以无限次地"调查"。但在司法活动中，除检验鉴定之外，证据都具有独特性和唯一性，属于"非可再生资源"，无法通过反复实验源源不断地获得证明事实认定结论的新证据。因此，侦查阶段成为查证事实的中心环节的"可能性"明显大于起诉阶段和审判阶段。甚至从立法的要求来看，侦查机关也有义务确保侦查的中心地位，因为它是第一个负责全面收集证据并查清事实的机关。

（三）公检法三机关查证责任的高度同一

在分段接力的结构中，公检法三机关在查证责任上是基本一致的。首先，三机关均在各自主导的诉讼阶段承担查证事实的客观性义务。客观性义务是大陆法系刑事诉讼的一个核心概念,但在大陆法系的司法架构下,客观性义务的承担者是司法机关,而非警察机关。这并不是说,大陆法系制度下的警察机关可以无视对有利于被追诉人的证据的收集,而是因为大陆法系国家的侦查在体制上系由检察官或法官主导,警察并无独立、完整的侦查权。鉴于分段包干的结构性需要,我国公安机关的侦查权独立于检察权和审判权,因此,客观性义务施加于公检法三机关。客观性义务反映了侦诉审三机关必须秉持"打击"与"保护"并重的立法要求,既要收集不利于被追诉人的证据,也要收集有利于被追诉人的证据。换句话说,每个机关在各自主导的诉讼阶段都要承担控诉、辩护的双重职责。

其次,每个机关在各自主导的阶段有义务依照法定程序对案件进行调查,收集足够的证据澄清案件中的疑点,尽力排除其他可能性,直到其认为犯罪事实清楚,证据确实充分,否则就应当按照存疑有利被告人的原则作出有利于被追诉人的处理。其中,有所不同的是,侦查机关没有存疑时"撤销案件"的权限,检察机关和审判机关则有相同的存疑后无罪处理的职责。前者必须在其主导的阶段对证据不足的案件作出无罪化处理,即不起诉,后者也必须在其主导的阶段对证据不足的案件作出无罪化处理,即判决宣告无罪。[1]不过,依照立法规定,侦查机关在侦查强制措施期限已到,案件仍无法查清的,必须释放犯罪嫌疑人,恢复他的人身自由。就这一点而言,三机关均有相同的有罪事实的"证明责任",也有相同的"疑罪从放"的"裁判义务"。当然,这种裁判义务的落实方式不同,侦查机关是释放嫌疑人,但并不一定可以立即恢复其法律上的无罪之人的身份;检察机关则是停止程序推进,作出不起诉决定,释放嫌疑人;审判机关则是宣告无罪,并释放被告人。由于没有禁止双重危险或一事不再理的保障,被释放的人并不一定可以与曾经遭受追诉的犯罪彻底摆脱干系,在理论上其有再次成为被调查对象的可能性。因此,各机关的决断在实际效果上差异不大。[2]需要再次提及的是,虽然1996年《刑事诉讼法》确立了控辩式审判的"外形",2012年《刑事诉讼法》甚

---

〔1〕 司法解释中增加了一种法无明文的"撤诉"处理方式。

〔2〕 目前立法不明确的是依照疑罪从无的原则释放被追诉人后,能否以其尚有"犯罪嫌疑"为由,将其列为犯罪嫌疑人,并由此导致其无法充分行使普通人享有的基本权利。

至规定了检察机关在公诉案件承担有罪的"举证责任",但只要法院具有进一步查证犯罪事实的权责,即选择性接力的权力和责任,终极意义上的"举证责任"在审判阶段还是由法院而不是由检察院承担。因此,公检法三机关不仅在各自的诉讼阶段承担控辩双重职能,而且承担着阶段性澄清义务(或证明责任),并享有阶段性事实裁判的职责。在这种结构中,并不存在英美法系或民事诉讼中由一方当事人承担的作为败诉后果的证明责任,只有分段式的职权查证责任和事实裁判责任。

最后,阶段性裁判职责均属于一种自我把关的责任,其他机关只能进行事后审查,无权提前干预、代替其他机关就事实作出"裁判"。无论是公安机关移送审查起诉,还是检察机关提起公诉,后一机关都无权以证据不足、事实不清为由拒绝接受案件,无权拒不启动下一阶段诉讼程序。每个机关的查证负担在法律上都必须要达到犯罪事实清楚、证据确实充分的程度,但后续机关即使认为上一机关未尽到责任,也不能作出程序上的不受理或驳回决定,是否达到要求取决于各机关的阶段性自我把关。易言之,即使负责起诉审查的检察官认为公安机关当前侦查终结的案件,证据收集明显不足,未达到移送起诉的条件,但只要侦查机关认为已经达标,检察院就必须接受案件;当检察院起诉的案件存在类似情况时,法院也无"预审"的权限,将案件驳回,而是必须接受案件。因为,如果下一机关有权拒绝受理上一机关的案件,就等于赋予了拒绝接力的权限,这与选择性接力的任务不相适应。这一特色也可以概括为禁止拒绝接力的原则。

(四)查证范围的单元化认定权

正是由于每个机关在各自主导的阶段承担了事实查证的控辩审三种职责,既要证实有罪,也要证实无罪,且有责任自我把关以确定查证要求是否已经达成,所以各机关在各阶段都有证据调查边界和范围的独立认定权。也就是说,在三家控制的小单元内,到底是按照现有证据作出相应的事实认定,还是延迟这一决定,进一步获取证据后再作决定,每家单位均有独立自主的不受外部控制的独立认定权,体现出证据调查边界的"山头主义"。一切均以各机关自我设定的查证责任是否已经完成作为自我设限的边界线。

因此，即使公安机关认为证据已经收集齐全，但检察机关有重新判断和自由确定进一步调查证据是否必要的权力，并在此基础上选择下一步行动。法院对检察机关移送的案件，也有类似的证据调查范围的自由判断权。因为查证事实的接力只是一种选择性接力，而非被动性接力，下一机关享有独立完整的证据调查边界的判断权。也就是说，后端有权以证据确实充分为标准对前端的调查结果是否全面和达标进行独立的评估，并据此确定是终止调查案情，还是继续调查取证。这倒不是说，处于程序后端的机关总是跟前端过不去，而是后续阶段的负责人应当依职权行使单元格内的事实认定权限，其有权力否定前端的证据调查结果，也有权力肯定前端的证据调查结果。因此，在依照通常程序进行的案件中，能否达成"后端共识"决定了获取证据的数量和质量。以侦查取得的证据为基础，如果检察机关与其达成"共识"，那么起诉环节进一步取证的活动也会跟着停止，如果审判机关认为检察机关提供的证据已经充足，那么审判环节进一步调查案情的活动也会跟着停止。否则，后端负责机关则有职责进一步获取证据，在有可能获取新证据的条件下增加决定或裁判的证据总量和提升证据的质量。

（五）"调查"真相演变为"接着查"真相

在选择性接力的结构下，下一机关必须先要获悉上一机关目前案件的案情查证情况，才能作出相应的裁判并据此选择如何接力。一方面，这使得上游机关有义务将所收集的全部证据材料直接移送下游机关；另一方面，使得任何阻断下游机关接触上游机关证据材料的法律规则，均会遭到结构性排斥。因此，警察收集的全部证据材料，检察机关都应当照单全收。审前办案机关所收集的全部证据材料，审判机关也必须悉数收纳。甚至已经被前端所排除掉的"非法证据"，也必须附卷随案移送，不准前端截留，也不允许后端拒绝接受。尤其关键的是，前端所收集的证据材料均可以成为后端办案机关调查案件事实的基础。因此，虽然在分段包干和选择性接力的框架下设置了重峦叠嶂式的调查机关，投入了巨大的司法资源，死刑案件几乎可以用"过五关斩六将"来形容，但后端办案机关基本上都是"接着查"而已，没有责任必须"独立查"，也没有义务必须"重新查"。正是"接着查"的主体众多，为了适当地节省司法资源,也都允许后端办案机关在大部分时候(除了一审)基本上进行单方面、非言辞、秘密的"接着查"。

既然是接着查,那么后端办案机关是否进行进一步调查活动,就主要取决于对前端办案机关办案成果的审查。如果其认为前端已经达标,调查活动就会结束。只有其认为未达标,才有可能重新查证或从事前端没有从事过的独立调查活动。之所以说"有可能",是因为即使认为未达标,下游办案机关也没有义务必须由自己"接着查",而是可以将案件退回上游办案机关"接着查"。这正是"选择性接力"的含义所在。因此,在侦查阶段以后的程序阶段中证据调查的范围,主要取决于后端办案机关认为有无拓展证据调查边界的必要性。至于证据调查的方式,则赋予了后端办案机关充分的选择自由,以便让其裁量决定最适宜的接力查案方案。

我国证据法在近10年有了突飞猛进的发展,但这些规则几乎全是证据评价规则或证据裁断规则,[1]也可以说是将后端办案机关对前端办案机关所办案件是否达标的判断权进行严格规范。但凡阻止后端接力或迫使后端机关必须延伸调查边界或采用特定方式进行调查的规则,并无任何实质性发展。这些事项依旧取决于后端办案机关对必要性的判断和得体的裁量。证人、被害人、鉴定人、分案审理的共犯被告人等人证,检察机关在起诉阶段没有义务对他们进行重新调查,即使到了审判阶段,是否要通知这些人出庭接受调查,也完全取决于审判机关对前端办案成果的信心和再次进行调查的必要性的判断。

---

[1] 后文对此问题有更为深入的阐述。参见第四章第三部分和第五章第三部分。

第二章
作为查明真相协助者的辩方

在查证事实的活动中,除侦诉审的职责设定外,被告人的角色当然不能忽略,毕竟查证事实的核心目标就是确定被告人有无刑责和刑责大小。证据收集不全,不仅可能让有罪的被告人法外逍遥,还可能让无罪的被告人蒙冤入狱。依照人类经验,一般来说,世上并无第二人比被告人更为清楚其是否实施过特定的犯罪活动。就证明活动而言,如何让被告人发挥建设性的作用,克服国家机关查证事实时可能出现的片面性、主观性,就成为每一个诉讼制度都必须解决的问题。

一、查证责任和如实回答义务

在分段包干和选择性接力的查证模式中,收集证据查明真相的责任由代表国家、社会的三机关承担,被告人没有义务收集、提供证据以证明其事实上无罪或有罪。即使被告人没有提供任何无罪的证据,但只要侦诉审三机关没有收集到确实充分的证据,也不得认定有罪;甚至在被告人认罪以至于自动投案供述了罪行的条件下,如果司法机关无法收集到足以补强口供的其他证据,同样不得认定有罪。被告人在证明案件事实方面可无可有的角色,体现了一种超强的国家责任主义色彩。

值得一提的是,我国立法在侦查讯问程序中设定的犯罪嫌疑人"如实回答"的义务,一直保留至今。从形式上来看,这等于赋予了犯罪嫌疑人积极协助国家机关查明案情并提供证据的法定义务。据此规定,犯罪嫌疑人、被告人不仅无权保持沉默、消极不配合,而且不得欺骗公安司法机关,隐瞒真相、混淆视听。但对如实回答义务的法律意义不宜作过度的扩张解读。从其入法至今,该义务在"法律"上都只是一个有义务无后果的训示性规定。易言之，如果被追诉人不回答或不如实回答，三机关则无法定的制裁措施强迫其落实义务。首先，我国在实体法中将被告人排除在伪证罪的主体之外，这一点与大陆法系国家的立法模式相同，与英美法系国家要求被告人在法庭上必须走上证人席承担伪证罪的风险完全不一样。大陆法系学说甚至认为，由于被告人不如实陈述并无任何不利后果，由此可以推论他有"撒谎权"。无论是否承认有撒谎的自由，在我国，被告人若不如实回答，也不会承担任何"法律"责任。[1]其次，即使被告人保持沉默，拒不配合，也不能据此作为推论其有罪的证据。在我国目前的证据法定种类中，有供述，也有辩解，它们均是积极作为的结果，至于消极沉默，则既不是供述也不是辩解。换言之，沉默并不会产生证据法上的不利推论后果。再次，无论是积极撒谎，还是消极沉默，都不是实体法明文认可的从重或加重处罚情节。当然，如果不如实陈述自己的犯罪事实，就必定失去认定为自首、坦白或认罪认罚从宽的机会。从结果来看，拒不履行如实回答义务的被告人与履行了义务的被告人之间，确实可能出现量刑剪刀差。但这不是因为拒不履行义务导致其被从重处罚，而是因为其不具有法定或酌定从轻量刑情节而间接诱发的量刑差异。虽然这种量刑剪刀差尚未达到美国辩诉交易那么大的幅度，但足以让被告人承受较大的压力。[2]由于是否认罪属于评价被告人社会危险性大小的一个重要因素，所以对于轻罪的被告人来说，供述与否可能会影响最终的刑罚，即到底是否会失去自由（监禁刑或缓刑）；对于重罪的被告人来说，供述与否可能影响到是生是死。最后，公安司法机关也没有权力对拒不履行如实回答义务的被追诉人施加"程序强制"，不得以刑讯逼供或威胁等身体或精神上的强制手段强迫被追诉人履行义务。

---

[1] 我们一再强调法律上的责任，主要是为了将法律规定和政策要求、实务倾向相区分。

[2] 美国辩诉交易从宽幅度之大在 Hayes 案件中得到鲜明体现。在 Hayes 案件中，检察官提议，如果被告人 Hayes 认罪，就向法院建议判处 5 年有期徒刑，如果不认罪则以其他两起重罪起诉，可能判处终身监禁。被告人拒绝认罪，检察官于是从重起诉，陪审团认定被告人构成犯罪，最后，被告人果真被判处终身监禁。美国联邦最高法院认为该案没有违反正当程序。参见 Bordenkircher v. Hayes, 434 U.S. 357 (1978). 因此，美国辩诉交易下的认罪有可能导致被告人承认没有实施过的犯罪，因为"一些无罪被告人因为害怕诸如死刑的严酷刑罚而认罪"。参见 [美] John H. Blume、Rebecca K. Helm: "'认假罪'：那些事实无罪的有罪答辩人"，郭烁、刘欢译，载《中国刑事法杂志》2017 年第 5 期，第 136 页。

有人可能说，在司法实务中，确实存在对拒不配合调查的被追诉人采取逼供或从重处罚的现象。但与其说这是对没有履行如实回答义务的被追诉人的一种"惩罚"，倒不如说是侦查权、司法权的滥用，而"抗拒从严"的"政策性司法"则加剧了滥用的可能性。我国刑事诉讼法自制定之初，就明文列举了数种取证禁止性的规定，且没有任何例外，即不论在何种条件下，也不论追诉犯罪涉及的公共利益有多么重要，均不允许侦查机关对犯罪嫌疑人采取刑讯逼供、威胁等强迫手段。2012年《刑事诉讼法》新增了不得强迫任何人证实自己有罪的规定，再次重申和强化了这一立场。《刑法》也从未将侦查起诉审判阶段的"抗拒"行为列为一种从重处罚的情节。因此，被追诉人无理狡辩也好，拒不交代也罢，均不得作为逼供或从重量刑的合法根据。因此，实务中的错误做法并不是如实回答义务所致，侦查和司法的法治化水平有待整体提升。在实际侦查活动的法治化水平较低和司法活动无法得到有效控制的法治背景下，即使规定了沉默权，也是枉然。因此，单就立法层面而言，如实回答义务并不是给被告人施加了提供证据这一严格意义上的"法律责任"，以便积极协助三机关查明案件真相，而是立法对被告人施加的一种道德责任。立法者在道德上期待被追诉人能够有一说一，有二说二，期待客观上实施了犯罪的被追诉人勇于承担责任，也期待客观无罪的被追诉人敢于辩解无罪，如实回答与案件有关的问题，以便"准确、及时"地查明案件事实，但在法律上并不强迫被追诉人必须如此选择。这是一种既异于封建法制的强迫取供，也异于西方国家沉默权的立法形态，因为在法律制定者看来，这两种制度模式都与准确及时地查明案件事实的目标相抵触。因此，就收集证据查明案情的责任归属而言，它并没有降低也没有转移三机关分段包干和选择性接力的法定责任。

被告人固然没有法律责任提供证据证实其说辞，也没有法定义务提供证据证明三机关认定的事实与真相不符或存在合理疑点，但如果他试图挑战公安司法机关所认定的事实，时常会面临着事实上的举证负担。此时，只是赋予其可以进行自我辩解的机会或在事实上允许其保持消极对抗，并不一定能够帮助他实现诉讼目标。之所以说"不一定"，是因为主要取决于办案人员对其辩解或案情的认识。如果办案人员重视其辩解或提供的线索，认为有必要进一步调查取证以判明真伪，或者办案人员非常细致认真，明察秋毫，赋予被告人辩解的机会就已足够，哪怕保持沉默，也无关紧要。办案人员可以通过对辩解所提供的情况去调查核实或主动进行全面细致的核查，从而发现之前所认定事实的错误或疑点，避免误判。但办案人员也可能认为真相已经查清，辩解纯属推卸责任的无理狡辩，不回答问题等于默认了当前已经查证的事实，根本无须进一步调查。因此，真正的问题并不在于如实回答的义务，而是在于被告人认为自己已经如实回答了与案件有关的问题，但却无人相信他的说辞，他该怎么办？此外，假如被告人坚持认为自己无罪，根本无须辩解，于是消极抵抗，拒绝回答任何问题，但司法机关认为证据确凿，被告人该如何避免错误裁判降临到他的身上？此时唯一的途径就是自己调查证据以便强化、证实其辩解或者削弱、证伪公安司法机关所认定的事实。为了将其与三机关承担的分段包干和选择性接力的查证责任进行区分，我们可以将其称为被告人"有必要获取并提交相关证据"（以下简称证明必要）的责任。

证明必要的责任是被告人承担的战术性责任或基于辩护策略需要而选择性承担的责任。换言之，如果被告人选择对抗性的辩护策略，单单依靠公检法三机关履行客观公正的查案义务并不一定能够达到预期的目标。此时，被告人可能不得不选择"自力更生"。尤其是那些认为自己无罪、罪轻的被告人，如果他认为办案机关应该收集的证据没有收集，其面临极大的不利认定的风险，出于自我保护的本能需要，他也有强大的内驱力收集有利于自己的证据。但这一切都取决于被告人对当前证据状态的评估和事实认定风险的预判，以及据此作出的选择。作为一种战术性责任，它是一种高度依赖于具体诉讼语境的责任。因此，不能将证明必要的责任与公检法承担的查证责任混为一谈。公检法承担的查证责任是一种不可放弃、不可选择的国家义务。选择性接力并不是选择是否查清真相，而是选择继续澄清事实的主体。被告人承担的证明必要的责任则是一种可以自愿抛弃也可以自愿承担的责任。

二者的法律效果也完全不同。被告人评估形势后认为自己应当承担责任时却"自暴自弃"，不能据此让其承担有罪或罪重的后果，他至多只是"可能"失去战术性的利益。但如果三机关没有将案件事实查证到确实充分的程度，就必须在相应的诉讼阶段作出有利于被追诉人的处理，如改变强制措施、释放犯罪嫌疑人、作出不起诉决定或判决无罪。

最后，证明必要的责任是一种可以相互转换的责任，即可以在追诉审判机关和被告人之间来回游弋，但查证责任不可以转换，它是一种专属于国家机关的责任。[1]被告人基于对形势的评估，会作出是否有必要进一步调查证据的判断；当其选择调查证据并成功提出后，追诉审判机关也要将此新证据纳入考虑，并决定是否有必要进一步获取证据。追诉审判机关对证明必要的判断，也取决于具体的诉讼语境，尤其是对现有全部证据证明状态的评估。如果认为即使将新证据纳入考量，也不会改变事实认定结果，他们可能作出无必要进一步调查案情的判断，反之则可能认为有必要进一步获取、检验证据。

二、辩方证明必要的权利保障

既然被告人在特定条件下有必要自行承担调查案情的责任，那么立法就必须赋予其可以完成任务的权利。否则，被告人永远只能处于一种被动挨打或期盼青天的境地，无法成为真正意义上的可以积极影响裁判结果的诉讼主体。更关键的是，这亦会对事实认定的准确性造成负面影响，毕竟依据残缺不全的证据材料所得出的事实认定结论，出错的可能性更大。保障被告人可以积极主动地为司法机关提供证据材料，是准确及时查明案件事实的必要条件。

在我国，目前在立法上并没有直接确认被追诉人享有"调查取证权"，但立法也没有禁止被追诉人"收集"对其有利的证据材料并提交给办案机关。根据法无禁止即自由的法律原则，只要被追诉人收集证据的活动没有违反各项法律规定，自然可以获取有利于他的证据材料。但调查证据不只是一个"体力活"，也是一个"技术活""法律活"，更关键的是取证主体必须要有自由。一般来说，从被追诉人的法律地位、取证经验和法律知识储备来讲，被追诉人自行收集证据存在一些难以克服的障碍。一是为了保障诉讼顺利进行，

---

[1] Henry Prakken and Giovanni Sartor, *A Logical Analysis of Burdens of Proof*, in Hendrik Kaptein, Henry Prakken and Bart Verheij (eds.) Legal Evidence and Proof: Statistics, Stories, Logic, Ashgate Publishing Limited, 2009, p. 227.

被追诉人在诉讼活动中的人身自由可能遭受限制、剥夺，缺乏自行调查取证的条件。二是被追诉人与案件处理结果具有直接的利害关系，亲自收集有利于他的证据，如主动接触有利于他的证人，可能会损害证人的可信性，反倒对被告人不利。三是一般情况下，被追诉人并无任何调查取证的经验和相关的法律知识，调查活动可能因为形式上或程序上不符合要求而导致证据丧失效力。如果这是一份无法重复提取的证据，被追诉人可能遭受较大的损失。因此，单凭被告人一己之力，想要获得有价值的证据，非不可也，乃过难也。为了弥补被追诉人收集证据力量的不足，我国立法赋予了被追诉人两种备选手段。一是亲自委托辩护人或接受国家为其指派的援助律师，由辩护人帮助其收集有利于他的证据材料；二是由其本人或辩护人申请司法机关调查取证。

我国委托辩护人并无专业化要求，符合法定条件的非律师人员也可以接受委托担任辩护人。通说认为，非律师辩护人并无调查取证权。单以立法"明文"规定来看，自1996年《刑事诉讼法》正式确立辩方调查取证权以来，立法的确只是规定了"辩护律师"可以"收集与本案有关的材料"，但是否可以据此推论非律师辩护人"不可以"收集与本案有关的材料？答案应该是否定的。一方面，如同立法既没有授权也没有禁止被追诉人自行收集证据，并不因此得出被追诉人不可以自行收集证据一样，非律师辩护人在立法没有禁止其可以收集证据材料的情况下，也可以得出相同的结论，即可以在遵守各项法律规定的基础上收集证据材料并提交给办案机关。另一方面，从辩护人的法定职责来看，我国刑事诉讼法一直要求"辩护人"有责任提出证明被告人无罪、罪轻或者减轻、免除其刑事责任的材料和意见，既然辩护人负有提出有利证据材料的职责，却不允许他在三机关遗漏证据材料或申请取证被拒绝后自行收集证据材料，这也与辩护人的职责设定不一致。

因此，关键问题不是辩方的哪一个主体享有收集证据的权利，而是在司法机关拒绝接受、拒绝调查辩方收集的证据材料时该如何解决。这涉及辩方如何确保司法机关必须对其收集的材料进行审查的问题。另一个问题则是如何保障辩方能够获取与案件有关的证据材料。辩方获取证据材料需要解决的问题与侦查、起诉、审判机关并无本质不同：一是收集证据材料的权限和边界；二是当收集证据遭遇阻碍时，如何排除妨碍，取得证据。

我国 1979 年《刑事诉讼法》并无辩方证据调查权限的规定。但依据 1979 年《刑事诉讼法》有关辩护人职责的规定，能推论出辩护人可以收集无罪或罪轻的材料。若是辩护律师，依据 1980 年《律师暂行条例》，则有明确的法律依据进行"调查取证"。他不仅"有权依照有关规定，查阅本案材料，向有关单位、个人调查"，而且"有关单位、个人有责任给予支持"。这与当时对辩护律师的职业定位有密切关系。1980 年《律师暂行条例》把律师定位为"国家的法律工作者"，具有公职属性，[1]因此规定有关单位、个人有"支持"律师调查取证的"责任"。只不过由于辩护律师介入案件的时间较晚，直到起诉后的审判阶段才能接受委托或指派担任辩护人，距离开庭的时间短暂，自行调查取证的可行性不大；加之法院存在不把证据收集充分就拒绝开庭审判的倾向性选择，辩护人完全可以经由"阅卷权"的行使，获取较为全面的证据材料，他可以搭乘分段包干和选择性接力的最后一班"便车"，了解到该案的全貌。

1996 年《刑事诉讼法》为了与控辩式审判改革的目标相一致，正式在立法中确认了辩护律师的"调查取证权"，规定"辩护律师经证人或者其他有关单位和个人同意，可以向他们收集与本案有关的材料"，"经人民检察院或者人民法院许可，并且经被害人或者其近亲属、被害人提供的证人同意，可以向他们收集与本案有关的材料"。与此同时，立法将委托辩护人的时间提前到了审查起诉之日。至此，辩护律师不仅获得了刑事诉讼法的授权，可以调查取证，而且也有了较为充裕的时间收集有利于被告人的材料。但由于如下四方面制度性的变化，辩护律师获取证据材料的能力、范围非但没有增加，反倒有所缩减：一是随着 1996 年《律师法》的制定通过，辩护律师从"国家的法律工作者"转变为"为社会提供法律服务的执业人员"，公职人员的外衣不复存在，变成了自谋生计的自由职业者，获取证据的"权力"色彩褪去。二

---

[1] 有学者在回忆当时"公职律师"的显赫地位时说道："1986 年自己作为青年教师带领法学院一个毕业班到呼和浩特市政法机关实习，其中一家国办律师事务所也是实习单位。在那里工作的律师，不仅穿着司法行政机关统一配发的制式服装，戴有领章帽徽，而且有的律师还配发了枪支。无论律师自己，还是社会上都把他们看作是与法官、检察官、警察性质完全一样的政法工作人员。"参见顾永忠等：《刑事辩护：国际标准与中国实践》，北京大学出版社 2012 年版，第 289 页。

是立法明确强调了辩护律师调查取证的"任意性","明示"必须经过有关单位、个人同意或者"双重同意",才可以向他们收集证据材料。三是随着庭前审查模式的改革,辩护人在审判阶段虽然可以获取"本案所指控的犯罪事实的材料",但该材料并不是全部案卷材料,而是经由检察院筛选后确定的"主要证据的复印件、照片和证据目录"。在起诉阶段,辩护律师只能获取"本案的诉讼文书、技术性鉴定材料",同样是杯水车薪。四是在1997年《刑法》修改后,增设了辩护人、诉讼代理人毁灭证据、伪造证据、妨害作证罪,主要作为"专门"打击律师利用职业权利违法阻碍真相发现的罪名,增加了自行调查取证的刑事责任风险。由此可见,辩方调查取证权的立法赋予和调查时间的提前有很大的"代价":一方面,"搭便车"的范围遭受限制,从司法机关获取证据材料的范围比之前更小;另一方面,在自行取证风险增加的同时,公权力保障的色彩也消失了,所谓"调查取证权",与教授从事科学研究或记者进行案件报道在不违反法律规定的条件下可以收集素材,并无本质区别,甚至可能比不上教授或记者。[1]因此,这就造成了一种悖论:因阅卷范围变窄,辩方虽然比之前有更大的自行证明的必要性,但取证的风险却在增加,能力也在弱化,导致比以前更加难以获取有利于被告人的证据材料。

2012年《刑事诉讼法》在起诉形式审查模式不变的条件下,恢复了全案移送制度,同时将起诉阶段阅卷范围扩大至"本案的案卷材料"。辩方通过阅卷权的行使获取证据材料,经历了一次波浪式前进,从以前审判阶段才能获取本案的证据材料,变为审查起诉之日起即可获取本案的证据材料。在此基础上,立法更进一步,规定犯罪嫌疑人"自侦查机关第一次讯问或者采取强制措施之日起",有权委托律师担任辩护人。侦查阶段提供法律帮助的律师在诉讼地位上终于取得了"辩护律师"的名分。由于立法规定只要具有"辩护律师"身份的人,即可依法收集证据材料,所以辩护律师调查取证权的时间节点进一步提前,在侦查伊始就可以自行取证。只不过由于阅卷权的保障在目前比较到位,律师取证缺乏任何强制力,加之1996年《刑事诉讼法》实施

---

[1] 从法律上来看,如果教授出于科学研究的需要和记者出于报道案情的需要,可以在不影响司法机关正常办案的情形下,向被害人一方询问与案件有关的情况,至少在案件审结之后,他们可以这样做,而无须事先得到检察机关或审判机关的许可。

后，司法实务中控方抓律师的现象时有发生，导致在律师群体中产生了"寒蝉效应"，法律虽然赋予了辩护律师尽早取证的机会，但实务中多数律师会选择"消极"辩护，[1]静等侦查终结后与司法机关一起"分享"侦查取得的"果实"。

但辩方的调查取证权向来都是"私权利"，无法直接诉诸强制力，这也是世界各国的立法通例，目前尚未发现任何一个国家的立法允许辩护律师像侦查司法机关那样取证，直接诉诸强制性权力，如强制搜查、扣押物品或强制询问知情人员。我国立法为了帮助辩方克服调查案情遇到的障碍，赋予其申请司法机关调查取证的权利。与我国立法有关辩护律师介入诉讼的时间相一致，辩方申请司法机关调查取证的权利在行使时间上也在稳步前进。1979年《刑事诉讼法》只赋予了在审判阶段向法院申请调查取证的权利，1996年《刑事诉讼法》则赋予了在起诉阶段和审判阶段分别向检察院和法院申请调查取证的权利，2012年《刑事诉讼法》则将申请调查取证的时间点提前至侦查阶段，构建了审前阶段向检察院申请和审判阶段向法院申请的权利。但立法并未对何种条件下应当同意申请的问题作出规定。有关司法解释对此进行了规定，但与选择性接力的结构性要求相一致，申请获得同意的条件，关键取决于有无继续接力查案的"必要"。

无论是从最高人民法院的司法解释来看，还是从最高人民检察院的司法解释来看，二者对辩方申请取证权的规定均以"必要性"或"需要性"作为核心要件。例如，《1998年最高法解释》第44条规定："辩护律师向证人或者其他有关单位和个人收集、调取与本案有关的材料，因证人、有关单位和个人不同意，申请人民法院收集、调取，人民法院认为有必要的，应当同意。"第45条紧接着规定："辩护律师直接申请人民法院收集、调取证据，人民法院认为辩护律师不宜或者不能向证人或者其他有关单位和个人收集、调

---

[1] 在实务调研中，笔者发现，自行取证是否进行和如何进行，在辩护律师群体中已经成为一种衡量律师的辩护勇气、智慧和策略的检验基准。有的认为坚决不要自行取证，有的认为必须做好一切风险防范措施后才能取证。至于风险防范的措施可谓五花八门，有的认为，对证人进行调查的时候，必须架设同步录音录像设备；有的认为，必须要两人以上一起取证；有的甚至认为，绝不面见证人，而是让证人自己将亲笔证词通过邮寄的方式寄给他；等等。

取,并确有必要的,应当同意……"可见,无论是调查遇阻后申请还是直接申请,均以人民法院认为是否有必要作为同意与否的核心条件。《2012年最高法解释》第51条、第52条与此规定相同。2017年最高人民法院以落实庭审实质化为目标的《人民法院办理刑事案件第一审普通程序法庭调查规程(试行)》(以下简称《法庭调查规程》)的规定亦如此。该规程第38条规定:"法庭审理过程中,控辩双方申请通知新的证人到庭,调取新的证据,申请重新鉴定或者勘验的,应当提供证人的基本信息、证据的存放地点,说明拟证明的案件事实、要求重新鉴定或者勘验的理由。法庭认为有必要的,应当同意,并宣布延期审理;不同意的,应当说明理由并继续审理。"

何谓"有必要"或"确有必要"?依据文义,"必要"的含义就是不可缺少、非如此不可的。"无必要"的含义就是可有可无、多此一举或画蛇添足。在辩方申请调查取证的条件下,必要性原则解决的核心问题就是司法机关(依申请)调查取证的边界或范围。也就是说,司法机关在受理申请后,到底是否"必须"进一步采取行动调查取证,到底将证据调查的范围保留在当前状态还是延伸到尚未调查的证据。但对于如此重大的问题,目前并无任何指导性案例就如何作出选择给予"指导",司法解释制定机关在撰写条文释义时,遇到这一问题就戛然而止。[1]因此,就规范层面来说,目前这是一个完全留给司法人员依据具体案件的具体情况进行判断和抉择的权力,我们只能通过检索相关判决来总结实务中审判人员是如何对待证据调查申请权的。鉴于判决书中对同意申请调查取证的,通常并无任何理由的阐述,因此,只能从无必要的裁判理由中反推必要性判断的要件。根据对2010年、2015年、2016年、2018年我国四地二审判决书有关裁判理由的总结,审判人员对申请取证有无必要性的判断标准主要是待证事实是否业已查清。

例如,在上海市2010年一份故意伤害案二审裁定书中,辩方以颈部有掐痕为由申请法院进一步调查取证,以证明被害人有过错和其存在防卫情节,法院在裁定书中写道:"孔的颈部掐痕不能证实赵先动手及存在过错,孔的行

---

[1] 江必新主编:《〈最高人民法院关于适用《中华人民共和国刑事诉讼法》的解释〉理解与适用》,中国法制出版社2013年版,第35-36页。

为有明显的伤害故意，不存在防卫性质。上诉人及辩护人提出赵存在过错的意见与本院查明的事实、证据不符，不能成立，辩护人申请调查取证的理由不足，本院不予采纳。"〔1〕由裁判理由可知，法院不同意查证申请的理由主要在于辩方提出的"辩解事由"（待证事实）已经查清，因此无必要进一步查证。在2015年郑州市中级人民法院审理的一起案件中，辩方提出向三个证人调查取证，以证明被告人无预谋，也没有实施犯罪行为，且已经提供了证人的姓名，法院也拒绝了申请，理由与上一起案件如出一辙：关于上诉人张某某及其辩护人提出其没有与他人预谋，也未在涉案的土地上种树，并申请对李某某、马某、石某调查取证的意见，经查，被告人孙某某、王某某的供述与被告人张某某在侦查阶段的供述相互印证，并有张某某的身份证复印件、领据等佐证，足以认定三被告人共同预谋在涉案土地上种树，骗取国家补偿款的事实。故该上诉理由和辩护意见不能成立，对其辩护人申请调查取证的意见予以驳回。〔2〕2016年广西壮族自治区高级人民法院的一份二审裁定书中，则直接以辩护申请所提的两个事实已经得到了"确实、充分地证实"为由，作出了不同意调取证据的决定。〔3〕2018年湖北省黄石市中级人民法院则以"相关调查取证申请范围或在案已有证据反映，或对本院依据现有证据认定吴某某构成签订、履行合同失职被骗罪无实质性影响"为由，不同意调查取证的申请。〔4〕

事实业已查清、无必要继续取证的标准，也扩展到了专业知识领域。也就是说，即使是仰赖专家才能给出解答的专门性问题，如果司法人员认为依据"常识"足以作出清楚明确的判断，也可以拒绝辩方提出的鉴定申请。这在司法精神病鉴定领域体现得尤为明显。在死刑复核权收归最高人民法院统一行使的前夕，陕西省发生一起特大案件。邱兴华杀死十人后潜逃，在逃跑中又杀死一人，重伤二人。上诉至二审后，辩方申请法院做司法精神病鉴定，被告人家属提供了家族精神病史的材料，一些社会上的精神病学专家呼吁对

---

〔1〕 上海市高级人民法院刑事裁定书（2010）沪高刑终字第6号。
〔2〕 河南省郑州市中级人民法院刑事裁定书（2015）郑刑二终字第3号。
〔3〕 参见广西壮族自治区高级人民法院刑事裁定书（2016）桂刑终210号。
〔4〕 湖北省黄石市中级人民法院刑事裁定书（2018）鄂02刑终131号。

其做鉴定。但二审法院认为"邱兴华在被抓捕后交代犯罪事实及为自己辩护时，均无任何异常表现同时无证据证明邱兴华有精神病史",[1]没有同意辩方的鉴定申请。无独有偶，时隔12年后的2018年，陕西省再次发生特大案件，张扣扣持刀致二人当场死亡、一人重伤抢救无效死亡。与上述案件类似，此案在二审期间的争议焦点之一是张扣扣是否有精神障碍，上诉人的近亲属在一审后自行委托北京某咨询服务中心进行鉴定，后者认定张扣扣有偏执型人格障碍，辩方据此申请法院对其做精神障碍程度的鉴定。[2]但法院同样拒绝了辩方的申请。由于判决书并未公开，我们只能根据法院认可的二审检察员意见书来判断拒绝申请的理由。从意见书中可以看出，拒绝鉴定的理由与邱兴华案并无二致，其主要理由是根据现有证据已经可以充分证明张扣扣是一个没有精神疾病的"正常人"，待证事实已经清楚明了，无必要启动鉴定程序。[3]与邱兴华案不同的是，此次最高人民法院已经收回了死刑核准权，但最高人民法院也认可了一二审拒绝精神病鉴定的结论，核准了死刑。由于最高人民法院复核死刑必须进行全面审查，所以由此结果可以看出最高人民法院对这一标准（即"事实业已查清、无必要继续取证"）是持赞成态度的。

三、准确及时查明真相的助手

在分段包干和选择性接力的查证构造中，三机关承担了全面收集证据查清事实真相的全部责任。在这一证明结构中，辩方没有责任收集证据证明无罪或罪轻。但鉴于被追诉人可能是最了解事实真相的证据来源，也有动力指出三机关调查真相时可能出现的偏差，因此，对于司法机关准确、及时完成查证责任具有不可替代的证据价值。从其作为最佳证据来源的角度来看，制度设计者期望他能够成为三机关接力查案的积极配合者，以便提供准确、全面的信息、线索协助司法机关快捷查明真相；从其作为三机关查证错误的纠

---

[1] 白冰："司法鉴定改革的德国启示——从一份德国法院刑事判决书出发"，载《刑事法评论》2013年第2期，第268—269页。

[2] 参见叶青、盛雷鸣："刑事诉讼中精神疾病自行鉴定问题研究——以张扣扣案的鉴定争议为线索"，载《中国司法鉴定》2019年第4期，第36页。

[3] 参见"陕西省人民检察院张扣扣故意杀人、故意毁坏财物一案出庭检察员意见书"，载http://www.sohu.com/a/307973058_99944403，最后访问日期：2022年4月24日。

偏者来看，制度设计者期望他能够成为三机关接力查案的纠错建议者，以便将调查真相的路线拉回到正确的轨道。但无论是作为配合者所承担的"义务"，还是作为纠错建议者所享有的"权利"，均是为了协助国家机关完成诉讼任务，以保证刑法的正确实施，惩罚犯罪分子，保障无罪的人不受刑事追究，而不是利用权利干扰、阻碍、破坏真相的发现，更不可能成为结构中的主导性力量之一。截至 2018 年，《刑事诉讼法》已历经三次大修，辩护权在整体上呈现不断扩展的趋势，如委托辩护和调查取证的时间不断提前、法律援助辩护的范围逐步扩大、阅卷权的波浪式推进等，但辩方在这一由国家主导的分段查证的结构中作为协助者的角色定位基本维持不变。

首先，作为协助者的辩方，无权对职权查证的范围、边界产生决定性影响力。证据材料的获取是否已经齐全，以至于是否足以就事实问题作出判断，属于分段包干下三机关在各自主导的诉讼阶段的权限和职责。由他们根据个案的情况作出评判，被告人可以"为自己作证"而进行辩解，辩方可以提供新的线索或材料，也可以正式申请司法机关进一步调查取证，但这些都只是协助国家机关查明真相的手段，对三机关并无拘束力，是否需要进一步查证事实，主要取决于办案机关的必要性判断，即当前所认定的事实是否已经有确实充分的证据加以证明。如果有必要，从法律上来说，他们有义务接续查证；反之，则可能会置之不理。

其次，作为协助国家机关查明真相的角色，无法取得与国家调查机关平起平坐的机会和能力。在获取证据还原真相方面，一个协助者和一个主导者难以做到"平等武装"（equality of arms），即没有相同的机会和能力促使诉讼结果朝有利于自己的方向走下去。其基本特征就是辩方既无强制取证权，也无法律上的保障可以强制公检法三机关中的任何一个机关按照辩方的意愿调查证据。因此，无人有义务配合辩方的调查，也无任何机关必须接受辩方的查证申请。作为协助者，当其有证明必要的时候，国家机关期望在协助者能够"自食其力"时，利用有限的权利帮助国家机关获取证据；当其遇阻时，主导者是否动用强制力帮助协助者排除妨碍，则取决于必要性的判断。从理论上来说，如果说在我国当前的证明结构中有何种平等机会的话，只能是国家机关对当事人的平等保障，既保障被告人和被害人有相同的机会协助司法机关查明真相，也保障每个被告人能够得到一视同仁的平等对待。

再次，作为一种协助性角色，其地位是一种介于诉讼客体和诉讼主体的力量。换言之，他既不是完全被动承受国家调查结果的"客体"，也不是可以对诉讼中的重大判断施加决定性影响的"主体"。因此，在角色定位中，制度设计者一直在艰难地避免两种极端情形的出现。在义务设定方面，制度设计者一方面想要让其发挥独特的信息优势协助国家机关，但也担心有的国家机关为了从被追诉人那里寻求真相而不择手段，反倒损害了协助发现真相目标的实现。在权利保障方面，制度设计者一方面想让无罪的被告人主张权利以防止国家机关调查事实可能出现的偏差，但也担心其权利过大影响真相的发现，以至于成为真正的犯罪分子逃避惩罚的"武器"。这种带有中庸色彩的路线在制度上的体现就是辩方在证据获取方面既无真正意义上的义务，也无真正意义上的权利。因此，一些看似自相矛盾的规定会同时出现在法律之中。例如，一方面，法律规定被追诉人有义务如实回答，同时又规定被追诉人有权利进行无罪的辩护，到底辩解无罪是义务还是权利？另一方面，法律规定不得强迫任何人证实自己有罪，同时又不承认被追诉人享有沉默权，那么要求沉默的被追诉人必须回答问题算不算是一种"强迫"呢？

最后，从理论上来说，辩方也可以行使权利，自行调查取证，从而可以根据所收集的证据材料在法庭上"建构"一个不同于国家机关的"故事"，或举出证据积极攻击国家机关所认定的事实和证据，从而变为一个独立于国家机关的真相探求者，也由此变为一个国家版真相的"对抗者"、"民间版"案件的挖掘者，而不再恪守其协助者的角色。但此种僭越行为既要有机遇，也要有人力、财力的支撑，还要有与国家机关战斗的"勇气"，更要有足智多谋的实践智慧。它只能是制度运行的特例，绝不可能成为常态。三机关均可以分段依职权启动调查取证程序，且侦查权一直可以延伸至审判环节，留给辩方可以独立调查的余地极小，属于可遇不可求的例外情形。独立调查是一项资源耗费活动，只有那些可以负担较多律师费用的被告人，才可能激励他们的辩护律师为其积极取证，而我国被告人在大多数情况下无法提供这种激励。即使控方的证据调查有遗漏，且在辩方看来至关重要，也有资源保障其取证，但越重大的证据，取证风险也越高。尤其是可能证明无罪的证据，一且提供无罪证言的证人"反戈一击","证明"辩护人诱导、威胁其作伪证，辩护人就可能面临遭受追诉的风险。此时他不一定会被判有罪，但至少可能要在看守所待上一段时间，短暂丧失自由。没有勇气的辩护律师大抵不敢如此选择。因此，在刑辩律师群体中已经形成了一个默认的潜规则，对于可以直接证明无罪的证据，要么申请司法机关调查或申请证人出庭，要么建议证据持有者或证人直接向司法机关提交证据，通过与证据来源保持距离来避免办案风险。[1]当然，也有少数有胆识的律师无惧风险，但即使如此，他也不一定能够获取到证据材料。在多种因素综合影响下，律师一方面必须要掌握沟通说服的技巧，另一方面还要做好充分的风险防范措施，才可能"依法"收集到一些证据。因此，立法虽然赋予了辩方自行查证案情的机会，从而形成一种所谓"双轨侦查"模式，但即使在辩方做事实上的无罪辩护时，它也只能是极少数的形态，而不可能成为常态。因为，在当前的证明结构中，制度建构者虽然赋予了辩方积极对抗国家机关的可能性，但从责任设定（国家责任）、权利赋予（任意调查或经司法机关批准后的调查权）、权利保障（遇阻后利用国家权力获得证据）等制度来看，设计者并无意将辩方打造为一个可以跟国家机关进行对抗的角色，而是期望其协助国家机关发现真相和避免误判。

---

[1] 根据笔者在2017年暑假对部分刑辩律师的调研结果来看，这一点已经成为很多资深刑辩律师的共识，并作为经验之谈教导年轻律师何时进行调查取证。

第三章

"积极抗辩事由"的证明责任

法谚曰：举证之所在，败诉之所在。有鉴于此，现代各法治国家无不反对将犯罪事实证明责任分配给被告人的有罪推定之举，无不高举无罪推定的大旗，并以此作为免除被告人证明责任的基石。近年来，随着证明责任理论研究的不断深入，学界已经不再满足这种简单化的证明责任分配方案，纷纷探讨该规则的"例外"：被告人在哪些情形下应当承担证明责任？其中，有许多学者认为被告人至少应当承担诸如正当防卫、紧急避险等"积极抗辩"的提供证据责任或者说服责任。[1]由毕玉谦等草拟的《中国证据法草案》第180条曾建议规定："被告人不负证明自己无罪的责任，但如果被告人提出精神不正常、正当防卫、紧急避险、基于合法授权或存在合法理由的辩护，以及提出不在现场的证明，应当提出证据加以证明。"[2]

从理论渊源来看，"积极抗辩事由"（affirmative defenses）是英美刑事法

---

[1] 参见陈光中、陈学权："中国语境下的刑事证明责任理论"，载《法制与社会发展》2010年第2期，第55页；陈瑞华："刑事诉讼中的证明责任问题"，载《警察法学》2013年第1期，第23页；卞建林、韩旭："刑事被告人证明责任研究"，载《云南大学学报（法学版）》2002年第4期，第17页；汪建成："刑事证据制度的重大变革及其展开"，载《中国法学》2011年第6期，第57页；李静："犯罪构成体系与刑事诉讼证明责任"，载《政法论坛》2009年第4期，第114页；纵博："刑事被告人的证明责任"，载《国家检察官学院学报》2014年第2期，第126页；房保国："论辩护方的证明责任"，载《政法论坛》2012年第6期，第42页；聂昭伟："刑事诉讼证明问题的实体法依据——兼论刑事实体法与程序法的一体化"，载《法律科学》2005年第6期，第87页；胡巧绒："被告人刑事责任年龄的证明责任分配研究"，载《犯罪研究》2011年第6期，第99页。

[2] 毕玉谦、郑旭、刘善春：《中国证据法草案建议稿及论证》，法律出版社2003年版，第642页。受此理论的影响，部分地方司法机关在其制定的规范性文件中明确要求被告人应当提供相应的证据证明"积极抗辩事由"。例如《北京市高级人民法院关于办理各类案件有关证据问题的规定（试行）》第66条第1款规定："被告人不负证明自己无罪的举证责任，但是被告人以自己精神失常、正当防卫、紧急避险，或者基于合法授权、合法根据，以及以不在犯罪现场为由进行辩护的，应当提供相应的证据予以证明。"

的核心概念之一，与其直接对应的概念是"犯罪本体要件"（elements of crime）。通常情况下，只有认定被告人的犯罪行为符合"犯罪本体要件"，同时不存在"积极抗辩事由"，才有权认定被告人构成犯罪。因此，英美法系的犯罪构成被称为"双阶层"理论。"犯罪本体要件"包括客观行为和主观心态两个方面，可以称为犯罪的"积极要件"或者"犯罪表面上成立的要件"。"积极抗辩事由"则是在承认"犯罪本体要件"成立的基础上提出的阻却行为违法或者有责的排除犯罪性事由，也可称为犯罪的"消极要件"或者"犯罪实质上成立的要件"。[1]它包括两个方面：一是排除行为违法性的"正当化事由"（justifications），例如正当防卫、紧急避险、依法行使职权等；二是排除行为人有责性的"可宽恕事由"（excuses），例如精神失常、醉酒、梦游症、反射动作等。前者关心的是"行为"的实质合法性问题，后者关心的是"行为人"在道义上的可责难性问题。具有"正当化事由"的行为（如正当防卫）非但实质上并不违法，反而可能是有利于社会、值得褒扬的行为；[2]具备"可宽恕事由"的行为还是违法的，但是由于行为人的特殊性（如缺乏是非辨别和行为控制能力），缺乏施加刑责的道德基础而"宽恕"了他的罪行。[3]

从比较法视角考察，德日等大陆法系"三阶层"犯罪构成理论与英美法系"双阶层"理论"不谋而合"。德日的"三阶层"理论包括构成要件符合性、违法性和有责性，分别可以对应于英美法系的"犯罪本体要件""无正当化事由"和"无可宽恕事由"。[4]由此观之，也可以将大陆法系"排除犯罪性事由"（不具备违法性和有责性）等同于"积极抗辩事由"。

主张"积极抗辩事由"的证明责任由被告人承担的主要理由可以总结如下。

---

[1] 参见赖早兴："英美法系国家犯罪构成要件之辨正及其启示"，载《法商研究》2007年第4期，第115-116页。

[2] Paul H. Robinson, *Criminal Law Defenses: A Systematic Analysis*, 82 Colum. L. Rev. 199 (1982), p. 213.

[3] George P. Fletcher, *The Individualization of Excusing Conditions*, 47 S. Cal. L. Rev. 1269 (1974), pp. 1304-1305.

[4] George P. Fletcher, *Basic Concepts of Criminal Law*, Oxford University Press, 1998, p. 101.

其一，无论是英美法系国家，还是德日等大陆法系国家，检察官承担"犯罪本体要件"或者"构成要件符合性"的证明责任，被告人在一定程度上承担"积极抗辩事由"或者"排除犯罪性事由"的证明责任，由于"两大法系的双重证明责任理论体系都要求辩护方在一定情况下承担举证责任"，所以可以对此予以借鉴，[1]让我国的被告人在一定程度上承担"积极抗辩事由"的证明责任，这与"世界各国的普适性做法相符合"。[2]我们可以将之概括为"法治国家普遍规范说"。

其二，"积极抗辩事由"作为"出罪"要件，与作为"入罪"要件的"犯罪本体要件"性质不同，它本身不属于犯罪事实，而属于一种独立于犯罪事实的例外情形。提出"积极抗辩事由"不再是一种单纯的否定犯罪的消极辩解，而是一种犯罪事实之外的新"主张"，"按照证明责任分配的一般原理，只要一方提出积极的诉讼主张……就都应承担证明责任"，[3]即"谁（提出积极）主张谁举证"，由被告人承担积极主张的证明责任符合一般法理。我们可以将之概括为"积极主张承担证明责任说"。

其三，与"犯罪本体要件"相比，阻却违法性和有责性的"积极抗辩事由"不属于犯罪"正常形态"，在司法实践中要求检察官在个案中证明不存在正当防卫、紧急避险、职务正当行为、精神失常等"反常"情形，会使控方不堪重负。因此，"当控方完成了犯罪本体要件的证明责任，就推定行为具备社会危害性、刑事违法性和有责性，被告若提出积极抗辩就需要承担一定的证明责任"。[4]我们可以将之概括为"证明困难推定说"。

这三个理由分别是比较法的依据、证明责任一般法理的依据和证明政策的依据。简而言之，既然法治国家都承认被告人承担"积极抗辩事由"的证明责任，而且这种制度既契合法理（谁主张谁举证）也符合证明政策（由容易举证者举证），我国理应顺应国际潮流和遵循基本法学原理，将"积极抗辩

---

[1] 陈光中、陈学权："中国语境下的刑事证明责任理论"，载《法制与社会发展》2010年第2期，第55页。

[2] 聂昭伟："刑事诉讼证明问题的实体法依据——兼论刑事实体法与程序法的一体化"，载《法律科学》2005年第6期，第87页。

[3] 陈瑞华："刑事诉讼中的证明责任问题"，载《警察法学》2013年第1期，第24页。

[4] 李静："犯罪构成体系与刑事诉讼证明责任"，载《政法论坛》2009年第4期，第113页。

事由"的说服责任或者提供证据责任分配给被告人。

笔者认为,这三个理由不仅在比较法上存在严重的误解,而且没有认识到刑事证明责任的特殊性,更缺乏对中国法律和实践的充分关照,均不足以成为要求我国被告人承担"积极抗辩事由"证明责任的依据。相反,由于存在"客观败诉风险"所导致的"证明必要",当下亟须加强我国被告人的辩护权以及由此衍生的司法机关的"照顾义务",而不是要求被告人承担所谓"积极抗辩事由"的证明责任。

一、说服责任

(一)历史上的"刑民不分"

在西方,证明责任分配的基本原则肇始于罗马私法,其一般原则是"提出肯定主张的人有证明责任,提出否定主张的人无证明责任"。另外一个直接表达被告承担证明责任的法谚是"被告由于提出抗辩而成为原告"。据此,如果原告无法将"肯定"主张或者被告无法将"抗辩"主张证明到法律规定的程度,导致最终的事实真伪不明,他们将会承受由此导致的不利结果,即各自的主张不被裁判者接受。

罗马私法关于证明责任分配的一般原理曾经得到西方国家的一致认可。大陆法系和英美法系的差异主要体现在"技术"层面。对于两大法系的裁判者而言,他们关心的核心问题是如何区分作为"肯定"性质的事实和"抗辩"性质的事实。由于法典法和判例法的差异,两大法系在寻找"权威"依据时分别采用了不同方法。一般来说,大陆法系诉诸"权威"法典条文的语义和立法意图分析,英美法系诉诸"权威"判例法中有关各种民事答辩性质的分析。[1]

在大陆法系民事证明理论当中,当前取得通说地位的理论是罗森贝克提出的法律要件分类学说。他认为,原告通常负担法律规定的权利产生要件事实的证明责任,被告通常负担法律规定的权利妨碍、消灭等例外情形的证明责

---

[1] George P. Fletcher, *Two Kinds of Legal Rules: A Comparative Study of Burden-of-Persuasion Practices in Criminal Cases*, 77 Yale L. J. 880 (1968), pp. 896-898.

任。[1]司法人员必须首先确定实体法规则当中要件事实的性质，然后再据此分配不同法律要件事实的证明责任。对于缺乏成文法典的英美法系，传统上则通过分析被告针对原告的民事答辩的性质来贯彻古罗马的证明责任分配原则。针对原告的起诉，被告提出"抗辩"，必须选择以下两种答辩的一种："否认性抗辩"（a plea of denial）或者"承认但免责的抗辩"（a plea of confession and avoidance）。被告选择前一种抗辩，他只是否认原告起诉的事实存在，而不必为此承担证明责任；被告选择后一种抗辩，由于他提出了原告主张之外的新争点，为此必须承担新争点的证明责任。[2]因此，大陆法系的民事证明责任理论被概括为"法规出发型"，而英美法系的民事证明责任理论被概括为"事实出发型"。[3]

  私法当中存在的证明责任理论对刑法产生了深刻影响。19世纪，德国刑事法学者费尔巴哈完全赞成将刑事案件所存在的争点分为两种类型：控诉事项和辩护事项。控诉事项包括根据刑法典可能会导致认定有罪的事实，它们是承担刑事责任的"原则"，辩护事项是排除刑事责任的事实，它们是承担刑事责任的"例外"。前者由国家承担说服责任，后者由被告人承担说服责任。1805年《普鲁士刑事条例》第367条规定："如果有不利证据证明其行为构成犯罪，该行为人必须受到法定的惩罚，除非他证明在当时的情况下其不承担刑事责任。"该条例第363条还进一步仿效民事证明责任的原理设定了刑事证明责任的一般原则："证明责任由从某一事项的证明中获利的人即主张者承担。"据此，当时德国的判例普遍认为，由于免责事实属于认定犯罪的例外，被告人必须要对诸如正当防卫、精神病等事由承担说服责任。在18世纪中期的英国，作为"普通法之父"的布莱克斯通同样认为，刑事案件可以划分为控方案件和辩方案件。辩方案件是指由被告人承担说服责任的情形，它包括

---

[1] 参见 [德] 莱奥·罗森贝克：《证明责任论》，庄敬华译，中国法制出版社2002年版，第117页。

[2] George P. Fletcher, *Two Kinds of Legal Rules: A Comparative Study of Burden-of-Persuasion Practices in Criminal Cases*, 77 Yale L. J. 880 (1968), p.897.

[3] 参见陈刚："证明责任概念辨析"，载《现代法学》1997年第2期，第33页。

"正当化事由、可宽恕事由和减轻刑罚事由"。[1]

在"刑民不分"的历史背景下，与民事违法行为相比，犯罪只不过是被当成一种对法益侵害更为严重的违法行为。正如同签订合同之后必须要履行，否则构成违法，尊重他人生命也要求不得杀害他人，否则构成犯罪。不过，如果所签订的契约系胁迫所致，则可以免除被胁迫方履行合同的义务。同样，如果杀害他人是出于反击他人致命攻击以保护自己生命的正当防卫行为，也可以免除杀人者的罪责。

从规范结构可以看出，二者的模式是完全相同的。无论是民事责任还是刑事责任，法律规则的基本结构都是"原则加例外"模式。"原则"是将特定时期特定社会所禁止的行为作为追究责任的基础，它在通常情形下都可为追责的正当性提供充分理由；"例外"则是即使实施了所禁止的行为也无须承担责任的情形，它成为阻却承担责任的合理根据。

在这种思维方式下，法律在界定何谓犯罪行为时，只是抽取了其中的"典型"情形，同时将"非典型"的例外情形作为辩护事项予以列举或者认可。此时，构成犯罪的法律规则是一种非封闭的（incomplete）开放性规则，允许例外存在。它并不是任何情形下均可以认定被告人构成犯罪的充分必要条件，而是一种在特定条件下允许以"积极抗辩"进行反驳的"可废止的"（defeasible）规则。[2]据此，将民事证明责任理论"原则加例外"的模式"移植"到刑事案件当中，也就顺理成章，被告人在西方国家确实曾一度承担"积极抗辩事由"的说服责任。

（二）大陆法系：走向封闭性的三阶层犯罪构成学说

19世纪末期，德国实务界开始认识到刑事责任与民事责任之间的区别，对何谓犯罪的认识也发生了变化。他们认识到犯罪并不只是"实证法"（positive law）规定的"罪行"，还必须是一种道义上应当遭受责难的行为

---

[1] George P. Fletcher, *Two Kinds of Legal Rules: A Comparative Study of Burden-of-Persuasion Practices in Criminal Cases*, 77 Yale L. J. 880 (1968), p. 899.

[2] H. L. A. Hart, *The Ascription of Responsibility and Rights*, 49 Proceedings of the Aristotelian Society 171 (1949), p. 175.

（blameworthiness）。行为人出于自卫而杀人同没有实施任何杀人行为的无辜者一样，都是一种在"道德"（moral）上无罪的行为。同样，惩罚一个伤害他人但缺乏是非辨认和行为控制能力的"精神病人"，与惩罚一个没有实施犯罪的人一样，在道义上也是缺乏正当性的。对犯罪性质认识的变化，直接导致了对"积极抗辩事由"性质认识的变化，它们不再是"犯罪"的例外情形，而是评价是否构成犯罪的必不可少的一环。德国最高法院在1894年的一份判决中写道："刑事制裁只能针对有罪的人，这是一条基本原则。如果被告人的行为看起来可能是出于自卫，而法官却认定该被告人构成故意伤害罪，这是违背上述原则的。"[1] 从这份判决可以看出，是否存在自卫不再作为犯罪的例外情形，而是犯罪的构成要素之一，只要无法排除自卫的可能性，就应当按照"存疑有利于被告人"的原则，宣告被告人无罪，被告人不再承担证明不能的不利后果。

随着判例的不断累积以及德国建构理性主义传统的影响，德国法学理论界发明了一套新的犯罪构成理论。其分水岭当属贝林于1906年出版的《犯罪论》。他提出了我们所熟知的犯罪构成三阶层理论。根据贝林的理论，犯罪不仅是符合法律规定的形式要件的行为（构成要件符合性），而且必须是刑法所禁止的危害行为（违法性），行为人对该危害行为负有责任（有责性）。传统上作为"积极抗辩事由"的事实，被纳入"违法性"和"有责性"当中，正当防卫由于阻却违法而不构成犯罪，精神病由于阻却有责而不构成犯罪。此时，故意杀人的犯罪定义不再是"故意杀害他人行为"，而是"杀害了他人+没有阻却违法性事由+没有阻却有责性事由"。[2]

在三阶层犯罪构成结构下，所有可能影响被告人是否承担刑事责任的要素均被纳入犯罪的定义之中，不管它是入罪的要素，还是出罪的要素。作为出罪要素的"积极抗辩事由"不再被视为原则的例外情形。同私法模式下"原则加例外"的犯罪构成相比，三阶层理论下的犯罪构成则是一种囊括了所

---

[1] George P. Fletcher, *Two Kinds of Legal Rules: A Comparative Study of Burden-of-Persuasion Practices in Criminal Cases*, 77 Yale L. J. 880 (1968), p. 913.

[2] 参见［德］弗兰茨·冯·李斯特：《德国刑法教科书》，徐久生译，法律出版社2000年版，第169页。

有罪责要素的封闭性的"综合性"（comprehensive）规则。据此，被告人提出诸如正当防卫等辩护事由，不再被视为一种"积极"主张，而是对控方所指控犯罪的"否定"主张，包括违法性、有责性在内的所有犯罪构成要件事实均由国家予以证明，"积极抗辩"这个词语也从德国刑法规范当中消失，被告人也不再承担"积极抗辩"证明不能时的不利后果。按照"存疑有利于被告人"的法律原则，被告人在正当防卫等事项上同样享受疑罪从无的待遇。因此，可以较为肯定地得出如下结论：被告人如今在德国并不承担所谓"积极抗辩事由"的"说服责任"。[1]

继受了德国刑法理论的日本法制也拒绝将"排除犯罪事由"的说服责任分配给被告人。有关"排除犯罪事由"的证明责任问题，日本学者小野清一郎的学说对中国学界的影响较大。主张德日等大陆法系国家也要求被告人承担"排除犯罪事由"证明责任的学者，大多援引小野氏的代表作《犯罪构成要件理论》中的观点作为依据。[2]殊不知，小野氏的学说只是他个人的"学术观点"，既不能进而推论德国也采用这个学说，也并非日本的"通说"，更不能将他的学说等同于日本的规范和实践。小野氏一方面继受了德国的"三阶层"犯罪构成理论，另一方面由于"二战"之后日本刑事诉讼在美国的影响下转向当事人主义，在程序法方面他则彻底倒向了美国的证明责任分配方案，且采纳了其中最不利于被告人权利保障的方案。在他看来，认定被告人构成犯罪必须同时满足构成要件符合性、违法性和有责性三个要件，但是由于日本已经在程序法上转向以美国对抗制为主的诉讼模式，程序推进由双方当事人负责，所以应当将犯罪事实的证明责任在当事人之间进行分配。他认为，检察官只需负担构成要件符合性的证明责任，而被告人必须负担阻却违法性事实和阻却有责性事实的证明责任，而且控辩双方的证明责任均包含提

---

[1] Hans-Heinrich Jescheck, *Principles of German Criminal Procedure in Comparison with American Law*, 56 Virginia L. Rev. 239 (1980), p. 247.

[2] 参见杜宇："犯罪构成与刑事诉讼之证明——犯罪构成程序机能的初步拓展"，载《环球法律评论》2012年第1期，第98-100页；张薇薇："排除犯罪性事由的证明责任研究"，载《政治与法律》2014年第8期，第153页；孙远："法律要件分类说与刑事证明责任分配——兼与龙宗智教授商榷"，载《法学家》2010年第6期，第103页。

供证据责任和说服责任，只不过被告人承担说服责任的程度低于控方。[1]且不说美国自19世纪末期多数法院就已经抛弃了"积极抗辩事由"由被告人承担说服责任的做法，[2]而且一旦接受了德国的三阶层犯罪构成理论，让被告人承担"阻却犯罪事由"的证明责任，岂不是让被告人自证无罪？日本通说认为，"因为违法阻却事由和责任阻却事由的不存在也属于犯罪的成立条件，如果要求被告人一方对此承担证明责任，那就有可能导致因为防御策略不当而受到处罚；……法官对被告人是否实施犯罪不能形成确信的心证时，却仍然判决被告人有罪，这是违反日本宪法第31条的正当程序和'罪疑唯轻'原则的"。[3]因此，日本学界的通说早已无人采纳小野氏的观点，判例也采纳通说的立场：包括公诉犯罪事实、关于处罚条件的事实以及不存在排除犯罪性事由，都由检察官承担证明责任。[4]

（三）英美法系："积极抗辩事由"说服责任的衰落

与德国认识到刑事责任的特殊性一样，大概在同一历史时期，美国的部分法院也认识到不能将民事证明责任套用到刑事案件当中。美国联邦最高法院于1895年作出的Davis案判决可谓其中一个"标杆"判例。在该案中，被告人Davis主张自己在实施谋杀罪时精神失常，并为此提供了证据，但是由于没有达到优势证据的程度，法官在指示陪审团时要求他们无须考虑被告人提出的"积极抗辩"。美国联邦最高法院撤销了该案一审判决，明确指出将民事证明制度套用于刑事案件是完全错误的："无罪答辩不同于民事诉讼当中的特殊答辩。在民事特殊答辩中，被告人认可原告起诉的案件事实，但是却试图提出具有充分依据的抗辩事由，对此他必须以优势证据予以证明。无罪答辩并非这种'承认但免责'的抗辩，它是一个否认所指控犯罪的每个构成要件事实存在的答辩。在作出这种答辩之后，被告人可以在无罪推定的保障下不予举证，直到有证据证明他构成犯罪；如果陪审团根据所提出的全部证据，

---

[1] 参见[日]小野清一郎：《犯罪构成要件理论》，王泰译，中国人民公安大学出版社2004年版，第141-145页。

[2] 参见下文有关美国法"积极抗辩事由"说服责任问题的论述。

[3] 孙长永等：《刑事证明责任制度研究》，中国法制出版社2009年版，第120页。

[4] 孙长永等：《刑事证明责任制度研究》，中国法制出版社2009年版，第118-119页。

对其是否具有实施犯罪的刑事责任能力产生了合理怀疑,那么他的罪行根本就没有得到证明。"[1]判决意见进一步指出:"除非在实施犯罪的时候,被告人具备足够健康的精神状态,能够理解其行为的违法性或者能够正确区分行为的对错,否则我们就不能认定他在事前具备了恶意的心态。"[2]据此,法院认为,精神失常抗辩是对谋杀罪所必须具备的主观要件事实(恶意)的"否认",只要没有能够排除合理怀疑地证明被告人不属于精神失常状态,就不得认定被告人有罪,说服责任不是由被告人承担而是由国家承担。[3]

法院所采取的分析进路与依照三阶层理论所得出的结果相同,即将"精神失常"纳入犯罪构成要件当中,作为国家必须要排除合理怀疑予以证明的事项。但是不同于德国的三阶层理论"自动地"将免责性事由纳入犯罪定义之中,美国法院对它的分析还是一种建立在传统的犯罪定义(客观行为和主观心态)基础之上的,审查辩护事由是否与某一起案件的"犯罪本体要件"(elements)存在"重叠"(overlap)关系,如果两者之间存在"重叠"关系,那么该辩护事由就将被视为犯罪的组成部分。这种分析进路最终将精神失常纳入犯罪构成当中,并不是因为"是否具有精神病"属于犯罪的必然组成部分,而是它本身就是对谋杀罪"事前恶意"主观要件的"否定"。换言之,它还是一种"原则加例外"的定罪模式。只是随着时代的变化以及对刑事犯罪特殊性的认识,将以前属于"例外"的"积极抗辩事由""解释"为是对"犯罪本体要件"的否认,而不是一种独立主张。

美国联邦法院系统的"解读"方式,属于一种对犯罪要件事实的"实质解释方法"(the substantive approach):它看重的是某种辩护事由在认定犯罪方面的本质含义,而不再拘泥于它们是否在法律当中规定为"积极抗辩事由"。在犯罪含义本身没有得到诸如大陆法系那种体系化构建的条件下,"实质解释方法"凸显了美国法院的"司法能动主义"以及司法权对立法权的制约,从而使美国刑法有关犯罪的定义以及由此导致的说服责任分配方案也接

---

[1] *Davis v. United States*, 160 U. S. 469 (1895), at 485–486.

[2] *Davis v. United States*, 160 U. S. 469 (1895), at 485.

[3] John Quigley, *The Need to Abolish Defenses to Crime: A Modest Proposal to Solve the Problem of Burden of Persuasion*, 14 Vt. L. Rev. 335 (1990), p. 349.

近于大陆法系。

1935年，英国证明责任制度发展史上具有分水岭意义的Woolmington案判决也采取了类似的进路，基本宣告（旧）普通法关于"积极抗辩事由"由被告人承担说服责任的规则"死亡"。该案中被告人主张受害人的死亡属于"意外事件"，一审法院法官在指示陪审团时将该事由解释为普通法的抗辩事由，由被告人承担优势证据的说服责任，最终被告人被定罪。但是，英国上议院认为，由于主张意外事件是对谋杀罪"蓄意"主观要件的否认，被告人应当受到控方承担排除合理怀疑证明责任的保护，上议院在判决中认为："纵观英国刑事法之网，始终可以看到一条金线，那就是：除精神失常的抗辩和其他由成文法规定的例外情形外，证明被告人有罪是控方的责任。"[1]至此，除精神失常抗辩外，普通法传统上的"积极抗辩事由"的说服责任一律转由控方承担，基本废除了布莱克斯通时代的源自于民事诉讼的（旧）普通法关于积极抗辩事由的证明责任分配方案。英国Woolmington案所确立的证明责任分配规则也得到了大部分普通法系国家的认可，包括加拿大、澳大利亚和新西兰。[2]

印度、斯里兰卡、马来西亚和新加坡等亚洲英美法系国家和地区，至今还要求被告人承担积极抗辩的说服责任，而且要求将其证明到优势证据的程度。[3]但是，这一规则实际上由于这些国家承认抗辩证据的"双重效果"而名存实亡。所谓辩护证据的双重效果，是指虽然证明积极抗辩的证据（如意外事件）无法达到法定的优势证据程度，不能据此认定积极抗辩成立，但是如果该抗辩可以否定犯罪的部分要件事实（如主观要件中的意图），只要辩方提供证据证明该抗辩事由可能存在，而控方没有排除合理怀疑地证明该事实不存在，那么也必须宣告被告人无罪。此时宣告无罪，不是因为抗辩事由成立，而是因为控方没有完成犯罪本体要件的说服责任。[4]简而言之，积极抗

---

[1] Woolmington v. DPP, (1935) A. C. 462.

[2] Hock Lai Ho, *Comparative Observations on the Burden of Proof for Criminal Defences*, International Commentary on Evidence, 2011, Vol. 9, Iss. 2, Article 2, p. 7.

[3] Hock Lai Ho, *Comparative Observations on the Burden of Proof for Criminal Defences*, International Commentary on Evidence, 2011, Vol. 9, Iss. 2, Article 2, p. 3.

[4] Hock Lai Ho, *Comparative Observations on the Burden of Proof for Criminal Defences*, International Commentary on Evidence, 2011, Vol. 9, Iss. 2, Article 2, pp. 3-4.

辩的证据既可以作为被告人履行说服责任的根据，也可以作为否定犯罪构成要件的根据。实际上，积极抗辩证据的"双重效果"与美国 Davis 案和英国 Woolmington 案异曲同工，通过把积极抗辩事由解释为否定犯罪构成要件而取消了被告人所承担的"积极抗辩"的说服责任。

需要指出的是，美国的 Davis 案不是基于宪法而提出的宪法诉讼，而是一起联邦法院系统的普通上诉案件，因此该案对各州的立法和司法活动并没有拘束力。该案所秉持的"实质解释方法"并非唯一的解读方式，法院也可能采取一种"司法克制主义"的立场，即尊重立法机关对"犯罪本体要件"和"积极抗辩事由"的区分，并据此分配说服责任，此时法院就可能采取一种"形式解释方法"（the formalistic approach）。[1]在秉持这种解释立场的各州，"积极抗辩事由"的说服责任延续了古老的普通法有关证明责任的分配原理。例如，俄亥俄州的法典规定："被指控犯罪的每个人，在被排除合理怀疑证明其有罪之前，推定为无罪，对犯罪的所有要件的证明责任由控方承担。积极抗辩的提供证据责任以及对积极抗辩以优势证据加以证明的责任，由被告人承担。"在俄亥俄州的司法实践中，正当防卫一直被视为"积极抗辩"。在 Martin 案中，被告人被指控犯谋杀罪，她主张自己的行为系正当防卫，并且认为俄亥俄州的立法违反了联邦最高法院在 Winship 案[2]中确立的"构成指控的犯罪所必要的每个事实"均由控方承担说服责任的宪法要求。但是，无论是俄亥俄州最高法院还是联邦最高法院，均认定一审没有侵犯被告人的宪法权利。他们认为，按照该州的立法规定，正当防卫并非对谋杀罪所必要的主观心理状态（根据事先的算计和计划剥夺他人生命的特定意图）的否认，因此正当防卫的主张并未与谋杀罪的构成要件当中的任何一个要件产生"重叠"关系，要求被告人对构成要件以外的事实承担说服责任并不违宪，各州有权根据自己的情况选择适宜的说服责任分配政策。[3]据学者统计，美国至少有 11 个州要求被告人将部分"积极抗辩事由"证明到优势证据的程度。特

---

[1] Luis E. Chiesa, *When an Offense is Not an Offense: Rethinking the Supreme Court's Reasonable Doubt Jurisprudence*, 44 Creighton L. Rev. 647 (2011), p. 694.

[2] *In re Winship*, 397 U. S. 358 (1970), at 364.

[3] *Martin v. Ohio*, 480 U. S. 228 (1987).

拉华州、乔治亚州和俄勒冈州甚至要求被告人把精神失常抗辩证明到"排除合理怀疑"的程度。[1]

令人感到困惑的是,在一个自称无比重视被告人人权保障的国家,为什么会允许各州自行采取完全不同的证明责任分配方案?甚至要求被告人将可以出罪的抗辩事由证明到排除合理怀疑的程度?这岂不是明显的"有罪推定"吗?对上述问题的解答必须要深入美国的宪政结构和刑事政策中进行理解,而不能简单地套用"谁主张谁举证"的分配原理。

美国是一个宪法框架下的联邦与地方权力分立的国家。在这种框架下,各州均有地方性的刑法和刑事诉讼法,只不过不得违反宪法。"积极抗辩事由"到底由谁承担说服责任,本质上是刑法问题(即如何界定犯罪的含义)。相对于美国宪法《权利法案》大量的刑事程序性规定,有关犯罪与刑罚的宪法条款非常有限,能够为联邦最高法院发挥司法审查功能的余地也极小。在宪法依据不足的现实条件下,如果进行实质审查,就意味着法院有权在没有明确宪法根据的情况下改变各州关于犯罪的定义,进而必然面临着司法权侵犯各州立法权的合宪性质疑。为了消除疑虑,美国联邦最高法院原则上保持了一种克制立场,即尊重各州对"积极抗辩事由"说服责任的分配规则,原则上不予干预。前述 Martin 案就是一例。事实上,即使是要求被告人需要将精神失常证明到排除合理怀疑程度的立法,也通过了美国联邦最高法院的审查,被认定为并不违宪。[2]截至2006年所受理的最后一起有关"积极抗辩事由"说服责任的宪法争议,美国联邦最高法院坚守自我克制的立场尚未改变。

此外,由于美国检察官实际面临的"定罪障碍"可能超过了世界上任何一个国家的检察官,[3]为了适度降低检察官在程序上的"定罪障碍",不至于让过多的有罪被告人被错误地宣告无罪,在实体法上将"积极抗辩事由"的说服责任分配给被告人,无疑是一种"补偿"机制。正如美国联邦最高法

---

[1] Larry Laudan, *Truth, Error, and Criminal Law: An Essay in Legal Epistemology*, Cambridge University Press, 2006, p. 111.

[2] 参见 Leland v. Oregon, 343 U.S. 790 (1952).

[3] 关于美国检察官在追诉犯罪方面所遇到的阻力和障碍的比较法研究,参见 Mirjan Damaska, *Evidentiary Barriers to Conviction and Two Models of Criminal Procedure: A Comparative Study*, 121 U. PA. L. REV. 506 (1973).

院在 Patterson 案中所言："要求控方承担排除合理怀疑地证明有罪的责任，其社会代价就是有罪的人逃脱的风险增大。虽然我们的社会显然已经自愿地选择为保护无罪的人而承担相当大的责任，但同样清楚的是，它所必须承受的风险不是没有限度的。正当程序并不要求为了消除对无罪者定罪的可能性而不计代价地采取每一个可知的步骤。……如果要求控方证明积极抗辩事由不存在，那么在纽约州，可能就不会有几个谋杀罪的有罪判决了。"[1]美国学界部分人士以及美国联邦最高法院还认为，如果一律要求控方承担所有可以排除犯罪的"积极抗辩事由"的说服责任，在当前控方证明有罪的程序性负担已经如此之重的情形下，有可能导致各州立法机关取消当前的"积极抗辩事由"，也不再认可和吸收可以免除罪责的新抗辩事由。如果发生这种结果，最终还是被告人"自食苦果"，毕竟"半块面包"总比"没有面包"好。[2]

即便如此，美国联邦最高法院的保守立场也遭到了该国学界的猛烈批判，甚至将其形容为"精神分裂"。[3]事实上，美国虽然并不禁止立法机关将（旧）普通法上的"积极抗辩事由"的说服责任转移给被告人，但是实践中存在这种做法的州已经越来越少。例如，在前述 Martin 案判决作出时的 1987 年，"除俄亥俄州和南卡罗来纳州这两个州以外，其他各州都已经废除了普通法的规则，并要求控方证明被告人适当提出的正当防卫不存在"，[4]而早在 1977 年，美国联邦最高法院就已经注意到，存在一个"要求控方排除合理怀疑地证明不存在积极抗辩事由的趋势"。[5]

---

[1] *Patterson v. New York*, 432 U. S. 197 (1977), at 208.

[2] 参见 [美] 道格拉斯·N. 胡萨克：《刑法哲学》，谢望原等译，中国人民公安大学出版社 1994 年版，第 334 页。

[3] 就当前说服责任的分配规则而言，美国联邦最高法院的立场可以称为"三分天下"。此三分法即"犯罪本体要件""积极抗辩事由"和"加重量刑情节"。按照无罪推定的要求，"犯罪本体要件"必然要求控方承担说服责任。但是，对于影响"罪与非罪"的"积极抗辩事由"，美国联邦最高法院采取"形式解释方法"，认为应当尊重各州的选择，可以要求被告人承担说服责任；对于影响"刑罚轻重"的"加重量刑情节"，美国联邦最高法院采取"实质解释方法"，认为宪法要求控方承担说服责任。由于"罪与非罪"显然比"刑罚轻重"更为重要，也与无罪推定之间的联系更为密切，所以美国学者将美国联邦最高法院的立场形容为"精神分裂"。参见 Luis E. Chiesa, *When an Offense is Not an Offense: Rethinking the Supreme Court's Reasonable Doubt Jurisprudence*, 44 Creighton L. Rev. 647 (2011), p. 685.

[4] *Martin v Ohio*, 480 U. S. 228 (1987), at 236.

[5] *Patterson v New York*, 432 U. S. 197 (1977), at 208, note 10.

(四) 中国法语境下"积极抗辩事由"的说服责任

套用私法当中的"谁主张谁举证"理论来解决刑事诉讼说服责任分配问题的做法早已被抛弃。无论是德日的三阶层理论，还是英美法系法院所采取的"实质解释方法"以及抗辩证据的"双重效果"理论，均去除了被告人在传统民事证明责任理论下所承担的"积极抗辩事由"的说服责任。美国部分地区之所以坚持传统上犯罪与抗辩二分法的观念，让被告人承担"积极抗辩事由"的说服责任，是因为受到美国的宪政结构和刑事政策的综合影响，但这种做法并非主流，且长期遭受学界的批评。因此，无论哪一个法系，要求被告人承担"积极抗辩事由"说服责任的做法基本上已成为"明日黄花"或者"强弩之末"。

从前文的分析中我们可以看出，被告人是否承担"积极抗辩事由"的说服责任，本质上取决于一个国家的犯罪构成理论。也就是说，如果一个国家在定义何为犯罪时将"积极抗辩事由"纳入犯罪的构成要素当中，那么按照当前举世公认的无罪推定原则，被告人必然不承担"积极抗辩事由"无法证明时的不利后果。因此，"积极抗辩事由"的说服责任实际上是"实体法"问题，而非"程序法"问题。

从犯罪构成来看，我国刑法并无所谓"积极抗辩事由"的明确规定，但是从《刑法》总则和刑法理论来看，存在与其功能上等价的"排除犯罪性事由"，包括法律上明确认可的未达到刑事责任年龄、精神病以及正当防卫、紧急避险等法定事由和刑法理论上认可的诸如职务行为等超法规事由。近年来，传统的犯罪构成四要件理论受到了挑战，许多学者主张以大陆法系的三阶层理论取而代之。反对四要件理论的学者普遍认为，传统的犯罪构成是一种平面耦合的封闭性犯罪定义，只考虑入罪要素，而忽视了诸如正当防卫等出罪要素。支持传统四要件理论的学者则指出，中国的犯罪构成四个方面囊括了德日刑法当中的构成要件符合性、违法性和有责性三个方面的全部内容，四要件均具有入罪和出罪的功能，行为符合具体犯罪的犯罪构成，就意味着该行为不可能是正当防卫、紧急避险等排除犯罪性事由。[1]

---

[1] 参见黎宏："我国犯罪构成体系不必重构"，载《法学研究》2006年第1期，第34页。

从争论的焦点来看，反对者和支持者均承认"排除犯罪性事由"属于是否构成犯罪的必备要素。换言之，双方均认可只要不能排除存在正当防卫、紧急避险等"排除犯罪性事由"的，就不得认定被告人有罪。这就与英美法系（旧）普通法理论并没有将"积极抗辩事由"解读为犯罪的必备要素形成了鲜明对比。因此，与英美法系维持至今的"原则加例外"犯罪定义不同，中国的四要件理论和大陆法系的三阶层理论均是一种将例外纳入规则之中的"封闭性"犯罪定义。加之中国刑事诉讼法早已确认了疑罪从无的原则，[1] 所以让中国的被告人承担所谓"积极抗辩事由"的"说服责任"于法（包括实体法和程序法）无据。

在 2015 年"贵州男子刀杀性侵妻子者被判无期"案中，社会上普遍认为该案对被告人的量刑过重，也有学者认为被告人的行为属于正当防卫，不应当承担责任。[2] 但是，在笔者看来，该案的核心问题在于"正当防卫"这一抗辩事由的"说服责任"的分配问题。从该案的判决书[3]以及 2015 年 6 月 18 日发布的"温州市中级人民法院关于被告人田仁信故意杀人案的情况说明"来看，对发生于 2006 年的这起案件，确实没有充分的证据认定被告人的行为当时是否属于"正当防卫"。但是，根据判决书中罗列的证据以及"情况说明"，法院也无法从事实上排除被告人出于正当防卫的可能。换言之，现有的证据无法排除被告人的行为系正当防卫的现实可能性。因此，法院据此认定被告人构成"故意杀人罪"本质上是一种"疑罪从有"的做法。

从该案以及许多其他案件当中我们可以发现，由于受到司法体制、诉讼结构、文化传统等因素的影响，即使在普通案件中，立法所规定的证据不足不得认定有罪的"疑罪从无"基本原则尚且在司法实践中难以得到贯彻。如果再明确要求被告人承担所谓"积极抗辩事由"的"说服责任"，将会进一

---

[1] 1996 年《刑事诉讼法》第 162 条第 3 项明确规定："证据不足，不能认定被告人有罪的，应当作出证据不足、指控的犯罪不能成立的无罪判决。"自此，疑罪从无的裁判规则正式在立法当中得到确立。

[2] 参见萧辉："一桩'故意杀人案'背后的法律争议——贵州男子刀杀性侵妻子者被判无期，法律界激辩量刑及正当防卫问题"，载《新京报》2015 年 6 月 26 日，第 A14 版。

[3] 参见田仁信故意杀人罪一审刑事判决书，浙江省温州市中级人民法院（2014）浙温刑初字第 111 号。

步恶化被告人的处境，使本来必须予以矫正的"疑罪从有或者从轻"的做法合法化。如果说美国的被告人承担"积极抗辩事由"说服责任是由于被告人权利保障过于充足而付出的"必要代价"，那么中国的刑事诉讼让国家承担"排除犯罪性事由"的说服责任，则是对被告人程序权利保障不足而给予的"必要补偿"。

二、提供证据责任

（一）提供证据责任的含义

在德国的民事诉讼中，由于实行当事人主义而非"职权探知主义"，当事人对各自积极主张的事实均有提供证据的责任。这种提供证据的责任在德国被称为"主观证明责任"。"主观证明责任"在外观上展现出来的行为确实是一种"提供证据"的行为，但是，我们不能将其简单地等同于英美法系的"提供证据责任"。提供证据以证明要件事实的"主观证明责任"在德国法中并不是一种具有独立意义的责任，原被告双方之所以必须要提供证据，本质上是由于他们提出积极主张之后为了避免最终的败诉结果而"被迫"履行的责任。[1]换言之，在当事人提出了一个积极主张之后，由此产生了"客观证明责任"，加之民事诉讼中法院只是一个消极的裁判者，并没有收集证据的义务，为了尽到"客观证明责任"，当事人必须要先提供证据。因此，大陆法系民事诉讼当中提供证据的"主观证明责任"，"只不过是客观举证责任通过当事人进行原则之投影而已"。[2]

英美法系的"提供证据责任"则可能完全摆脱最终的"说服责任"而独立存在。在英美法系的陪审团审判程序中，所谓"提供证据的责任"是指提供证据以通过法官的"中间审查"并将案件交付陪审团裁判的责任。[3]因此，"提供证据的责任"也被称为"通过法官的责任""推进诉讼继续进行的

---

[1] 林钰雄：《刑法与刑诉之交错适用》，中国人民大学出版社2009年版，第250页。

[2] 林钰雄：《严格证明与刑事证据》，新学林出版股份有限公司2007年版，第193页。

[3] 从司法实践来看，在英国刑事法院（Crown Court）审理的案件中大约有10%的案件被法官裁定为"无辩可答"，没有通过"中间审查"，被告人因此直接被宣告无罪。参见李昌盛：《论对抗式刑事审判》，中国人民公安大学出版社2009年版，第131页。

责任""使案件表面上成立的责任""争点形成责任"。它也是一种"法定责任",并具有自己的独立意义。一般来说,如果承担"提供证据责任"的一方没有提供足够的证据以使其提出的主张成为一个真正有裁判意义的"争点",这就意味着即使采纳了这一方所提出的全部证据,也不可能使其提出的主张在"表面上成立",从而也就没有必要就其提出的主张继续进行审理。如果该责任属于控方承担的范畴,即使被告人没有提供任何证据,法官依辩方申请或者依职权均可直接作出宣告无罪的判决;如果该责任属于辩方承担的范畴,法官必须要指示陪审团,不得将辩方提出的主张纳入判断是否有罪的评议之中,陪审团应当视其并不存在。因此,"提供证据责任"在英美法系中实际也意味着不利风险的承担,而不是单纯的"举证行为",在一定程度上它就是一种"弱化版"的"说服责任"。松尾浩也教授在比较了两大法系的证明责任理论之后,一针见血地指出:"证据提出责任与所谓主观的举证责任不一致,其本质是形成争点的责任。"[1]

(二) 大陆法系国家的法院"澄清义务"和"照顾义务"

如果说"说服责任"取决于实体法有关犯罪的定义,那么"提供证据责任"则涉及不同国家程序法对控辩审诉讼角色的不同定位。

至少从13世纪开始,德国刑事诉讼的理念就开始迥异于民事诉讼。自从纠问式诉讼取代古老的弹劾式诉讼之后,德国的刑事诉讼就把调查事实真相确立为法院的职责。为追求正义和实体真实的法院职权"调查原则"滥觞于《卡罗琳娜法典》第8条。这种带有"纠问制"遗迹的诉讼原则,即使在"十九世纪大陆法国家自由放任之风劲吹的情况下","却能够毫发无损地幸存下来",[2]现行《德国刑事诉讼法典》第155条第2款明文规定,法院在控诉原则(不得超越起诉书指控的犯罪事实)的约束下,有权且有义务独立行使调查职权。该法典第244条第2款明确规定:"为查清真相,法院依职权应当将证据调查涵盖所有对裁判具有意义的事实和证据材料。"

---

[1] [日] 松尾浩也:《日本刑事诉讼法》(下卷),张凌译,中国人民大学出版社2005年版,第24页。

[2] [美] 米尔建·R. 达马斯卡:《漂移的证据法》,李学军等译,中国政法大学出版社2003年版,第167页。

第三章 "积极抗辩事由"的证明责任

　　从"权限"的角度而言，"调查原则"在程序面上体现为"职权推进主义"，它是指法庭审判阶段的证据调查活动由法官主导，不受检察官或者被告人的控制，法官可以主动调查当事人未曾主张的事实，也可以主动收集、调查当事人未曾提出的证据，以确保准确无误地行使国家刑罚权。从"义务"的角度而言，"调查原则"在程序面上体现为"澄清义务"，它是指除非不具有相关性、必要性和可能性，法院务必将调查证据的范围延伸到所有对罪责认定——构成要件符合性、违法性和有责性——具有相关性的材料，对于违反澄清义务导致对应当调查的证据未调查的，上级法院可以据此撤销一审法院的判决。

　　在"调查原则"的支配下，对于控辩双方当事人没有争议的事实，法院在"澄清义务"的范围内也必须主动调查证据查明真相。因此，即使被告人未主张"排除犯罪性事由"或者主张后无法提出证据形成所谓的"争点"，也并不意味着法院就可以将其视为毋庸调查的事项。这并不是说法院必须将每个案件查得水落石出才能下判。任何历史时期的法院都没有这种"超能力"。如果法官在穷尽一切必要的调查手段后，仍然无法在内心确信被告人构成犯罪，"此时任何一项对罪责要件的怀疑均必须阻碍该刑事判决"。[1]需要指出的是，由于受到"调查原则"的影响，"疑罪从无"在德国并不是检察官没有尽到"说服责任"的不利结果，而是法院必须要谨守的一项"裁判规则"。[2]

　　这也并非意味着控辩双方在诉讼中只能消极地接受法官调查的结果。控辩双方可以申请法庭对已经收集到的证据予以调查，还可以申请法庭收集、调查新的证据，针对控辩双方（实践中主要是辩方）调查证据的申请，除非属于"法律明文规定"的例外情形，法院原则上必须要同意申请。[3]这就使法官客观性义务的履行状况，同时受到自律和他律的双重监控，尤其是来自辩

---

〔1〕 [德] 克劳思·罗科信：《刑事诉讼法》，吴丽琪译，法律出版社2003年版，第125页。

〔2〕 Thomas Weigend, *Assuming That the Defendant is Not Guilty: The Presumption of Innocence in the German System of Criminal Justice*, 8 Crim. L. & Phil. 285（2014），p. 291.

〔3〕 Volker F. Krey, *Characteristic Features of German Criminal Proceedings: An Alternative to the Criminal Procedure Law of the United States?*, 21 Loy. L. A. Int'l & Comp. L. J. 591（1999），pp. 603-604.

护方的"证据调查申请",常常可以让法院"疲于奔命",导致法官不得不通过"交易"的方式换取被告人放弃"证据调查申请权",甚至在一定程度上直接诱发德国"审辩交易"现象的产生。[1]

总之,"积极抗辩事由"的提供证据责任在"调查原则"的背景下完全落在了法官的身上,对应当收集、调查的证据未予收集、调查的,将由法院承担判决被撤销的"不利后果"。这将促使法院积极地履行"澄清义务",即使在辩护方欠缺法律知识、技巧而未作主张或者提出主张但由于取证能力不足无法收集证据予以证明的情况下,也不会承受被错误定罪的风险。同时,由于"积极抗辩事由"毕竟属于犯罪的"非常态",在被告人未作主张或者举证的情况下,法官可能"不太愿意相信非常情形的存在,而更倾向于'内心确信'案件属于通常情形"。[2]为了防止法官因疏忽而没有注意到"积极抗辩事由"存在的可能性,法律进一步赋予辩护方强大的"证据调查申请权",从而使"澄清义务"的履行不再单纯依赖于法官的职业自律和上级审查,同时也受到了辩护方的有效制约。从这个意义上而言,德国的被告人享有主张和申请调查"排除犯罪性事由"的辩护权利,但并没有主张的责任,更没有所谓"形成争点"的提供证据责任。

众所周知,日本在"二战"之后由于受到美国法的影响,诉讼制度开始偏离欧陆法制,逐渐向英美法系靠拢,形成所谓"混合式诉讼模式"。由于日本的程序法结构已由旧刑事诉讼法的职权主义转向新刑事诉讼法的当事人主义,"证明"被告人构成犯罪不是法院而是检察院的责任,从而契合于对抗制的审判结构。"调查原则"已经不再是日本刑事诉讼法的基本原则。于是,有日本学者认为,让检察官承担所有构成要件事实的说服责任固然是合理的,但是由于"阻却犯罪事由"属于犯罪的"例外"情形,检察官无须一开始就证明存在违法性和有责性,除非被告人能够提供适当的证据使理性的人对其违法性或者有责性产生了"合理怀疑",从而形成了一个"争点",此时检察

---

[1] 参见[德]托马斯·魏根特:《德国刑事诉讼程序》,岳礼玲、温小洁译,中国政法大学出版社2004年版,第164页。

[2] Mirjan Damaska, *Evidentiary Barriers to Conviction and Two Models of Criminal Procedure: A Comparative Study*, 121 U. PA. L. REV. 506 (1973), p. 549.

官才承担起证明不存在"阻却犯罪事由"的说服责任。[1]但是，日本的法院并非如同英美法系法院那样被动地接受控辩双方提交的证据并据此作出裁判，由于其职权主义实体真实的"底色"未变，法院在"必要时"有权力进行补充性的证据调查（包括收集证据）。随着实务的发展，日本的判例认为，此处的权力实质上也是"责任"。不过，对于控辩双方，该责任的"履行方式"并不相同。日本通说认为，由于立法已经明确了检察官承担举证责任，且检察官具备收集证据的条件与能力，为防止法官主动收集不利于被告人的"有罪证据"导致其变成"第二公诉人"，混淆侦审的职能，弱化、降低检察官的实质责任，对于控方举证不足的地方，法院仅有义务予以"提示"，晓谕其补充提交相关证据，但不得亲自收集并调查指控犯罪的证据。[2]"比起辅助检察官方面调查对被告不利之证据，应认对被告有利之证据方面，法院负有较强烈之义务。盖不得对于无罪之人予以处罚，乃刑事诉讼上之铁则，所以若某项证据经法官依职权调查之结果，可能获致无罪之结论时，即应认法院有依职权调查证据之义务。……不能因为辩护人不知提出有利证据之拙劣诉讼技巧，即将此不提出有利证据之不利益归由被告承担。"[3]因此，在一个法院负有依职权收集、调查对被告人有利证据的"照顾义务"的制度下，很显然并没有被告人独立承担"积极抗辩事由"提供证据责任的制度性空间。换言之，即使被告人由于没有能力提交证据或者出于诉讼策略故意不主张、证明积极抗辩事由，法院在知晓该事由可能存在时，也必须主动引出争点，并且在必要的情况下收集、调查有利于被告人的证据，否则将构成审判程序违法。日本学界所提出的排除犯罪性事由的"争点形成责任"由被告人承担的做法并没有被立法和实务接受。

如果说在"积极抗辩事由"的证据提供方面，德国、日本等国家或地区的被告人真得承担什么责任的话，那也是为了引起法官对"积极抗辩事由"

---

[1] 参见[日]松尾浩也：《日本刑事诉讼法》（下卷），张凌译，中国人民大学出版社2005年版，第18页；[日]田口守一：《刑事诉讼法》，刘迪等译，法律出版社2000年版，第227页。

[2] 吴冠霆："论公诉案件中事实审法院职权调查证据"，载《军法专刊》2004年第50卷第4期，第49页。

[3] 吴冠霆："论公诉案件中事实审法院职权调查证据"，载《军法专刊》2004年第50卷第4期，第49页。

的关注,在客观情势下有"举证必要"。[1]但是,这并不是法律分配给被告人的一种责任,只不过是一种"辩护策略"的把握问题。

(三) 英美法系国家"积极抗辩事由"的提供证据责任

在英美法系国家,被告人即使不承担"积极抗辩事由"的说服责任,也至少要承担提供证据的责任。也就是说,被告人必须要"主张"具体的"积极抗辩事由",并将其证明到可能存在的程度。此时,"积极抗辩事由"才成为法院必须要审理的一个"争点",控方才承担以排除合理怀疑的证据证明其不存在的责任。虽然表述不同,但是提供证据责任的证明标准相对较低,通常是"合理疑点"。我们必须要认识到,英美法系国家之所以要求被告人至少承担"积极抗辩事由"的提供证据责任,与英美法系刑事诉讼的诉讼目标、职能和审判组织形式密切相关。

首先,英美法系国家法院的角色类似于自由放任主义政治理念之下的"守夜人"角色,它的功能主要是对提交给法院的"纠纷"进行处理。正如美国证据学权威艾伦教授所言:"证明责任规则来源于并践行着某种争端解决理论,……在英美法传统中,……虽然政府提起公诉,但政府方被视为类似于民事当事人。法院是中立的,而不是一个在具体案件中为促进特定政策而构建的政府机构的组成部分。"[2]因此,与德国等大陆法系国家严格区分刑事诉讼程序和民事诉讼程序不同,英美法系国家刑事诉讼与民事诉讼程序价值目标的区分并不明显,二者都致力于纠纷的公平解决。因此,"在欧陆被视为刑事审判之统一性前提的那些事项在英美程序中可以被分解成不同的争议点,就像在民事诉讼中一样,每一方当事人都被要求提出、论证、证明自己的特定论点"。[3]于是,在这种模式下,根据不同的争点而收集证据并向法庭进行举示的责任,就自然地落在了双方当事人的身上。

其次,英美法系国家为了实现"公平"解决纠纷的目标,发明了一整套

---

[1] 参见本章最后一节的有关内容。

[2] Ronald J. Allen, *Burdens of Proof*, Law, Probability and Risk (2014), Volume 13, Issue 3-4, p. 196.

[3] [美]米尔伊安·R.达玛什卡:《司法和国家权力的多种面孔——比较视野中的法律程序》,郑戈译,中国政法大学出版社2004年版,第336-337页。

第三章 "积极抗辩事由"的证明责任

"矫正策略",以维护审判程序的实质公平性。其招数不外乎两种:一是对控方的取证权和举证权进行严格的控制,这主要是通过大量的证据排除规则予以实现;二是赋予被告人强大的辩护权以使其真正有能力与控方进行对抗。鉴于证明不存在"积极抗辩事由"等"否定性事实"或者"主观性事实"确实存在一定的难度,也不可能要求"在每一个案件中,检察官都必须排除所有可能的可宽恕理由。仅仅在有证据支持可宽恕理由的案件中才需要这么做"。[1]因此,被告人承担"积极抗辩事由"的"提供证据责任",可以看成一种"公平游戏"的"微调"机制或者"当事人之间的优势平衡"。[2]一方面,通过这种"微观层面"的调整措施,适度降低控方的证明负担,可以使控辩双方的对抗更加趋于公平。另一方面,由于英美法系国家被告人的"提供证据责任"通常只需达到"合理怀疑"的程度,再加上辩方享有保障较为充分的自行取证权、申请取证权以及针对控方证人的对质诘问权,完成这种"低度"证明责任并非难事,也不属于被告人"不能承受之重",因此难以指责其严重违反公平审判的原则。

最后,陪审团介入审判的"二元式审判构造"进一步增加了被告人承担"积极抗辩事由"提供证据责任的现实必要性。由于"积极抗辩事由"具有开放性和多样性的特点,不可能要求法官在对陪审团进行指示的时候,将可能导致被告人宣告无罪的各种"积极抗辩事由"及其含义向陪审团进行全面的阐释,这本身不但难以做到,而且可能会让陪审团愈加困惑,不知如何下判。在此情况下,要求被告人承担"积极抗辩事由"的提供证据责任,就可以使抗辩事由"特定化",如果被告人完成了自己的"提供证据责任",形成了一个具体的"争点",据此法官就可以向陪审团就某个具体的抗辩理由的法律要件作出明确阐释,要求陪审团根据全案的证据以及证明责任分配的具体规则,判断争点是否成立。正如弗莱切教授所言:"陪审团指示本来就已经是长篇大论;如果法官有义务必须就所有可能出现的抗辩,不管它们是否已经被适当地提出,都必须向陪审团给出指示,这只会让那些外行的决策者们一头

---

[1] [美]哈伯特·L.帕克:《刑事制裁的界限》,梁根林等译,法律出版社2008年版,第141页。
[2] [美]米尔伊安·R.达玛什卡:《司法和国家权力的多种面孔——比较视野中的法律程序》,郑戈译,中国政法大学出版社2004年版,第337页。

雾水。该领域内的普通法系法官传统上采取的似乎正确的规则就是，法官必须就'所有的犯罪本体要件加上适当提出的抗辩'进行指示。一个适当提出的抗辩就是被告人已经就其主张提供了'某些证据'（some evidence）的抗辩。"[1]

（四）中国的被告人不宜承担"积极抗辩事由"的提供证据责任

在我国主张被告人应当承担"积极抗辩事由"证明责任的学者中，主张承担"说服责任"的并不多，大多主张被告人应当承担形成"争点"的提供证据责任。这显然受到了英美法系国家的影响，但是认为大陆法系国家普遍要求被告人也承担积极抗辩事由的提供证据责任或者争点形成责任，无疑是没有根据的。笔者认为，在我国，即使是这种相对"轻微的"责任，也不宜由被告人承担。

从表面上看，在被告人只是承担"提供证据责任"而不是"说服责任"的情况下，由于证明所有犯罪构成事实的责任最终由控方承担，被告人只需要将积极抗辩事由证明到"合理怀疑"的程度即可，此举并没有对被告人造成任何不利影响。毕竟在没有涉及"积极抗辩事由"的审判当中，也是在对犯罪产生合理怀疑的条件下，被告人才可能获得无罪判决。前已述及，"提供证据责任"并非只是一种"行为"，而是一种实实在在具有不利后果的责任。因此，即使被告人只是承担"提供证据责任"，也难免让人产生被告人必须要"自证清白"的印象。例如，假设某个案件当中的被告人主张正当防卫，而且控方也无法排除合理怀疑地证明其行为不构成正当防卫，但是被告人除主张正当防卫之外，没有能力提出必要的证据以使该主张成为一个合理争点。此时，由于被告人没有完成提供证据责任，法院就有权不将辩方的正当防卫主张纳入评议之中，控方也没有责任对不存在正当防卫承担"说服责任"。此时，法院只需考虑控方是否已经将犯罪本体要件证明到了排除合理怀疑的程度。被告人可能因此被定罪。表面上看，被告人被定罪是因为控方完成了自己的证明责任，但实际上却是因为被告人没有完成证明自己无罪的责任。[2]

---

[1] George P. Fletcher, *Basic Concepts of Criminal Law*, Oxford University Press, 1998, p. 101.

[2] See Larry Laudan, *Legal Epistemology: The Anomaly of Affirmative Defenses* (July, 28 2008), Available at SSRN: http://ssrn.com/abstract=1183363, p. 13.

因此，即使是针对"积极抗辩事由"的提供证据以形成合理怀疑的争点形成责任，我们也必须要保持谨慎态度。在一定程度上，它与将说服责任分配给被告人一样，减轻了控方的证明负担，并让被告人承担了证明无罪的义务。[1]

当然，让控方在法庭上一一排除所有的"排除犯罪性事由"也较为困难，甚至是不可能完成的事情。于是，国内有学者主张，应当仿效大陆法系构成要件"推定"理论，只要证明了"构成要件符合性"之后，就可以"推定"不存在排除犯罪性事由，只有在被告人提供了证据使特定的抗辩事由形成"争点"之后，控方才有排除该疑点的证明责任。[2]笔者认为，大陆法系三阶层理论当中的三个条件均相互独立，互不干涉，层层推进步步深入之后才能得出有罪的结论。正因如此，第一个要件成立，并不意味着第二个要件成立；前两个要件成立，也不意味着第三个要件成立，只要其中任何一个要件不成立，均可以阻却定罪。怎能一个要件成立，就可以"推定"其他两个要件成立呢？"推定"不存在"积极抗辩事由"的理论，实乃英美法系的理论。之所以产生这种理论，其根本原因在于在前述美国的陪审团审判当中如何使"积极抗辩事由""特定化"的问题。由于在美国的陪审团审判中，向陪审团介绍所有的"积极抗辩事由"缺乏可行性且可能导致出现混乱局面，所以检察官只对已经形成争点的"积极抗辩事由"承担说服责任。但是，在中国的职业法官审判模式中，法官都是被"推定"为知晓法律的，并不存在美国法当中的那种难题。所以，在通常情况下，只要检察官证明了构成要件符合性事实，法官依照个案的情形完全有能力依照经验法则和逻辑法则判断是否存在"阻却犯罪事由"及其具体类型。再加上法官并非美国那种纯粹消极的仲裁者，对于检察官疏忽的证明事项，他们也有责任通知检察官予以补充性的证明，根本就不需要利用所谓"推定"理论将提供证据的责任转移给被告人才能解决这个难题。

从形式上来看，中国的程序法结构已由旧刑事诉讼法的职权主义转向新

---

[1] 参见 Jonathan Levy, *A Principled Approach to the Standard of Proof for Affirmative Defenses in Criminal Trials*, 40 Am. J. Crim. L. 281 (2013).

[2] 参见杜宇："犯罪构成与刑事诉讼之证明——犯罪构成程序机能的初步拓展"，载《环球法律评论》2012年第1期，第98-100页。

刑事诉讼法的当事人主义，尤其是2012年《刑事诉讼法》明确规定了"公诉案件被告人有罪的举证责任由人民检察院承担"，所以代表"国家"证明被告人构成犯罪的责任不是"法院"而是"检察院"，犯罪事实的认定模式也由传统的"法院职权探知模式"转向"检察院承担证明责任模式"。这种由诉讼程序的转型所导致的权责变化，只不过是法检两家之间的权力分配而已，并不能由此得出被告人承担阻却犯罪事由"提供证据责任"的结论。中国的法院并非如同美国法院那样，被动地接受控辩双方提交的证据并据此作出裁判，法院在"必要时"有权力进行补充性的证据调查（包括主动收集和提供证据）。这一点与日本的做法颇为类似。笔者认为，由于立法已经明确了检察官承担举证责任，且检察官具备收集证据的条件与能力，为防止法官主动收集不利于被告人的"有罪证据"导致其变成"第二公诉人"，所以对于控方举证不足的地方（如存在"积极抗辩事由"的疑点），法院仅有义务予以"提示"，晓谕其补充提交相关的证据，但不得亲自收集并调查指控犯罪的证据。但是，对于有利于被告人的事实（包括积极抗辩事由），法院有义务积极主动地帮助辩方澄清，这是我国刑事诉讼追求实体真实的诉讼目标的必然要求，完全迥异于美国刑事诉讼专注于"纠纷解决"，满足于法庭上展现的"形式真实"。事实上，从前文考察的结果可以发现，具有职权主义传统的国家和地区（如日本），即使吸收了当事人主义的某些要素，也没有放弃法院所负担的"照顾义务"。

"提供证据责任"必须要以具备较为充分的"收集证据"的能力为前提。没有能力收集证据，必然也就无法提供证据。众所周知，中国刑事司法实践中被告人大多在审前被羁押于看守所，且绝大多数被告人无法获得辩护律师的有效帮助。即使获得辩护律师的帮助，立法对辩方取证权的限制和司法实践所制造的取证风险也让辩护律师难以收集到充分的证据。在这种情况下，让被告人承担"积极抗辩事由"的提供证据责任，在一定程度上无异于否定了被告人以"排除犯罪性事由"获得无罪判决的可能性，可能会造成司法不公和冤假错案。正如艾伦教授所言："提供证据的责任只在一种情形下具有重大意义，即诉讼中的某个争点不存在非常有力的证据。如果没有人能够获得有力的证据，无论由谁承担提供证据的责任都将会败诉。"[1]

三、"战术性"证明责任

笔者认为，让我国的被告人承担所谓"积极抗辩事由"的证明责任的理由不充分，且于法无据，也不符合我国的诉讼目标、构造和司法实践。不应当在制度层面明确要求被告人承担"积极抗辩事由"的证明责任，并不意味着被告人在具体的案件当中就没有证明的实际负担。在当前任何一个国家的刑事诉讼当中，被告人在客观情势下都可能会产生现实的"证明必要"。这在案件存在"积极抗辩事由"的情形下表现得尤为明显。

所谓"证明必要"，是指一方当事人在特定的诉讼时点基于对当前案件事实证明状况的评估，为避免针对特定争点的败诉风险而产生的举证负担。即使在被告人没有提出任何积极抗辩只是消极否认罪行的情形下，这种负担也是客观存在的。例如，在一起故意杀人案件的审判中，被告人否认自己杀死了他人，但是当控方已经通过诸如犯罪现场的监控录像较为清楚地证明被告人实施了杀人行为，此时如果被告人为了在"是否实施了杀人行为"这个争点方面避免败诉风险，单纯地否认杀人行为已经没有多大意义，虽然被告人没有证明自己无罪的责任，但是基于对当前控诉证据的评估，在"辩护策略"方面他客观上具有提供反驳证据的现实必要性。因此，"证明必要"在英美法系理论上被概括为"策略性（战术上的）证明负担"（the tactical burden of proof）。[2]

这种"策略性证明负担"是由事实认定的动态性、证据推理的可废止性和对证据证明力的综合评估引发的。它并非法律强加给任何一方当事人的"法定责任"，我们不能将其混同于英美法系诉讼理论当中的"提供证据责任"。在英美法系中，"提供证据责任"是一个具有独立效果的法定责任，而且在完成了提供证据以形成有效争点的责任之后，该责任就已经履行完毕，

---

[1] Ronald J. Allen, *Burdens of Proof*, Law, Probability and Risk (2014), Volume 13, Issue 3-4, p. 203.

[2] Ronald J. Allen & Alex Stein, *Evidence, Probability and the Burden of Proof*, 55 Ariz. L. Rev. 557 (2013), pp. 568-569.

不存在转移给另一方的问题。但是,基于客观情势所引发的"策略性证明负担"则贯穿诉讼的始终,且可以在当事人之间来回转移。[1]例如,在前述案例中,如果被告人提供了证据证明监控录像中实施杀人行为的人员系长相与其非常相似的另一人员,且提供了该人的照片和个人信息,由于辩方提出了一个基于证据的合理疑点,那么在证明方面就获得了策略利益,控方则可能面临该争点的败诉风险。此时,为了反驳辩方,"策略性证明负担"则转移给了控方。像这种证明负担的相互流转可能会在一起审判当中出现多次,直到所有可以获得的证据举证完毕。[2]

与"通常情形"相比,一起案件存在诸如精神失常、正当防卫等"积极抗辩事由"属于"例外"情形。"积极抗辩事由"的例外性和非常态性,极其容易导致裁判者忽略这些情节的存在或者依赖一般的经验法则和逻辑法则"推定"不存在排除犯罪性事由。"为避免这种不利,被告人就产生了对存在违法性阻却事由证明的必要,被告应为此而提出证据。"[3]在前文我们曾经提及,即使在法官负有澄清义务和照顾义务的德国,没有提供证据责任的德国被告人通常也会感到具有提供证据的现实必要。如果说任何"有争议"的诉讼当中,被告人均有"策略性证明负担",那么在依赖"积极抗辩事由"的情形下,被告人在司法实践当中的举证必要尤为迫切。

由此可见,即使被告人并不负担任何法定的"积极抗辩事由"的证明责任,也并不意味着他可以借此安享由此带来的所有好处。在特定的诉讼节点,他还是要通过积极作为,在一定程度上完成"策略性证明负担",才可能切实享受无罪推定带给他的好处。因此,被告人虽没有法定的证明责任,却有"客观的"证明需要。无视被告人的这种证明需求,不为其提供满足的手段,即使被告人被免除了法定证明责任,获得了无罪推定的保障,也不可能让其

---

[1] Henry Prakken and Giovanni Sartor, *A Logical Analysis of Burdens of Proof*, in Hendrik Kaptein, Henry Prakken and Bart Verheij (eds.) *Legal Evidence and Proof: Statistics, Stories, Logic*, Farnham: Ashgate Publishing Limited, 2009, p. 227.

[2] 在大陆法系证明责任理论中,所谓"可变动的主观的举证责任"与此类似。参见[日]松尾浩也:《日本刑事诉讼法》(下卷),张凌译,中国人民大学出版社2005年版,第23页。

[3] [日]土本武司:《日本刑事诉讼法要义》,董璠舆、宋英辉译,五南图书出版公司1997年版,第306页。

真正成为诉讼的"主体",在某种程度上他还是只能被动承受裁判结果的"旁观者",因为他只能眼睁睁地看着风险不断逼近却没有足够的手段来进行防御。在这种情况下,完全寄希望于国家机关公正司法的义务,并不能为被告人提供足够的保障。只有承认被告人的这种证明需求并在制度上为其供给相应的权利,才可能真正化解被告人所面临的现实风险,也才能让被告人真正成为一个可以积极影响裁判结果的诉讼主体。

就这一点而言,两大法系由于诉讼角色的功能定位和诉讼目标不同,在制度上赋予被告人权利的性质也有一定的差异,但是本质上都为被告人在具体的个案当中卸除自己的"策略性证明负担"创造了基本条件。鉴于世界各国的被告人及其辩护人自行取证均缺乏强制力后盾,辩护证据的获取高度依赖于国家权力的保障,即借助国家权力迫使拥有信息的主体提供证据。[1]德国辩护方所享有的"证据调查申请权"以及美国辩护方的"强制有利于自己的证人出庭作证权"以及"对质诘问权",都属于这种类型的权利,并可以在相当程度上满足被告人的证明需要。一方面,通过申请调查不利证据,可以"揭露"疑点的存在;另一方面,通过申请调查有利证据,可以主动"构建"疑点。由于德国的"证据调查申请权"与我国的诉讼目标和法院审判职能更为接近,我们在前文论述的基础上再略加阐述。"证据调查申请权"源于德国法院肩负的"澄清真相"的义务,因此除非申请调查的证据属于"法律明文规定"可以拒绝的情形,否则,法院若拒绝接受申请从而导致应调查的证据未予调查的,将构成绝对的程序违法,可以成为上诉法院撤销判决的理由。此外,面对辩护方的调查证据申请,法院不得以该证据证明的事实已经清楚明了为由拒绝申请,因为这将违背证据调查的禁止预断原则,当然,如果属于明显有利于被告人的证据并认可被告人的主张则除外。这两个基本原则(不得拒绝和禁止预断)可以使取证能力弱小的辩护方能够借助国家的调查权而获得必要的证据,并用来证明自己的诉讼主张,从而满足辩护方的证明需要。

---

[1] 参见顾永忠等:《刑事辩护:国际标准与中国实践》,北京大学出版社2012年版,第292页。

但是，反观我国的刑事诉讼法，实际上并没有相应的制度为被告人履行"积极抗辩事由"的"策略性证明负担"提供较为充分的权利保障。在法庭审理阶段，被告人向法庭提出的"调查证据申请"大部分变成了法院可以任意裁量的事情。2012年《刑事诉讼法》第41条规定辩护人可以申请人民法院收集、调取证据，第192条第1款规定当事人和辩护人"有权申请通知新的证人到庭、调取新的物证，申请重新鉴定或者勘验"，但是只有法院在认为"有必要时"，[1]才会进行调查取证。到底何时"有必要"，则没有任何明确的解释。2012年《刑事诉讼法》新增的强制证人出庭作证制度，也是如出一辙。[2]在辩护方申请调查证据或者申请证人出庭之后，到底在哪些情形下应当准许，哪些情形下可以拒绝，立法和司法解释均没有作出明确的规定。由于法院对控方案卷材料的依赖、控审配合原则的影响和无罪判决的现实困难，这种完全仰赖于司法人员自由裁量的规则，无法为被告人履行"策略性证明负担"提供有效、充分的权利保障。

在这种制度背景下，恰恰不是要求被告人承担所谓"积极抗辩事由"的举证责任，而是要加强司法机关的"澄清义务"和"照顾义务"，并以被告人的辩护权对其进行制约。原则上可以从以下三个方面构建该权利体系：第一，与案件具有相关性的证据，在未经调查之前，不得评价其证明价值，更不得以其证明的事实已经明确为由，驳回被告人的证据调查申请，该证据有利于被告人且其证明的事实已经被法院采信的除外。此乃预断禁止的基本要求。第二，为了兼顾实体真实和诉讼效率，如果申请调查证据属于被排除的证据、众所周知的事实、欠缺重要性的事实、推定的事实、已经证明的事实、无法取得的证据、不具有关联性的证据或者意图拖延诉讼的范畴，法院可以驳回证据调查的申请。此乃对法院裁量范围的限制。第三，违反澄清有利于被告人的疑点的义务，导致应当调查的证据而没有调查的，将构成重大的程序违法（即剥夺或者限制了被告人的权利，可能影响公正审判）并导致二审撤销判决、发回重审的效果。此乃对法官违反义务的程序性制裁和对侵犯辩

---

[1] 参见《2012年最高法解释》第52条和第222条。
[2] 参见2012年《刑事诉讼法》第187条。

护方申请调查证据权的救济。构建一套"照顾义务"基础之上的"证据调查申请权",可以让存在"积极抗辩事由"的被告人切实获得无罪推定的保障,增强被告人的诉讼主体地位,也可以满足被告人在其他情境下的"证明必要",从而在整体上强化我国刑事诉讼的真实发现能力,进而强化被告人的人权保障。

第四章
求真结构的三根支柱

在我国当前的证明体制中,其主体是由侦诉审三机关共同组成的"铁三角"结构,以分段包干和选择性接力的方式共同致力于发现真相。在这一"主心骨"的外围,分布着各种力量,统称为"当事人和其他诉讼参与人"。就司法证明活动而言,立法对他们的权利和义务的设定,主要目的是协助公安司法机关及时、准确地查明案件事实,均是"铁三角"探求客观真实的"助手"。他们之间的区别不在于查证事实中的实质角色的差异,而在于协助的事项和程度的差异。整个诉讼证明架构都被打造为一个以"铁三角"分段主导并在其他力量协助下的真相"挖掘机"。辩方作为一支有别于"铁三角"的力量(辩护职能)得到了立法认可,但其在整体构造中并非四梁八柱中的顶梁柱之一,证明结构塑造者只是期待他如同其他诉讼参与人一样,协助主导性力量完成核心任务,但他既不是不可或缺的角色,也不是可以对事实认定结果产生决定性影响的角色。专门履行辩护职能的律师,同样只是一个可有可无的"配角",有之,求真的大戏可能更加完美,无之,也无大碍,因为犯罪嫌疑人、被告人"既有义务也有权利"进行辩护,[1]尤其关键的是,"铁三角"在各自主导的阶段都有为被告人"辩护"的国家职责。

就刑事诉讼的整体设计而言,通过全面收集证据还原案件的本来面貌,是处于支配性的价值目标。由辩方协助并由"铁三角"主导的分段包干与选择性接力的构造是担保求真的"大船"不会倾覆的"压舱石"。但这一理想目标的实现必须要以一系列预设作为前提,否则可能会有"翻船"的危险。

---

[1] 关于这种看似自相矛盾的表述,参见上一章有关辩方诉讼地位的论述。

一、科学精神

确保该结构的功能达到预期目标的第一个条件就是由"铁三角"组成的求真"大船"均以探求真相作为其工作动力的来源,且必须保持前轻后重的结构性倾斜。寻找线索,发现证据,收集并分析证据,最终发现"真理",是一件非常辛苦的工作,甚至可能辛勤工作后最终却一无所获,能够孜孜不倦地以此作为行动动力的人必须要有科学精神。也可以说,必须要有一种坚定不移的"实事求是"的精神。科学精神的实质就是像一个"最优秀的"科学家那样探索世界的本来面目。真正科学的精神,一是无功利性,二是具有质疑精神,三是允许他方进行理性的批判,四是思想开放并审慎地对待异己之见。[1]

结合司法工作来说,无功利性的精神要求办案人员在收集证据查证事实的活动中没有个人、组织或其他任何利益趋向,尤其不能为了达成某种自己、上级、被害人甚至国家所期望的结果来从事证明活动。因为真相可能让人欣喜,也可能让人悲伤。当掌握查证之权的主体为特定结果或满足特定利益而从事求真活动时,证明活动就可能变成一种把悲伤留给别人的活动,就可能变成一种想尽办法打击对手和维护特定利益的工具。它不仅有可能会使办案人员只重视与结果一致的证据,甚至伪造、毁灭、隐匿证据,而且在对证据进行评价时也可能只看到其中与结果一致的方面,缺乏自我挑战的动力。最终导致的结果就是证据可能片面地指向某个结论,哪怕证据已经充分到了足以让其他人无可置疑的程度。因为当排斥了或压制了可能挑战自己的证据,剩下的就可能只有自己一方"假作真来真亦假"的"真相"而已。

单有"无私"的求真精神还不够,无论是侦查人员还是检察官、法官,若要与我国的证明构造的预设保持一致,都必须要有批判他人和自我批判的质疑精神。分段负责且自我把关的结构,事实上要求每个责任主体在各自负责的阶段都要批判性地审查案件的疑点并将其合理排除,之后才能将案件交给下一机关。如果没有自我质疑的精神,难免发生过度自信的偏差,从而错

---

[1] 中国科学技术大学常务副校长、中国科学院院士潘建伟说道:"科学研究是兴趣和好奇心驱动的无功利行为。这是科学精神最重要的一点,也是科学能发展到今天的主要原因。"参见潘建伟:"什么是科学精神",载《联合时报》2019年5月24日,第4版。

过了有价值的线索、信息和证据。从单一主体主导事实认定的角度来说，没有合理的怀疑就是经过理性的自我审查后没有找到质疑原先结果的合理根据。没有先疑后信的精神历程，就是一种放弃自己内在的理性法庭进行事实裁判的不负责任的确信。

选择性接力的核心要求不是帮助公安机关完成未尽的证明活动，而是接续"证实"责任，立法者期望检察机关、审判机关站在自己的视角对前一机关的判断作出审慎的批判性的审查（裁断后接力），即先质疑，再确定下一步行动。否则，打造选择性接力求真结构的意义就荡然无存，它要么变成一场对侦查结果加以确认的"形式"诉讼。易言之，从分段接力结构的理想要求而言，公检法都必须在作出不利于被追诉人的决定之前，批判性地反问自己：被追诉人有可能无罪或罪轻吗？有指向无罪或罪轻的证据被忽略或遗漏了吗？这正是全面收集证据的客观性义务和确保无罪的人不受刑事追究这一诉讼目标的理想要求。因此，诉讼越是往后推进，负责选择性接力的办案者就越要保持质疑精神和批判勇气，呈现出科学精神的结构性倾斜。

所谓结构性倾斜，是指接力查证与制约性裁断是后端必须肩负的双重任务，但二者的侧重点略有差异。这一点可以从我们党和国家领导人建构这一框架的初衷和讲话中得到佐证。据考证，新中国成立后的"三反五反"等运动中，由于检察体制不健全，既缺乏对公安机关的监督，也缺乏对法院审判活动的制约，造成了大量的错捕、错判。正是在这一历史背景下，1953年11月28日，彭真签发的政法委分党组报送中共中央有关加强检察工作的建议中提出："法院、公安、检察署通过一系列的配合、互相制约的比较完善的司法制度的保证，错捕、错押、错判的现象自然就会减少到极小的限度。"[1]可见，这一结构的提出，一开始主要是为了加强制约。分段接力的结构首次出现在中央的报告是1956年9月15日刘少奇在中共八大上的政治报告。他在报告中强调："我们的公安机关、检察机关和法院，必须贯彻执行法制方面的分工负责和互相制约的制度。"此处并没有出现互相配合的说法，而是强调了互相制约。他将公检法三机关相互制约的关系比喻为"唱对台戏"，指出政法机

---

[1]《彭真传》编写组编：《彭真传》（第二卷），中央文献出版社2012年版，第886页。

关"要有对立面，唱对台戏"。[1]对于政法各部门之间的相互关系，乔石同志强调了它的两面性：一方面好似一条"生产流水线"，是互相衔接、互相配合的；另一方面好似一道道"紧要的关口"，每一个部门、每一道程序都是一个"关口"，都要严格监督把好关，力求没有任何缺失和疏漏。[2]但针对二者侧重点的选择，"乔石同志一再提醒大家，这样的两面性是不可忽视的，特别是要重视把关监督的这一面"。[3]

　　自我批判和质疑他人已经难能可贵，但为了确保发现"真理"，还必须允许其他人反驳自己。古人云："人非圣贤，孰能无过"，"智者千虑，必有一失"。即使经过了批判性的审查，我们有时也难免犯错。因此，从科学求真的角度来说，任何一个结论都是允许其他人反驳和证伪的。波普尔将此称为可证伪性，这也是现代科学得以生生不息的思想基础。当然，我们再次提及，司法无法像科学那样反复实验，以寻找可能存在的反证。但其基本精神同样适用于诉讼求真活动。简而言之，就是允许其他主体提供相反的证据和发表不同的观点。由于获取证据的强制力被国家机关垄断，所以享有强制获取证据权限的机关还应当积极地协助其他主体，帮助他们获取在实践上本可以得到的可能具有相反证明效果的证据，并结合已有的证据对其进行理性判断。要做到这一点，享有调查取证权的主体还必须要有一个开放的胸襟，不仅不打击对手，而且要尊重对手，审慎理性地对待持相反意见者，甚至在必要的情况下协助其他主体寻找可能有价值的"反证"。因为一个将求真作为首要价值目标的司法机关，深知只有当没有其他证据指向一个相反的结论时，真相才能大白于天下，事实的认定才有一个真正扎实的根基。

二、仁爱之心

　　科学研究主要是对外部世界真实规律的探索，一个真正的科学家从事求

---

[1] 罗雄："从正确处理人民内部矛盾看刘少奇以人为本的法治思想"，载《湘潮（理论版）》2013年第2期，第40页。

[2] 佘孟孝："记乔石同志在主管政法工作期间抓的若干大事"，载《乔石谈民主与法制》编辑组：《读〈乔石谈民主与法制〉》，人民出版社2012年版，第63页。

[3] 佘孟孝："记乔石同志在主管政法工作期间抓的若干大事"，载《乔石谈民主与法制》编辑组：《读〈乔石谈民主与法制〉》，人民出版社2012年版，第63页。

真活动的动力主要源自兴趣和好奇心。但刑事司法中的求真活动是人与人之间的互动过程。因此，垄断求真权力的人如何对待协助他们探求真相的人，就成为另一个关系到诉讼活动求真能力的关键因素。先试想一个反例：如果办案人员完全不在乎犯罪嫌疑人和被告人的感受，也不关心冤枉他人可能带来的巨大痛苦，一心只想着把自己锁定的"坏人"投入大牢，他怎么可能主动或协助被告人去收集有利于被告人的证据呢？他怎么可能秉持科学精神？如果说科学精神对求真者的要求是一种对历史负责的精神，那么要激发这种责任意识，必须先要有对人民负责的精神。

分段包干和选择性接力的求真构造，体现了一种全方位的国家责任主义的精神。主导性力量既要维护遭受犯罪侵害之人的利益或抽象的公共利益，收集证据惩罚犯罪，实现正义，也要维护遭受刑事追诉之人的合法利益，查清案情避免冤狱或轻罪重判，实现公平。要实现此理想，就必须要求每个侦查司法人员在办案的过程中，秉持"仁者爱人"的伦理关怀，坚持为人民服务的宗旨信念，践行"权为民所用，情为民所系，利为民所谋"的庄严承诺。正是预设了每个办案人员都能够践行或达到如此伦理水平，才可能将不利于或有利于被告人的证据调查权和事实裁断权分段授予三机关，而让包括被告人在内的诉讼参与人"降格"至协助者的地位。

从对每一个办案者的预设要求来看，他们不但不能在办案中谋取个人利益，而且还要有无差别的同理之心。他们既要设身处地地为被害人着想，也要推己及人地为被告人考虑，充当其"辩护人"。尤其是对那些辩解自己无罪、罪轻的被告人，尤应重视他们提供的意见、线索和证据。如果法律既不允许被告人自己以强制手段去收集可以证明自己无罪的证据，同时有取证权的主体又可以拒绝他的申请，这就可能变成一种欲加之罪何患无辞的"陷害"，直接危及"铁三角"主导的求真结构所期望追求的国家利益（即"不枉不纵"）。因此，分段接力的结构假设为当被告人存在遭受不公平对待的风险时，公检法三机关的办案人员或决策者都会如同一位仁爱的慈父一样，帮助其消除可能存在的风险，而不会坐视不管，更不会弃之不顾。

三、客观尺度

如果说科学精神和仁爱之心是确保"铁三角"接力推进的求真之"大

船"不会倾覆所预装的"软核",那么还有一个预设则是确保该船顺利抵达真相彼岸的"硬核"。该硬核就是预设了存在一个不以人的意志为转移的客观存在的事实真相,且人力能够发现它,还有一个统一的"客观"尺度作为测度事实是否已经得到证明的标准。

预设存在案件事实且有能力发现它,是现代每个理性司法制度的共同特征,否则我们根本无法理解警察、检察官、辩护律师、法官、陪审员为什么要存在的原因。但预设存在一个客观尺度用来判断事实则是我国证明结构的特殊需要。无论是去中心主义还是多中心主义,无论是分段、分工但不分"中心任务"的同一证明要求,还是各单元依职权或依辩方申请判断查证范围的边界线,都仰赖一个客观的证明尺度予以度量。去中心主义实乃去主观主义和去分权主义,而不是说诉讼证明完全无中心,此中心是证明尺度是否已经达到。多中心主义是要发挥分段接力的结构性优势,也不是说每个阶段都可以成为中心,而是谁将案件证明到了法律所要求的尺度,谁就成为中心。如果没有一个统一的客观尺度,分段责任就无从判断是否完成,选择性接力的裁断活动也就失去了标准,接力也不知从何做起。如果没有一个统一的客观尺度,各阶段查证范围的具体边界就会模糊不清,其确定也可能流于恣意。更关键的是,公检法之间可能产生无尽的分歧和纷争。有实务界人士曾问道:"公安机关常常迷惑不解的是:为何我们的证据标准都是'确实、充分',案件移送到检察机关却又会被认为是事实不清、证据不足而退回补充侦查呢?检察机关同样迷惑不解的是,为何我们的证据标准都是'确实、充分',而被告人的行为符合犯罪构成的四个要件,也确实具有社会危害性、刑事违法性、应受处罚性,案件起诉到法院却被判决无罪呢?"[1]

可见,在分段接力的查证构造中,统一且客观的证明尺度成为规范侦诉审的证据调查行为、证据评价活动和事实认定根据的主要制度保障。如果这一尺度是主观的、因人而异的,将会对结构稳定运行带来极大阻碍,从而产生与结构预期相反的结果。若没有一个客观尺度作为度量各阶段责任是否

---

[1] 杨喜民、杨静:"也谈证据确实充分的'步步高'标准",载《中国检察官》2009年第2期,第49页。

已经达到的标志，就可能会导致各个机关自设标准，其各自满足自己设定的标准即可，此时到底以谁为准就可能演变为一种权力角逐。简而言之，谁有话语权，谁就说了算。当公安机关处于强势地位时，标准可能由其设定；当检察机关处于强势地位时，设定权限可能发生后移；当法院处于强势地位时，一切向个案的审判组织看齐的局面就可能形成。分段负责和选择性接力的求真结构就可能演变为"一段主导其他协从"的局面。尤其是当两家的权力旗鼓相当或三家的权力形成"三足鼎立"态势的时候，各不"买单"相互扯皮的内耗局面就会形成，"铁三角"就可能分崩离析，每个单位都说自己尽到了责任，却没有一家认为另一家尽到了责任。

客观、统一、明确的证明尺度作为该结构运行的制度性保障，可以降低软支柱保障不足所带来的错误风险，同时也有助于将软支柱的精神内核转化为具体的有拘束力的制度形式，以使其由软变硬。易言之，即使公检法将"打击犯罪"错误地理解为"打击犯罪嫌疑人、被告人"，即使其一心想证明被告人有罪，即使其不喜欢被追诉人，也不在乎冤枉被追诉人可能带来的损失，但如果这个尺度没有达到，也不能将被追诉人打上罪犯的标签让其接受刑罚惩罚。因此，它是该结构达到预期目标（尤其是确保无罪的人不受错误追究）的重要保障，也是对"铁三角"的证明活动进行强有力的外部控制的制度性装置。如果用一句话概括我国刑事证据法治这40年所取得的成就，那就是不断地朝证明尺度的客观化、统一化和明确化的规范性方向发展。对此问题需要进行更为详细的阐述。

从其诞生之初，我国刑事诉讼法中的证明尺度就有偏重外在的客观标准的特点，从而为我国证据制度的后续建设奠定了历史基础，也导致了非常强大的路径依赖。从当时立法的背景来看，这是为了区别于传统中国的证据制度、西方资本主义国家的证据制度，以便充分体现中国特色社会主义司法制度的优越性，同时也体现了批判借鉴其他社会主义国家法制的创造性精神，以示不盲目照抄照搬苏联等社会主义国家的法制，并依据马克思主义中国化的指导思想，结合我国的实际情况，特别是新中国成立后社会主义革命和建设正反两方面的刑事司法经验，尤其是"文化大革命"期间"逼供信"的惨痛经历，最终作出的制度选择。它具有以下几个方面的特点：一是将查明案件的本来面貌既作为三机关各阶段的共同任务,也作为各机关完成查证责任的标志。如在基本原则方面强调"人民法院、人民检察院和公安机关进行刑事诉讼,必须以事实为根据";在证据制度方面要求"公安机关提请批准逮捕书、人民检察院起诉书、人民法院判决书,必须忠实于事实真象。故意隐瞒事实真象的,应当追究责任"。二是将证据的证明状态,而非判断者的主观信念状态,作为事实是否存在的法律标准,要求只有当"证据确实充分"才可以认定被告人有罪和处以刑罚。也就是说,事实裁判者判断的权威性主要诉诸于判断时点的客观存在的证据状况。从法律的表达即可看出,证据确实、充分是一个"去主体化"的标准,它"隐藏了"判断者。判断的权威性并不是因为判断者处于立法授权其处于判断者的"角色",而是证据的证明状态所赋予的。按照立法者的设想,如果证据确实、充分,你不相信有罪也要认定有罪;如果证据不充分,你确信有罪也不得认定有罪。这是一种非常强的证据实证主义立场。三是对口供这类"主观性"较强的证据采取保守的认证态度,明确规定"只有被告人供述,没有其他证据的",哪怕是被告人主动投案自首,每个人均一致认为供述出于自愿,具有可信性,也"不能认定被告人有罪和处以刑罚"。四是对"铁三角"组成的求真力量绝对能够查明案件的真实情况保持一种高度的乐观主义态度,1979年《刑事诉讼法》的制定者压根就没有考虑如果案件事实查不清楚,该如何作出决断的问题。当时的教科书认为,"从根本上看,任何案件事实,通过正确地收集、分析证据,是可以查清的"。[1]因此,案件证据达不到确实、充分的状态,就不允许作出有罪或无罪的决断,既不允许放弃调查,也不允许宣告无罪,而应当继续调查,直至查清为止。

　　1979年《刑事诉讼法》所确立的"以(客观)事实为中心"的证明活动的规范模式,也曾遭受理论上的质疑和陷入实践的困境,但由于它在我国诉讼证明结构中处于中流砥柱的地位,所以它一直顽强地抵制任何试图将其彻底予以否定的力量,而且随着理论的发展、研究的深入和解决实践问题的现实需要,借鉴域外法制,总结实践经验,不断地在局部进行微调,从而生长

---

〔1〕 张子培主编:《刑事诉讼法教程》,群众出版社1987年版,第192页。

出若干具体的机制，使其在规范证明活动中的地位日趋稳固。

(一) 中国特色的证据不足的裁决制度

前已述及，由于1979年《刑事诉讼法》制定时对司法机关发现真相的能力高度乐观，所以立法并未对无法查清是否有罪的犯罪嫌疑人、被告人该如何处理作出规定。在司法实务中，有些案件确实在办案期限内无法查清，但由于缺乏处理方式的规定，相当一部分案件就被"挂"起来，甚至导致犯罪嫌疑人、被告人遭受可能比其涉嫌犯罪能够判处的刑罚还要长的超期羁押或长期取保候审等问题。司法机关就有罪无罪问题"拒绝裁判"，居然于法有据！仅凭无法彻底排除的犯罪嫌疑，就可以让被追诉人长时间处于某种事实上的被剥夺或限制自由的状态。为了解决这个棘手的现实难题，1996年《刑事诉讼法》在修改时吸取学界建议的基础上，确立了我国的"疑罪从无"原则。2012年《刑事诉讼法》在修改时则将该原则进一步提前至审查起诉阶段，要求检察机关对两次退回补充侦查后仍然事实不清、证据不足的案件，必须作出不起诉决定。加之1996年《刑事诉讼法》修改后明确了侦查终结移送起诉的标准，即犯罪事实清楚，证据确实充分，且规定羁押期限届满，案件尚未办结，达不到移送起诉的条件，则必须改变强制措施，变更为取保候审或监视居住。因取保候审或监视居住均有最长期限的规定，从理论上来说，一旦最长期限已经届满，且仍无法达到移送起诉条件的，侦查机关则必须解除强制措施，恢复犯罪嫌疑人的人身自由。这也体现了"疑罪从无"的精神。

因此，与分段接力的证明结构相适应，公检法三机关针对证据不足的案件，均要对被追诉人作出"准"无罪化处理，且该处理分布在三阶段，而不是只有到了审判阶段才有该原则的适用。这与西方国家的疑罪从无制度有显著差异。无论是实行对抗制的美国，还是实行职权主义的德国，"疑罪从无"均不要求侦查机关、检察机关必须将事实查证到没有任何疑点的条件下才能交付审判。在德国，由于侦查、起诉在程序上并无任何结构上的分离，均由检察官负责，侦查终结和起诉的决定是合二为一的。同时，立法规定澄清案件真相的责任属于法院，而非检察院，检察院基于控审分离的原则，主要是限制审判权的启动和调查范围，并为法院澄清真相做好准备，因此，只要检察院认为被告人有定罪的现实可能性，就可以起诉。在美国，检察院和警察机关之间并无追诉犯罪方面的领导与被领导关系，而是相互分离的，但美国也没有一个独立的前置于起诉阶段的侦查阶段。其程序也大体可以分为三段论：逮捕至提出指控（complaint）阶段、起诉（information 或者 indictment）至预审阶段和正式的审判阶段至救济阶段。除保留大陪审团预审的州以外，这三个阶段都是由法院参与审查指控是否成立、起诉后是否交付审判和（小陪审团）是否认定有罪。前两个阶段法院审查的标准均是"相当理由"（probable cause），大体相当于有罪的可能性比无罪的可能性更大，并不需要排除一切合理的怀疑。因此，美德两国在制度上仅要求审判阶段适用"疑罪从无"，他们一方面没有专门的侦查阶段，另一方面起诉把关的责任也低于有罪判决的标准。当然，在实务中，即使达到了法律规定的起诉条件，如果检察院对法院判决有罪的把握不大，有可能选择不起诉，但其并没有责任必须对"证据不足"的案件作出不起诉决定，更无专门的侦查阶段要求侦查机关在此阶段必须查清事实才能将案件交付检察院审查。可见，当"疑罪从无"的原理被吸收进分段接力的证明结构后，它也随着运行环境的差异发生了变化，从专门适用于审判阶段的"裁判规则"（大陆法系）或"证明规则"（英美法系）演化为一种三机关分段遵行的"裁（判）决（定）规则"，从而从反面的角度进一步明晰了分段包干的责任，巩固而不是削弱了分段式证明的构造。

此外，无论是检察机关的不起诉决定还是法院的无罪判决，其基于"疑罪从无"原则作出释放被追诉人裁决的条件，并不是其对于犯罪构成要件事实的存在与否，在主观上无法排除"合理的怀疑"，而是"证据不足"。这与强调事实认定的客观性要求是一脉相承的。这一点很容易被忽略，很多人都容易将证据不足等同于案件存在无法排除的合理怀疑，但二者的规范性要求并不一定呈现一一对应的关系。原因在于，证据在外在的证明状态上虽然有不足之处，甚至案件的事实或证据存在可疑之处，但如果能够依据经验、推理将其排除，就算是达到了事实认定的要求。[1]另外，如果证据在外观上充

---

[1] 事实上，如果某个版本的事实存在的可能性很低，依据美国法律，甚至都没有将其排除的必要。美国判例法要求，合理怀疑不仅要合理，而且还要达到一定的盖然性。

分，共同指向有罪结论，即可认定有罪，那么哪怕证据的调查并不十分齐全，证据也未得到当事人及其辩护人、诉讼代理人的严格检验，即使裁判者内心并不十分确信，照样可以认定有罪。因此，从实际运行的结果来看，证据不足与合理怀疑、证据确实充分与排除合理怀疑，有可能得出相同的结果，但也可能导致二者基于相同的证据得出完全不同的结果。它们是两套不同的思维方式，一个是求助于评判者个体内在的主观信念，另一个是求助于证据本身实际的证明状态。就前者来说，证据只是手段，信念才是目的。就后者来说，信念只是手段，它本身是为了"正确地"反映事实，因此证据所反映的客观事实才是目的。易言之，如果证据不足，即使公检法办案人员内心完全确信被告人有罪，也不得认定有罪；反之，如果证据充分，即使公检法办案人员内心并不完全确信被告人有罪，也可以认定有罪。证据的实际证明状态，即外在的不可否认的客观存在的证据事实，而不是有可能因人而异的内在的主观的确信无疑的信念态度，才是有罪或无罪判断的依据。2012年《刑事诉讼法》修改时，立法机关吸收了英美法系行之多年的证明尺度的表述，将证据充分解释为排除合理怀疑，以增强证明尺度的可操作性，但这两套不同的思维方式如何对接，就成为一个棘手的法律适用难题。我们将在后文对此问题进一步展开论述。

最后，无论是侦查阶段无法查清事实后释放嫌疑人，还是起诉、审判阶段作出不起诉决定、无罪判决之后释放被追诉人，对于犯罪嫌疑人、被告人来说，他们只是重新获得了人身自由。他们并不因为被释放就彻底不会受到以前所涉嫌犯罪的追诉、审判，疑罪在我国并不存在真正的"从无"。由于既没有英美法系的禁止双重危险原则，也没有大陆法系的一事不再理原则，所以从理论上来说，即使在程序上对被追诉人作出了无罪化处理，将其予以释放，侦查机关仍需要继续对此案进行侦查，如果证据已经由不足再次转化为充分，被追诉人还是有可能在被起诉后定罪或再审后改判有罪。因此，在追求客观真实这一主导性目标的影响下，出于应对实践中定放两难的证明困境，我国最终将"疑罪从无"的原理吸收进法律制度之中，但由于该原则运行的结构环境发生了变化，这一原则在我国的具体要求也被打造为"铁三角"分段接力证明构造的一环，其适用的诉讼阶段、适用条件和法律效果均发生了与结构性要求相一致的变化。

（二）证据确实标准的类型化和规范化

证据确实充分是我国立法者设定的公检法必须统一遵循的认定犯罪事实的尺度。从字面上来理解，证据确实是对定案证据状态的"质量"要求，证据充分是对定案证据状态的"数量"要求。但具有什么品质的证据才算是确实的证据？有多少数量的证据才算是充分的证据？这又陷入了一个规范性的难题。通过前文所分析的"客观真实"在证明结构中的核心地位，我们可以清晰地发现一个规律：整个中国证据法都是在朝着不断明确、细化和统一等标准的方向发展。在中国的证据制度近十年飞跃式的进展中，证据评价制度开始从仰赖比较"软"的科学精神、德性伦理走向比较"硬"的细密的制度规范，以至于迈入了严格规则主义甚至清单式证据收集标准（所谓证据收集指引机制），目前还试图朝着更为精密的人工智能的方向发展。这是我国证据制度发展最为显著的特色。本部分先研讨证据确实标准的演化，后文再探讨证据充分标准的演化。1979年《刑事诉讼法》虽然把证据确实作为认定案件事实是否清楚的必要条件之一，而且在其中第31条解释了证据的含义和明确了证据的种类之后，要求"证据必须经过查证属实，才能作为定案的根据"，从而使证据的"确实性"成为各种类型证据转化为"定案根据"的条件。但是立法并未对各种类型的证据在何种条件下可以认定为确实或不确实作出任何规定。这就使得这一证明结构中至关重要的规范性因素成为一种"软"规范。例如，刑讯逼供所取得的供述是确实的还是虚假的？对此问题最正确的回答，就是具体情况具体分析。从以前的司法实务情况来看，有些司法人员甚至在明显存在逼供的情形下，也会采信由此得出的供述，因为他在"查证"后认定被告人的供述是属实的，符合作为定案根据的条件。

这一状态大概持续了30年，直到其中潜藏的问题被不断曝光的冤假错案逐步揭露之后，制度设计者开始着手应对这一问题。河南赵作海冤案在2010年被纠正之后，"两高三部"以迅雷之势颁布了"两个证据规定"，其条文数量共计56条，大约等于当时正在实行的1996年《刑事诉讼法》条文数的五分之一。此后，2012年《刑事诉讼法》将其中涉及"非法证据排除规则"方面的内容吸收进法律之中。最高人民法院则经由其享有的司法解释权将《关于办理死刑案件审查判断证据若干问题的规定》中的全部内容，略加技术性修改后，纳入最高人民法院有关 2012 年《刑事诉讼法》的司法解释之中，并一直沿用至今。2014 年党中央通过了《中共中央关于全面推进依法治国若干重大问题的决定》，明确提出"推进以审判为中心的诉讼制度改革，确保侦查、审查起诉的案件事实证据经得起法律的检验"。此后，新一轮的证据评价标准"规范化"运动再次活跃，试图建立一个能够检验案件事实证据的细致的可操作的证据法律体系。其中比较有代表性的成果，如 2016 年 "两高一部"联合颁发的《办理毒品犯罪案件毒品提取、扣押、称量、取样和送检程序若干问题的规定》和《关于办理刑事案件收集提取和审查判断电子数据若干问题的规定》以及 2017 年 "两高三部"联合制定的《关于办理刑事案件严格排除非法证据若干问题的规定》。证据法律体系已经开始向单独的证据类型（如"电子数据"）和在特定的犯罪类型中出现的常见证据（如"毒品"）如何进行规范的纵深方向发展。如果我们把我国有关证据问题的刑事诉讼立法、司法解释和司法解释性文件的内容加在一起，其规范密度甚至可能超过向来以证据法发达于世的英美法系的证据法。撇开细节问题不谈，在我国证据法制化的进程中，可以发现一条非常清晰的主线：以证据的笔录形式要求、证据来源、侦查取证程序和证据内容为规范对象，分别设置不同的定案资格标准，以便从规范上保障定案的证据具备确实性，降低错误采信证据的风险，借由证据标准的规范化和统一化，确保侦查机关在证据的制作、取证过程、取证方法和证据内容自我审查把关方面，与审判机关、检察机关的期待保持一致，从"源头上"保证侦查终结的案件在证据上就可以达到审判时设定的"检验"标准。因此，目前这一场由最高人民法院为主推手的以审判为中心的诉讼制度改革，也可以看作是一场检察机关、侦查机关向法院的定案标准"看齐"的运动。

目前形成的证据标准体系主要从证据的笔录形式要求、证据来源、侦查取证程序和证据内容四大方面，对有疑点的证据设定不同的证据标准，以确保作为证据使用的材料确实可靠。由于证据必然是从特定的人地物（来源）并依照一定的取证方法（程序）而形成的包含特定信息（内容）的材料，且在中国习惯于将这种材料转化为各种书面形式（笔录形式），因此，这四大方面大体涵盖了证据审查判断所涉及的全部内容。由于这四种情形对证据的真实性带来的影响不同，甚至在相同取证手段下对"不同"类型证据的真实性的影响也不相同，因此制度设计者在设定证据标准时也采取了不同的进路。此外，这四种情形的审查判断方式也有原则性差异。笔录形式要求、证据来源和侦查取证程序的规制路径采取的是一种原子审查的路径，即从该证据本身设立证据定案资格标准。在证据内容方面所设置的证据标准采取的则是一种整体审查的路径，即从该证据的内容与其他证据内容之间的关系确立证据标准。

就转化为各种书面证据形式的证据而言，形式上必须记载完备，没有错漏和矛盾，这是司法惯例慢慢形成的一种规范性要求。形式上有错漏或矛盾的书面证据材料，并不一定是违法取得的，也与证据内容是否真实没有必然联系，但往往潜藏着错误的风险，因此制度设计者对此情形下的证据采取了一种附条件的定案资格规制策略。如果证据在形式上的瑕疵可以得到补正或合理解释，错误认定证据的风险大体上可以消除，由此就具备了定案的资格，反之则不得作为定案的依据。除此之外，对于部分程序"瑕疵"，即违反了一些对证据的真实性不会产生较大负面影响的程序性规则，也采用了这一规则。例如，询问证人、被害人的地点不符合规定的，讯问人没有签名的，[1]勘验检查笔录不符合法律要求的。此规则适用于讯问笔录（口供）、询问笔录（证人证言、被害人陈述）和勘验、检查笔录。

证据来源对证据定案资格的影响主要系针对实物证据。就作为定案资格的实物证据而言，必然是基于特定的人地物通过勘验检查搜查调取等活动产生的，不可能无缘无故地得到一份实物证据。为了防止伪造不存在的证据或变造已经发现的证据，制度设计者从两个方面对实物证据的定案资格进行规

---

[1] 从我国的立法来看，讯问人员没有在讯问笔录上签名，不属于"形式"上的漏记，而是真真切切的"程序"违法，只不过这种违法多数情形下可能是办案人员粗心大意所导致的，这一违法至多只能算是一种程序上的"瑕疵"，单纯存在这一点通常不会影响口供的真实性和讯问的合法性。但鉴于《刑事诉讼法》明文规定"侦查人员也应当在笔录上签名"，且不签名有时候潜藏着一定的错误风险（如编造供述内容担心追责而不敢签名），因此不能无视这种具有违法性质的"瑕疵"，于是制度设计者创造了补正或合理解释的证据规制路径。

制:一是要求物证、书证原则上必须以原始证据作为定案根据,使用源自二手的、衍生的传来证据,必须具备法定的例外事由,如原物不便搬运或取得原件确有困难,且必须以各种"验真"方式(与原始证据进行核对、鉴定或其他方式)确保二手材料自身的真实性,才可以作为定案根据。无法满足这两个条件的非第一手的物证、书证,不得作为定案根据。二是要求物证、书证的证据来源要具备可回溯性,禁止使用不能证明物证、书证来源的证据或来源有疑点无法给出合理解释的证据,这是为了防止将无中生有的假证据误采为定案的根据,进而导致证据采信的错误。

就取证程序而言,鉴于以前"综合评价证据的证明力"所导致的认证风险,制度设计者已经开始认识到,特定的取证规则属于绝对不可以突破的底线,尤其是那些旨在防止错误风险和兼具防止错误风险的取证规则,为此,法律制度规定了一些决不允许裁量或综合考量的定案资格规则。诸如在刑讯逼供、暴力威胁、笔录未经核对确认、应当提供翻译人员而未提供的,应当提供通晓聋哑手势的人员而未提供的等情形下取得的言词证据,一概不得作为定案根据。这属于整个证据规则中刚性最强的规则。就此问题而言,我国的非法证据排除规则与美国的非法证据排除规则在理念上有着较为明显的差异。简而言之,我国的非法证据排除规则主要是为了将一些制度设计者们取得共识的可能导致证据失真的违法取证成果列入"必排"之列,它们的主要目标依然是预防错误采信虚假的口供,但附带产生了保障人权和加强程序法治建设的效果。这与美国旨在遏制警察非法取证和保障公民的宪法权利免受侵害,在价值取向上有显著差异。因此,当遇到无法否认其真实性的客观的实物证据时,制度设计者对非法取证的容忍度有所提高,哪怕是通过刑讯逼供手段让嫌疑人供述了作案工具的藏匿地点,警方据此搜出了该物证,只要该物证来源明确,排除伪造、变造的嫌疑,没有"严重影响司法公正",照样可以作为定案根据。这在美国毫无疑问将作为"毒树之果"予以排除,而在德国也可能按照所谓"假设侦查流程"理论予以排除。[1]在我国,非法证据

---

[1] 所谓假设侦查流程理论,是指如果没有警察的非法取证行为,按照一般的侦查流程,该证据是否必然会取得。如果没有非法取证行为,也必然会取得,那么就不会排除;反之,则会排除。这与美国非法证据排除规则中的"必然发现"理论有异曲同工之处。

排除规则一旦遇到了实物证据，不仅需要达到严重影响司法公正的程度，而且只有当办案机关无法对违法取证行为给出一个合理的解释时，才会否定它的定案资格。哪怕是在言词证据领域，制度设计者内心也很纠结，那就是到底绝对排除的底线划在哪个位置比较恰当。例如，就供述而言，立法者使用了一种模糊的表达方式（"刑讯逼供等非法方法"），"两高"司法解释则将刑讯逼供等非法方法限定在刑讯逼供或达到相同程度的非法取证行为。后来，《关于办理刑事案件严格排除非法证据若干问题的规定》有一些发展，将"非法拘禁等非法限制人身自由的方法"加入其中，但由于我国立法中有关讯问犯罪嫌疑人的程序还有很多其他的禁止性规定和义务性规定，这就造成了很大的"制度真空"领域。由于"无法可依"，它们还是要依靠办案人员凭借公正之心和精准的判断力来取舍证据。这再一次反映了我国的非法证据排除规则主要是为了确保事实认定的可靠。也就是说，当制度设计者们认为特定的非法取证行为所引发的错误认证的风险很高且能就绝对排除达成共识时，就会通过刚性的排除规则否定该证据的定案资格。否则，仅仅给出一个排除与否的指导性原则，让司法人员根据案件的具体情况具体判断，以避免过于刚性的排除规则排除了"真实的"证据，反倒损害了制度目标的实现。从实务倾向来看，对于没有明确排除规则予以保障的违法取证行为，裁量的价值目标也会向保障事实认定准确性靠拢。这一点最鲜明地体现在最高人民法院2017年《法庭调查规程》当中，该规程第50条规定："收集证据的程序、方式不符合法律规定，严重影响证据真实性的，人民法院应当建议人民检察院予以补正或者作出合理解释；不能补正或者作出合理解释的，有关证据不能作为定案的根据。"该规定显然是针对取证程序和方式违法所作出的一个"兜底"条款。如果属于采用刑讯逼供的方式收集口供，很明显不能适用这一规定，因为立法已经经过了价值权衡并将此情形下的口供的定案资格一概排除，哪怕它是真实的，也不能据此作为定案根据。因此，该规定只能适用于所有其他没有明确规定违法取证法律效果的情形。

如果以确保正确认定事实为目标，从取证程序方面设定证据标准已经给制度设计者带来了艰巨的挑战，那么从证据内容方面设定标准就更为困难。就取证程序方面而言，其最大的挑战就是程序违法与证据失真之间并无任何必然的因果联系。易言之，合法取证并不必然收集到确实的证据，违法取证并不必然导致虚假的证据。事实上，即使刑讯逼供，也可能产生与事实相符的口供。这可能是我国的制度设计者内心无比纠结的原因所在。如果不从保障人权的角度，而是纯粹从确保真实的角度看待这一问题，在理论上最佳的理由就是刑讯逼供等非法取证手段所获得的证据固然有可能为真，但其也可能为假，无数的案例也一再显示，哪怕与其他证据相互印证的通过逼供得来的口供，也可能为假，将其摒弃不用的原因就在于其真假难辨。因此，只要非法取证的手段有可能导致无从判断证据的真假，为了预防错误，就可以将其排除。但如果从证据内容上设定证据属实与否的标准，则难度更大。盖因每个证据的内容千差万别，如何通过法律规则来规范其真假判断的尺度，从而抽象出一些放之四海而皆准的证据标准来度量因案而异的具体证据内容的真假实属不易，甚至可以说不可能。请你想象一个最简单的问题：你可以依据什么规则来准确地判断某个陌生人告诉你的某件事情是否属实？例如，有人告诉你"现在美国的总统是特朗普"。你如何判断这句话的真实性？对此问题，可能有若干种方法加以解决。例如，你可以诉诸自己的政治常识；你也可以诉诸推理，基于他没有欺骗你的动机和必要，且他本人是一个政治学教授等事实，推理得出他说的话可信；你也可以自己访问美国白宫的网页、询问其他国际政治学教授、登录最新的中美元首交往的官方网站——进行核实，如果所有的信息都指向他说的事实，你可以断定他说的属实；等等。

这一问题之所以比较难，就在于每一种方式都可以达到类似的效果，但到底以何种方式作为必须要遵守的"规则"，则难以抉择。但分段接力的证明结构中并不太相信个体经验判断的决定性地位，也不大相信推理的可靠性，更不相信谁有"权威"决定这一问题，于是一种诉诸证据内容之间的相互关系的证据评价规则，在司法实践中慢慢产生，并最终得到司法解释的确认。也就是说，前述关于"特朗普是否是美国当今总统"的第三种判断方法被我国的制度设计者青睐。我们可以将之称为证据确实与否的印证判断规则。简单来说，就是A证据中所蕴含的信息或内容是否属实，取决于是否有其他的B证据在内容上与其符合、一致。当然，印证总是相互的。当B证据的内容与A证据的内容吻合一致的时候，A证据也就是印证B证据内容属实的证据。

龙宗智教授早在 2004 年就敏锐地发现了司法实践中运行的这种证据判断的"潜规则"。[1]现如今，它虽然尚未被《刑事诉讼法》确认，但已经出现在诸多规范性文件当中，成为从内容上判断证据是否属实的具有约束力的规则。[2]例如，在被告人"翻供"或证人"翻证"时，就出现了多份证据内容不一甚至相互矛盾的局面，在排除言词证据反复属于非法取得的情况下，判断哪一份言词证据属实主要取决于该份言词证据的内容是否得到了其他证据的"印证"。[3]这一规则之所以更受青睐，主要是因为它是一种以客观存在的证据和它们之间的逻辑关系，而不是以判断者的经验、推理作为评价证据真实与否的主要尺度，契合了追求经得起历史检验的客观结论的诉讼目的，且通过统一思维法则达到规范证据判断自由的效果，也可以化解公检法之间可能产生的认知分歧。

在《2012 年最高法解释》第 104 条第 3 款针对证据的真实性"综合审查"规则中，直接将这一思维法则上升到一般原则的层面，明确规定"证据之间具有内在联系，共同指向同一待证事实，不存在无法排除的矛盾和无法解释的疑问的，才能作为定案的根据"。透过这一规则也可以看出，"共同指向同一待证事实"，属于证据最终转化为定案根据的必要条件。所谓"共同指向同一待证事实"包括两种情况，一是内容重合，共同指向同一事实；二是内容所指的证明方向一致，共同指向同一事实。如果在整个证据库中出现了一个内容相反或指向相反的证据，除非该证据所产生的矛盾或疑点被消除掉，否则就可能导致其他证据的定案资格丧失。由此可见，在证据确实与否的判断中，也隐含了证据"数量"方面的要求，尤其是那些无法通过"解释"加以排除的证据矛盾，如果无法进一步收集到足以排除证据矛盾的证据，将使矛盾证据都可能丧失定案资格，因为在存在无法排除的矛盾证据的条件下，相互矛盾的证据均无法共同指向同一待证事实。矛盾证据具有极强的"杀伤

---

[1] 参见龙宗智："印证与自由心证——我国刑事诉讼证明模式"，载《法学研究》2004 年第 2 期，第 36 页。

[2] 有学者统计，2010 年"两高三部"《关于办理死刑案件审查判断证据若干问题的规定》提及"印证"有 11 处，《2012 年最高法解释》提及"印证"有 10 处。参见汪海燕："印证：经验法则、证据规则与证明模式"，载《当代法学》2018 年第 4 期，第 24 页。

[3] 参见《2012 年最高法解释》第 78 条和第 83 条。

力"。证据确实不仅要从其自身的形式、来源、取证程序等方面进行"质"的判断,即是否符合规格、可靠和程序合法,而且还要从其与其他证据的联系进行"质与量"的综合判断,即是否有其他证据跟它一起共同指向同一待证事实。

(三)证据充分标准的细化

证据充分是认定案件事实是否存在的另一个尺度。"充分"的含义就是足够,不多也不少。假如人体蛋白质的摄入量为每天每千克体重1.2克至1.8克,那么每天摄入量低于每千克体重1.2克就是不足,摄入量1.2克至1.8克就是营养充分,超过1.8克则是过剩。因此,充分的反面有两层含义:一是不足,二是多余。问题在于司法活动中如何设定必须"摄入"的证据量的标准。如同证据确实标准一样,在我国1979年《刑事诉讼法》制定时,这一标准也是由办案人员根据个案的情况自主判断。这不仅导致作为"中心"地位的证明尺度不明,有可能使公检法三家扯皮拉锯,而且有可能导致如下两种情况:一是未达到充分程度时就予以定案,造成错误定罪的风险;二是已达到充分程度却不予定案,造成错误释放的风险。这与分段接力的证明结构旨在让三家形成合力共同达到不枉不纵的目标是不协调的。但一方面由于这一问题在理论上极度复杂,另一方面由于西方国家甚至苏联等社会主义国家的法律制度中都普遍实行自由心证制度,并无可资借鉴的制度资源,所以这一问题也就长期搁置。直到司法实践中的扯皮式案件不断出现,司法实践中冤假错案在发生后和被发现以前,定罪充分性的尺度把握得较为松弛,最高人民法院收回死刑复核权面临着巨大压力,迫使最高司法机关不得不着手解决这一难题。

与对证据确实性的全面规范同步,2010年《关于办理死刑案件审查判断证据若干问题的规定》也开始对证据充分的具体要求作出了规范。该规定第5条分别从五个方面就证据确实、充分的要求作出了规范:一是定罪量刑的事实都有证据证明;二是每一个定案的证据均已经法定程序查证属实;三是证据与证据之间、证据与案件事实之间不存在矛盾或者矛盾得以合理排除;四是共同犯罪案件中,被告人的地位、作用均已查清;五是根据证据认定案件事实的过程符合逻辑和经验规则，由证据得出的结论为唯一结论。该条内容是把定罪与量刑的证明要求合并在一起，但主要是针对定罪事实或从重处罚的量刑情节所设定的证明要求，若对于减轻、从轻处罚的量刑情节要求必须达到确定唯一的程度，则显然违背证明原理。就本研究关注的犯罪事实而言，该条第一、二、三、五项内容解释了证据确实充分的要求。其中第二项内容属于证据确实的要求，但具体判断证据是否属实并能否作为定案的根据，当前则主要依赖前述各种类型的证据标准。第三项内容具有双重意义。一方面，它是从内容上判断证据是否确实的标准，另一方面，它也是从整体上判断证据是否充分的标准。因为当一个案件中的两个证据，一个指向有罪，另一个指向无罪，二者在逻辑上必有一真一假，因此除非排除了这个矛盾或疑点，否则任何一个证据都难以达到确实的要求。这在前文已经论述。需要提及的是，这一判断证据确实性的标准具有"兜底"保障的作用。也就是说，如果裁判者无法从现有的法律规范中找到明确依据用来判断证据的定案资格，这一标准也必须要遵守。这一项要求也是证据在整体上是否充分的要求，因为当证据之间存在无法合理排除的内在矛盾，就意味着案件事实有多种可能性，此时尚不足以就指控的犯罪事实得出肯定的结论。

因此，结合第一、三、五项内容，可以发现证据充分的要求包括如下三个方面：一是证据的覆盖面，即必须要有一定数量的证据将犯罪构成要件的全部待证事实覆盖，否则就属于证据"缺失"；二是证据的无矛盾性，即使有一定数量的证据将待证犯罪事实覆盖，但如果也有证据指向无罪的可能性（如无犯罪行为、犯罪行为非被告人所为、未达到责任年龄或不具有责任能力、主观上无任何过错、有阻却违法等正当防卫情节等），除非该矛盾被排除，否则就属于证据"不充分"、证据体系不完整；三是证明结论的确定性，即使有一定数量的无矛盾的证据指向有罪结论，但如果这个结论是或然性的，而不是必然性的、排他性的、唯一性的，照样也是"证据不足"。这三个在理论分析上完全可以分步判断、层层推进的尺度在司法实际中可能是一步到位的综合性判断。

事实上，如果证据无法将待证要件事实全部覆盖或证据内容之间有指向两种可能性的矛盾，那么就无法"通过证据"得出唯一性的结论。因此，第三个规范性要求在功能上可以将前两个规范性要素的内容吸收进自身之中，从而演变为综合全案证据加以判断，可以排除任何无罪的可能性，有罪结论是目前唯一可以接受的结论。但将另外两个可以吸收进来的规范性要求单列出去，也有自己的价值：一是使判断的标准更加细化；二是可以对判断者的判断行为有一个更加明确的指引；三是避免急于下结论可能产生的草率性。这对于确保裁断者保持科学精神是有意义的。整体而言，2010年《关于办理死刑案件审查判断证据若干问题的规定》中的充分性规范，不仅"足够清晰、简洁"，而且是一种指向"证明结构而不是建立在事实裁判者的主观意识上"的"客观性的标准"，比较符合美国科学哲学家劳丹教授所期待的理想的客观证明标准的要求。[1]

在2012年修正《刑事诉讼法》时，为了"便于办案人员把握"，立法机关增加了一款解释性规定，细化了证据确实充分的判断标准。据此，证据确实充分是指同时满足三个条件：其一，定罪量刑的事实都有证据证明；其二，据以定案的证据均经法定程序查证属实；其三，综合全案证据，对所认定事实已排除合理怀疑。"排除合理怀疑"来源于英文Beyond A Reasonable Doubt，在英美法系已有几百年历史。因此，将我国此次完善证明标准的立法视为一次借鉴域外法律制度的尝试并不为过。通过对比可以发现，2012年《刑事诉讼法》的第一项要求和第二项要求与2010年《关于办理死刑案件审查判断证据若干问题的规定》雷同，但第三项有关证据充分程度的要求，借鉴了美国式的规范，并没有把死刑证据规定的第三项、第五项等从我国司法实践中总结出来的经验吸收进来。根据立法界人士的观点，之所以"使用'排除合理怀疑'这一提法，并不是修改了我国刑事诉讼的证明标准，而是从主观方面的角度进一步明确了'证据确实、充分'的含义"，"以达到主客观相统一"。[2]因此，在立法界人士看来，我国司法实践中所总结的排他性或唯一性要求与排

---

[1] 劳丹教授对美国的排除合理怀疑标准的主观性所导致的混乱、模糊不清、尺度不一有全面深入的研究，他主张以一种"客观性的标准"取而代之，并设立了几个一般性的条件。参见[美]拉里·劳丹：《错案的哲学：刑事诉讼认识论》，李昌盛译，北京大学出版社2015年版，第94-95页。

[2] 全国人大常委会法制工作委员会刑法室编：《关于修改中华人民共和国刑事诉讼法的决定：条文说明、立法理由及相关规定》，北京大学出版社2012年版，第53页。

除合理怀疑要求并无高低之分，只是侧重点不同，前者是指证据的外在证明状态，后者是指司法人员的内在心理状态，二者分属不同领域，但规范性要求并无二致。我们暂且不对这一观点进行评价，但二者的旨趣是相同的，那就是努力将证明尺度予以细化、统一，以便于规范和指引"铁三角"求真过程中的"最终证据评价"活动。

在这场声势浩大的证据规范造法运动中，以前形成的分段包干和选择性接力的证明结构并未松动，而是通过证据评价标准的规范化建设进一步巩固了它的制度基础。以案卷和书面化证据材料所形成的逐步累加的卷宗材料依然是求真结构顺畅运作的主要证据基础，哪怕是被认定为必须排除的"非法证据"，也并非被"排除"在办案人员的视野之外，而是必须附卷随案移送。排除非法证据在我国的真实含义不是禁止办案人员"接触"该证据，而是要求办案人员在评价证据认定事实的时候，从头脑中"删除"该证据对其判断的影响，要在思想上做到视而不见。所有的证据规则，无论其使用的法律词语如何，如"应当予以排除""不得作为定案的根据""不得采信""应当采信""可以采信"等，其实际效果都是关于证据评价资质的要求，也可以说是证据确实充分标准的细化。这与以侦查成果为基础进行裁判后接力的要求相契合。全部证据标准累加在一起的目的主要是使分段责任明晰化、规范化，从而为分段接力的证明结构的真实发现能力提供强大的制度保障。一是告诉前端机关如何制作、收集符合起诉、审判机关定案需要的证据规格和标准，以使处于前端的办案机关更加明确自己的阶段性责任并履行好自己的把关责任。二是为后端持续性进行的裁断行为提供规范上的约束和保障，既可以降低后端办案人员因个体差异所导致的证据评价标准不统一而带来的体制内的分歧，也可以通过规范证据审查判断的基准提升证据的质量和增加证据的数量。三是为接力的必要性打造一个相对明确的尺度，何种情形下需要予以解释，何种情形下需要予以补正，何种情形下需要予以补充收集证据，甚至在何种情形下排除某证据后再对同一证据源重新收集符合规格的证据（如所谓"重复自白排除规则"），均作出了一个大体上可以一体遵行的规范性要求。

此外，将作为真相"模板"的证据确实充分标准予以类型化、规范化和细致化，使得这一结构中处于中心地位的事实真相日趋稳固。虽然各种证据标准、证明标准的规范路径不同，但基本上均属于一种不可以通过协商就能废弃不用的较为"刚性"的规范，哪怕只是笔录上漏记了一个名字，也"必须"进行补正或给出合理的解释。即使被告人、辩护人对任何一项证据的定案资格没有提出异议，如果办案人员发现了证据中的问题，也有责任本着对事实负责的态度，主动弥补其中的缺陷，如发现移交的证据是二手的复印件，但没有说明为何不移送原件和是否与原件一致的，办案人员必须主动要求提交原件或者查明是否符合无法移送原件的例外情形并进行同一性"验真"。否则，案件办理一旦出现差错，办案人员就可能面临违背法律（证据规则）办案并被追究责任的风险。这就使科学精神和仁爱之心所体现的主动性的依职权保护当事人利益的精神在一定程度上得到制度性的落实。统一、明确、细致的证明尺度对该结构的运行不仅起到了指挥棒和黏合剂的作用，而且是确定分段责任的试金石。因此，它使得该结构呈现出愈来愈稳固的倾向。

第五章
结构运行的现实风险

在分段包干和选择性接力的求真结构中,预设了两个软核和一个硬核。两个软核是认知理性和司法伦理的要求,一个硬核则是证明尺度的规范性要求。如果公检法的办案人员能够坚持科学精神,保有仁爱之心,且均坚持严格统一的客观证明尺度,在体制、机制上确保他们有能力依法独立办案,不放弃职守且敢于坚持标准,就可以保证由"铁三角"组成的求真之船一直航行在正确的航线上,虽不必然避免错案的发生,但大体可以将错案的风险降低至极小的程度,制度实效不仅要优于古代法制,甚至超越西方国家的法制。但若有一根倒塌,该结构不能顺利运行的风险就会增加,一旦三根都崩解了,不出冤案,只能说是歪打正着,碰巧逮住了真凶。以事后诸葛的视角来审视新中国成立后至今发生的冤假错案,基本上都是由三根支柱中的局部甚至全部倒塌所致。如果不正视和反思其中的结构性风险,证明实质化的目标就难以实现,类似的错案就犹如自我繁殖的寄生虫一般不断自我复制。

一、斗争思维

科学精神最大的敌人就是斗争思维。科学精神和斗争思维是两套完全不同的思维模式,其出发点和追求的目标迥然有别。科学精神的出发点是无功利的兴趣、好奇心驱动的探索真相的欲望,其追求的目标就是了解世界的本来面目,无所谓对谁有利对谁不利。斗争思维的出发点是势不两立的利害冲突,不是你死就是我亡,赢者通吃,胜者为王,驱使战斗者行动的动力就是对同志的热爱和对敌人的憎恶,其追求的目标就是干掉对方,让自己坚持的"真理"在对抗中胜出。作为一种观念模式的斗争思维,会对人的思考、决策、行动产生系统性影响。首先,持有斗争思维的人首先要识别谁是必须予以打击的人，谁是应当予以保护的人。其次，一旦确定了打击对象，接下来工作的重点就转移到组织力量和制定谋略上。最后，动用一切可以使用的手段，要么让对手缴械投降，要么将对手"赶尽杀绝"。一言以蔽之，对于具有斗争思维倾向的主体来说，他要追求的正义是他所认同的正义，他要发现的真相是他认同的真相，他要收集的证据也是与他维护的价值观和真相相一致的证据。

让我们以一个生活中司空见惯的小事为例来对此思维稍作说明。比赛是现代社会的"斗争"。假如中国队挺进了世界杯，你是中国队的铁杆球迷。也就是说，你把自己视为中国队的支持者，不管对手"事实"上有多么强大，你内心还是期望中国队能赢。在比赛过程中，对方因犯规而被裁判罚下，你会批判性地审查裁判的决定是否符合规则和是否公正吗？我想你可能会不假思索地支持这一结果，并在遇到反对意见时，寻找一切你可以找到的理由支持自己的结论（也是裁判的结论）。但如果中国队某个主力因犯规而被裁判罚下，你可能马上会质疑裁判的公正性，寻找裁判不公的理由。出现这种差异的主要原因就是你秉持了斗争思维模式，动机就是干掉对方，所以当裁判做的决定不利于你支持的一方，你会有强大的动力挖掘自己坚持的真相，但当裁判做的决定有利于你支持的一方，你就没有动力挖出真相，你默认这就是真相。

那么在司法现实中，有些公安司法人员基于如下一些原因，他们滑向斗争思维的风险是客观存在的：一是从职业培养、激励和工作环境来看，侦查人员与犯罪作斗争的观念极容易形成并固化。我国对警察的培养采取的是一种准军事化的模式，教授的主要内容都是如何对敌斗争的技巧、策略和基本的法律常识，在职业伦理上也重视培养保护人民打击敌人的军事化观念。在常规激励机制上，也主要奖励那些会破案、多破案和能破大案要案的警察。

二是作为司法人员的检察官也有滑入斗争思维的巨大风险。前已述及，我国检察体制自上而下的建立源自新中国成立后防范警察错捕和法院错判的现实需要。在这一点上，与西欧国家现代检察体制的诞生具有异曲同工之处。[1]由此导致其角色预期和功能预期,与英美法系作为一方当事人(party)的检察官明显不同。但自1996年《刑事诉讼法》修正后,由于受英美法系理论的影响和出于改变审判方式的需要,检察官的角色与起初的设想,偏离越来越远。先是在1996年将检察官定位为法庭审判的举证者,以控辩"对抗"的方式向法庭"证明"犯罪事实,接着在2012年直接明确规定公诉案件有罪事实的举证责任由检察院承担,继续向当事人化迈进了一步。2018年,为了应对审判中心主义改革的压力和优化内部组织结构的需要,让批捕的检察官继续承担起诉职能,实现"捕诉一体"。稍微想一想就知道,一个已经逮捕了犯罪嫌疑人的检察官,如何再秉持科学精神和仁爱之心?[2]如何再批判性地审查之前作出的决定?如何维持一颗不偏不倚的既关怀受害人也关怀被追诉人的心态?最大的可能性就是想方设法将自己逮捕的被告人交付审判和尽自己的责任举证证明其有罪。事实上,自进入新千年以来,一种效仿企业和政府管理的绩效考核机制,也被检察机关套用作为办案质量内部管理的主要手段。其中对起诉工作的考核最重要的指标就是无罪判决率(包括撤诉率)的高低。简单来说,就是无罪结果对检察官的负面影响很大。这就可能使得检察官一旦选择起诉之后,为了个人、部门和单位利益,一定要将辩方击倒。因此,检察官在我国的司法现实中极大可能演变为片面打击犯罪嫌疑人的追诉人。

三是本来作为"中立"裁判者的法官也有陷入斗争漩涡的较大风险。从理论上来说,法官既不处于"与犯罪作斗争"的第一线,也不负被告人有罪的"举证责任",他是最有可能秉持科学精神和仁爱之心办案的。但法官要想做到这一点事实上较难。从审判实际出发,没有哪一个国家的刑事审判中无罪判决的人数会超出有罪判决。我国的无罪判决率更是极低。这种具有极强统计推断意义的经历,会使法官产生一种预期,那就是被告人基本上都是有罪的。这是一种不特定的类型化的职业判断,每个具有多年审判经验的法官都有充足的判例来支撑这个判断。分段包干的结构会使审判人员对移送审判

---

[1] 参见林钰雄:《检察官论》,学林文化事业有限公司1999年版,第15-17页。
[2] 必须说明的是,逮捕后如果不起诉,在我国会导致检察院承担国家赔偿责任,这是一种完全以结果为导向的责任形式。这就可能使批捕后的检察官的天平进一步导向打击犯罪(嫌疑人)。

的案件倾向于保持一种信任的态度。分段包干要求侦查和起诉机关必须承担与审判机关相同的把关责任，即在全面收集、审查证据后，得出被告人有罪的结论，且已经达到法定证明要求，才能将案件移送下一机关处理。也就是说，案件移送到法院之时，已经被"审"了两次。一审法院已经成为"事实审的第三审"。除非法官对侦查起诉权力的正当行使秉持怀疑主义态度，否则分段包干的结构已经为法官受理案件后预断被告人有罪打下了一个坚实的制度基石。[1] 当然，这也只是一种不针对特定被告人的类型化推定。

当然，即便如此，在司法实践中还有不少公检法办案人员能够秉持科学精神、仁爱之心办案，自觉抵制斗争思维及其负面影响，但鉴于上述因素的综合作用，陷入斗争思维的办案人员不在少数。一旦这种风险转化为现实，就会对我国刑事证明结构的三根支柱产生巨大的侵蚀力，甚至导致它们彻底倒塌。此时造成的局面就是，虽然几乎全部进入诉讼轨道的事实上有罪的被告人都难逃法网，但事实上无罪的被告人也可能被连带着"一网打尽"。因为事实上无罪的被告人若想得到公平的结果，最可靠的支柱并非他自己，也非他的辩护律师，而是由一个硬核和两个软核支撑的"铁三角"结构。就目前来说，辩护尚未成长为一支可以支撑求真大厦免于倒塌的独立的结构性力量，它只是一支带有装饰和协助作用的可有可无的边柱。

二、两根软支柱的脆弱性

如果说斗争思维有可能瓦解我国刑事证明结构赖以安全运行的三根支柱，那么人性中较难克服的非理性思维和有限利他主义的倾向，则时刻威胁着两根软支柱所提供的保障，甚至危及一根硬支柱担保的不犯错目标得以实现的有效性。

自20世纪中叶以后，有关于"人性"的科学研究突飞猛进，其中既有关于认知理性的，也有关于道德伦理的。其得出的结论倒不令人惊奇。整体结论就是人是有限理性和有限道德情怀的物种。也就是说，在一定条件下，普

---

[1] 由此也可以看出分段包干与选择性接力证明结构的内在紧张关系，从理想的层面而言，选择性接力的结构要求越是到后端，越要秉持怀疑精神和批判态度，否则后端审查/审理的意义就荡然无存，但如果秉持怀疑态度，又会与分段包干的理论预设发生内在的冲突。

通人是可以在相当程度上保持如同科学家的理性思维，也可以坚守道德底线和关怀他人，但均有限度。结论并不重要，关键的是科学家们发现了许多影响人类难以作出理性的或有益于他人的决策、行动的具体类型。例如，就秉持科学理性来说，过度自信、晕轮效应、从众心理、权威偏误、忽视基础概率、计算沉没成本等都可能使思考、决定和行动偏离理性的轨道。由于篇幅和重点，在此不再一一展开论述，但必须指出的是，其中任何一种"非理性"的思维方式，都可能让思考者无法再保持无功利性的质疑、批判和开放的心态。我们重点论述一个被视为"所有思维错误之父"的证实偏差（confirmation bias）。[1] 它与我国刑事司法理想预设的关系最为紧密。

（一）非理性思维偏差

证实偏差就是当某个人预设、假设了某个结论之后，会倾向于从证实的角度收集、评估证据、信息。这是一个已经得到科学界普遍认可的普通人的思维偏差之一。它对思考和决策产生的影响很大，从而可能形成一种井蛙之见甚至自我实现的神话。首先，当一个人预设了一个理论，他就会倾向于寻找、收集、获取与他的预设相一致的证据和信息，并有意、无意地忽视与此假设不一致的信息和证据。其次，在对所收集的证据、信息进行评判时，往往只是看到了其中与结论相符的可能性，忽视了其他解释或指向其他结论的可能性。最后，当事实上出现了与预设不一致的证据、信息，他也倾向于将不一致的证据视为虚假的、不真实的或努力证实它是虚假的、不可靠的，甚至可以把明显否定假设的证据"解释"为与假设相一致。

早在中国古代，《列子·说符》"疑邻盗斧"的故事就讲述了这一现象。该书记载："人有亡鈇者，意其邻之子。视其行步，窃鈇也；颜色，窃鈇也；言语，窃鈇也；动作态度，无为而不窃鈇也。俄而，扫于谷而得其鈇，他日复见其邻人之子，动作态度无似窃鈇者。"[2] 这个故事是说，有人丢了一把斧子，怀疑其邻居儿子将其盗窃。此后，邻居儿子的步态、神色和语气，在他

---

[1] 参见［德］罗尔夫·多贝里：《清醒思考的艺术——你最好让别人去犯的52种思维错误》，朱刘华译，中信出版社2013年版，第25页。

[2] 王力波：《列子译注》，黑龙江人民出版社2003年版，第228页。

看来，都像是偷斧子的人。直到他到地窖里储存物品，无意间发现了那把斧子，这才消除了疑虑，再观察邻居儿子的言行举止时，没有一处像是小偷了。事实上，邻居儿子的举止动作从未改变，所改变的只是他的心态。正可谓"情人眼里出西施"，"警察眼里出小偷"。看来，这还是个坚持"证据裁判主义"的古人。当他的认识判断与证据证实的结果不一致时，他修正了以前的看法。但在一个具有较强证实倾向的人看来，他可能对地窖里发现的斧子作出另一番解释：这小子发现我怀疑他了，怕我举报或找他麻烦，所以偷偷地将斧子还了回来。这个解释也可以合理地说明为何一开始没有找到斧子但后来却在地窖里发现了这把斧子，且与邻居之子偷斧子的判断是一致的。

"疑邻盗斧"中的那位古人很好地反映了大部分"理性"侦查人员可能存在的侦查思维。在侦查活动中，除非是一开始即有确凿罪证的现行犯，一般来说，侦查人员必须先要确定谁是犯罪嫌疑人。在我国，确认犯罪嫌疑人并无法定的证明标准和专门的程序。只要符合立案条件，并且依法立了案，侦查人员可以将任何他怀疑实施了犯罪的公民列为犯罪嫌疑人，并对其采取调查措施。立案条件中并无确认犯罪嫌疑人的证据条件，只要"有犯罪事实且需要追究刑事责任"就满足了条件。有犯罪事实的含义是指特定的行为已经达到了刑事追诉的条件，而不是有证据证明特定的行为人可能实施了犯罪。[1] 如可以确认某人确实系他杀，而不是自杀或意外死亡或因病而亡，此后，将谁确认为犯罪嫌疑人，如果有证据直接指向某个人，当然更好；但即使没有任何"具体的"证据将某个人与犯罪行为联系起来，只要侦查人员依据自己的生活经验、办案经验、推理判断甚至想象力，"怀疑"某个人实施了犯罪，就可以将其列为犯罪嫌疑人。就此点来说，他与"疑邻盗斧"中的那个人并无根本区别。因此，整个侦查权的后续运行有可能建立在空中楼阁之上，等待着一步步填充内容。

那么他会如何进行完形填空呢？侦查人员有没有可能从假设犯罪嫌疑人

---

[1] 立案有两种模式，即"因事立案"和"因人立案"，前者只要确定某个"事"是犯罪事实即可，但后者则需要确认"某个人"的某个事是犯罪事实。从理论上来说，在后一种情况下，立案的条件显得过于苛刻，存在架空侦查程序现实意义的可能性，从而使"初查侦查化"，但却又违反"法治原则"。

无罪开始调查呢？这显然是天方夜谭，因为假设嫌疑人无罪，就没有必要将其列为嫌疑人并展开调查。侦查人员有没有可能秉持一种可能有罪可能无罪的开放心态运用自己的侦查权，并兼顾一切不利于和有利于嫌疑人的线索、证据和意见呢？这是有可能的，也正是我们前文所说的理想条件。但从侦查人员可能基本难以克服的"斗争思维"这一思维模式以及世界各国侦查实践来看，侦查人员在现实环境下更有可能从假设嫌疑人有罪这一起点出发。原因很简单：正是由于假设嫌疑人有罪，才会对其展开侦查。当这一假设成为侦查人员目前唯一认可的假设时，一般人均可能产生的证实假设的倾向就会驱使他寻找有助于确认该假设为真的线索、证据，即有助于证明"有罪"的线索、证据。此时越是"求真"心切的侦查人员越可能被自己的假设所吸引，越可能忽视、遗漏、抛弃与他的假设不一致的信息和意见，急于查明真相变成了快速证实有罪。大脑中的有罪假设就像一束聚光灯，让他可能只看到所有与此假设相符的迹象，看不到其他可能性。尤其是在社会影响大、侦查压力重、上级责令限期破案的案件中，一些侦查人员就会在外部环境和内在动机的双重驱使下，把一开始仅仅作为嫌疑人有罪的"假设"作为一种"信念"，并从这个思维原点出发收集、巩固、审查和评估证据。有罪预设在证实倾向的影响下，就像给侦查人员的思维绑上了一个无形的过滤装置，给理想的全面收集证据和客观评价证据的要求蒙上了一层阴影。排除极少数所谓的"坏"警察，明知嫌疑人无罪，但却栽赃陷害之外，侦查人员取证不全面以至于采取违法取证、伪造隐匿毁灭证据等损害证明实质化目标得以实现的行为，一般均是外部压力叠加人性在理性思维方面的偏差所致，让他们太急于得到他们期望、确信的"真相"。有时候甚至大部分时间，他们的违法行为不会被发现，客观上有罪的嫌疑人也因此遭受了应得的惩罚，"辛勤"劳动得到了回报。这反过来有可能进一步助长他们的自信和加剧对以前办案模式的依赖，进而越来越难以从自己的思维定势和惯习中走出来。但如果他们的怀疑是错误的，如果嫌疑人真的没有实施他们所怀疑的犯罪，他们有可能突然变得像科学家一样进行理性思考吗？在理论上，这是具有可能性的，但在实践中，出现的难度颇大。因为侦查人员并不一定能够像那位古人一样，"无意间"发现一个足以否定他们假设的铁证，并像那位古人那样理性地否定自我，从而改变自己的看法，转移侦查的方向。甚至即使发现了一些"有可能"证明假设存在错误的证据，在证实偏差的影响下，他们有可能会"视而不见"。

在分段包干责任制的证明结构背景下，侦查阶段并不是一个帮助检察机关收集证据以完成有罪举证责任的阶段，也不是审判的准备阶段，实际上它承担了事实审的"一审"角色。因此，侦查阶段的偏差有可能对后续的选择性接力活动产生连锁性的偏差效应。尤其致命的是，一旦错过了最佳证据收集的时机，对案件可能具有证明价值的线索、证据就可能灭失，此时即使后端的选择性接力机关能够发现侦查活动中的偏差，可能也已经无力回天，只能望洋兴叹了。这就会使"铁三角"组成的强大求真机器出现失灵状况。

具体来说，从有可能妨碍求真目标实现的角度，证实倾向等非理性思维偏差，可能对侦查阶段证据收集、审查、判断带来的影响至少有如下几点：

第一，忽视可能指向无罪的线索和证据的收集，这一点已经在前文进行了详细阐述，在此不再赘述。

第二，对具有多重解释的迹证作出片面解释。判断犯罪嫌疑人"如实回答"的协助义务是否已经尽到就是一个典型例证。前文已述，立法者本来期望有罪的人如实回答和无罪的人如实辩解，可以协助办案机关及时查明事实真相。其初衷无疑是值得称赞的，但其预设却有两点在现实中与人性不太吻合，这就可能导致该制度无法发挥预期的效果。一方面，期待有罪的人自证其罪，就像期待每一个犯了罪的人都能够投案自首一样，这与人最原始的自我保存的动机相悖。于是，实施了犯罪的人一般总会"对抗"侦查，要么有可能辩解自己无罪，要么有可能保持沉默拒绝协助。侦查人员就必须想方设法让其放弃辩解，主动供述。因此，长期奋战在刑侦一线的人，掌握了一套所谓识别谎言的"技巧"，尤其是可以不依赖证据而是通过"肢体语言"就能迅速识别真辩和假辩的方法。在辩解的时候两腿抖动，吞吞吐吐，精神紧张，不敢正视侦查人员的眼睛等迹象，都可能被解读为撒谎。一旦确认为说谎，侦查人员就可能采取各种"审讯谋略"，戳穿其谎言，让有罪的嫌疑人如实供述。当一个个谎言被侦查人员识破，最终又得到了证实，侦查人员就会将此"成功"经验带入以后的办案实践中，并将由此获得的技巧和策略作为打击犯罪的利器。换言之，正是由于侦查的对象中有些甚至绝大部分都是

"正确的嫌疑人"，且其中基本上都可能会抗拒审讯，让侦查人员对抗拒、辩解审讯活动的嫌疑人产生职业性的认知偏差和刻板效应，即把抗拒、辩解行为倾向于解读为隐瞒事实和有意撒谎。另一方面，期待无罪的人如实辩解，是完全符合人性的假设的。英国功利主义哲学创始人边沁曾有一段有关沉默权制度的经典论述，他说："如果每个级别的罪犯聚集在一起，并且按照他们的意愿设计出一种制度，为了保护他们的安全，除了这项规则作为首选，还会是什么？无罪者绝对不会利用这个规则。无罪的人会主张说出来的权利，就像有罪的人会援引沉默权一样。"[1]抛开其中绝对化的表述，例如，无罪者绝对不会利用沉默权，一般来说，无罪者为了驱散围绕在自己身上的疑云是会"如实辩解"的。但关键问题是犯罪嫌疑人的"如实辩解"与侦查人员的主观判断并不一定达成一致。如实辩解能够奏效的前提是侦查人员必须保持科学精神甚至仁爱之心，这一点假设在实践中与期待有罪的人积极如实供述一样，也较难以实现。这是如实回答义务的理想与现实难以契合的另外一重表现。在证实倾向的影响下，加上前述与"犯罪分子作斗争"的经验所形成的识别方法，客观无罪的犯罪嫌疑人即使如实辩解，可能也难以得到侦查人员的认可，反倒可能被解读为"犯罪分子"对抗审讯的证据，进一步巩固了侦查人员对其有罪的假设。

第三，不注意保存可能具有相反证明效果的证据，甚至有可能隐匿、毁灭与假设不一致的证据或制造与假设一致的证据，拒绝接受与假设不一致的证据。我们再一次指出，所有这些在事后看来可能极端荒谬的行为，如果站在侦查人员的立场加以理解，都是符合人之常情（普通人均可能犯下的思维决策偏差）的做法。例如，在佘祥林一案中，侦查期间已经有"良心证人"向侦查人员提供了佘祥林妻子（被害人）可能没死的证言，但这些证人均是佘祥林的亲属寻找的证人，如果警察已经在内心确信佘祥林就是凶手，他就可能推测嫌疑人家属出于自利的动机故意制造伪证。

第四，证实倾向是侦查人员采取违背道德和法律限制的取证手段的重要诱因，进而危及证据的可靠性。自法制诞生以来，没有任何时代的法律允许

---

[1] 转引自孙长永：《沉默权制度研究》，法律出版社2001年版，第154页。

代表国家行使调查取证权的主体可以"不择手段"地收集证据。在赋予侦查机关各种各样取证权力的同时，其边界线的划定主要取决于两大因素：一是政治伦理，二是担保发现真相。前者划定了公民、组织或法人必须要在多大程度上牺牲自己的权利以确保刑事司法有效运作的边界，与真相无关；后者则设定了一些在当时的知识论看来明显有悖于真相查明的禁止性手段，具有错误预防价值。例如，我国立法禁止男性侦查人员对女性犯罪嫌疑人的身体进行搜查、检查，属于对妇女隐私权的特殊保障，与真相无关；询问证人的时候必要要分别进行，具有错误预防价值，与人权无关。当然，法律中所设定的取证规则，有很多无法泾渭分明地区分其功能属于哪一种，属于双重或多重目的规则。例如，我国立法禁止采取刑讯逼供、威胁、引诱和欺骗的手段收集证据，既具有保障人权的功能，也具有错误预防的功能。但无论是出于何种目的设定的规则，都将成为侦查人员获得证据的桎梏，这就会使侦查人员的"求真"目标受到阻碍。因为单纯从求真的目标来看，其动机就只有一个，那就是获得一切与案件有关的证据。因此，一个具有强烈求真动机的警察，在证实倾向的影响下，就有很大的内在动力移除那些规则建构的"绊脚石"，从而获得与他的假设相一致的信息和证据，并尽力扫除可能遇到的一切障碍，甚至不惜以犯罪的手段打击犯罪。在证实犯罪事实的"高尚"动机的激励下，警察可以寻找到一些自我辩护的借口，以便为自己的认知失调辩护。没有几个警察不知道刑讯逼供是错误的、不合法的，但他们会辩护道，这是对抗顽固的犯罪分子和惩罚犯罪的必要手段，我的目的不是制造冤案，而是追求崇高的真相。在这种认知失调所引发的自我辩护策略中，违法办案的警察甚至不会产生任何罪恶感。当然，如果警察只是破坏一些纯粹出于保障隐私权等权利的规则，并不会对真相带来多大的负面影响，但如果他破坏了预防错误或兼具预防错误功能的规则，则会给刑事司法埋下一颗错误风险的种子。

第五，证实倾向以假设存在为起点，以假设得到证实为终点，这可能导致侦查人员一旦认定假设得到了证实，哪怕还有一些应当予以收集且能够收集到的证据，也会终止调查取证活动，因为他认为案件的证据已经足够充分，再收集额外的证据纯属多余。易言之，由于缺乏从反方向进行批判性思考的精神，证实的倾向不仅可能会使侦查人员忽略对无罪证据的收集，而且也可能让侦查人员过早地结束对有罪证据的收集，尤其是在侦查资源紧张、办案任务比较重的条件下，出于节省取证时间、人力、物力成本的考虑，更易形成这种结果。因此，一旦后续阶段证据（尤其是言词证据）发生变化，或者由于对司法审判的定案证据标准理解有误，就可能出现案件的证据链条不完整且再也无法弥补的局面。

  鉴于选择性接力的结构性要求，侦查阶段所收集的证据和据此制作的案卷，均必须随案移送给检察机关。若是审查或接力后达到了起诉条件，则以侦查卷宗为基础的案件材料也会在起诉后一并移送给审判机关。从理论上来说，检察机关并未参与侦查人员的侦查活动，审判机关也未参与侦查、起诉活动，因此，检察机关、审判机关都可以从一个新的视角对案件的证据和事实认定作出评判，从而通过组织体制上的分离和诉讼阶段上的分割，以"国家内部的多元化视角"来克服单一主体从事证明活动可能具有的非理性偏差。这是我国的刑事证明在结构上安装的最重要的防范偏差的装置。但这种防范偏差的机制，大多只能维持到检法两家"裁断+接力"的裁断前阶段。也就是说，当检察官和法官尚未对案件的证据状况和事实认定得出结论之前，他是有可能保持一个开放的心态来批判性地审查前端所办结的案件。一旦他对案件有了自己的决断，尤其是当其产生了确定的有罪心证，他也可能跟侦查人员一样会陷入证实偏差的窠臼而难以自拔，甚至有过之而无不及。盖因侦查一开始证据通常尚不齐全，证实倾向只具有引导价值，哪怕它是片面的引导，但若想收集到无罪之人实施了犯罪的充分证据，则在客观上有很大的难度；但若是检察官、法官根据移送的证据材料已经在内心得出了一个确定的结论，证实倾向会产生固化效应，让他难以从经过"理性"分析后得出的结论中走出来。如果说侦查人员只是带着一个有罪的"假设"来收集、审查和评估证据，检察官和法官则可能带着一个有罪的"心证"来收集、审查和评估证据。即使他认为"证据不足"，后续的接力活动也只是一种巩固、加强和充实有罪"心证"的过程，直至他认为已经得到了足以证实"心证"的充分证据。在这种情况下，公检法三家联合证实犯罪的合力将会达到顶峰。此时，防错的筹码就全部压在第三根支柱上，即除非有罪证据确实比较单薄，无法建立所谓的"证据链",且检法两家能够坚持外在的客观的证明尺度,而不是个体或审判组织在主观上的确信,且愿意和敢于否定前端得出的结论,否则被告人基本上没有获得无罪判决的可能性,无论他客观上有没有实施起诉意见书或起诉书中"认定"的犯罪行为。

事实上,即使在裁断前阶段,检察官和法官也可能产生证实倾向。在前文有关法官有可能成为被告人无罪辩护的"对立面"论述中,我们已经指出了这种倾向。也就是说,在检察官、法官阅看案卷和证据材料之前,基于长期办案积累的职业经验所形成的刻板印象和基于分段包干责任制所形成的对前端工作成果的制度性信任,都可能让检察官、法官在未见其人之前就先断其罪。他们默认的知识中往往也会带着一种假设有罪的倾向。这是一种基于经验和制度所形成的针对特定种类的群体(犯罪嫌疑人、被告人或其亚群体,如有前科的被追诉人)所产生的"推定"。这种"推定"是人类的认识与生俱来的一种能力,即把特定的属性附加在各种类别中,以便我们在遇到类似事物时可以快捷地作出准确的判断。这种基于经验归纳所形成的个人知识,在大部分情形下都是有效的,因此有可能持续性地强化固有的刻板印象。因此,如果检察官、法官不能在每个案件的审查、调查中始终保持一种开放的心态,证实偏差事实上有可能在他们裁断前就已然形成,并像影响侦查人员一样,也影响检察官、法官对证据的收集、审查和判断活动。

从理论上来说,在裁断前所形成的刻板印象,并不一定会转化为针对特定被追诉人的有罪认定,关键还要看个案的证据状况。但在分段包干责任制和选择性接力的框架下,有结构性事由使裁断结果往有罪的"心证"靠拢。一方面,在分段包干责任制的立法要求下,侦诉审固然均有义务收集不利于和有利于犯罪嫌疑人、被告人的证据,也要求将全案证据材料随案移送,但无论是侦查终结移送起诉的决定还是提起公诉的决定,都要求侦查机关、检察机关必须查证了犯罪事实且达到确实充分的程度,才能够将案件移交下游机关办理。易言之,"侦查""起诉"都是一个独立的、前后相继的"事实审"活动,不是一审的"准备",法院既无权力也无责任独自担负起澄清案情的重担。因此,如果案卷材料中存在明显有利于被追诉人的无罪证据,且无其他证据材料否定其真实性或将矛盾予以排除,这本身就是未尽到阶段性责任的表现。因此，从分段包干的要求来看，前端移送给后端的证据材料主要由三部分组成，一是确实充分的有罪证据；二是罪轻证据；三是罪重证据。可以证明无罪的证据出现在案卷材料中本身就是一种不负责任的做法，也可以说是自相矛盾。因此，除非前端极不负责或后端审查过程中出现了所谓证据变化或接收了新的证据材料，否则，从法律的要求来看，下游机关单依据所接收的证据材料进行裁断，基本上没有让其得出无罪结论的可能性。另一方面，对于程序后端的办案机关来说，并无任何切断二者前后相继的接力关系的证据规则或程序规则，从而让他必须开展一轮全新的调查活动。[1]也就是说，前端所收集的证据材料总是可以一股脑儿地涌入后端办案人员的"心证"门口，并将其作为审查、调查案件事实的依据。是否需要补充收集有利于被告人的证据或进一步核实已经在案的不利于被告人的证据，主要取决于检察官、法官对前端已收集证据材料的确实充分程度的评估。前端在证据收集方面可能出现的偏差就可能会一直延续到起诉阶段和审判阶段。因此，通常情况下，后端经过"裁断"后得出的"心证"都是有罪心证。这一"心证"一旦形成，检察官、法官也会像侦查人员一样，有可能在内心关闭进一步调查事实的大门。

（二）对陌生人关爱的限度和道德推理的差异性

在美国等西方国家主流的政治哲学中，均将包括刑事司法权力在内的国家权力视为一种必要之恶。之所以说它是必要的，是因为在现代主权国家必须要有专门的国家力量来维持社会秩序，解决纷争。但掌握了秩序维护和争端解决之公共权力的个体、组织，有可能反过来成为秩序的破坏者和纷争的制造者，利用公共权力侵害个体权利和社会利益。因此，作为公权力的掌握者，有可能作恶，且犯下的罪恶比没有这种权力的无政府社会可能危害更大。其背后是对人性幽暗面的高度体认和对人性光明面的高度怀疑。为此，在刑事司法等国家权力运行的领域，如何抑制公权力的滥用就成为政治结构和诉讼结构设计的头等重要之事。在我国，自古以来所形成的政治文化则是将公共权力视为一种必要之善。它不仅是必要的，而且公共权力的掌握者能够抑

---

[1] 审判阶段与起诉阶段的主要区别就是调查证据的方式：一个是公开的，另一个是秘密的。

制自己的私欲,将国家权力转化为一种为其他个体和整个社会谋福利的手段。这体现了一种对人性行善可能性的高度信任。产生这一认识的基础就是任何人均有"克己复礼""致良知"和"一心为公"的利他主义的本性。当然,从现代有关人性的最新研究成果来看,这两种预设都与"客观事实"不符。人是一个复杂的动物,既有所谓天生的恶人,也有将他人幸福作为奋斗目标的不折不扣的好人,他们只是人群中的极少数,大部分人则介于二者之间。因此,这两种不同的人性预设更多的是一种政治选择问题,无所谓优劣。但由此导致对权力持有者的预期定位和角色设置均会产生不同的认识。在我国当前的证明结构中,与我国有关公共权力的认知和功能相一致,公检法在预期定位和角色设置上,均像是一个有着一颗关爱他人之心的慈父,而不是一个时刻要提防的利己主义者。他既要关心被害人和社会的公共利益,也要关心被追诉人的合法权益;他既要收集可以证实被追诉人有罪的证据,也要收集可以证实被追诉人无罪的证据;他既要防止每一个有罪的人逃避应受的惩罚,也要避免每一个无辜的人遭受错误的惩罚。当这些目标均达到的时候,个人利益、社会利益和国家利益达到了最大限度的统一。但这种理想的模式在现实中可能会产生扭曲,原因就在于公检法的办案人员绝大部分可能都是"普通人",而不是"圣人",无法摆脱普通人均可能存在的道德盲点,从而产生道德风险,并进而危及结构预设目标的实现。

  人类关怀他人需求和利益的道德行为,主要由两种动机来推动:一曰情感;二曰理性。前者是一种自发产生的将他人的苦与乐带入决策和行动之中的情绪性力量,具有难以抑制、简单直接、快速传递等特征。除了极少数具有病态人格的人,普通人一般均有这种与生俱来的共情(empathy)能力。共情就是设身处地地换位思考,站在他人的环境、立场理解他人感受的情绪过程。共情可以让人们在情感上感受到他人的痛楚和快乐,并像自己经受了相同的情绪一样。在共情的驱动下,为了将他人的痛苦降低,就可能会促使一个人作出关怀他人的亲社会行为。就这一点来说,它不同于单纯表示怜悯的同情。共情的最佳例证就是在人类甚至灵长类动物中体现的对自己的家人或族群的关爱行为。大多数父母对自己子女的关爱并不是出于理性的算计,而是一种近乎本能的情感投射。孩子遭受了痛苦,就像是父母遭受了痛苦,因此他会想方设法降低、消除孩子的痛苦（carefulness）；孩子遭受了不公平待遇，就像是自己遭受了不公，因此他在处理子女之间的冲突时，会尽全力保持中立无偏，客观公正（impartial）。但当环境从家庭移至司法领域，侦查司法人员对待有纷争的当事人，能否像一个有着仁爱之心的慈父对待发生冲突的孩子一样，持有无差别的同理之心呢？这在理论上是有可能性的，但在现实中得到实现则有很大的难度。一般来说，普通人的共情心理会呈现人际关系近远亲疏而逐级递减的规律。也就是说，我们对家人、朋友、陌生人的同理之心并不是相同的，对于越亲近的人，就越有可能产生共情之心，对于越是疏远的人，就越难以产生共情之心。虽然在刑事司法领域，侦查司法人员面对的一般是自己的"祖国同胞"，而不是他国人，但他们对于侦查司法人员来说，同样也是一群没有多少社会关系的"陌生人"。

此外，如果不是对某一种职业或工作保持一种长久不衰的发自于内心的热爱，一旦工作时间过长，且缺乏源自外部的激励，就可能产生职业麻木感。此时，且不说对当事人的共情，就连工作本身都是逃避的对象，例行公事、走程序、按部就班可能就成为一种常态。另外，即使有一群执着于追求正义的侦查司法人员，其共情心理也可能难以维持一种不偏不倚的状态。此时，共情心理可能比麻木心理带来的负面效果更大。在共情心理作用机制中，有一种叫作"可识别受害者"的效应。可识别受害者效应（identifiable victim effect），是指受害者的可识别性造成的人们对受害者帮助行为增加的现象。虽然需要帮助的人数很多，但是人们却经常着迷于具体的、可辨别的受害者信息。[1]鉴于刑事司法事后归责的基本属性，犯罪追诉通常发生于犯罪之后，而非犯罪之前或之中。因此，在确定谁是真正的罪犯之前，侦查司法人员往往会接触一些"具体的、可辨别的受害者信息"。由于某些犯罪非常残忍，即使是"麻木不仁"的侦查司法人员，也不可能在此情况下无动于衷，此时侦查司法人员就可能产生非常强大的共情心理，为被害人寻求正义和将凶手绳之以法就有了巨大的精神动力。但由此导致的结果就是侦查司法人员难以再

---

[1] 参见张梦婷、袁萌、邢淑芬："你会对谁伸出援助之手：可识别受害者效应"，载《心理学进展》2016年第10期，第1033页。

体会已经被确认为犯罪嫌疑人的人可能遭受的侵害。在由被害人的痛苦引发共情心理后,如果他同时确信了犯罪嫌疑人、被告人的罪行,他的情绪就可能被报复心理和惩罚心理支配,针对犯罪嫌疑人、被告人的关爱之心就可能消失殆尽。此时强大的共情心理不仅有可能引发违背伦理和法律规则的行为,也会让被错误确认的犯罪嫌疑人面临成为替罪羔羊的风险。

正是由于情感驱动的关爱行为具有亲疏远近的差别,甚至可能产生反面效果,因此它无法提供一个作出稳固的利他行为的支点。那么培养侦查司法人员的道德推理能力能否弥补这一不足?道德推理和认知推理都是普通人具备的理性品质。前者解决怎么做才是对的问题,属于实践领域;后者解决你所认识的事物和世界到底是什么样子的问题,属于理论领域。例如,被告人所辩解的事实是否属实,属于理论推理,它解决的是"是什么"的问题;而是否应当根据被告人的申请通知其有异议的证人出庭,所解决的是"应当怎么做"的问题。从理性而非情感、直觉的角度审视这个问题,就是利用逻辑推理的力量论证怎么做才是对的,并由此推出一些人际交往必须要遵守的行为准则。大体上来说,道德推理的模式主要有三种:一是诉诸行为的好结果;二是诉诸行为本身的好坏;三是诉诸行为者的德性品质。三者分别发展出结果主义伦理学、道义论伦理学和德性伦理学。三者在道德推理的视角、路径和标准方面均有不同,但有时会得出完全相同的结论,有时则会得出完全不同的结论。即使在同一种推理模式下,由于聚焦的重点不同(如对于好结果的认识不一致),也可能产生内部分歧。例如,就申请证人出庭问题,现在假设有A、B、C三种类型的法官,他们分别代表结果主义、道义论和德性伦理学,并且假设他们都必须将被告人的利益计算进去,他们会作出何种选择。对于A类型法官来说,他可能认为证人是否需要出庭,关键取决于先前所作出的证言是否真实可信,以此担保裁判结果的可靠性,保护无罪的被告人不会因虚假的证言而被冤枉。因此,如果他认为证言并无可疑之处,就不会通知证人出庭;反之,则会通知证人出庭。对于B类型法官来说,他认为证人是否需要出庭,关键取决于被告人的意愿,与证言是否可靠和对证明结果是否有意义无关,因为一个公正的审判必须要给予被告人影响裁判结果的充分"机会",当控方提出一个庭外证言作为证据,却没有赋予被告人当面质疑证人的机会时，这本身就是不公正的。推而论之，如果仅因为证言可靠就不赋予被告人参与机会，就如同被告人明显有罪，不需要经过任何审判一样，这无疑是否定了审判自身存在的意义。对于C类型法官来说，他认为什么情况下必须让证人出庭，必须要像一个"有德性的法官"那样行事，德性的核心品质就是反对极端，过了不行，不及也不行，因此他认为必须要综合考量一切因素（包括但不限于好的结果和保障被告人的参与机会）作出一个恰如其分的选择。由于每个案件都不一样，只能具体情况具体判断，其标准就是始终向一个理想中的有实践智慧的模范法官看齐。因此，对于C类型的法官来说，他可能会综合考虑案件的重大程度、证言的可信度、待证事实是否清楚明确、被告人异议的理由、证人是否具有无法出庭作证的正当理由、预期证言可能产生的价值等因素，从而根据每个案件的具体情况作出一个最明智的选择。我们很难说前述三种类型的法官哪一种推理模式是最正确的，他们都将保护被告人的利益纳入考量之中，但作出选择的依据和路径并不在同一个频道，根本不具有"可比性"。事实上，还有可能产生一些具有"多元主义"倾向的变体，如以道义论为底线，在此基础上再把结果主义纳入其中。这种法官的推理模式可能如下：原则上只要被告人有异议，证人就必须出庭；除非证人的证言真实可靠，且存在无法出庭的正当事由。尤其麻烦的是，即使在同一个阵营内部，也可能产生分歧。例如，就结果主义来说，关于何谓好结果可能会有不同的认识；即使关于何谓好结果的认识一致，关于何种行为才是达到这种结果的最佳选择，也可能会有不同的认识。此处仅意在说明在没有具体明确的规范将仁爱之心纳入法治化轨道的情况下，即使不是从情感和直觉出发，不同的司法人员也可能会有不同的选择，从而导致法律运行的不确定性，被告人的命运有时候就完全寄托于他是否在"对的"时间遇到了"对的"人。这同样会使刑事司法支柱的支撑力的发挥具有随机性，进而在现实中危及其保障目标的实现。

　　问题不止于此，正如同人的理论推理能力或科学精神具有限度一样，人的道德推理能力也有自己的盲点。本质上而言，二者都是人的理性有限的结果。人的道德理性不仅经常会被其他各种因素所遮蔽，导致失灵，而且还有很多其他因素促使人们作出行为选择，当其他因素起主导作用的时候，理性的地位就是为自己的恶行进行辩解而已。"自私的基因"、权威的指令、时间的急迫和社会的压力，都可能让人类本来具备的关爱他人的道德推理能力顿时丧失，从而单独或结合在一起，营造出一个行为选择的"小宇宙"，导致人们放弃伦理思考、因循守旧或依照直觉行事。艾希曼是"二战"时德国纳粹军队中的一名军官，他负责将犹太人运输到集中营，致使成千上万犹太人死亡。但美国学者阿伦特发现，艾希曼在其他生活领域并不是一个"坏人"，他与朋友相处融洽，为人和蔼，他对家人关爱有加，是一个好丈夫、好父亲和好儿子。为何在纳粹军营中，他好像突然变了一个人，对无辜之人的关爱之心顿时泯灭？在旁听对艾希曼审判的时候，阿伦特发现了其中的缘由，艾希曼辩解说自己无罪，理由是他是一名军官，忠诚于上级和服从上级的指令是他的天职，他认为自己在工作中只是执行指令的机器，不应当为希特勒的错误指令负责。阿伦特发明了"平庸之恶"一词，用以说明这种情况，意指一个普通的正常人在特定行为环境中有可能放弃对行为善恶的判断，演变为一个"大恶人"。现代的科学实验已经揭示了诸如艾希曼这样的行为并非孤立的个案，而是普通人均可能犯下的道德思维的错误，即"（服从）权威偏差"。其中，非常著名的当属 1961 年米尔格拉姆所做的"电击试验"。[1]在刑事司法活动中，公安司法人员也完全有可能失去道德思考能力，因此，将事关真相的调查和错误防范的重担完全寄托于遇到一个正直的办案者，显然是对人性的过高期待。

三、软支柱之上的硬尺度

在分段包干和选择性接力的结构中，有一根主线条将"铁三角"主导的证明活动串联在一起，那就是认定案件事实得到了证实的"模板"。它是结构

---

[1] 1961 年，米尔格拉姆为了研究"艾希曼之谜"，专门做了一个试验，揭示了人性中的服从权威的倾向。试验时他让一位受试者电击坐在玻璃窗另一侧的一个人，并逐渐增加电压。一开始是 15 伏电压，然后增加到 30 伏、45 伏，直到可以让人丧命的 450 伏。被电击的那个人有时痛得浑身颤抖（事实上并无电流，受试者是一位演员），受试者也曾想中断试验，但只要米尔格拉姆平静地说"请继续，试验要求这样做"，大多数人都会继续做下去。半数以上的受试者将电压升到了最高。参见 [德] 罗尔夫·多贝里：《清醒思考的艺术——你最好让别人去犯的 52 种思维错误》，朱刘华译，中信出版社 2013 年版，第 34 页。

运行不折不扣的中心。这个结构运行中的每一个关键性的步骤和多元事实认定主体可能产生的内部分歧的解决，都仰赖这把尺子。它既是三机关自我评判分段式责任是否已经尽到的标尺，也是后端办案机关是否选择接力的判断标准，还是接力机关如何进行接力证明的指路明灯。无论是分段责任的确定，还是后端裁断与接力必要的判断，都有一股强大的结构性力量促使它诞生、完善。在证明目标和证明结构不发生重大变化的条件下，探索一个比较系统详备的证据评价尺度即使不在 2010 年诞生，也必在当下或未来的某个时间出现。事实上，自中央提出推进以审判为中心的诉讼制度改革以来，理论界虽然有各种版本的解读，但就目前司法实务推进的整体方向来看，也不外乎就是在前期已经取得的证据标准化建设的基础上继续前进一点，并依据设定的尺度来指引侦查机关按照规范化了的（类案）定案标准收集证据而已，甚至已经开始将机器学习等人工智能技术利用起来，辅助办案人员按照这一标准收集和评价证据。

这些标准有一些机械性的层面，甚至被学者类比为陈旧的中世纪欧洲的法定证据制度，但这对于建构一个符合我国司法证明结构需要的硬尺度有重大意义。只不过当前把改革的重心放置于证据评价环节的制度建设，对于证据评价之前的证据调查环节的规范化建设略显不足。

（一）结果导向型的单个证据评价禁止规则与发现真实

一言以蔽之，当前我国的证据法制化所采取的进路是一种事实探知的"结果导向型"规范模式，而不是事实探知的"前提导向型"规范模式。这种规范模式聚焦于作为证据调查结果的单个证据和全部证据的评价标准的设定，以确保作为事实认定根据的证据材料可靠属实和作为整体证据评价结果的事实认定结论与真相相符。我们已经在前文多次分析了这种证据规范模式与我国当前业已形成的分段包干和选择性接力的证明结构和证明目标的内在契合性。但这种以证据调查结果的评价准则作为确保有效发现真相的制度保障，有其自身无法克服的先天缺陷。简而言之，这些证据规范无助于事实认定错误的减少，只是解决了事实认定错误的分配问题。

事实认定错误包括两个层面：一是整体的事实认定错误，即将实施了犯罪的被告人认定为无罪（错判无罪）或者将未实施犯罪的被告人认定为有罪（错判有罪）；二是单个证据的认定错误，即将真实的证据认定为不真实的（错误摒弃）或者将不真实的证据认定为真实的（错误采信）。错判无罪和错误摒弃均可以称为否定性错误，因为它们均否定了一个应当接受的与事实相符的结论。错判有罪和错误采信均可以称为肯定性错误，因为它们均肯定了一个应当予以否定的与事实不符的结论。从事实认定准确性的角度来看，在刑事证明活动中，有权作出证据和事实裁断的主体可能犯下的错误，有且仅有以上两大类、四小类，别无其他。因此，如果要全面提高我国刑事证明制度的真实发现能力，就必须在现有资源约束条件下同时将这四种错误的风险降至最低程度，尤其是要将错判无罪和错判有罪的整体风险降至最低程度。这主要是因为错误摒弃个别证据和错误采信个别证据对整体的事实认定错误所产生的影响是间接的。易言之，即使错误地摒弃了一份真实的证据，也并不一定会导致整体事实认定的错误，因为剩余的证据还可能足以支持得出与事实相符的结论；同理，即使错误地采信了一份虚假的证据，也并不一定会导致整体事实认定的错误，因为这份虚假的证据对于得出与事实相符的结论，属于证明意义可有可无的证据。当然，如果一份证据属于认定是否有罪必不可少的证据，一旦抛弃，就无法认定有罪，一旦接受，就可以作出有罪认定，那么错误摒弃或错误采信，就会直接影响最终事实认定结论的正误。

那么该如何从制度上设立相应的证据评价标准（单个证据的认定和整体事实的认定）同时避免否定性错误和肯定性错误？事实上，这根本做不到。首先以作为单个证据认定标准的非法证据排除规则为例来说明这一点。无法排除刑讯逼供可能性的口供，在我国目前的立法中属于绝对应当摒弃不用的证据。它可能产生的证明效果是什么？能否同时降低两种错误？将疑似刑讯逼供的口供加以排除，可以降低错误采信虚假口供的可能性，但硬币的另一面则必然也会提高错误摒弃真实口供的概率。如果这个口供属于可有可无的证据，对整体的事实认定不会产生多大影响，但如果它是一个必不可少的证据，则可能直接导致放纵犯罪的结果。我们并不是赞成采纳刑讯逼供获得证据，也不是赞成走回以前的老路，将采纳与否的权力交由司法人员根据案件的具体情况（或者所谓的"证据三性论"）具体判断。立法上明文要求将刑讯逼供等非法证据予以排除，自有其价值，如可以在一定程度上遏制侦查人员非法取证的念头，促进有关程序法规定得到严格遵守，提升刑事司法对犯罪嫌疑人的人权保障水平，甚至有助于司法人员乃至整个社会逐步转变刑事追诉是一种对敌斗争的观念，等等。但就证明实质化的目标而言，它只能起到降低采信虚假口供可能性的作用，并间接地起到避免发生冤案的作用。但刑讯逼供所获得的口供也有一部分是真实可信的，因此一概将这些证据或疑似有可能采取刑讯逼供手段所获得的供述予以排除，必将导致一部分真实的口供被抛弃，并可能间接地引发另一种错误：犯罪分子因为警察的违法而逍遥法外。这可能也是目前我国许多侦查人员在价值上不认同非法证据排除规则和许多司法人员在排除非法证据时犹豫不决的主要原因。我国的制度设计者一直将"非法证据"的范围局限在一小部分违法取证行为，不愿或不敢过于扩大非法证据绝对排除规则的射程范围，甚至内部无法达成共识，[1] 可能在直觉上已经感受到了这一点。实质上，从证明活动来看，非法证据排除规则只是一种错误分配规则，而不是错误预防规则。它是以提升一种错误为代价（错误抛弃真实的证据）而降低另外一种错误（错误采信虚假的证据）。它根本不可能从整体上降低证据采信的错误率，即不可能在降低错误采信虚假口供概率的同时降低错误抛弃真实口供的概率。因此，从证明的角度来说，非法证据排除规则是不可能在整体上提高刑事证明制度的预防错误能力的。

上述结论适用于目前已经制定的所有消极性的证据评价标准，即何种情形下证据不得作为定案的根据、应当予以排除或不得采信等。只不过由于它们否定证据定案资格的条件不同，所以实际产生的效果有所不同，但在证明功能上都是一种错误分配规则，而非错误减少规则。以形式不合规、程序不合法和来源有疑点的其他证据评价标准与针对口供等言词证据所设立的非法

---

[1] 例如，《最高人民法院关于建立健全防范刑事冤假错案工作机制的意见》第 8 条曾试图通过规范性文件扩张非法证据的范围，将冻、饿、晒、烤、疲劳审讯等非法方法、审讯地点不合法和未依法录音录像的口供均为非法证据排除。随后，有检察系统人士就撰文论证了这种规定与立法有关非法证据的范围不符。参见孙谦："关于修改后刑事诉讼法执行情况的若干思考"，载《人民检察》2015 年第 7 期，第 8 页。

证据排除规则，在否定定案资格的条件方面有以下区别：一是设立了例外事由，如形式上有瑕疵的笔录，能够补正或给出合理解释的，就具备了作为法官评价对象的资格；如果物证书证的来源有疑点的，只要能够给出合理的解释，也具备了证据评价资格；如果没有提交原始的实物证据，只要二手的实物证据符合例外事由，且可以通过某种方式确认自身的真实性，也具备了证据评价资格；如果收集物证、书证的程序不合法，但对司法公正不产生严重影响，或者能够给出补正或合理解释的，照样不会否定它的证据评价资格。二是例外事由的认定标准弹性较大，有很大的自由裁量的余地，何谓合理解释，补正或合理解释的优先适用顺序如何确定，确认二手证据与原始证据同一性的"其他方式"有哪些，如何判断是否达到了严重影响司法公正的程度等，均缺乏明确性。三是调查的程序较为自由。《刑事诉讼法》只是要求法院必须对可能存在以"非法方法"收集证据情形的，才应当对证据收集的合法性进行法庭调查，且证明责任由检察院承担，证明标准为排除非法取证的可能性，但针对其他否定证据评价资格的情形，则没有明确的规范。例如，假如法庭发现有一份询问证人的笔录上没有填写询问人姓名，可否由侦查机关将笔录拿回去补签姓名（补正），还是由侦查机关先对此形式上的"瑕疵"作出合理解释再予以补正，抑或是给出了合理解释就算是满足了标准？解释以哪种方式进行？书面解释、电话解释还是在公开的法庭上进行面对面的口头解释？何种解释属于合理的？如果是一个已有 10 年刑侦工作经验的侦查人员解释，由于他一时疏忽忘记填写姓名，是否算是合理的？即使算是合理的，那么是否与事实相符？有没有可能是侦查人员由于威胁证人（程序不合法）或记录内容与所说内容不符（笔录记载的内容造假），担心被追责，所以不敢在笔录上签名呢？是否需要调查以及如何调查"解释"的真实性？所有这些问题在目前的法律框架下均没有一个规范性的答案。

因此，与针对口供等言词证据设计的证据评价绝对禁止规则相比，其他证据评价禁止规则只给办案人员设定了一个证据评价的"指南"，具体的程序和标准则由办案人员根据具体情况具体判断。但其作为错误分配规则的本质属性并没有改变。无论如何，只要对笔录形式上的瑕疵无法给出补正或合理解释的，对实物证据来源有疑点无法给出合理解释的，二手证据无法确认其是否与原始证据的内容具有一致性的等，都必须否定它的定案资格。易言之，为了防止错误地采信一部分在形式上有瑕疵或程序上不合法且无法给出合理解释、来源不明、无法验真的证据，宁可抛弃一部分可能与事实相符的证据。由于这种证据评价禁止规则在本质上无法做到同时降低两种错误的目标，为了防止因为规则刚性过强，导致大量可能与事实相符的证据惨遭抛弃，于是制度设计者只设定了一个指导原则，具体的错误分配标准则留给办案人员加以确定。两种错误分配的结果取决于错误抛弃证据的负面结果和错误采信证据的负面结果的价值权衡，因此不同的办案人员基于不同的价值权衡立场和价值权重，完全可能会设立不同的标准，统一证据标准的"乌托邦"就可能土崩瓦解。尤其致命的是，由于其作为错误分配规则的本质属性，如果办案人员将标准设定得过低，例如，只要办案人员私下打电话核实情况即可，反倒成为大量未经严格调查的侦查证据顺理成章地转化为起诉证据、裁判证据的"许可证"。也就是说，本来作为降低错误采信证据的证据标准，由于该标准不明确，反倒可能成为部分真实性有疑点的证据转化为有评价资格证据的借口和理由。因为所有的错误分配规则都具有这样的效果，如果标准设定较高，就可能导致更多的否定性错误，同时可以减少肯定性错误；但如果标准设定较低，则可能导致更多的肯定性错误，同时可以减少否定性错误。这是一种鱼与熊掌不可兼得的关系。

（二）逻辑与经验

如果将上述就单个证据的评价资格标准视为一阶评价标准的话，那么在证据的综合审查中所确立的证据确实标准则属于二阶评价标准。这也比较符合人的理性认识规律。先对单个证据进行评价，确定其是否有资质作为事实认定的根据；然后再结合通过了第一道筛选的全部证据进行综合审查，以判断该证据到底可不可以作为最终定案的根据。当然，在人的思维当中，并不一定严格按照这种顺序进行，但至少这是制度设计者所追求的一种规范上应当坚持的思维次序。因此，我们在前文将单个证据的证据标准称为证据评价资格，而不是定案资格，因为一个经过了第一道证据标准筛查的证据，只是具备了可以将其纳入最终证据评价的资格，能否转化为定案根据，还要经过第二道证据标准的检验。此时评价的对象就会从证据的形式、程序、来源转到证据的内容。无矛盾法则是第二阶证据评价的唯一标准。简而言之，就是只有证据内容无矛盾地指向待证事实，该证据才能最终转化为定案的根据。无矛盾有两层含义：一是证据之间本身就无矛盾，二是虽有矛盾，但该矛盾得到了排除。这一规则与前述证据评价规则只是设置的侧重点不同，从证据的单个评价过渡到了证据的整体评价，但其功能并无二致，也是一个错误分配规则而已：不得采信在内容上有矛盾或矛盾无法排除的证据，哪怕该证据是属实的；可以采信在内容上无矛盾或矛盾得到排除的证据，哪怕该证据是虚假的。

从整体评价证据是否确实的无矛盾法则，威力强大。作为一种整体审查法则，不同于以单个证据作为规范对象的原子化的证据标准，它将会导致正反两方面的证据均因为无法排除矛盾而被认定为失去证明力。其中的基本原理就是当A证据的内容与B证据的内容互相矛盾时，如果无法排除矛盾，虽然从逻辑上来说矛盾的证据必有一真一假，不可能同时为真或同时为假，但由于这种矛盾状态无法消除，肯定任何一个证据都有错误判断的风险，于是现有的规则采取了一种最保险的解决办法：在矛盾得到消除前，不去辨识谁真谁假，而是将二者的定案资格都予以否定。这就等于免去了后端的裁断者进行艰难抉择的困境。这种处理方式表面上看似不偏不倚，但事实上却为推卸证据评价中最艰难的责任提供了一个法律上的挡箭牌。此责任就是"裁断"责任。此时判断的难度固然很大，但这恰恰就是裁断者的价值所在。如果所有的证据都毫无矛盾地指向同一待证事实，则无任何争议，请问此时还需要裁断者予以裁断吗？司法活动与理论上探求事实真相的活动具有重大区别：司法有时间的要求和限制，不得无限期地拖下去，等待案情明朗之后再作裁判，而纯粹的理论求真活动，并无任何时间限制；此外，对于一名理论研究者来说，如果他面对一组矛盾的证据，可以悬置自己的判断，但司法人员悬置自己的判断就是拒绝作出决断，就是对法律、当事人和社会的极度不负责任。当然，有人可能会说，存在矛盾的证据就是案件事实真伪不明或事实存在疑点，此时就应当按照证明责任理论让承担证明责任的一方承担不利后果。问题在于从存在矛盾到存在事实疑点还有一个"判断"的过程，矛盾本身并不足以成为适用证明责任原理的根据。矛盾法则只是一个逻辑法则，无法告诉我们两个矛盾的命题何者为真何者为假，更不可能告诉我们两个矛盾的命题的真假程度。因此，当存在矛盾证据时，且案件到了最终证据评价阶段，裁断者必须理性地分析矛盾证据各自内容的真实度。如果综合全案证据、经验法则并进行审慎地推断，明确指向无罪的证据中的内容有存在的现实可能性，此时就应当否定有罪证据，反之，如果指向有罪的证据中的内容已经达到了排除其他合理可能性的程度，此时就应当否定无罪证据。在刑事案件中，只有第一种情况才能适用存疑从无的方法。因此，当证据之间存在矛盾且无法断定谁真谁假的时候，不能跳跃性地严重不负责任地直接否定矛盾证据的定案资格，中间还有一个非常重要的步骤是不可以省略的：无罪证据的内容现实存在的可能性和程度有多大？有罪证据的内容现实存在的可能性和程度有多大？只有在经历了这个步骤之后，裁断者才可以得出一个真正理性的结论，也是在矛盾证据状态下能够作出的最佳结论。

但无论是现在的矛盾证据一概否定法，还是采用更为理性的矛盾证据理性分析法，它们都无助于从整体上降低错误采信证据和错误抛弃证据的概率。它们均是一种错误分配方案，无助于从根本上既避免误采虚假的证据又避免抛弃真实的证据，因为当有罪证据内容的真实性存在合理疑点的，就对其不予采信，这会导致错误抛弃一些真实的证据，而根据疑罪从无原则，无罪证据内容的可能性无法排除的，就应当将之作为定案的根据，但这可能导致误采一些与事实不符的无罪证据。但其比当前判断更优的地方在于它迫使裁断者必须直面裁断中最艰难的抉择问题，而不能将头埋进沙堆里，拒绝作出判断，同时也使裁断者的说理义务真正得到落实。

二者之间的区别在于矛盾证据一概否定法根本就不再进一步分析指向不同的证据各自的真实性有多大，而理性分析法则进一步分析后再作出判断。从错误分配的效果来看，前者似乎可以进一步降低错误采信有罪证据的风险，因为当存在无法排除的矛盾时，它就会彻底否定有罪证据的定案资格，根本就不再考虑无罪证据的内容有多大的现实可能性，从而间接地起到避免冤案的作用。但事实上可能并非如此。因为这种跳跃式的证据评价法则还有一个辅助性法则：证据矛盾排除法则。在针对证据的综合审查标准、证明标准、言词证据的内容反复不定（所谓"翻供""翻证"）时所采信证据的标准中，均有所体现。证据矛盾排除法则有两种模式：一是印证排除法，二是合理说明或合理解释法。二者可以单独使用，也可以结合使用。

在第一种方式下，如果两个相互矛盾的证据，其中一个证据系孤证，没有其他实质证据可以印证其内容，另一个证据则是相互印证的证据体系中的一环。此时，前者可能会被抛弃，与其相互矛盾的另一份证据则可能会予以采信。例如，被告人庭审中翻供，但其辩解与全案证据矛盾，而其庭前供述与其他证据相互印证的，可以采信其庭前供述。此时，个别证据是否"确实"的评价（如庭审中的辩解和庭前有矛盾的供述）就会与全案证据是否"充分"的评价相互混合。简单来说，就是是否有"充分"的证据证明某个证据"确实"。充分与否的标准则进一步演化为有没有足够的证据"印证"该证据的内容。因此，在经过了对单个证据评价资格的一阶审查判断后，如果剩下的全部证据中，有庭前供述和庭审辩解，但前者与其他证据相互印证，且后者与全案证据矛盾，那么前者被采信，后者被否定。用错误分配的原理来解读，这个规则可以降低误采无其他证据印证的虚假辩解的概率，但可能会提高抛弃无证据印证的真实辩解的可能性。但作为一种辅助解决矛盾证据问题的法则，它的弊端与前述无法排除矛盾一概不予采信的规则一样，都是跳跃式的规则。只不过，这时在跳跃后产生的证据评价规则对被告人的境地更为不利。因为依照该规则，即使被告人辩解的内容有合理的可能性（合理怀疑），但如果它与全案证据矛盾，且庭前供述与其他证据相互印证，裁断者照样可以"依法"抛弃该辩解，否定它的定案资格。因此，使用（无法排除）证据矛盾一概否定法，可以说把证据评价的错误风险分配给了前端办案机关，而使用作为辅助性规则的印证排除法，可以说又把错误评价证据真实性的风险分配给了被告人。在某种意义上，可以说这扯平了国家机关和被告人之间的风险责任。

事实上，不管庭前有罪供述有多少证据印证，也不管庭审无罪辩解是多么孤单，只要庭审无罪辩解的内容存在合理的可能性（合理怀疑）且无法排除，就必须接受无罪的辩解。针对无罪的辩解，立法从未要求其必须进行补强或印证才可以作为定案的根据；此外，依据查证责任分配的原则，也从未要求其必须查证属实才可以接受为裁判的依据。只要无罪辩解的内容有可能存在，就不能否定它的定案资格。这正是证据确实充分和疑罪从无的应有之义。但印证排除法却在矛盾证据的采信方面连续犯了两个致命的错误：以逻辑法则取代审慎的真实性程度的评估，将经验判断的问题完全交给逻辑法庭予以裁判。令人百思不得其解的是，为什么被告人辩解与全案证据矛盾，而其庭前供述与其他证据相互印证的，就可以否定前者而采信后者？如果不去判断辩解的内容是否有可能存在，也不去判断庭前供述的内容是否达到了排除合理怀疑的程度，矛盾者舍弃，印证者留下，道理何在呢？它体现了这样一种证据审查判断的思想：只要多个证据相互印证且指向有罪，那么这些证据就必然为真，而与其内容上矛盾的证据必然为假。但司法实践的现实情况告诉我们，多个证据相互印证且指向有罪的结论可能是错误的。[1]逻辑终归是逻辑，它有其发挥作用的领地，一旦超过了范围，它就无能为力了。无论是一对一的矛盾证据，还是一对多（哪怕是相互印证的"多"个证据）的矛盾证据，它们只能告诉我们二者中有一个为真有一个为假，但逻辑无法告诉我们何者为真何者为假，也无从告诉我们真假的可能性和程度，这是经验判断的领地。从刑事诉讼定罪标准的要求来看，矛盾证据或任何证据的采信标准都极其简单，并没有那么复杂，那就是只要无罪证据有可能是真的，就应当作为定案的根据，只要有罪证据有可能是假的，就不应当作为定案的根据。真假的可能性判断主要是诉诸经验判断，而不是逻辑判断。逻辑更多的是用来论证经验判断的合理性，而不是取代或前置于经验判断。逻辑的作用是为经验判断结果提供一个站得住脚的理由（justification），即最终不能完全肯定相互矛盾的证据何者为真时，要给取舍哪一个证据提供理性的符合逻辑的论证。

　　合理说明或合理解释的方法则是矛盾证据采信法则的另一个辅助法则。

---

〔1〕 在2010年"两个证据规定"出台之前，由于侦查阶段所获得的证据缺乏原子式证据规则的约束，许多非法获得、来源不明或形式上有重大瑕疵的证据都可以转化为裁断的依据，并形成了所谓相互印证的证据体系，被告人在法庭上的辩解往往无法冲击证据体系，在一定程度上确实是造成冤案的证据原因。参见左卫民："'印证'证明模式反思与重塑：基于中国刑事错案的反思"，载《中国法学》2016年第1期，第162–176页。

《关于办理死刑案件审查判断证据若干问题的规定》将其概括为"证据与证据之间、证据与案件事实之间……矛盾得以合理排除",《2012年最高法解释》的间接证据定案标准之一就是"证据之间相互印证,……不存在无法解释的疑问"。这一法则大多适用于印证排除法"失灵"的矛盾证据所引发的案件疑点。印证排除法主要作用于言词证据出现矛盾的场域,而合理解释法主要作用于实物证据出现矛盾的场域。此时之所以转为合理解释法主要有两个原因:一是实物证据的真实性本身无法否定,必须得承认,因此当出现与有罪证据不协调的实物证据时,已经无法简单地套用上述印证排除法将不协调的实物证据否定掉,不管有罪证据有多少,均是一样。例如,在一起杀人案中,从女性被害人的八个手指甲内提取的残留物,被证明并非被告人所留,而是由他人所留。取证的程序、技术和鉴定的程序、方法都无可指摘,此时即使有再多的相互印证的有罪证据,也无法否定这一证据的真实性。二是实物证据尤其是物证的证明价值往往具有开放性,必须通过解释才能理解它的证明意义,例如上述案件中指甲内的残留物有可能是他人作案所留,也可能是被告人出于嫁祸他人的目的而伪造的证据,还有可能是被害人生前与他人正常接触后留下的,等等。但有一点无法否认,那就是被害人指甲内出现了被告人以外之人的残留物。我们刚才所说的情节正是浙江张氏叔侄案中的真实情节。电视剧《因法之名》中的故事也借鉴了这一情节,只不过从指甲残留物变成了第三人在被害人体内留下的精液。据悉,在浙江张氏叔侄案中,面对由矛盾的物证和鉴定意见所产生的疑点,司法机关最终采纳了侦查机关所给出的如下解释:被害人生前从事过发廊"洗头妹"工作,因此解释了为何在她的手指甲内发现了第三人的残留物。因此,他们认为这一矛盾得到了合理排除或这一疑问得到了解释。在《因法之名》中,在被害人体内发现的第三人的精液,也令办案机关困惑不已,但最终他们成功地解释了这个疑点。首先,办案人员在犯罪嫌疑人家的院子里发现了避孕套,他家的隔壁是一家足疗店,他们认为犯罪嫌疑人许志逸和被害人柳莎莎(犯罪嫌疑人的妻子)都是爱干净的人,由此推论避孕套并不是他们扔的,极有可能是隔壁的足疗店经营色情服务并由他们扔下的,经侦查人员到足疗店进行调查,证实了他们存在向犯罪嫌疑人家的院子里扔避孕套的事实。其次,犯罪嫌疑人是一个专门写作犯罪小说的高手，知晓如何伪造现场，嫁祸于人。最后，鉴定人员认为，犯罪嫌疑人的妻子（被害人）阴道里的精液似乎是人死后涂抹进去的，现场又精心布置过，因此推断这是一场蓄谋已久的杀人案。综合以上事实，侦查人员认为被害人体内的精液应该是犯罪嫌疑人为了伪造现场，而在被害人死后将被扔在其院子里的避孕套中的精液涂抹在被害人阴道里面形成的。这两个案件，一个真实的案件一个虚构的案件，最终都被证明为冤假错案。但这不是问题所在，问题在于何谓"合理排除""合理说明"或"合理解释"？

　　合理解释就是对所发现的事实给出一个有经验或有证据支持的有根据的说明。其基本思路是先发现了一个证据、现象、事实，然后开始寻找产生这一证据或（反常）现象的原因，如果该原因可以解释说明为何出现该证据、现象或事实，那么就会将此解释说明当成是一种合理的解释。因此，合理解释的思维方法又被称为溯因法。它是由美国学者皮尔士最先发现的人类普遍使用的一种推理方式，尤其是科学家的重大科学发现大多采用了这一推理方法。科学家通过对理论中出现的矛盾、异常现象或习以为常的现象（如苹果会落在地上）的观察，试图寻找一个理论来解释这个现象（如万有引力），并借此理论说明产生这种现象的原因（所谓"理论规律"）。这是一种由果到因的逆推法。那么上述两起案件中的解释是不是合理解释呢？当然是。它们均成功地解释了为何在被害人的身体上发现了不属于被告人的物质，有事实和经验的支持，具有正当性。但合理的解释并不意味着就是可以接受为真的解释。合理的解释只是针对特定证据或现象给出的"一种"站得住脚的解释，若将合理解释最终当作一种与客观事实相符的解释，必须具备其他条件：其一，拟接受的解释本身存在的可能性有多大；其二，有没有其他替代性的不同的解释也可以说明这一结果，也就是说，有没有穷尽其他的解释；其三，同替代性解释相比，拟接受的解释是不是当前唯一合理或最合理的解释，其他的解释均是不甚合理的或是可以忽略不计的。[1]应用到浙江张氏叔侄案中，可以进行批判性反思的大问题就包括如下三个：一是诸如被害人这样的"洗

---

[1] See John R. Josephson, *On the Proof Dynamics of Inference to the Best Explanation*, 22 Cardozo L. Rev. 1621 (2001), p. 1626.

头妹"在给客人洗完头后在其手指甲中留有客人物质的可能性有多大？二是有没有可能是被害人遭受第三人侵害并奋力反抗时，从该侵害者身上撕抓后留下的？抑或存在其他可能性呢？三是如果有撕抓后留下的可能性，这一可能性是否合理？如果合理，是否可以将这一可能性排除？在依次询问了这三个问题之后，我们可以发现，"洗头妹"的解释固然是一个可能的或合理的解释，但其从经验来看本身可能性就不高，哪一个洗头妹整天不洗手呢？[1] 这更不是唯一的解释，且侵害者解释从经验上来看比之更为合理。[2] 如果说当前的印证排除法则过于机械死板，几乎完全不讲经验，那么合理解释法则又过于灵活多变，几乎完全不讲逻辑。从刑事诉讼的定罪标准来看，如果证据之间出现了矛盾性的疑点，只是可以作出一个合理的解释，明显是不够的。为了确保合理解释符合定案的法律要求，合理解释必须要遵守以上三个逻辑法则。

在针对证据确实性的综合审查中，我们可能已经感受到了两套规则之间内在的张力。这些规则固然都是在分配评价错误的风险，固然都是聚焦于最终的证据评价环节，但评价的思路与由此设定的规则不同，可能导致完全不同的分配结果。主导印证排除法的思维倾向是一种（形式）逻辑指导下的非黑即白的思维，主导合理解释法的思维倾向则是一种经验推理指导下寻求最佳解释的思维。这两种不同的思维倾向会在面临相同的证据状态时得出截然

---

[1] 从调研中得知，被害人从事洗头工的工作是在案发一年前，这就使这一解释的可能性降至几乎为零。

[2] 当然，我们认为司法机关在当时不可能没有意识到侵害者解释比"洗头妹"解释的可能性更大，但或许是由于受到证据的综合审查思维的影响，导致最终选择哪一种解释时发生了偏差。简单来说，在这起案件当中，两名被告人均供述在案，且供述中的诸多细节也得到了物证、尸检报告、勘验检查笔录、现场辨认录像等证据的"印证"，警方还制作了部分讯问同步录音录像以证实讯问的合法性和被告人侦查阶段供述的自愿性。在 2003 年的中国，尚未建立较为系统全面的针对单个证据审查判断的原子式证据标准，虽然上述有些证据（如口供）在当时就可以发现是疑似通过非法手段取得的，但均被纳入作为最终评价的依据。这就导致侵害者解释面临着巨大的压力。因为若是第三人作案，如何解释那么多指向二张实施了犯罪的证据？如何解释二张所作出的与其他证据较为吻合的口供？因此，当在案的其他证据均吻合一致地指向二张实施了犯罪行为后，法院的最终选择是将此疑点忽略不计，认为这根本就不是一个值得排除的"疑点"。二审的判决书鲜明地体现了这一点。该判决书直接将该案的第三人 DNA 鉴定结论认定为与本案"无关联性"，没有证明价值。我们再一次看到了印证排除法的强大之处，它不仅可以轻松地否定与全案证据相矛盾的庭审辩解，就连这种客观上确实存在多种解释可能性和明显具有相关性（指向无罪而不是有罪的可能性）的物证，也可以被排除。

不同的结果。由于二者均是合法的裁断证据属实与否的标准,裁断者可能面临如何选择标准的问题。统一裁判尺度的努力并未完成。这一点在接下来有关证据充分标准的讨论中体现得尤为明显。

(三) 证据充分的两种尺度

在 2012 年《刑事诉讼法》引入排除合理怀疑标准以前,司法解释中有关证据充分的尺度以结论的唯一性为尺度。结论唯一又可以细分为:证据全面覆盖案件事实、证据之间没有无法排除的矛盾和事实认定结论的排他性。根据立法界人士的说明,他们可能认为结论唯一性与排除其他合理的怀疑之间并无区别,且使用这样一种主观性的要求不仅具有可操作性,而且可以实现主客观判断相统一的理想要求。但此预设的前提是证据的客观证明状态(证据充分)与事实认定者的主观信念状态(排除合理怀疑)处于一一对应的关系。但如果二者在某些时候无法"统一",该怎么办?立法机关显然没有意识到这两者不一致时可能会产生的抉择难题。例如,在活不见人死不见尸的案件中,没有直接证明被害人死亡的客观证据(如尸体等物证),能否根据一名犯罪嫌疑人主动投案自首的供述和其他五名合法性没有瑕疵的同案犯供述(供认劫财后毁尸灭迹)认定被害人已经死亡。[1]如果坚持证据确实充分标准,由于死亡事实无客观证据证明(证据的覆盖性不足),就无法排除被害人尚在人世这一结论存在的可能性(达不到唯一性的要求)。这就会导致认定无罪的结果。但若是坚持排除合理怀疑标准,鉴于对尸体无法找到存在合理的解释(犯罪嫌疑人承认毁尸灭迹和案发距今已有多年),加之六名犯罪嫌疑人的口供具有合法性和自愿性,细节基本吻合一致,供述内容符合情理,就可以在主观上认定被害人存活在世的可能性即使无客观证据予以排除,也不大具有现实可能性,尚未构成合理怀疑,据此可以认定已达排除合理怀疑的程度,这会导致认定有罪的结果。[2]假设接受同一论,就意味着司法机关既可

---

[1] 此案例为杨宇冠教授在实务调研中获悉的真实案例。参见杨宇冠、郭旭:"'排除合理怀疑'证明标准在中国适用问题探讨",载《法律科学》2015 年第 1 期,第 159 页。

[2] 六名犯罪嫌疑人最终被无罪释放。认定无罪的根据是"只有被告人口供,没有其他证据的不能认定被告人有罪"。

以根据排除合理怀疑认定有罪,〔1〕也可以依据证据充分认定无罪,等于赋予了司法机关有罪无罪认定的自由选择权。从立法论的角度来说,这可是关涉自由乃至生死的重大问题。从司法的角度来说,每个法官可能无法回避如下问题:到底选择何者作为判定事实存在的法律标准才是正确的?事实上,这个问题也可以转化为:到底应当让哪一方承受错误认定事实的风险?

我们再就龙宗智教授所举出的一个案例来说明二者之间的差异:

被告人与被害人两家关系长期不和。被告人系成年男性,被害人系中学女生。被害人作证说被告人用厨房内的菜刀将其砍伤。经检查发现,伤口深度约为一厘米,受伤部位是左手小臂下侧面。经鉴定构成轻伤害。案发当时,没有任何其他人进入。但被告人并不承认砍伤受害人。一审法院认定由于被害人没有自伤的可能性,且排除第三人进入伤害的可能性,因此认定被告人罪名成立。但二审法院认为,伤害行为只有被害人陈述,没有其他证据印证,因此认定此案证据不足,宣告被告人无罪。〔2〕

此案在事实认定方面的争议点是伤害行为由谁造成。一审法院分析了伤害行为由谁造成的三种可能性:一是由被告人造成;二是由被害人自伤造成;三是由他人造成。鉴于案发时无第三人在场,法院认定第三种解释不具有任何现实可能性,将其排除。由于被害人涉世未深,年龄尚小,且伤口如此之深,自伤的解释基本上可以排除。因为依据情理,一个不谙世事的中学生将自己砍伤一厘米之深并以此诬告陷害他人的可能性是很低的。被告人只是单纯否认犯罪,但也没有提出任何有证据支持的替代性的解释,加之他有作案的动机、时间和能力,据此认定被害人由其砍伤是对本案证据合情推理的结果。但二审法院并不认可这一结论。二审法院认为,只有被害人陈述,没有

---

〔1〕 该案以口供补强规则作为认定无罪的理由较为牵强。早在2000年,最高人民法院在《全国法院审理毒品犯罪案件工作座谈会纪要》中规定:"当被告人的口供与同案其他被告人供述吻合,并且完全排除诱供、逼供、串供等情形,被告人的口供与同案被告人的供述才可以作为定案的证据。对仅有口供作为定案证据的,对其处判死刑立即执行要特别慎重。"对此规定的合理解读只能是同案被告人的供述可以作为证明其他被告人有罪的证人证言,否则该规定就违背了立法关于口供补强规则的明文规定。因此,此案以口供补强规则为由不予定罪可能只是一个法律上的借口。

〔2〕 龙宗智:"中国法语境中的'排除合理怀疑'",载《中外法学》2012年第6期,第1138页。

其他证据印证（证据矛盾时的印证排除法），因此此案证据不足（结论不具有唯一性），"依法"应当宣告被告人无罪。此案反映出证据确实充分标准的确具有一些不同于排除合理怀疑标准的地方。

那么，英美法系中排除合理怀疑的标准在司法实践中是如何把握的？美国的贝尔德（Beard）案是一个比较典型的案件，可以拿来作为对比。贝尔德向联邦第七巡回上诉法院提出上诉，理由是认定他持有枪支购买毒品证据不足，没有达到排除合理怀疑的证明标准。上诉审法院认定上诉理由不成立，驳回上诉，维持原判。判决书由中国法学界熟知的波斯纳法官执笔撰写，分析了法院为何认定该案已经达到了证明标准。[1]

该案的案情大致如下：

线人向警方提供情报，说在某个停车场将进行一次毒品交易。警察赶赴停车场，提前布控。不久，他们发现两辆可疑车辆驶入，停靠在一起。贝尔德从其中一辆车的乘客座位上下来，立即进入另一辆车。几分钟后，他返回车内。两辆车随即驶离停车场，警察跟踪，将它们截停。经同意后，警察在贝尔德乘坐的车后排座位下面发现了毒品，被藏匿在一个置物箱里。在对前排座位间的中央扶手箱进行搜查的时候，警察先是看到了一些文件，拿走文件后，又发现了一把手枪，且手枪已经上膛。在另一辆车内，警察搜查后发现了大笔现金。贝尔德并不承认枪支为他所有，但他本人及其辩护人也没有提供枪支属于其他人的证据材料。最终他被控方指控携带枪支从事毒品交易罪。陪审团在一审时认定罪名成立。[2]

该案的事实争议主要是车内发现的那把枪是否是贝尔德购买毒品时携带的武器。本案对贝尔德不利的证据主要就是在藏匿毒品的车内发现的一把上

---

[1] 美国的陪审团审判并不存在判决说理制度。但如果被告人认为控方的证据薄弱，则可依据陪审团审判没有达到证明标准为由提出上诉。上诉审法院实行严格的事后事实审。简而言之，上诉审法院必须以一审法院有可采性的证据为基础，以"事后"审查者的角度判断排除合理怀疑的证明标准是否已经达到。无论上诉审维持原判还是撤销原判，上诉审法院都必须撰写判决理由。因此只有透过研判上诉审法院针对具体案件的判决及其理由，才可以了解美国排除合理怀疑在"法律"上的具体尺度。参见王兆鹏："事后审之事实审查"，载《月旦法学》2008年第11期，第91页。

[2] See *United States v. John Beard*, 354 F. 3d 691 (7th Circuit 2004).

了膛的手枪。但是，贝尔德并没有承认枪支为其所有。他行使沉默权，拒绝在法庭上作证。此外，枪支上也没有提取到贝尔德的指纹等物证。另外，该车并不是贝尔德的车辆，而是他于8个月之前从其朋友处借来的。在案发前，虽然贝尔德经常使用该车，但他也把该车时不时地借给他人使用。因此，该案有助于证明枪支为贝尔德所有的证据主要是现场勘查得到的，但并无口供等直接证据，也无证明其接触该枪的间接证据，且由于贝尔德并不是该车的唯一使用者，在客观上存在其他人将手枪放置于车内的可能性。一言以蔽之，此案认定枪支为贝尔德持有的证据似乎极不充分。辩方上诉的理由正是基于这一点，认为任何一个理性的陪审团面对如此单薄的证据，都不可能认定犯罪事实。那么上诉审法院认定该案已经达到了排除合理怀疑证明标准的理由何在？[1]

　　一方面，法院认为此案的枪支是在现场发现的（现场勘查证据），且是从事毒品交易的犯罪现场，结合经验常识来判断，从事毒品交易的人出于保护自身安全或恐吓交易伙伴的目的，通常会在交易的时候携带枪支，因此认定贝尔德携带枪支是符合情理的推论结果，据此确信贝尔德有罪并无不当。

　　另一方面，法院认为合情推论是否可信，除它自身要能够解释案件事实且符合情理外，还要考虑其他解释。其他解释如果具备相当的合理性且无法排除，就应当以存在合理怀疑为由宣告无罪。判决书写道："对一个命题的信心，诸如对贝尔德罪行的信心，是建立在排除其他解释的基础之上的，同时也会因为提出符合情理的不同解释而被削弱。"[2]上诉审法院认为，对此案中的枪支为谁所有存在三种解释：一是为贝尔德所有；二是车主所有；三是8个月期间内借用该车的其他人所有。法院首先排除了第二种解释，主要理由是"没有人提出该枪是该车真正车主的物品"，[3]控辩双方均没有提出这个解释，尚未构成有效的"争点"，法院没有义务就此争议作出裁判。因此，构成疑点的替代性解释主要是该枪有可能是贝尔德借用车辆期间使用过该车的

---

[1] 需要注意的是，美国的陪审团审判是没有判决书的，也不会进行判决说理，因此我们只能透过二审法院的判决书分析证明标准的具体尺度是如何把握的。

[2] United States v. John Beard, 354 F. 3d 691（7th Circuit 2004），at 693.

[3] United States v. John Beard, 354 F. 3d 691（7th Circuit 2004），at 692.

其他人放置在车上的。

　　法院并不完全否认这一解释客观上存在的可能性，毕竟在长达 8 个月的时间内，贝尔德并非唯一用过该车的人。但法院基于如下三点理由认为该解释尚未达到应当宣告贝尔德无罪的合理怀疑水平。其一，法院认为这一可能存在的解释只是一种抽象的可能性，辩方律师在有能力和条件收集证据的情况下，却没有提供任何具体的证据表明这种解释的真实性，因此这种抽象的可能性还没有转化为由具体证据予以佐证的现实可能性。其二，即使单纯从情理上推断，此种解释的现实可能性也极低，尚未达到合理怀疑的水平。波斯纳法官使用了反问句表达这个观点，他写道："从贝尔德那里借车的某个人，将一把上了膛的枪放在中央扶手箱，还在上面盖了一些文件，以藏匿那把枪，然后——发生了什么？完全忘记了这回事？那是有可能的，但这样一种可能性还没有达到如此具有现实可能性的程度，以至于一个理性的陪审团必须要认定贝尔德无罪。"[1]也就是说，波斯纳法官认为这种可能性存在，但结合本案具体的细节性事实，诸如此类的事情在现实中"非常不可能"（highly unlikely）发生，[2]即属于"小概率事件"。因此，作为对具体案情的解释，该解释并不具有较大的"合理性"，并未达到合理怀疑的程度。其三，鉴于辩方没有提出任何有证据支持的或具有较大现实可能性的替代解释，只是攻击控方证据不充分，此时陪审团面临的就是两种解释：一种是由不太充分证据支持的有罪的合情推论，另一种则是没有证据支持的抽象的极小的无罪可能性。陪审团据此认为后者不可信而选择相信前者，并无不妥。

　　对比这两起案件的一、二审处理方式，我们可以发现两种标准的核心差异之一就是面对证据短缺时如何认定案件事实时的路径。证据短缺可能体现在如下几个方面：一是证据缺失，[3]没有可以直接或间接证明待证事实的特

---

　　[1]　*United States v. John Beard*, 354 F. 3d 691 (7th Circuit 2004), at 692.

　　[2]　*United States v. John Beard*, 354 F. 3d 691 (7th Circuit 2004), at 692.

　　[3]　有兴趣的读者可以查阅如下两篇实务人士所写的论文。他们均在论文中指出了一个共同的现象，即虽然可以排除合理怀疑地认定被告人构成了故意伤害罪，但由于作案的刀具无法找到（证据缺失），按照证据确实充分的标准均被做无罪化处理。参见潘志勇："排除合理怀疑不等于证据确实充分"，《中国检察官》2015 年第 8 期，第 56-57 页；惠琳琳："本案能否'排除合理怀疑'认定被告人有罪"，载《西部法制报》2013 年 4 月 16 日，第 4 版。

定类型的证据，即所谓证据的覆盖面不足问题；二是证据缺少，只有某一份证明待证事实的实质证据，即所谓"孤证"问题；三是证据指向存在矛盾，即缺乏额外的证据对证据指向不同的结论作出选择性确认，即所谓矛盾证据的印证排除法问题。在证据确实充分标准下，无论哪一种证据短缺情形，都倾向于依赖增加证据消除判断中的事实误认风险，不鼓励甚至不允许事实认定者以主观性较强的合情推论作为证据短缺的功能替代品，[1]坚持较为严格的证据主义立场。在排除合理怀疑标准的基础上，面对证据短缺时，它较为尊重事实认定者以证据为基础的符合经验的合理解释，只要推理结论能够经受住"合理性"标准的审查即可。而合理解释依赖事实认定者的背景性知识，正所谓"一叶"即可"知秋"，它在规范上就不再强求必须用证据数量来解决证据短缺问题，秉持一种相对自由的经验主义立场。这就如同面对证据矛盾时如何解决何者属实一样，坚持印证排除法和合理解释法是两种不同的路径。

二者之间的另外一个更为根本的差异就是对不确定性的容忍程度。我国的充分标准对不确定性的容忍程度较低，因此主流的定案标准是唯一性或排他性。当案件中出现证据缺失、证据缺少或证据矛盾时，必须将此疑点排除，否则是不能定案的。例如，Beyond A Reasonable Doubt 在我国普遍接受的翻译是"排除合理怀疑"，有的甚至翻译为确信无疑。这些都是一种已经植入了中国思维的翻译方式。但是，Beyond A Reasonable Doubt 并不是非得把怀疑排除掉，甚至也不必须把合理怀疑排除掉，Beyond 的意思是超过或超越，而不是排除（exclude），因此符合原意的翻译应当是超越合理怀疑，而不是排除合理怀疑。从英美法系的思维看来，在刑事审判中根本无从达到完全确定的程度，只能达到一定程度的确定性。因此，针对怀疑，不仅要判断其合理性，还要判断其盖然性。这是被我国学界普遍忽略的一个问题。我们在解释合理怀疑的时候，往往只注意到了美国法律中有关合理怀疑的定义，诸如"有合理根据的怀疑""有证据支持的怀疑""普通人在作出重大决定时可能产生的犹豫不决的状态"，不是"吹毛求疵地怀疑""猜测出来的可能性"等。但是，即

---

[1] 当满足口供补强规则的适用条件时，就是法律上"不允许"认定犯罪事实。

使出现了这些符合要求的怀疑,美国法律也不会要求必须将其"排除",它在一定程度上是容忍这种怀疑的。正如波斯纳法官在判决书中所言,他没有否认借车之人将枪支放在车上的可能性,他承认这种疑点存在,但同时结合案件细节论证了这种可能性是很低的,尚未达到合理怀疑的水平。以概率的语言来描述的话,如果超越合理怀疑要求达到90%以上的确定性,那么合理怀疑就是要达到10%以上的可能性。假如某个疑点存在的可能性只有5%,则没有必要考虑超越它。这里面事实上隐含了一种控辩双方的责任分配。因此,千万不要被美国法中所谓控方承担有罪的证明责任给"忽悠"了,如果没有一个尽职尽责的辩护律师为被告人寻找达到尺度的合理疑点,被告人在法庭上保持沉默,可能无异于"默认有罪"。所以波斯纳法官才会在判决书中委婉地指责被告人的辩护律师没有尽职尽责,美国律师也会在他的办公室贴上如下一句话:"合理的怀疑需要不合理的价钱。"〔1〕

当然,我国排除合理怀疑在适用的过程中,也可以借鉴美国的做法,如果无罪的可能性尚未达到一定的盖然性,就不将其认定为合理的怀疑,没有必要将其予以排除。但无论如何,我国目前似乎在证据确实的综合评价和证据充分的综合评价中形成了两套不同的标准:一套是以追求唯一结论为目标聚焦于证据之间和证据与案件事实之间的印证关系的标准,另一套是以追求(最)合理的结论为目标聚焦于证据证明意义的经验判断的标准。就当前的规范性要求来看,前者较为死板,尺度在表面上看起来很高,后者较为灵活,尺度在表面上看起来较低。〔2〕

但我们很难说二者事实上到底孰高孰低,它们只是表面上看起来如此。它们之间的区别在于事实认定错误风险的路径,而且无从比较高低。印证法

---

〔1〕 参见[美]亚伦·德肖维茨:《合理的怀疑——从辛普森案批判美国司法体系》,高忠义、侯荷婷译,法律出版社2010年版,第141页。

〔2〕 正是由于这一表面上的差异,所以有学者认为,证据确实充分是排除合理怀疑的充分条件,排除合理怀疑只是证据确实充分的必要条件。证据确实充分必然已经达到排除合理怀疑的程度,排除合理怀疑并非一定到了证据确实充分的程度。前者"不仅要求具有内部性的排除合理怀疑,而且还要求具有外部性的证据相互印证",后者只是一种"心证标准",因此证据确实充分是一种"更高、更严格的证明标准"。参见龙宗智:"中国法语境中的'排除合理怀疑'",载《中外法学》2012年第6期,第1137–1139页。

主导下的标准,对无直接证据[1]证明的事实,对孤证证明的事实,对无印证证据排除矛盾下证明的事实,都不会轻易采信。但一旦证明状态排除了上述情形,它可能就会立刻接受案件事实得到了证明。因此,它把无法达到印证证明状态的错误否定案件事实的风险,分配给了前端办案机关。与此同时,它也把达到印证证明状态下错误认定案件事实的风险,分配给了被告人。印证关系是一个相对客观、明确且容易达成共识的标准,没证据就是没证据,孤证就是孤证,矛盾就是不一致,因此产生争议或不同认识的空间有限。这恰好与我国证明结构中追求客观的事实认定尺度的内在要求相一致。在经验法主导下的标准,不同的事实认定主体难免会有不同的认识,除非有一个权威的裁断者有权力"一锤定音",否则可能在不同的事实认定主体之间产生无法弥合的判断上的分歧。

在排除合理怀疑标准的情况下,无论被告人客观上是否有罪,只要控方的案件存在无法排除的合理怀疑,那么被告人都会被认定无罪。在印证标准下,无论被告人客观上是否有罪,只要控方的案件无法弥补证据缺失、证据缺少或证据矛盾所引发的证明链条断裂,那么被告人都会被认定无罪。虽然这两种不同的尺度会导致选择裁判尺度的难题,但无论选择哪一个尺度,都无法提高刑事证明制度发现真相的能力。它们只是两种不同的事实认定错误如何进行分配的方式。

(四) 求真制度的方向性偏差

毫无疑问,近10年来,我国刑事证据制度取得了巨大进步,尤其是各种类型的证据评价规则如雨后春笋般涌现。它们共同构筑了我国分段包干和选择性接力证明结构的制度基石,通过将证据确实充分标准予以规则化,使处于中心地位的"事实真相"有了一个可测度、可衡量的尺度,在一定程度上可以降低由斗争思维、非理性偏差和缺乏仁爱之心所导致的错误风险,保障

---

[1] 此处的直接证据是指证据覆盖面意义下的直接证据,而不是证据的理论分类中的直接证据。前者是指某个事实必须由特定的证据直接予以证明,而不能由其他证据替代。例如,在杀人案件中,证明被害人死亡的直接证据就是确认被害人已经死亡的尸体等"客观证据"。被告人承认自己杀害了被害人,固然也可以作为证明被害人死亡的证据,但不是此处的"直接证据"。

结构预设目标的实现。但这些规则无一例外地都是聚焦于证据调查的结果，不仅规定了证据何时不得或可以作为评价有罪与否的根据，而且规定了证据材料达到何种证明状态才可以或不得认定有罪。但这些规则对于降低事实证明的错误风险只具有间接作用。易言之，它们作为一种错误分配规则，只能以提高一种错误风险为代价从而降低另一种风险，并无能力在整体上降低错误肯定和错误否定的风险。

如果想要降低事实认定的整体风险，就不能寄希望于在最终的证据评价环节设立规则，而应当把重点前移到评价之前的证据调查环节，确保不遗漏任何一个有价值的证据，确保任何一个作为定案依据的证据都得到全方位的严格检验。换言之，保障证据调查制度揭示案件本来面貌的能力才能降低事实认定的整体风险。若要实现这一点，就必须在司法资源约束的条件下，保证证据量的最大化和证据质的最优化。前者涉及证据调查中的证据收集制度，后者涉及证据调查中的证据质证或证据检验制度。如果一起案件该收集到的证据已经全面收集，一般情况下真相自会水落石出；如果一起案件中的全部证据材料得到了全方位的批判性质疑，去粗存精和去伪存真的目标通常自会实现。事实上，如果任何一起案件的证据材料能够全面收集且经过了严格的程序检验，是非对错通常就是水到渠成的结果。但也可能有部分案件，哪怕是尽可能全面地调查证据，也对证据进行了严格的检验，但最终还是无法达到确定的程度，这正是证据评价规则需要施展自己能力的地方。确实有一部分案件经过严格的全面的证据调查之后，无法作出准确的断定，此时就需要由一定的原则指导裁判者作出选择。这正是我国当前的证据标准和证明标准所孜孜以求的目标。易言之，当已经到达了最终必须作出裁判的时刻，如果案件的证据或事实存在一定的风险，该如何作出裁判，不能完全依靠裁判者的价值观来确定，而应当根据一定的标准甚至规则加以提前确定。

不过，我们切不可忘记，如果证据的调查尚不全面、证据的检验尚不充分就贸然作出裁断，既无助于避免错误采信证据和错误定罪，也无助于避免错误抛弃证据和错判无罪。在最后评价环节，证据制度的求真防错功能已经耗尽，因为此时已无证据可查。它顶多可以设定证据采信或不采信的标准以及有罪或无罪的标准，但是它无法把事实调查得更清楚一些。在最后的评价阶段，确保事实认定的准确性并非依靠证据标准或证明标准，而是要如何从制度上确保每个裁判主体作出符合其良知的理性的结论。易言之，当到达了最后裁判阶段，裁判者已经无任何能力再补充收集证据，也不可能再对证据进行严格检验的时候，此时在证据制度方面的全部努力不外乎就是如何分配风险。当错误认定证据可能带来的损失大一些，证据标准就应当增加，但也会导致错误抛弃证据的风险增加；当错误认定事实可能带来的损失大一些，最终有罪认定的标准就要提高，但也会导致最终错误无罪判决的概率高一些。除此之外，别无他法。因此，制度设计者若想要确保制度的执行者真正实现我国刑事诉讼的第一价值目标，确保不枉不纵，就不应把注意力都放在如何统一最终的评价尺度上，因为其可能存在"聚焦"错误，而应当把证据制度建设的焦点放在证据调查这一证据评价的前提之上。也就是说，在证据收集尚不全面和证据检验尚不充分的条件下，就贸然对证据作出评价，无论依据什么规则，都无助于提高制度在整体上的真相发现能力。

让我们以证人证言为例说明这一问题。我国在证人证言方面所设计的证据标准不可谓不多。有针对形式上出现"瑕疵"的补正或合理解释规则，有针对程序违法的强制性的排除规则，[1]也有针对程序违法的补正或合理解释规则，[2]有缺乏作证能力的证言排除规则，有出庭证言与庭前证言不一致时如何采信证言的规则，甚至就连意见证据规则也被写入了司法解释。但是对证人是如何进行调查的呢？对证人的调查，最优的方式当然是面对面地"询问"其了解到的情况。对已经提供了证言的证人，最优的检验方式当然还是再次面对面地"询问"其了解到的情况，以资核对。但即使这样一种几乎可以说是真相调查常识性的要求，也在当前的法律制度中缺乏任何刚性，几乎完全取决于司法人员的科学精神、仁爱之心和实践智慧。在我国，只有侦查阶段在调查案件事实时"必须"面对面询问证人。一旦进入了后续程序阶段，检察官在起诉阶段主要是通过默读书面材料来"调查"证人所言之事，而到

---

[1] 如采用暴力、威胁、非法限制人身自由的方法获得的，书面证言没有经证人核对确认的，询问证人没有个别进行的，询问聋哑人，应当提供通晓聋哑手势的人员而未提供的，询问不通晓当地通用语言、文字的证人，应当提供翻译人员而未提供的。

[2] 如询问地点不符合规定的。

了审判阶段，法庭则是通过宣读书面材料并听取对方意见来"调查"证人所言之事。

在2012年《刑事诉讼法》修正前，且不说起诉阶段，即使在法庭调查阶段，无论何种案件，是否优先采取三方在场的面对面地询问证人的方式调查事实，法院也都享有绝对的裁量权。为了解决司法实践中证人应当出庭而不出庭的突出问题，2012年《刑事诉讼法》修改时确立了符合法定条件证人必须出庭作证的制度，即只要"公诉人、当事人或者辩护人、诉讼代理人对证人证言有异议，且该证人证言对案件定罪量刑有重大影响，人民法院认为证人有必要出庭作证的"，证人必须出庭作证。[1]在2019年两会期间，作为连任三届的全国人大代表周光权教授提交的建议专门聚焦"刑事案件证人出庭率"问题。据其调研，证人出庭率"个别法院勉强能够到5%，多数地方刑事案件证人出庭率低于1%。有的基层法院法官，审了十年、二十年的案件，从未通知过证人当庭质证"。[2]自2015年2月开始庭审实质化改革试点，且所形成的改革经验"得到中央层面相关机关的肯定，已在全省、全国范围内推广"的某法院，"有必要出庭的关键、争议证人却仅占37.5%"，不足四成。[3]可见，2012年《刑事诉讼法》修改后至今，有必要出庭作证的证人出庭率低下的情况没有根本改观，[4]即使在实施庭审实质化改革试点的法院也不容乐观。从证据制度的角度来说，主要原因就在于该规则过"软"，证人是否有必要出庭作证，主要依赖于法官的责任心、求真精神和对辩方质证需要的重视程度，依然由法官根据案件的具体情况具体裁量。

可惜的是，2018年《刑事诉讼法》修改时延续了2012年的立法模式，并没有解决这一问题。同证据评价环节目前已经确立的较为严格且法律效果也

---

[1] 有关立法理由，参见全国人大常委会法制工作委员会刑法室编：《关于修改中华人民共和国刑事诉讼法的决定：条文说明、立法理由及相关规定》，北京大学出版社2012年版，第224页。

[2] 程姝雯、黎湛均："司改措施千万条，证人出庭最关键"，载《南方都市报》2019年3月9日，第AA10版。

[3] 左卫民："地方法院庭审实质化改革实证研究"，载《中国社会科学》2018年第6期，第112-115页。

[4] 有关2012年《刑事诉讼法》修改后证人出庭率的情况，也可参见胡逸恬："'事实查明'模式与'权利保障'模式的融合——论证人出庭制度的功能定位"，《法学杂志》2019年第2期，第115页。

较为明确的规则相比，证据调查的自由度一直较大。无论是证据调查的数量（即是否需要进一步收集证据），还是证据调查的方式（如默读、宣读、私下核实、三方在场面对面询问证人、视频询问证人等），主要取决于后端办案机关的裁量性的决定，并无多少刚性的规则对其决定进行严格规范。因此，一个刚性较强的证据评价规则体系建立在一个较为柔弱的调查制度之上。后者则主要仰赖于办案人员的科学精神、仁爱之心和实践智慧，这显然是不可靠的。期望通过严格的证据评价规则解决调查制度不完善所留下的制度缺陷，寄希望于毕其功于一役，这是难以做到的。

第六章
证明标准的功能

在审判中，真相至关重要。令人遗憾的是，错判却无可避免。面临相互冲突、不够充分的证据，如何在法定的审限内作出准确的事实判定，成为裁判者必须直面的现实难题。之所以说"直面"，是因为他没有退路可走。他不能像科学家那样，在科学结论无法得到充分检验之前悬置自己的判断。为了实现法律定分止争的目的，拒绝作出判断不是裁判者的备选项目。法律给予他的选择通常只有两项：要么认定有罪，要么认定无罪。在这种非黑即白的选择中，怎么做才是正确的？证明标准为裁判者提供了解决问题的法律手段。证明标准是指裁判者接受控方所主张的犯罪事实为真必须达到的确证程度。裁判者要作出有罪判决，控辩双方提供的证据必须达到相应的证明程度。在二分法的裁判框架下，任何低于这个刻度的证明状态只能选择作出无罪判决，高于该标准，则认定有罪。

众所周知，错误地认定被告人有罪，不仅会使被告人的名誉受损，还可能导致他失去财产、自由乃至生命。错误地认定被告人无罪，会使被害人期望法律给予他的正义以及其他权益无法得到实现，也会使社会因此面临犯罪分子逍遥法外所导致的风险。由于两种错误判决的结果均是有害的选择，所以应当尽可能避免错误判决，这是毫无疑问的。关键问题是裁判者必须要对犯罪事实的确定达到多大程度才能作出有罪或无罪判决。

一个不假思索的直觉性回答就是完全确定事实（案件事实清楚且证据确实、充分）才能作出认定。这大致是我国理论界几十年来主流学说坚持的基本共识，也在相当程度上影响到了立法机关的规则设计和司法者的裁判行为。问题在于：为什么证明标准必须要设定在这样的高度？根据何在？

一、确保真实论

(一) 确保真实论的缘由与错案产生的证据原因

立法界人士解释道,我国将刑事证明标准规定为证据确实、充分"清楚地反映了立法者对法官在判定证据、判断案件时的要求……规定刑事证明标准的最终目的只有一个,就是要求法官不错判案件,我国的规定明确地体现了这一点"。[1]可见,立法界人士规定严格标准的目的在于避免错误判决。但这个"确保真实论"的观点是否成立?需要说明的是,从最终的结果来看,"错判案件"包括两种情形:一是将无罪的人错判有罪,二是将有罪的人错判无罪。它们均属"错判"。如果证明标准的目的是"不错判案件",那么它理应消除或至少降低两种错误判决的可能性。但是,就证明标准本身来说,它能不能实现避免两种错误判决的立法目的?

为了说明证明标准与判决正确率或错误率之间的关系,现在假设某个时间段共有100名被告人接受审判,其中有10名被告人客观上是无罪的,有90名被告人客观上是有罪的。[2]基于世界上没有两个一模一样的案件以及证据组合,我们假设他们的证据状况以及裁判者基于案件证据所做的有罪确定性判断在个案中是有差异的。案件的证据状况(充分程度)和裁判者基于证据所作出的有罪确定性程度的判断如图6-1所示,以直观地揭示证明标准与裁判准确性之间的关系。

先对该图中各项内容的含义做一个简要说明。图6-1表示100名被告人接受审判时可能存在的证据状况(纵坐标)、裁判者对犯罪确定性判断状况(横坐标)以及客观上有罪无罪被告人的分布情况(A、B、C、D四个区间)。其中,区间A是正确释放的人数(5人),区间B为错误释放的人数(9人),区间C为正确定罪的人数(81人)[3],区间D为错误定罪的人数(5人)。其中,纵坐标表示100名被告人接受审判时的有罪证据充分性程度(从缺乏具

---

[1] 王尚新:"从刑事证明标准的标准性谈起",载《诉讼法论丛》2002年第7卷,第17页。
[2] 这只是基于论证目的而作出的假设,从现实角度来看,没有人确定地知道特定时间段受审的被告人在客观上有没有罪。
[3] 因被告人数太多,很多图标挤在了一起,但实际人数为81人。

第六章 证明标准的功能

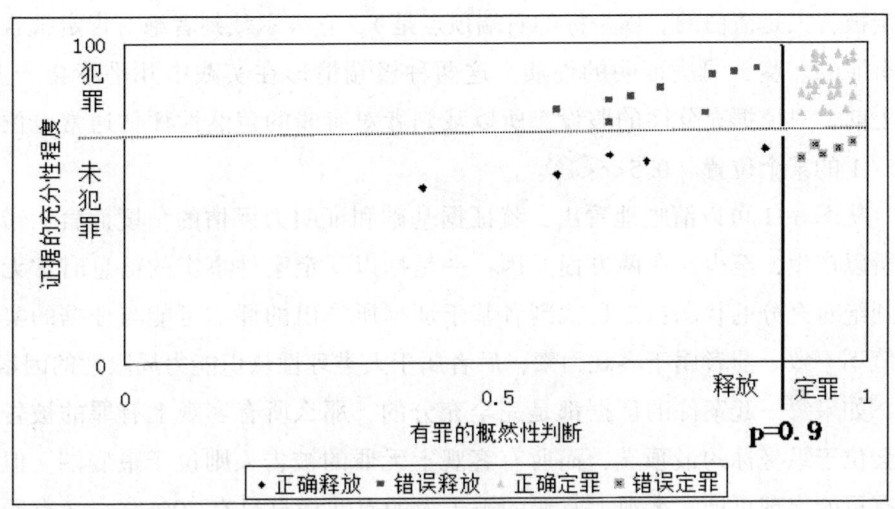

图6-1 证明标准与判决准确率的关系

体证据到证据完全充分,即0~100%)。由于几乎不可能收集到绝对充分的信息,所以证据充分性状况(E)均位于100%以下。在通常情况下,鉴于那些证据明显不足的案件在审前已被过滤掉,证据充分性状况一般也不会低于50%。因此,100起案件的证据充分性程度均位于50%~100%的某个位置(0.5<E<1)。此外,控诉机关通常不会故意制造虚假证据以陷害无辜的被告人,由于客观上无罪的被告人没有实施犯罪,所以可以合理地假设其所涉案件的有罪证据的充分性程度,一般低于客观上有罪的被告人。因此,图中虚线以下的被告人都为实际上无罪的被告人,而虚线以上的被告人则是客观上实施了犯罪的被告人。[1]横坐标表示事实裁判者在经过审判后对100名被告人实施犯罪行为的确定程度的判断(p)。坐标原点为0,它表示裁判者完全

---

[1] 必须补充说明的是,如此绘制该图主要是为了更直截了当地说明问题。在现实审判中,可能会出现这种情况:位于区间B和区间C的客观上有罪的被告人的证据充分性可能低于70%,而位于区间A和区间D的客观上无罪的被告人的证据充分性可能高于70%。但这并不影响分析结论的正确性,反而进一步增强了本部分论证的力度。上述现象表明,证据客观上(依照一个时代科学、理性的方法进行分析)展现的证明力可能与客观真实情况相悖,导致客观上无罪的被告人看起来更像是有罪的,而客观上有罪的被告人看起来倒更像是无罪的。这说明证据材料并不一定能够反映真相。想想历史上人们抬头仰望天空、低头俯视大地并以此为证据得出"天圆地方"的结论,就明白这一点了。但令人遗憾的是,只要司法秉持经验理性主义认识观,就必须以证据材料为基础,哪怕它可能会"欺骗"我们。

145

确定被告人是清白的。横坐标的右端顶点是 1，它表示裁判者绝对肯定被告人是有罪的。鉴于司法证明的性质，这两种极端情形在实践中几乎不会产生。加上前文对证据充分性的假设，所以裁判者对有罪的盖然性评估通常也位于 0.5~1 的某个位置（$0.5<p<1$）。

从图 6-1 可以清晰地看出，就证据基础和证明力评估的角度而言，错案之所以产生，至少存在两方面原因：一是据以认定案件事实的信息时常无法达到绝对充分的状态；二是裁判者基于证据所作出的评估可能与证据的实际价值不一致。前者属于客观因素，后者属于人类理性认识能力局限性的因素。

如果每一起案件的证据都是完全充分的，那么所有客观上有罪的被告人就会位于纵坐标的最顶端，而所有客观上无罪的被告人则位于最底端。但现实有可能出现可证实客观上有罪的被告人的有罪信息只有 70%左右（有罪证据不充分），可证实客观上无罪的被告人的有罪信息有时竟然也达到了 70%左右（无罪证据不充分），由于二者证明状态大体相似，由此导致二者在外观上展现出来的罪行极其相像，难辨真假（在图 6-1 就是临近虚线上下端的被告人）。

另外一个可能导致错案的因素就是证据分析、推理、评价的主观判断与证据的实际力度不符。客观事实一去不复回，裁判者只能凭借残留的证据材料来"还原"真相。让事情变得艰难的不仅是证据材料不充分，无法像拼图那样一块一块地拼凑后，事实自然水落石出，而且由于人类认识能力本身的限制，也可能误判证据的真实价值。在研判证据的过程中，由于归纳性知识的有限性和理性的有限性，难免会误判证据的实际证明力。误判证据材料，主要包括两种情况：一是高估了证据的证明力，典型的情形如区间 D 的案件，证据自身的充分性不足 70%，但确定性程度却被评价为高于 90%；二是低估了证据的证明力，典型的情形如区间 B 中的部分案件，证据的充分性本身达到 90%左右，但确定性程度却被评价为 80%左右。如果低估了客观上有罪的被告人的有罪证据的证明力，或者高估了客观上无罪的被告人的有罪证据的证明力，就可能导致错案。

（二）判决正确率与证明标准之间的关系

假设立法规定的证明标准必须达到超过 90%的确定性程度（$p=0.9$），凡是低于该标准的案件，一律宣告被告人无罪；凡是高于该标准的案件，一律认定被告人有罪。这表明只要被告人无罪的盖然性大于10%，裁判者只能选择判决无罪。[1]易言之，即使有罪确定性程度达到51%~90%（此时有罪的可能性超过或大大超过无罪的可能性），也将宣告无罪。如此一来，该标准就决定了图6-1中100名被告人的命运。可以发现，表示证明标准的那条直线将整个区间的被告人切割成两大区间和四小区间。两大区间就是p值的左右空间，它表示最终的判决情况。无论被告人客观上有罪还是无罪，只要超过该标准就会被定罪，反之则无罪释放。四小区间是假设知晓100名被告人的罪行实际分布情况，即谁客观上有罪或无罪，就可以知道某个时段的实际审判的准确率有多大。其中，区间A表示的是正确释放被告人的人数，共计5人；区间B表示的是错误释放被告人的人数，共计9人；区间C表示的是正确认定有罪的被告人的人数，共计81人；区间D表示的是错误认定被告人有罪的人数，共计5人。据此，我们可以得知判决的整体正确率为86%，整体错误率则为14%，其中冤案率（错判有罪率）为5%。[2]

可见，这个要求裁判者必须达到90%确定性程度的证明标准，并没有完全实现裁判的准确性，其错误判决率为14%。那么，我们可不可以通过重新设定证明标准，以便提高区间内判决的正确率？如何通过证明标准的设计实现这个目标？例如，将证明标准提升到在客观上完全确定的程度，而不仅仅是主观上完全确定的程度。也就是说，不仅裁判者在主观上认定被告人有罪的盖然性为1，被告人在客观上也确实实施了犯罪，且法官必须要"证明"[3]自己的有罪结论在客观上排除了任何怀疑（证明到任何人均无可置疑的程度）。在这种情况下，如果裁判者诚实地对待这个要求，他除了宣告每一个被

---

[1] 顺便提及，如果被告人的无罪可能性为10%以下，按照当前假设的证明标准，他是不能被认定无罪的。借用排除合理怀疑的说法，就是10%以下的疑点（无罪可能性）尚未构成"合理怀疑"。这种结论或许让很多人感到吃惊，但如果我们接受证明标准就是一种盖然性判断，这就是一个必然会得出的结论。因此，被告人虽无证明责任，但若想被判无罪，时常会遇到"证明必要"。参见 David Hamer, *Probabilistic Standards of Proof, Their Complements, and the Errors that are Expected to Flow from Them*, 1 University of New England Law Journal 71（2004），pp. 96-97.

[2] 整体正确率的计算标准为［（正确释放数+正确定罪数）/案件总数］；整体错误率的计算标准为［（错误释放数+错误定罪数）/案件总数］；冤案率的计算标准为（错误定罪数/案件总数）。

[3] 不是凭运气猜对或蒙对了，而是能够像数学证明那样，通过演绎推理的过程，得出一个没有人可以质疑的结论。

告人无罪，可能别无选择：要么由于证据不充分导致他无法在主观上达到完全确定的程度（盖然性的主观评价没有达到1），要么由于他主观上虽然完全确定（盖然性的主观评价达到了1），但他无法证明自己的主观盖然性评价在客观上已经消除了一切疑点。[1]在此情况下，我们的正确判决为10人，即10名无辜的被告人均被宣告无罪，但错误判决却为90人，即90名有罪的被告人也被宣告无罪，错误率也上升到了90%。换言之，我们提高了证明标准，非但没有提升判决的准确率，反而使准确率不断下降。如果刚才提出的证明要求就是所谓的"客观真实"的证明标准（认识与客观事实符合且必须证明二者之间的符合关系是无可置疑的），其荒谬性可想而知。[2]

在假设的样本空间中，即使只是将证明标准抬高一点儿，例如将图6-1中的p值往右边移动，将其从90%提高到95%，在其他条件不变的情况下，错误无罪判决的数量也会不成比例地上升，即使正确无罪判决的数量也有微小程度的增加，但在整体上却会导致错误判决的数量急剧增加。因此，迪凯中肯地指出："在其他条件相同的情况下，证明标准越高，越会导致更多的错误无罪判决和更少的错误有罪判决。"[3]高规格的证明标准是以提升一种错误裁判的预期数量为代价来降低另一种错误裁判的预期数量。认为证明标准越

---

[1] 证据推理的过程在客观上具有可废止性，原因在于证据推理在客观上属于一种源自裁判者个人生活经验的（不完全）归纳推理。关于司法中的事实认定活动无法证明到"绝对确定"程度的论证，参见张保生："事实、证据与事实认定"，载《中国社会科学》2017年第8期，第125－127页。

[2] 为了让这个脱离实际的乌托邦标准不至于产生上述摧毁司法制度的后果，司法者通常只有以下三种方法可以选择：一是将法定的证明标准降低，但由于立法的标准无法适用，也就无法产生规范作用，降低的尺度仰赖于裁判者的个案公正感。二是裁判者不敢进行详细的事实论证和说理，只是笼统地列举证据和列明法律规定的证明标准，但绝不会详细地"证明"自己的结论与法律标准相符合，从而通过省略分析推理的过程免去质疑，但此时证明的理性和可检验性都大打折扣。裁判者可能以直觉甚至偏见代替了审慎的论证，这不仅可能导致误判证明力，更关键的是它本身就是"司法不公"的体现。没有推理过程的判决也无法让当事人和社会对其裁判结论的有效性和合理性进行审查和检验。事实认定难免带有专断的色彩，难以令人信服。三是诉诸某种形式化的证明规则，因为只有形式化的推理才能保证结论的"必定性"。在某种意义上，以印证规则为中心的司法证明规则就是这种不切实际的证明标准的产物。

[3] Michael L. DeKay, *The Difference between Blackstone-Like Error Ratios and Probabilistic Standards of Proof*, 21 Law & Social Inquiry 95 (1996), p. 97.

高越有利于防止错误在理论上是难以成立的。[1]以提高证明标准来实现裁判准确的目标，可以说是手段选择错误，这是其无法胜任的任务。反面言之，以降低证明标准来实现裁判准确的目标，同样无法实现，因为它虽然增加了正确有罪判决的预期数量，但也会导致正确无罪判决预期数量的减少。[2]

如果说证明标准的设定与判决正误率有什么关系的话，那就是它会直接影响到预期正确判决数量和预期错误判决数量之间的分配。必须十分留意的是，此处只是认为它会影响到预期错误率，而不是实际错误率，因为实际错误率还受到以下两个因素的影响：一是进入审判中的被告人客观上有罪无罪的分布，二是裁判者（根据证据）正确识别其中有罪无罪者的能力。就第一个因素来说，本研究一开始出于论证的目的，假设我们知道了客观上有罪无罪案件的分布情况。毫无疑问，这一假设在实践中不可能实现。如果我们知道进入审判的被告人谁是客观上有罪的，谁是客观上无罪的，根本就无须讨论何种确定程度才认定有罪的问题。易言之，假设一个国家有一种神秘的过滤机制，让所有客观上有罪的被告人进入审判程序，而所有客观上无罪的被告人则不会交付审判，那么将所有的被告人定罪处罚即可，此时无须讨论证明标准的问题。可惜我们无法找到这种神秘而强大的机制。因此，如果我们真的重视发现真相，就只能退而求其次，把目光转移到证据规则和程序规则的优化设计上，让其具有更为强大的区分作用，即让客观上有罪的被告人在外观上展现出来的罪行更像是有罪的，让客观上无罪的被告人在外观上展现出来的罪行更像是无罪的。其实，问题并非很复杂，就诉讼制度设计来说，无非就是尽可能确保与案件有关的证据材料得到充分调查，并尽可能确保有强大纠错动机的被告人及其辩护人在程序上对证据有反驳、质疑和挑战的机会和能力。就当前我国发生的一些错案来说，对被告人有利的证据得不到充分调查以及辩方挑战机会和能力得不到充分保障可能才是主要原因，而不是

---

[1] [美]拉里·劳丹：《错案的哲学：刑事诉讼认识论》，李昌盛译，北京大学出版社2015年版，第74页。

[2] 从理论上来说，要想实现预期错判数量（并非实际错判数量）的最小化或判决预期正确率的最大化，只有优势证据标准（p>0.5）可以达到这一点。对此结论的证明，参见David Kaye, Naked Statistical Evidence, 89 *Yale L. J.* 601 (1980), p.607。

我国的证明标准不高。就第二个因素来说，法律制度基本上无法直接作用于这个领地，制度设计者无法告诉事实认定者采取哪种规范性路径分析证据才能得到与证据自身价值相一致的结论。法律制度只能保障事实认定者像科学家那样依据自己的理性和良知进行判断。如果一个国家的法律制度既能够保障事实认定者按照理性和良知进行证据价值分析，同时在程序规则和证据规则的设计上也具有强大的区分作用，那么该制度就具有强大的真相发现能力，它与证明标准的设定没有必然联系，因为定罪标准的设定必须考虑的是避免哪一种错误，而不是避免整体错误。

二、证明标准与期望损失最小化

事实上，自概率论诞生以来，关于在不确定的条件下如何作出最优选择，已经在法学之外的社会科学领域产生了丰硕成果。当前在决策领域得到普遍接受的风险选择理论是理性预期理论。它可以为风险条件下的抉择提供一个理性的基础。理性预期理论是指当面对多个不确定的选择方案时，应当选择一个预期效用最大化的方案。预期就是对发生特定事件的概率的计算和评估，效用就是不同结果的价值。预期效用就是不同结果发生的概率及其价值的乘积。假设今天是可能下雨的阴天，你要去参加一个大型晚会并担任主持人，此时带伞还是不带伞就是风险条件下的选择。你可以抛掷硬币解决此事，也可以凭感觉选择答案，但理性的方式则是评估不同结果的期望效用并进行比较，选择一个期望效用最大化的方案。假设下雨的概率为 0.6，带伞所导致的效用损失为 10 个效用值，不带伞所导致的效用损失为 50 个效用值，那么选择带伞才是符合理性的方案，因为带伞所导致的损失（0.6×10）明显小于不带伞所导致的损失（0.4×50）。当面对两种可能存在的不利后果时，期望效用最大化就是期望损失最小化。

从外在于事实认定者的客观状态而言，被告人要么无罪，要么有罪，并无盖然性程度的问题。由于证据信息的不完整性、依照经验进行推理的可废止性、人类认知能力的有限性和审判的制度性语境（如审限）等因素的综合作用，裁判者对案件事实存在的判断只能是盖然性的，通常是介于0—1之间的概率值（$0<p<1$）。而犯罪事实本身是否存在作为一种客观事实，要么等于

0要么等于1。由于案件事实自身是否存在属于客观状态,不存在程度问题,因此证明标准在于设定认定犯罪事实存在应当达到多大程度的盖然性,即确证度,而非客观事实本身。因此,最终的裁判结果有可能把客观上无罪的人认定有罪,也可能把客观上有罪的人认定无罪。我们把前者所带来的实际损失以 D_{ci} 表示,后者所导致的实际损失以 D_{ag} 表示。[1]期望损失则是实际危害后果的社会损失与其概率评价的乘积。

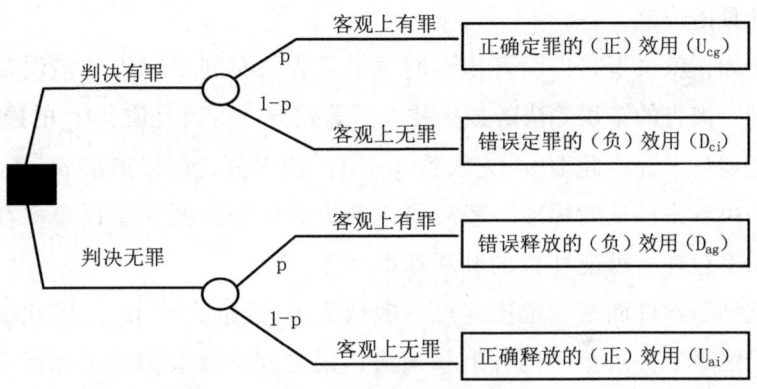

图6-2　不同判决结果的预期效用

从图6-2可知,无罪判决的期望损失是 $D_{ag} \times p$,即实际有罪却判无罪将会导致的社会损失;有罪判决的期望损失则是 $D_{ci} \times (1-p)$,即实际无罪却判有罪将会带来的社会损失。为了实现期望损失最小化的目标,基于两害相权取其轻的社会损失权衡原则,只有当无罪判决的期望损失 $D_{ag} \times p$ 大于有罪判决的期望损失 $D_{ci} \times (1-p)$ 时,才应当允许裁判者选择定罪。换言之,为了实现期望损失最小化,当且仅当 $D_{ag} \times p > D_{ci} \times (1-p)$ 时,选择定罪才是理性的。通过计算 $D_{ag} \times p > D_{ci} \times (1-p)$ 中的 p 值,就可以得出裁判者认定被告人有罪的概率值最低应当为多少,也就是设定证明标准的底线。[2]省略计算步

---

〔1〕 为便于理解,对本段符号略作简要说明:g 是 guilty（有罪）的缩写,a 是 acquittal（释放）的缩写,D_{ag} 是 disutility of the acquittal of the guilty（错误释放社会损失）的缩写,D_{ci} 是 disutility of the conviction of the innocent（错误定罪社会损失）的缩写。

〔2〕 参见 John Kaplan, *Decision Theory and the Fact-finding Process*, 20 Stanford Law Review 1065 (1968), pp. 1071-1072。

骤，我们可以得出：

$$p > 1/(1+D_{ag}/D_{ci})\qquad\text{［证明标准的计算公式］}$$

由此算式可以看出，p 值（即证明标准的设定）是与两种刑事司法错误效用比率直接相关的变量。如果能够估算出错误释放、错判有罪的社会损失或者两种错误之间的损失比，就可以较为准确地估算出证明标准在 0—1 概率区间的具体位置。

例如，就民事案件而言，人们通常认为，有利于原告的错误判决的损失与有利于被告的错误判决的损失并无显著差异。也就是说，D_{ag} 的损失与 D_{ci} 的损失基本持平，因此 D_{ag}/D_{ci} 大致等于 1。根据公式可以得出 $p > 0.5$。这与学界认为民事案件证明标准一般需要达到优势证据程度（争议事实存在的可能性大于不存在的可能性）的判断基本吻合。

就刑事案件而言，主流观点一般认为 D_{ci} 远远大于 D_{ag}，因此证明标准通常高于民事案件。至于两种刑事司法错误之间的社会损失的差额有多大，每个人都有不同的看法。布莱克斯通曾在 1765 年《英格兰法律评论》中写道："宁可让 10 个有罪之人逃脱惩罚，也好过让 1 个无罪之人遭受痛苦。"此处 10∶1 的比率通常称作布氏错误率，即错判无罪数量与错判有罪数量之间的比值。假设此处的比值以 n 表示两种司法错误的预期损失比（错判有罪损失是错误释放损失的 10 倍），而不是错案数量比，那么公式中的 D_{ag}/D_{ci} 的比值就是 1/10，经过计算我们可以得出 $p > 10/11$（$\approx 91\%$）。这与学界认为排除合理怀疑的证明度通常至少要达到 90% 的盖然性程度似乎是一致的。可见，在刑事案件中设定远高于民事案件的证明标准是由通常情况下两类案件中误判的社会损失存在较大差异导致的。该理论揭示了证明标准设定的依据并不是为了保证发现真相，而是不同裁判后果的社会价值的大小。对两种司法错误危害后果的价值评价直接影响证明标准的高低。n 值的确定才是设定何种证明标准的理论根基。它仰赖于错判无罪和错判有罪两种预期社会损失的评估、计算和比较。当然，如何确定错判无罪和错判有罪的预期社会损失（或比值）并非易事。

三、错判社会损失的选择与比较

(一) 刑罚成本问题

错判有罪所带来的损失是否就比错判无罪高出 10 倍？到底哪一些社会损失可以计算在内？不同案件或不同类型的案件的社会损失是否应当被区别对待？

排在首位的误判损失毫无疑问就是"刑罚成本"。按照当前刑法学界的通说，刑罚的价值在于报应和预防。错判有罪和错判无罪都会导致刑罚的报应价值和预防价值丧失。它们都导致真正实施了犯罪的行为人没有得到应有的惩罚，也无法透过刑罚剥夺罪犯的犯罪能力（个别预防）和威慑潜在的犯罪（一般预防）。[1]但错判有罪还增加了额外的刑罚损失，即没有实施犯罪的行为人被打上罪犯的标签且必须要承受错判之罪导致的刑罚（经济损失、政治权利损失、人身自由损失乃至生命损失）。单就这一点来说，错判有罪所导致的社会损失通常至少是错判无罪的两倍，因为错判有罪在放纵了坏人的同时还冤枉了好人。[2]

---

[1] 有人可能认为在错案被证明是错案之前，一般预防功能是实现了的，因为公众都认为真凶得到了惩罚。因此，即使错误定罪也有一般预防的功能。但是这一说法必须要建立在一个预设之上，即"公众"并不知道该定罪是"错误定罪"。因此与其说此时一般预防功能是"错误定罪"所导致的，不如说是"定罪"所产生的。它与判决的正误没有必然联系。此外，此种欺骗效果并不能对所有的"公众"都能够产生效应，因为对于真凶以及知晓真凶实施了犯罪但国家却错误地认定其他人有罪的潜在犯罪群体而言，非但无法产生一般预防功能，可能会让他们变本加厉或纷纷效仿。最后，刑罚的一般预防功能主要针对潜在的犯罪群体，而非一般意义上的公众，因为后者通常采取哈特式的内部观点看待法律（好人因为知道从事特定行为是不对的，因此拒绝从事此种行为，而非源自外部的制裁和威慑）而非霍姆斯式的外部观点（"理性的"坏人才会认真地评估犯罪后被抓获的概率和惩罚严厉性，并据此判断是否实施犯罪），正如梅因爵士所言："除了理论家和惯犯之外，没有人会关心刑法。"参见 [美] 亚当·班福拉多：《不平等的审判 心理学与神经科学告诉你，为何司法判决还是这么不公平》，尧嘉宁译，脸谱出版社 2016 年版，第 322 页。因此，错判有罪至少会降低对一部分（潜在）犯罪群体的一般威慑功能。

[2] 此处强调"通常"情形下错判有罪才会产生此种后果，是因为就事实认定有误（而非法律适用或法律评价有误）而言，错判有罪的类型至少有如下五种：一是 A 实施了犯罪，但错误地认定 B 有罪，它是主体认定有误；二是 A 实施的行为并不该当犯罪，属于合法行为或违法行为，但却被认定为犯罪行为，如合法经营被认定为非法经营，它是犯罪事实（该当性）认定有误；三是 A 实施的行为形式上符合犯罪该当性，但并不具有违法性（如正当防卫）或有责性（精神病），不过却被认定有罪

但问题似乎没有这么简单。对于某些再犯可能性比较高（个别预防需要也非常高）的暴力性犯罪（如性侵害犯罪、职业杀人犯）或犯罪后果特别严重的犯罪（如恐怖主义犯罪），错判无罪所导致的损失可能是巨大的，如多个无辜女性因犯罪人错判无罪被奸杀。如果此时错判有罪只是打上强奸犯的标签并剥夺自由15年，那么此时错判无罪所导致的社会损失（多个无辜女性因强奸犯逍遥法外而被奸杀）远远超过错判有罪所导致的损失。假设此时我们认为错判无罪所导致的损失是错判有罪的3倍，根据公式可知，只要有罪的盖然性达到25%，就达到了证明度。这显然令人难以接受。造成该结果的原因是价值选择的错误，而不是理性选择理论的错误。理性选择理论并不告诉我们将哪一些价值计算在内，它只是一种价值中立的数学工具。从个人角度来说，价值通常取决于自己的偏好。[1]但就社会选择来说，则必须要接受伦理规则的约束。一方面，推定公民遵纪守法而不是违法犯罪是一个文明社会的底线伦理。在任何情况下，将一个公民认定为犯罪者，都必须要有合理的根据，其底线就是有罪的可能性大于无罪的可能性（大于50%的盖然性）。另一方面，上述价值权衡方法之所以会得出如此低的证明度，在于将预防犯罪作为一种价值纳入证明标准的预期损失之中。但这是本末倒置。预防犯罪的价值只能以确定犯罪为前提，而不能为了预防犯罪而认定谁是罪犯。换言之，在确定定罪的证明标准时，不能把刑罚的预防性价值纳入其中。"主张刑罚以犯罪为发动的前提，这同样是报应论者的共识，也是报应论不同于功利论的一条重要分界线。"[2]刑罚的预防性价值只能在确定了犯罪之后再予以考量，

（接上页）（不存在正当防卫或精神病），它是违法性或有责性认定有误；四是A实施的犯罪属于过失犯罪，但被认定为故意犯罪，反之亦然，它是主观要件认定有误；五是A实施的是所谓"包含的轻罪"（included lesser offence），但却被认定为包含该轻罪构成要件的重罪，如盗窃罪被认定为转化型抢劫罪［犯盗窃、诈骗、抢夺罪，为窝藏赃物、抗拒抓捕或者毁灭罪证当场使用暴力或者以暴力相威胁，按照《刑法》第263条（即抢劫罪）的规定定罪处罚。］，它是犯罪轻重认定有误。在日常语境下，通常所说的错误定罪是第一种情形，即张冠李戴，放纵了坏人的同时，还冤枉了好人。但第二、三、四、五类情形都不存在放纵坏人的问题，因为并不涉及主体认定有误，它们属于"非典型"情形。本研究所讨论的错误定罪主要限于第一类错误，这也是目前我国所揭露的错案的典型情形（如杜培武、佘祥林、赵作海等冤案）。

〔1〕 当然，任何人的选择偏好不能违背一个公认的社会规范。在此范围内，每个人都有追求自己认为值得过的生活的权利。

〔2〕 参见邱兴隆："刑罚是什么？——一种报应论的解读"，载《法学》2000年第4期，第16页。

它在刑罚量的确定、刑罚种类的选择、刑罚执行的方式乃至社会管理中均有纳入考虑的必要性，但不能反过来作为确定定罪标准的因素。

排除了刑罚的预防价值后，剩下的就是刑罚的报应价值。刑罚的报应理论认为刑罚是犯罪人该当的惩罚，其消极意义就是任何其他人没有义务或权利代替犯罪人受罚。惩罚犯罪人和不得伤及无辜是报应论的基础。但对于错判有罪和错判无罪所导致的社会损失，报应价值似乎很难进行程度评价，因为报应论者认为没有惩罚犯罪者或冤枉无辜者本身就是错误的，它与错误本身可能导致的危害后果无关。[1]绝对报应论拒绝任何价值权衡的立场缺乏"实践"的可行性，无法为现实世界的刑事司法运作提供具体的认知上的有罪判断标准。另外一种相对理性、务实的报应论观点可以称为"消极报应主义"。消极报应主义，也被称为温和的报应主义，它认为两种司法错误（冤枉无辜者和放纵犯罪者）都是不正义的，但它们的非正义性不仅在于它们本身是错误的，而且也在于会造成严重的危害后果。消极报应主义认识到了绝对报应论脱离现实的缺陷，也连带放弃了绝对报应论的原则性立场（以不枉不纵作为唯一评价尺度），走向了一种兼顾后果（错判有罪和错判无罪的社会损失）的道义论立场。但它不同于以预防等功利主义价值为尺度的结果论，消极报应主义认为犯罪的确定是启动其他刑罚价值判断的前提和必要条件，认定犯罪时允许权衡的价值只能是错判无罪和错判有罪本身所导致的损失，不得将预防犯罪等刑罚的工具主义价值考虑在内。

由于报应论将预防等可以量化的价值排除在外，报应论好像必须接受如下结论：不得惩罚无辜的人与应当惩罚有罪的人在天平上是等价的。由此导致误判无罪或误判有罪的社会损失也旗鼓相当（$D_{ag}/D_{ci}=1$），结合证明标准公式来看，它也只能提供一种类似于民事案件的证明标准。[2]但是二者事实

---

[1] 康德即属于绝对报应论的代表人物，他曾主张："在某个海岛上有一个公民社会，经过它所有成员的同意，决定解散他们曾经通过契约而建立起来的社会，从此彼此分开散居到世界各地，不再重新组建社会。在这种情况下，对监狱里最后一个故意杀人犯，也要对其执行死刑以后，方可执行他们已经达成的解散社会的决定。"参见赵明："康德论死刑"，载《湘潭大学社会科学学报》2003年第5期，第30页。

[2] Russell L. Christopher, *Deterring Retributivism: The Injustice of "Just" Punishment*, 96 Nw. U. L. Rev. 843 (2002), p. 913.

上并不等价，有理由认为错判有罪的损失要远远大于错判无罪的损失。在排除了预防等价值之后，错判无罪的损失主要是抽象的正义没有得到实现，但错误定罪则会在抽象的正义没有得到实现的同时，附加一种具体的、有形的、实实在在的危害后果。错误定罪施加于无辜者身上的损失与具体罪名的污名程度、刑罚严厉程度和附带的社会性惩罚成正比。越是为社会不齿且刑罚越严厉的错误定罪，社会损失就越大。但当把个别预防和一般预防的价值剔除之后，错判无罪的社会损失就是抽象正义没有得到实现，但它没有具体的伤害对象。有人可能认为即使不考虑预防价值，错判无罪也伤害了被害人。但这是把报应论混同于原始的同态复仇论。只有在复仇论的视野下，被害人才有血债血偿的"权利"。在现代刑法观下，被害人有权利参与诉讼、提供证言、表达自己的感受作为量刑的根据，但是没有"权利"要求有罪的人必须得到惩罚。[1]在报应论看来，惩罚犯罪是"国家的义务"，而不是被害人的权利。惩罚犯罪的义务并没有任何具体特定的与之相对应的权利主体，因为犯罪侵害的是抽象的特定社会共同体的价值规范或社会关系准则。这一点与错判有罪不同，错判有罪侵害的则是特定公民的权利。[2]因此，从报应论的角度来看，错判有罪带来的是一种抽象的损害外加直接的具体的伤害，而错判无罪所带来的只是一种无形的抽象的损害。即使社会上对此伤害的计算结果可能会有不同认识，但一般都会认为前者远远大于后者。请比较一名无辜的人被错判强奸罪并处以15年有期徒刑与一个强奸犯被错判无罪，前者带来的是抽象的正义没有实现，附加污名、自由和社会机会的丧失，而当排除了个别预防和一般预防的价值以及被害人有权利要求犯罪者得到惩罚的考虑之后，后者所带来的损失只是抽象的正义没有得到实现。因此，有理由认为前者所造成的社会损失远远大于后者。

（二）公信力或政府形象损失问题

公信力成本也是人们经常用来评估错案损失的因素。错案的公信力成本

---

[1] Alec Walen, *Proof Beyond a Reasonable Doubt: A Balanced Retributive Account*, 76 La. L. Rev. 355 (2015), p. 433.

[2] 正如2014年1月7日习近平总书记在中央政法工作会议上的重要讲话所言："执法司法中万分之一的失误，对当事人就是百分之百的伤害。"

是指由于错案发生后人们对政府信赖感丧失所造成的成本。但错判有罪和错判无罪所带来的公信力成本孰大孰小？换言之，政府为了维持自己的良好形象，应当把权衡的侧重点放在哪一种损失上？有学者以"直觉"为根据，认为"错误定罪一旦被发现……这会损害司法机关乃至法律本身的权威和形象。而错误开释却很少引起人们的大惊小怪，司法机关只要继续采取行动就算是亡羊补牢了"，据此认为错误定罪比错误开释给司法公信力和政府形象带来更大的损失，并据此论证疑罪从无的正当性。[1]但这种直觉可能是错误的。

我国《刑事诉讼法》明确宣称"惩罚犯罪分子，保障无罪的人不受刑事追究"均是国家义不容辞的责任。因此，刑事司法公信力的建立必须既要靠惩罚犯罪，又要靠避免冤枉无辜。在现代国家，公民基本上已经完全让渡了自己手中保留的惩罚犯罪的权力，国家则通过建立专门的暴力机构行使惩罚权，以使公民能够生活在一个安全的环境中，打击犯罪是国家义不容辞的责任，而通过司法程序将真正的罪犯绳之以法则是基本途径之一。因此，国家冤枉无辜的人是公信力的丧失，放纵犯罪也是一种公信力的损失。人们在两种情形下都可能会"大惊小怪"。正如诺奇克所言："最有效率的体制是那种最大限度地减少对我的额外损害的预期值的体制，这些损害是通过我被不公正地惩罚，或是通过我成为犯罪的受害者而加给我的。"[2]换言之，国家既有义务避免错判无辜者有罪，也有义务惩罚实施了犯罪的人。从公信力的角度来看，两者难分伯仲。

但必须指出的是，如果国家制定了追诉犯罪的法定程序和定罪标准，在认定犯罪的时候却严重背离程序和定罪标准的规定，就会导致错案发生。此时，无论是违法导致无辜者定罪还是违法导致有罪者逍遥法外，都将会使政府的公信力遭受巨大创伤。从这个意义上来说，在错案问题上，政府公信力的建立并不在于把天平倒向哪一边，而在于严格司法。因为信任（trust）源自"值得信任"（trustworthy），政府值得人民信任的基础就是践行自己许下的承诺。在现代法治社会下，该承诺就是践行法治。因此，从公信力、政府形象

---

[1] 参见桑本谦："疑案判决的经济学原则分析"，载《中国社会科学》2008年第4期，第121页。
[2] [美]罗伯特·诺奇克：《无政府、国家与乌托邦》，何怀宏等译，中国社会科学出版社1991年版，第103页。

的角度来看，两种司法错误的损失大体相当。它既没有增加也没有减少第一项的刑罚成本。从维护政府的"面子"或公信力来说，国家应当对两种司法错误秉持一种无差别的态度，社会在对公信力进行评价时，同样应当对"依法"犯下的两种错误采取一种无差别的态度。如果对我国当前有关错案的舆情进行认真对待，可以发现普通公众乃至当事人真正痛恨的不是错案本身，而是有些公安司法机关以及有关机关明目张胆地违法办案，进而导致错案发生。如果政府破坏法律导致错案发生，则会重创公信力，无论此时的错案是哪一种错案。从这个意义上来看，公信力损失的大小主要源自代表国家的司法机关依法办案的程度和公众据此作出的评价，而非犯了哪一种错误。

(三) 证明成本和执行成本问题

司法活动不仅要考虑伦理成本，也要考虑经济成本。司法活动所投入的经济成本就是办理案件的诉讼参与主体所投入的时间、精力和物质资源的总和。有学者认为，在设定证明标准时，应当把证明案件事实的经济成本和预期错判损失的成本之和最小化。[1]

笔者认为，在设定证明标准时，不能将证明成本作为影响证明标准高低的一个要素。裁判活动包括两个前后相继的过程：一是竭力解决证据收集、调查、质证、分析问题，以期在证据较为可靠充分的条件下作出判断，它涉及证明成本；二是在无法完全消除误判风险的条件下如何分配错案的风险，它涉及错案所产生的成本。两种决定都会产生经济成本，但性质完全不同。

前者是为作出尽可能正确的判决而产生的"投入"，在需要作出一个判决的时候，它是已经被耗费掉的损失。而后者作为"产出"成本，则会受到如何选择判决的影响。[2]判决前的事实调查所产生的证明成本属于已经投入的"沉没成本"，在作出裁判选择的时候已经被消耗，所以不应计算到错判风险的"预期损失"之中。"关注沉没成本违背了理性决策的首要原则——决策应

---

〔1〕参见兰荣杰："正当防卫证明问题的法律经济学分析"，载《法制与社会发展》2018 年第 1 期，第 170-172 页。

〔2〕参见 Dale A. Nance, *The Burdens of Proof: Discriminatory Power, Weight of Evidence and Tenacity of Belief*, Cambridge University Press, 2016, p. 179。

仅仅基于未来的后果而作出。"[1]我们不能因为警方为调查一起案件而付出了艰苦卓绝的努力并耗费了庞大的国家资源，就通过降低证明标准来进行"补偿"。[2]也不能仅仅因为某个案件调查需要投入巨大的经济成本，为了"省钱"而采取降低证明标准的方案。

　　此处必须要区分证明标准拟解决的事实认定问题和为事实认定做好充分准备而进行的事实调查问题。前者是最终决策问题，即在不得拒绝裁判的条件下，裁判者最终必须就已经调查收集的证据予以评估，并依据证明标准决定接受或不接受指控的犯罪事实为真。后者则是为最终决策做好充分准备的问题，它涉及的是另一个不同类型的决定问题：当前的证据是否已经足够充分以至于可以担保我们就待证事实的存在与否作出判断，因此可以称之为（最终）决策之前的决策。作为规范最终决策问题的证明标准，裁判者只能基于可得到的证据对其证明力加以评估（p），结合不同判断（有罪或无罪）所产生预期效用来作出决定，此时为了准备该决定而进行的调查付出并不能成为抉择的影响因素，否则就犯了关注"沉没成本"的错误。[3]但在为最终抉择作出准备的调查活动中，显然必须考虑证明成本问题，因为司法是一种实践活动，必须受到资源的限制，因此无论是立法者的制度设计还是司法者的调查活动都不应无视此问题，要以尽可能小的资源投入换来较大的回报。例

---

　　[1]　参见[美]雷德·海斯蒂、罗宾·道斯：《不确定世界的理性选择——判决与决策心理学》，谢晓非、李纾等译，人民邮电出版社2013年版，第36页。
　　[2]　司法机关独立办案并与侦查职能严格分离是确保不把调查成本考虑到有罪无罪标准的基本条件。在一个司法官员同时承担调查责任和判断责任的司法制度下，"沉没成本"就可能成为司法人员降低证明度的重要因素之一，因为当司法机关"同时肩负着侦查、起诉和审判等多项职能，这决定了司法机关不可能以十分中立的立场对于自己侦查和控诉的刑事案件进行裁决。判决犯罪嫌疑人无罪，即是否认自己前期工作不力"。参见张从容：《疑案·存案·结案——从春阿氏案看清代疑案了结技术》，载《法制与社会发展》2006年第4期。
　　[3]　必须指出的是，关注"沉没成本"是人类普遍存在的一种判断偏差，属于"非理性"的决策，但克服它有很大的难度。例如，花了50元购买一张电影票之后，结果发现不好看，纯粹是在浪费时间，但由于已经花去了50元钱，人们有可能宁可忍受这部无聊的电影，也不愿选择放弃，否则就"觉得"亏了。但事实上，对于时间的机会成本，此时放弃继续看电影才是"值得"做的选择，由于人们牢牢抓住"沉没成本"不放（50元钱），反倒是损失了更多。不愿放弃"沉没成本"的决策偏差源自人类期望获得一种前后一致、没有矛盾的自我形象的心理机制，因为放弃"沉没成本"意味着否定了以前作出的决定（看一场好电影）。参见[德]罗尔夫·多贝里：《清醒思考的艺术——你最好让别人去犯的52种思维错误》，朱刘华译，中信出版社2013年版，第17-20页。

如，在 DNA 鉴定成本很高的年代，如果司法人员要求具备鉴定可能性的案件一律采用 DNA 鉴定，就可能导致证明成本难以承受，进而严重挤压其他案件的调查资源的投入，并在整体上降低司法效益。但这并不意味着在难以进行 DNA 鉴定的案件中，就可以对证明标准进行改变，哪怕是在身份认定上存在重大疑点的案件，也勉强定罪。最终是否定罪的标准还是取决于综合全案证据后的有罪盖然性的评估和不同判决的预期效用，而非是否存在特定的证据。举一个有关科学研究的例子可能更加有助于我们理解这一点。假设科学家为了判断某一个假设是否可以接受而进行了大量的实验。他决定是否接受假说的标准为 95% 的概率，即某个理论假说在实验中为真的盖然性为 95%。他本来准备做 1000 次实验，但后来由于受到实验投入的资源的限制，他只做了 600 次实验，但他能够因为"证明成本"的限制导致调查次数减少就将接受假说的概率降低为 90% 吗？

在作出判决时把错误裁判结果可能导致的社会损失考虑进来是完全理性而恰当的，以期实现预期损失的最小化。除前文所提到的刑罚成本、公信力成本等伦理成本之外，不同的判决也可能会导致不同的执行方式，从而引发不同的经济成本。从判决后的执行成本来看，错判有罪的成本明显大于错判无罪。如果扣除错判无罪所导致的预防成本，错判无罪的执行成本可以看作零成本。错判无罪意味着被告人将被无罪释放，国家一般不需要再投入任何资源对其进行矫正、管理、监督。[1]但错判有罪则会导致刑罚运行所产生的一切经济成本。因此，从经济成本的角度来看，错判有罪所导致的社会损失明显大于错判无罪，由此必须在上述报应成本的基础上增加证明度的要求。但是在考虑定罪的标准时，不能把判决前的证明成本考虑在内。

（四）不同类型案件的成本差异问题

那么不同类型的刑事案件在证明标准上是否需要区别对待？众所周知，世界上没有两起一模一样的案件。其中最典型的差异性因素包括两个方面：

---

［1］ 此处并没有考虑错误释放以后因为个别预防和一般预防的降低可能导致的社会损失，因为我们已经在前文论证了考虑定罪的标准时，不得将预防成本纳入考虑。如果将预防成本纳入考虑，执行错误释放判决的成本完全有可能大于错判有罪的执行成本，因为错误释放可能会导致犯罪分子实施新的犯罪，由此造成的社会损失可能比错误定罪后执行刑罚的社会损失更大。

一是犯罪严重性的差异，二是被告人的差异。就犯罪的严重性而言，越是严重的犯罪，惩罚犯罪目标得到实现的需要就越强烈，实现抽象正义的价值就越高，没有惩罚有罪者所导致的社会损失也就越大。但它通常并不足以成为降低证明标准的理由。因为犯罪的严重性与刑罚往往是成比例的，犯罪越严重，错判无辜者有罪所导致的社会损失也越大。如果一个国家的刑罚是公正的（罪刑均衡），那么错判无罪的损失和错判有罪的损失会随着犯罪严重性的增加而有同等比例的增加，由此导致 D_{ag}/D_{ci} 的比值维持在一个常量的水平。因此，主张犯罪严重性不同的案件适用不同证明标准的观点在原则上是难以成立的。

被告人的差异通常也不能作为改变证明标准的因素。这是作为形式正义的平等原则对证明标准社会损失评估所施加的限制。无论被告人的年龄、阶层、民族、信仰、身份、地位、经济水平等个人差异有多大，均不得作为考虑设定证明程度的根据。有学者曾根据海瑞的裁判原则概括出所谓的"海瑞定理"，即根据被告人的差异设定不同的证明标准。[1]但假设法律允许我们考虑每个个体不同的社会价值，法律就不可能提前预设证明标准，因为每一个个体的社会价值具有差异，无法事先预知个案中错案的社会效用损失孰大孰小，因此只能交给裁判者具体情况具体分析。因此，在考虑误判损失时，即使不同案件或不同类型案件的误判损失存在差异，但不同被告人的个人特征和社会特征因素也不应当成为考量因素。

长期以来，我国学界有关刑事证明标准的研究均聚焦于"事实"问题，但往往混淆了证明标准的设定与证明标准的适用。证明标准的设定并不取决于事实的性质（客观真实或法律真实），而是看重其价值以及如何比较权衡不同判决结果的社会损失。正如美国哈兰大法官所言：证明标准的选择"反映了对错误的事实认定结果不同于社会损失的评估"。[2]一旦设定证明标准之后，此时将证明标准规范适用于具体的案件中，则主要是一个事实认定问题，即将具体案件中证据的证明力的判断与法定的证明标准进行比较，并确定其

---

[1] 参见苏力："'海瑞定理'的经济学解读"，载《中国社会科学》2006年第6期，第119页。
[2] *In re Winship*, 397 U. S. 358（1970），at 370.

达到、未达到或无法判明，[1]此时原则上并无价值权衡的空间。

如果人类在每一个案件中都能够准确地判明真相，根本就没有必要探讨如何确定证明"标准"的问题。正是由于司法活动必须在不确定的认知条件下作出裁判，才产生了确证到何种程度才把案件事实"当作"事实的问题。因此，证明标准的设定所要解决的问题是事实认定的剩余风险如何进行合理分配的问题，而不是案件事实认定的整体风险如何降低的问题。后者必须通过其他制度设计加以解决，尤其是要优化证据规则和程序规则，让其具有更为强大的区分作用，让客观上有罪的被告人在外观上展现出来的罪行更像是有罪的，让客观上无罪的被告人在外观上展现出来的罪行更像是无罪的。由于不同的证明度会产生不同的预期错案分配结果，所以证明标准的设定就应当从不同裁判结果的效用来加以考虑。为了实现判决预期损失的最小化，必须要权衡两种不同误判结果的损失。任何一种绝对化的方案都是不可取的。

在评判不同错判所导致的损失时，其主要因素是错判有罪对被告人所造成的正义未得到实现的无形损失以及刑罚适用所带来的有形的具体的损失与错判无罪所导致的抽象正义无法实现的损失，次要因素则是执行判决所导致的经济成本。两者加总之后，错判有罪的损失明显大于错判无罪。笔者并不自诩可以计算出二者之间的精确数值或比值，不同的制度设计者可能有不同的看法。对于一个期望国家干预最小化的自由主义者来说，由于他对国家权力积极侵害公民自由非常担忧，他可能会把错判有罪的社会损失判定得非常高，哪怕有可能导致（过度）放纵犯罪的结果；而对于一个信赖国家保护的集体主义者来说，他可能会把错判无罪的危害看得非常高（期望恶人有恶报），因为他可能更为重视社区的安全，而非个人（相对于国家而言）的自由，他对犯罪非常恐惧和厌恶，胜于错判有罪所导致的无形损失和具体损失。[2]当然，还有一些可能处于中间的某个位置。因此，人们对于这两种损失的不同赋值源自人们对美好生活的不同态度和立场。因此，两者之间到底存在多大的差异最终是一个主权者或政策制定者的政治选择问题。定罪所需

---

[1] 无法判明时就按照证明责任制度作出判决，即由承担说服责任的一方当事人承担败诉结果。

[2] See Kyriakos N. Kotsoglou, *How to Become an Epistemic Engineer: What Shifts When We Change the Standard of Proof*, 12 Law, Prob. & Risk 275 (2013), pp. 292-293.

要达到的法定尺度，无不与每个时期主权者的主导价值观产生共振关系。

但本研究试图论证在设定证明标准时，将确保真相作为设定它预期实现的目标不具有可行性，定罪标准的设定必须考虑避免哪一种错误，错误定罪后产生的预期效用的权衡才是设定证明标准的基础。此外，在当前中国，笔者并不反对以防止冤案发生为目标的其他改革措施，但是绝不冤枉一个好人或最大限度地避免冤枉一个好人，由于枉顾司法的现实局限性，都不能作为设定适当的证明标准的价值基础。最后，必须强调的是，证明标准的设定者在确定不同错误裁判的预期损失时，必须要遵守底线原则、理性原则、平等原则，不能盲目地将不应当考虑的价值遴选进来，否则会导致为了期望效用或预期价值最大化而突破伦理底线的结果。也就是说，虽然证明标准设定背后的价值权重有赖于社会共识和主权者的权衡，但并不是说占据统治地位或拥有决策权的主体可以恣意设定价值权重，诸如刑罚的预防价值、认定有罪之前所耗费的调查成本、犯罪的严重性和被告人的个人特征均不应作为影响证明标准的因素。公信力成本虽然可以作为考虑因素，但无法据此得出孰高孰低的结论，国家要避免错案对自己的形象造成损害，关键在于践行程序法治和保障程序法治。

第七章
证明标准的比较

一、静态局部比较论

为了"便于办案人员把握",2012年《刑事诉讼法》第53条对传统的证据确实、充分证明标准从"主观方面"提出了要求,即"综合全案证据,对所认定事实已排除合理怀疑"。[1]众所周知,"排除合理怀疑"是英美法系国家历史久远的刑事证明标准。因此,学界在探究如何理解、适用排除合理怀疑证明标准时,通常都会把英美法系国家的立法、判例和理论作为主要参照物。在谈及大陆法系国家的"内心确信"(intime conviction)证明标准时,通常以字面上的含义相同将二者画上等号。[2]从字面含义来看,既然已经对犯罪事实的认定排除了任何合理的怀疑,当然就达到了确信的状态。反之,没有达到确信的状态,就等于有合理的怀疑未被排除。二者最终达致的主观心理状态好像并无差异。

有学者虽认为二者在本质上没有差异,但也进一步从"字面上"指出了二者之间的区别:"'排除合理怀疑'侧重从消极的、否定的角度来界定裁判者的主观认识程度,而'内心确信'则侧重从积极的、肯定的角度来说明裁

---

[1] 全国人大常委会法制工作委员会刑法室编:《关于修改中华人民共和国刑事诉讼法的决定:条文说明、立法理由及相关规定》,北京大学出版社2012年版,第53页。

[2] 例如,卞建林教授在谈到"排除合理怀疑"时说道:"'排除合理怀疑,是英美法系国家规范刑事证明标准的法律表达。……大陆法系与之相对应的术语是'内心确信'。"参见卞建林、张璐:"排除合理怀疑不能孤立适用",载《检察日报》2013年11月15日,第3版。龙宗智教授在比较了两大法系的证明标准后也指出:"内心确信,就意味着排除合理怀疑,反之亦然。"参见龙宗智:"'确定无疑'——我国刑事诉讼的证明标准",载《法学》2001年第11期,第31页。

判者的主观判断标准。"[1]实际上，即使这种"字面上"存在的"理论"差异，实践中也可能并不存在。从英美法系国家的司法实践来看，关于如何向陪审团解释排除合理怀疑的含义时，也会直接将排除合理怀疑等同于"确信"状态。例如，英国当前的经典版本为："在生活中，没有所谓绝对确定的事项。你只需要向自己问道：根据全部的证据你确信被告人实施了犯罪吗？"[2]同样，"一个大陆法系的法官也从来不会说：'本法院认为他可能没有实施犯罪，但是由于我们适用的是内心确信标准，即使我们知道他有40%的可能性是无罪的，我们还是可以认定他有罪。'"[3]德国联邦上诉法院也在判例中告诫道："只要在理性争辩的基础上，存在合理的怀疑，初审法院就不能对其定罪。"[4]

由此可见，从裁判者最终认定被告人构成犯罪的心理状态而言，二者的应然要求确实可以直接等同。但是，这种局部的静态比较研究存在两个方面的问题。一方面，证明标准并非孤立存在的制度，而是整个刑事法制度的一环，它与诉讼程序构造、犯罪构成要件设定、证明责任分配、诉讼角色职能等存在密不可分的联系。剥离了证明标准运作的制度背景，可能会导致"只见树木，不见森林"，进而影响比较研究结论的准确性和借鉴价值。另一方面，证明标准并非只是最终达致的一种状态或者结果，它也是一个"过程"。作为一种过程，排除合理怀疑无非是裁判者在思想上不断地排除各种不合理的无罪假设的过程，最终的确信状态则是这种思维过程的"自然结果"。但是，裁判者到底是积极主动地对待案件当中的疑点并尽力予以澄清（不管是否有利于被告人），还是消极被动地确认控辩双方所证明的事实是否存在疑点，也必将影响最终确信状态的达成。我们将会通过下文的分析表明，上述两个方面的差异在两大法系之间是如此明显，以至于完全相同的案件可能在

---

[1] 陈瑞华："刑事证明标准中主客观要素的关系"，载《中国法学》2014年第3期，第187页。

[2] Paul Roberts and Adrian Zuckerman, *Criminal Evidence*, Oxford University Press, 2004, p. 362.

[3] Mireille Delmas‐Marty and J. R. Spencer, *European Criminal Procedures*, Cambridge University Press, 2002, p. 602.

[4] [德] 托马斯·魏根特：《德国刑事诉讼程序》，岳礼玲、温小洁译，中国政法大学出版社2004年版，第149页。

一种制度下视为已经"排除合理怀疑",而在另一种制度下则可能视为没有抵达"内心确信"状态而作出"疑罪从无"的判决,反之亦然。

为此,我们将跳出当前这种"静态局部比较论",以证明标准运行的制度背景和认知的过程对美国和德国在定罪证据标准方面的差异进行比较,以期能够澄清理论界的一些误解,并为如何完善我国的相关制度提供镜鉴。

二、两种标准的差异

(一)适用范围比较:有罪答辩、处罚令与作为证据来源的供述

任何法律规则均有其适用的空间与范围,证明标准也不例外。由于受到诉讼程序构造和诉讼传统等因素的影响,两大法系在哪些案件中需要达到这种最高程度的证明要求方面呈现较大的差异。

在英美法系国家,并非每一个提交到法院的案件都要进行一次"trial"(审判)。接受正式的陪审团审判属于被告人所享有的权利,他可以选择放弃。对于放弃了获得公正审判权的被告人,法院重点审查的不是被告人的罪行已经被排除合理怀疑地得到了证明,而是他的弃权行为的自愿性。这集中体现在美国以辩诉交易为基础的"有罪答辩"制度(guilty plea)之中。"有罪答辩"是指被正式起诉的被告人在法庭所组织的"罪状认否程序"(arraignment)中就公诉犯罪事实是否答辩有罪的程序制度。它是每一个提交到法庭审判的案件的必经程序。被告人在"罪状认否程序"中,必须要选择作出如下答辩中的一种:无罪答辩、有罪答辩或者不予争辩的答辩。对于正式有效的有罪答辩或者不予争辩的答辩,法院将不再为被告人举行"审判",而是直接认定有罪。

英美法系的诉讼理论认为,被告人自愿答辩有罪表示他放弃了宪法提供的正当程序保障,出于对被告人自治性的尊重和诉讼效率的双重考虑,法庭不再严格审查控方的案件是否已经达到了宪法所要求的排除合理怀疑的证明标准。当然,这并不意味着法庭完全不考虑被告人有罪答辩的"事实基础"。但是,对被告人答辩有罪的证据标准的审查相当粗糙,"并没有试图就此建立

一个精确的证明标准"。[1]对"事实基础"的审查"一向不太受到强调,法官也往往不会独立适用之,仅在与自愿性原则有关时方强调事实基础"。[2]

"艾尔福德答辩"和"不予争辩的答辩"可以较好地体现有罪答辩制度下的罪行认定对案件事实基础的"轻视"。艾尔福德被指控犯一级谋杀罪,在与检察官进行"交易"的过程中,为了消除被判处死刑的风险,他对检察官提出的二级谋杀罪作出了有罪答辩。但是,在随后的庭审中他坚持自己是清白的,没有实施谋杀行为。即使如此,法院也接受了这一答辩并判决其有罪。美国联邦最高法院认为这种做法是符合宪法的,因为这是被告人经过利益权衡之后作出的理性的自愿的选择。[3]因此,"艾尔福德答辩"被称为自相矛盾的"无辜者"的"有罪答辩",其效果与"认罪者"的有罪答辩完全相同。"不予争辩的答辩"则是指被告人既不答辩有罪,也不答辩无罪,而是对指控的犯罪事实"不予争辩"。法院也可以直接据此认定被告人构成犯罪。[4]简而言之,即使被告人不认罪,只要答辩有罪或者不予争辩,法院可以直接认定被告人构成犯罪。至于案件事实是否已经达到了排除合理怀疑的状态,并不是法院审查的重点。在没有开庭举证、质证的背景下,法院根本无法审查是否达到了排除合理怀疑的状态。

由此可见,美国通过有罪答辩制度构建了两套定罪程序:一套是以有罪答辩或者不予争辩的答辩为基础的定罪程序,另一套是以无罪答辩为基础的定罪程序。前者可以不经开庭审理径直定罪,后者需要严格按照正当程序的要求经过开庭审理之后认定是否构成犯罪。排除合理怀疑作为"宪法正当程序"的要求之一,只有在正式开启"审判"的程序当中才会适用,在有罪答辩或者不予争辩的答辩的案件中并不适用。

这种二元式程序对"排除合理怀疑"证明标准的实际适用范围影响深远。

---

[1] [美]韦恩·R.拉费弗等:《刑事诉讼法》(下册),卞建林、沙丽金等译,中国政法大学出版社2003年版,第1089页。

[2] 祁建建:《美国辩诉交易研究》,北京大学出版社2007年版,第55页。

[3] *North Carolina v. Alford*, 400 U. S. 25 (1970).

[4] "不予争辩的答辩"给被告人带来的"额外"收益在于,它不得作为认定被告人承担民事责任的"证据"。有罪答辩则可以直接作为被害人主张民事赔偿责任的"证据"。

在美国，无罪答辩只占进入法庭审理程序的案件的10%左右。[1]从实际比重而言，与其说美国刑事诉讼的有罪证明标准是"排除合理怀疑"，倒不如说是"自愿的有罪答辩"。也就是说，针对将近90%的案件（不管所犯罪行轻重、性质、情节如何），法院在确认了被告人的有罪答辩或者不予争辩的答辩的自愿性之后，将会直接认定（控辩双方协商一致的）罪名成立。

德国的刑事诉讼并没有专门的有罪答辩程序，无论被告人是否认罪，通常必须进行一次正式的审判。[2]即使被告人自愿认罪，也不能据此绕过法庭审理程序，直接认定被告人有罪。被告人的供认在德国诉讼理论中只是法庭审理的一种"证据来源"。它具有证明犯罪事实的价值，并不具有终止审判程序的价值，更不具有直接定罪的价值。它只是需要法庭结合其他证据认真加以审查的一种证据而已。当然，"供述对刑事审判会产生影响，但是不能使审判消亡。供述增加了有罪证据量，这可能会加速审判进度，但是不能因此豁免法院承担的独立裁判的义务——即确信被告人已经排除合理怀疑地实施了犯罪的义务"。[3]因此，在德国的法庭审理中，并没有因为被告人的认罪行为而使审判程序呈现二元化的局面，即使被告人对指控的犯罪事实予以认罪或者不予争辩，法院依然有职责查明案件事实，且只有当其综合全案证据，"内心确信"被告人有罪时才能作出有罪判决。

即使在2009年《德国刑事诉讼法典》修改后所确立的"刑事协商"制度中，认罪也还是被作为一种证据来源看待，而不能直接据此定罪。德国立法所确立的"刑事协商"，是指被告人通过辩护人与法官就刑事案件的处理方式（程序）和处理结果（实体）进行协商，并以达成的协议作为裁判的基础。从表面来看，"刑事协商"与美国的辩诉交易非常类似。但实际上，二者之间

---

[1] 根据美国司法部的最新统计数据，2012年度在美国联邦法院系统被起诉的被告人总数为96 260名，被定罪的被告人共计87 908名，定罪率为91.3%，其中以有罪答辩（包括不予争辩的答辩）定罪的被告人为85 774名，占所起诉案件的比例接近90%。参见 Mark Motivans, *Federal Justice Statistics*, 2012 - *Statistical Tables*, U. S. Bureau of Justice Statistics, January 2015, p. 17.

[2] 之所以说"通常"，是因为在德国也有一种可以不经开庭审理的定罪程序，即"处罚令程序"，但是其适用范围和实际数量不可与美国的"有罪答辩"制度相比。参见下文有关内容。

[3] John H. Langbein, *Land without Plea Bargaining: How the Germans Do it*, 78 Mich. L. Rev. 204 (1979), p. 209.

存在重大区别，[1]其中一点就是被告人认罪的效力问题。为了维护德国追求实质真实的传统，《德国刑事诉讼法典》第257条明确要求法院必须要确认协商后自白的真实性，并只有在对犯罪事实进行全面的调查之后确信被告人有罪，才能作出有罪判决。[2]

在德国，与美国有罪答辩功能上等价的制度是特别程序中的"处罚令程序"。对于可能被判处罚金或者1年以下缓刑的轻罪被告人，检察院可以通过一种不经审判的书面审核程序请求法院直接定罪处罚。这就相当于法院通过书面审理直接作出判决，只有在被告人不同意适用该程序时才给予正式的审判。从实践来看，被告人主张正式审判，一旦被定罪之后，可能会被判处更重的刑罚。因此，处罚令程序也具有同被告人"强制交易"的特征。处罚令程序与普通程序的区别主要在于，它只需要法院认定被告人具有"足够的犯罪嫌疑"即可，无须法官达到《德国刑事诉讼法典》第261条所规定的"内心确信"状态。[3]根据叶勒教授的统计，2009年德国全年度被以处罚令定罪的被告人约占总人数的14.5%。[4]由于处罚令程序只能适用于轻罪，其实际比重远远低于美国司法实践当中的有罪答辩案件数量。

就证明标准所适用的程序而言，我们可以作出以下两点总结：第一，美德两国均具有规避过于严格的确信无疑标准的"特别程序"，但都必须建立在被告人的自愿选择之上，且需要给予被告人一定的"优惠"。用中国的话语来形容，这就等于是法律所容许的一种"留有余地"判决：罪行没有达到确实、充分的程度，判处有罪但从轻判刑。但是，德国将其限定在轻罪案件

---

[1] 关于德国刑事协商制度与美国辩诉交易制度的区别，参见李昌盛："德国刑事协商制度研究"，载《现代法学》2011年第6期，第157-158页。

[2] 2013年，德国宪法法院受理了针对"刑事协商"合宪性审查案件，其在判决书中强调，法院在协商程序中也必须遵守澄清真相的义务：被告人只是在形式上表示认罪不能视为满足了澄清义务，即使在公开的法庭上作出详细的供述也不能视为满足了义务，法官必须独立调查供述的事实基础，因为被告人在减刑许诺的条件下可能会在某些情形下作出不真实的供述。参见 Thomas Weigend, Jenia Iontcheva Turner, *The Constitutionality of Negotiated Criminal Judgments in Germany*, 15 Ger. L. J. 81（2014），p. 98.

[3] 参见宗玉琨译注：《德国刑事诉讼法典》，知识产权出版社2013年版，第283页。

[4] Jörg-Martin Jehle, *Criminal Justice in Germany: Facts and Figures*, Federal Ministry of Justice, 2009, p. 26.

当中，美国则几乎毫无限制。第二，同美国有罪答辩可以直接"规避"任何案件排除合理怀疑的证明标准不同，在德国适用处罚令程序以外的其他案件当中，不管被告人的自愿供认行为是其主动作出的，还是通过"协商"后作出的，都不能豁免法院查明案件事实的义务。也就是说，在德国，通常情况下不管被告人是否认罪，法院只有在达到"内心确信"程度时才能定罪；在美国，"排除合理怀疑"证明标准则只限于那些作出"无罪答辩"的案件。

(二) 适用的要件事实：犯罪构成要件的分离、合并及其证明

犯罪构成要件是指刑法所规定的成立犯罪的基本要素（basic elements）。它通过证明对象与证明标准连接在一起。"犯罪构成的要件集合，决定了'实体形成'的基本轮廓，从而限定了待证对象的大体范围。"[1]从证据法的角度而言，构成要件事实就是刑事诉讼实体证明对象。到底什么"要素"才是构成犯罪的具体内容，将会直接影响国家证明犯罪的"要件集合数量"。可以想见的是，如果一种犯罪构成理论把正当防卫作为构成要件的要素，而另一种犯罪构成要件理论并没有将其作为构成要件的要素，即使两种制度下的证明标准完全相同，在前一种情况下，当遇到正当防卫的争议时，国家将会遇到更大的证明难度，即更加难以达到确证的状态。简而言之，一种制度下的犯罪构成要件为"A、B、C"，另一种制度下的犯罪构成要件为"A、B"，后者更容易达到证明标准。

由于对抗制诉讼的结构性背景以及自然演化的法律发展模式，英美法系刑法严格区分犯罪本体要件和积极辩护事由。犯罪本体要件包括犯罪行为（actus reus）和犯罪心态（mens rea）。积极辩护是指对构成要件事实不予争辩，但主张自己的行为存在违法或者责任阻却事由的辩护。积极辩护的事由通常包括正当化事由（如正当防卫、紧急避险、执行职务、被害人同意等）和可宽恕事由（如未成年、精神病、梦游症、自动症、失忆症、醉态

---

[1] 杜宇："犯罪构成与刑事诉讼之证明——犯罪构成程序机能的初步拓展"，载《环球法律评论》2012年第1期，第105页。

等)。[1]有学者将其称为"双阶层"犯罪构成理论。[2]这种说法容易产生误解,以为"犯罪本体要件"和"积极辩护事由"均是国家需要证明的构成要件事实。但是,从美国的法律规则和司法实务来看,对于美国的检察官而言,他需要证明的事实是"犯罪本体要件",且必须将每一个要件证明到排除合理怀疑的程度。诸如被告人的行为是否属于"正当防卫"等事实并非属于美国刑法中的入罪"构成要件"事实,它只是辩护方提出的不负刑责的"出罪"事实。作为"出罪"事实的积极辩护事由,它们不是控方必须予以证明的构成要件事实,而是辩护方必须予以主张和证明的事项。对犯罪成立条件进行"分离"的主要效果在于,它将部分本来属于是否构成犯罪的事实(如正当防卫)的证明责任转移给了辩护方。

例如,美国至少有11个州的刑法典要求辩护方将积极辩护证明到优势证据的程度。在特拉华州、乔治亚州和北卡罗莱纳州,被告人必须把特定辩护证明到"令陪审团满意的程度"(to the satisfaction of the jury)。在肯塔基州,积极辩护的证据必须是"令人信服的"(convincing)。特拉华州、乔治亚州和俄勒冈州则要求被告人把精神病辩护证明到排除合理怀疑的程度,该要求还得到了美国联邦最高法院的支持。显而易见,这些标准都要求被告人把他的积极辩护的真实性证明到超过合理怀疑的程度。[3]

这可能导致被告人在是否需要承担刑责的事实尚未排除合理怀疑的情况下,依然会被"合法地"定罪。因为按照美国的庭审程序和积极辩护的证明责任分配,积极辩护事由的证明问题完全可能产生如下景象:(1)控方将所有的"犯罪本体要件"证明到了排除合理怀疑的程度。(2)被告人主张某个积极辩护事由(如正当防卫),他必须要将所主张事实的真实性证明到某种较高的水平(通常是优势证据水平,有时候甚至更高)。(3)如果被告人不主张积极辩护事由或者无法将其证明到法定的程度,法官有义务指示陪审团无

---

[1] 参见赖早兴:"刑事证明责任分配与犯罪构成要件",载《刑法论丛》2013年第3期,第198-199页。

[2] 参见储槐植:《美国刑法》,北京大学出版社1996年版,第3-4页。

[3] Larry Laudan, *Truth, Error, and Criminal Law: An Essay in Legal Epistemology*, Cambridge University Press, 2006, p. 111.

须考虑积极辩护事由,〔1〕哪怕对是否存在积极辩护事由具有合理怀疑。〔2〕因此,英美法系刑事诉讼的有效运作高度依赖于发达的刑事辩护制度,尤其是较为充分的辩护律师调查取证权、申请国家强制取证权以及律师没有认真履职时的无效辩护制度。没有辩护权的充分保障和规制,被告人在这种制度下可能面临较大的错判风险。鉴于聘请优秀刑辩律师的费用不菲,有位美国资深律师在其办公室门板上直接悬挂标语:"合理的怀疑需要不合理的价钱。"〔3〕这可能略微过分了,但是美国刑事诉讼确实存在郎本教授所概括的"财富效应"(wealth effect)。〔4〕单从构成要件分离以及与之相应的证明责任分配来看,即使在是否构成有罪的基础事实(如是否存在正当防卫)存在合理怀疑时,美国的陪审团也完全"有权"认定"犯罪本体要件"已经达到了证明标准并进而作出有罪判决。可见,英美法系的证明标准并没有想象中那么高,从一定程度上可以说它在部分案件(例如积极辩护事由存在合理怀疑的案件)中是允许"疑罪从有"的。

在德国,刑法通说认为,要构成犯罪必须同时满足以下三个要件:犯罪事实要件的符合性(符合刑法条文有关犯罪的描述)、违法性和有责性。其中,如果一个行为符合刑法分则的罪状描述(符合性),就满足了入罪的"形式"要件。但是,只有在经过违法性和有责性评价之后,才能满足入罪的"实质"要件。从比较法的角度来看,违法性和有责性与英美法系的积极辩护事由基本相同。〔5〕但是,德国现代法学理论认为,刑事诉讼与作为私法的民

---

〔1〕 被告人对积极辩护事由承担的是"提出证据的责任",而非最终的是否有罪的"说服责任"。"提出证据的责任"也被称为"通过法官审查的责任",是指根据承担提供证据责任一方所出示的全部证据进行审查,如果法官认定没有达到法定的标准(如优势证据或者排除合理怀疑),那么就是"没有通过法官的审查",依据该证据所提出的"争点"或者"主张"就不能提交陪审团裁决,即法官必须要指示陪审团将其视为不存在。

〔2〕 Larry Laudan, *Legal Epistemology: the Anomaly of Affirmative Defenses*, http://ssrn.com/abstract=1183230, p. 4.

〔3〕 [美]亚伦·德肖维茨:《合理的怀疑——从辛普森案批判美国司法体系》,高忠义、侯荷婷译,法律出版社2010年版,第141页。

〔4〕 郎本教授不无夸张地说道,美国刑事审判的含义就是"由于我贫穷,所以我必须得死"。参见 John H. Langbein, *The Origins of Adversary Criminal Trial*, Oxford University Press, 2003, p. 332.

〔5〕 Mirjan Damaska, *Evidentiary Barriers to Conviction and Two Models of Criminal Procedure: A Comparative Study*, 121 U. PA. L. REV. 506 (1973), p. 548.

事诉讼不同,不能实行谁主张谁举证的民事举证规则,不得将民法中的"抗辩"事由以及由此衍生的证明责任转移理论直接套用于刑事诉讼,否则就混淆了两种不同性质诉讼的价值目标:民事诉讼旨在解决纠纷,刑事诉讼旨在发现真实。[1]国家有职责证(查)明被告人的行为同时满足三要件,才能认定有罪。[2]从程序法的角度来说,由于"罪疑唯轻"和"无罪推定"的要求,决不允许将犯罪构成要件的证明责任转移给被告人。[3]

因此,在德国,对于英美法系刑法当中的"积极辩护事由",既不需要被告人主动提出(主张责任),也不需要被告人提出证据予以证明(提出证据的责任)。当然,这并不意味着被告人不可以主张排除违法性和有责性的犯罪阻却事由,也不意味着被告人不可以提出证据证明犯罪阻却事由的存在。但是,即使在实际的审判中辩护方如此积极作为,也不是因为他有"证明责任",而是他有"辩护权利"。即使被告人没有主张犯罪阻却事由或者主张后无法提出证据予以证明,法院也不得适用证明责任规则,直接判定犯罪阻却事由不成立。法院必须"穷尽一切合法的调查手段"澄清疑点。例如,针对被告人提出的阻却违法的"正当防卫"主张,在美国可能因被告人无法举证而被法官裁定不予认可。但是,在德国却是另一番景象。德国刑事法教授罗科信如此说道,"在判决书中不得称:'被告人自己主张正当防卫,但却无法对此加以证明;因此其需被判有罪',而应称:'本院就正当防卫已为审理(被告人亦自己主张正当防卫)。本案因无法确信证明被告人之罪责(即无法反驳被告之主张正当防卫);被告人因此被宣判无罪'"。[4]

---

[1] George P. Fletcher, *Two Kinds of Legal Rules: A Comparative Study of Burden-of-Persuasion Practices in Criminal Cases*, 77 Yale L. J. 880 (1968), p. 901.

[2] 冯举:"刑民诉讼中的推定问题研究——以德国法为研究重点",中国政法大学2011年博士学位论文,第77页。

[3] 之所以强调"程序法"的角度,是因为在德国也有部分实体法规定或者判例将特定事实的证明责任转移给被告人。但是,这不同于英美法系将阻却定罪事由在"程序"上"普遍"地转移给辩护方证明,它并不豁免国家对阻却定罪事由的查证责任,只是一种在"个案"当中基于证明困难所作的政策选择。其中,比较典型的就是《德国刑法典》第186条规定,"捏造或散布足以使他人受到蔑视或受到贬低的事实,而不能证明其为真实的",构成恶意中伤罪。如果被告人否认事实属于"捏造"或者所散布事实是"真实的",则应当加以证明。参见孙长永等:《刑事证明责任制度研究》,中国法制出版社2009年版,第108页。

[4] [德]克劳思·罗科信:《刑事诉讼法》,吴丽琪译,法律出版社2003年版,第126页。

两大法系在犯罪构成要件的具体要素的差异以及由此衍生的证明责任分配的差异,实际上导致了两者针对特定阻却犯罪事由的事实疑点的不同处理方式。在美国,由于"犯罪本体要件"中并不包含阻却犯罪事由的"积极辩护",且许多州均以较高的证明标准将阻却犯罪事由的证明责任分配给辩护方,因此控诉方可能只需要"排除合理怀疑"地证明部分犯罪事实(不包括阻却犯罪事由),即可认定达到了证明标准。相反,在德国,由于犯罪构成三要件结合在一起,且均需要法庭依职权穷尽手段予以查明,不依赖于被告人的主张、证明,因此不允许在阻却犯罪事由存在合理怀疑时,认定被告人有罪。从这个意义上而言,德国的"内心确信"标准真正贯彻了"疑罪从无"的精神,其规范标准略高于英美法系的"排除合理怀疑"标准。因此,我们也就不难理解为何必须授权法院较为强大的主动调查权限。

需要指出的是,这种"规范"上的差异对司法实践所造成的实际影响可能并没有想象中那么大。一方面,不管在哪一种法律制度下,违法阻却事由在司法实践中均属于"异常情况",大多数犯罪并不涉及是否存在正当防卫、紧急避险、精神失常等阻却犯罪事由的争议。换言之,由于该类争议案件较少,所以即使在英美法系国家,大多数案件当中的被告人"实际"并不承担积极辩护事由的证明责任。另一方面,鉴于积极辩护事由不属于裁判过程的典型情形,德国的裁判者在调查案件真相的过程中,可能"不太愿意相信非常情形的存在,而更倾向于'内心确信'案件属于通常情形"。[1]辩护方为了引起裁判者的注意,在实践中就有"必要"主动提出阻却犯罪事由或者对其予以举证。因此,同英美法系的排除合理怀疑标准高度依赖于发达的刑事辩护制度形成对比的是,大陆法系的内心确信制度则高度依赖于优秀、称职和负责的司法官以及由此衍生的法定的法官"澄清义务"和"照顾(被告人)义务"。

(三)"确信"的过程:"剩余怀疑"的分配

证明标准最核心的含义是认定某一个命题成立应当达到的最低限度证明要求。人类的日常实践、科学研究等活动都在或明或暗地运用各种不同等级

---

[1] Mirjan Damaska, *Evidentiary Barriers to Conviction and Two Models of Criminal Procedure: A Comparative Study*, 121 U. PA. L. REV. 506 (1973), p. 549.

的证明标准，以指导自己的决策和行为选择。就证明的基本构造而言，它又可以分为两种不同的模式：一种可以称为"辩论视角"下的证明标准，它好比是辩论比赛当中的某一方"说服"裁判者接受其主张应当要达到的证明尺度。在这种模式下，裁判者只将承担证明责任一方的证明程度同预先设定的证明尺度进行比较，"判断"是否已经达标。如果达标，则予以认可；否则，认定承担责任的一方主张不成立。裁判者本身并不介入论辩协助任何一方，他的职责就是"判断"。另一种则可以称为"调查视角"下的证明标准，决策者在这种情境下针对任何一方所提出的主张是否成立的判断，不完全依赖于任何一方所提出的信息，而是必须主动核查每一方提出的主张是否存在充分的证据支持，只有决策者在现有资源可容许的条件下穷尽一切调查手段，才会结合预先设定的标准判定哪一方主张成立。"调查视角"下的证明标准只是决策者最终作出有关决定时的一个"决策标准"。科学研究活动大多遵循这种"调查视角"下的证明标准。

这两种视角下的"证明标准"的核心差异在于，"辩论视角"下的证明标准既是裁判者最终作出决定时的"决策标准"，也是论辩一方说服裁判者接受其主张应当达到的"说服标准"，二者是统一的；而"调查视角"下的证明标准只是调查者最终作出决定时的"决策标准"。因此，在这两种模式下对待当事人所证明事项的确定性程度与"决策标准"之间的"证明距离"问题，就产生了截然不同的做法。"辩论视角"下的裁判者将会直接认定承担责任的一方未达标而判定其主张不成立，"调查视角"下的调查者则会在进一步核查后再结合决策标准判断主张是否成立。

根据对美国和德国的诉讼制度的考察，我们可以清晰地发现：美国刑事诉讼下的证明标准非常接近于前述"辩论视角"下的证明标准，它与证明责任分配紧密结合；德国刑事诉讼下的证明标准则非常接近于前述"调查视角"下的证明标准，并不需要严格的证明责任理论与之配套。

美国刑事审判实行对抗制，裁判者（不管是陪审团还是职业法官）没有义务主动调查案件事实真相到底是什么。他的主要职责包括两个方面：一是确保控辩双方的庭审对抗遵守既定的"游戏规则"；二是判断控方的指控是否成立。至于审判过程当中如何组织、提交证据以证明各自的诉讼主张，则是由控辩双方在法律允许的范围下自由确定，实行严格的当事人推进主义。就这一点而言，对抗制的庭审就像一场司法竞技，法院将其角色严格限定在仲裁者的地位。控辩双方当事人必须要尽力"说服"裁判者认定自己的诉讼主张成立，因为裁判者原则上不会向任何一方伸出援手。由于无罪推定的要求，控方必须要将"犯罪本体要件"证明到"排除合理怀疑"的程度，此乃控方的最终说服责任，必须要接受法庭的严格审查。

从程序进程来看，美国的检察官在控方案件举证阶段，至少需要将控方主张证明到"表面上成立"的程度。所谓"表面上成立"的程度，是指在不考虑辩方单独举证的情况下，仅依靠控方在举证阶段所提交的全部证据和调查质证后所得的心证，就已经能够"排除合理怀疑"地证明被告人的罪行。如果没有达到，就意味着案件还没有"通过法官的审查"，没有形成一个有说服力的需要辩方予以回应的争点，也没有必要将案件提交陪审团作出裁决，法官可以在辩方提出"直接判决无罪的申请"（motion for judgment of acquittal）后或者依职权直接宣告指控不成立、被告人无罪。法官没有职责继续调查案件的事实真相到底如何。这是对控方所承担证明责任的"中间审查"机制，也就是美国法律所称的控方的"推进诉讼进行的证明责任"（the burden of producing evidence to put forward），它是行为责任（主观的证明责任）与结果责任（客观的证明责任）的统一体，并非学界通常所说的行为责任或者主观的证明责任。[1]

如果控方的案件通过了"中间审查"，法庭调查就会进入辩方举证阶段。如果辩方选择沉默，不做任何主张或抗辩，则被告人没有任何证明责任。法庭审理结束后，法官会指示陪审团结合法庭审理的全部证据材料判断控方的证明是否已经达到了排除合理怀疑的标准。[2] 如果辩方选择提出一个"积极

---

〔1〕 把美国的"推进诉讼进行的证明责任"混同于大陆法系的行为责任或者主观的证明责任的主要原因是没有认识到两大法系审判组织的差异。在美国的陪审团审判结构下，检察官想要让法庭作出有罪判决，必须要通过"两道关卡"的检验。其中，第一道关卡就是"说服法官"其所提交的证据能够证明被告人在形式上构成犯罪或者表面上成立，否则将依职权或者依申请宣告被告人无罪。此时审判即告结束，被告人也无须提出证据反驳指控，也不需要交付陪审团进行实体评议。参见王兆鹏：《美国刑事诉讼法》，北京大学出版社2005年版，第523页。

〔2〕 参见吴巡龙："举证责任与法院依职权调查证据"，载《检察新论》2012年第12期，第179页。

辩护事由",构建一个不同的"案件",他也必须为其主张提供证据予以证明。如前所述,其标准通常是适用于民事案件的优势证据标准。辩方的"案件"同样也要通过法官的审查,只有法官认定辩方在举证完毕之后,已经达到了相应的证明标准,法官才会考虑将"辩方案件"(defense case)提交陪审团评议,否则将会指示陪审团不予考虑辩方的主张。同样,对于未达到优势证据标准的案件,法官通常不会伸出援手协助被告人收集证据调查真相。如果辩方所提出的"案件"通过了法官的审查,最终将由陪审团综合全案证据判断被告人是否构成犯罪。[1] 无论辩方的"案件"是否成立,被告人是否构成犯罪的说服责任(the burden of persuasion)都是由控方来承担的,被告人没有证明自己无罪的责任。即使"辩方案件"不成立,陪审团也应当综合考虑全案的证据,判断控方的证明最终是否达到了排除合理怀疑的标准。

我们可以发现,在美国的刑事审判中,不管是针对控方证明责任的"中间审查"和最终审查,还是针对辩方"积极辩护事由"证明责任的审查,法院都是基于被动的消极裁判者地位,判断各自的证明是否达到了法定的证明标准,不会为任何一方主动调查、提出证据、澄清疑点。若控方无法在"中间审查"阶段将其案件证明到"表明上成立"的程度或者最终无法达到"排除合理怀疑"的程度,被告人将会被宣告无罪。

假设"排除合理怀疑"需要达到的盖然性程度是90%以上,即使控方将其案件证明到80%,也将会直接面临败诉的结果。我们可以将80%的确信度与法定标准(90%)之间的"证明距离"称为"剩余怀疑"(residual doubt)。[2]

---

[1] 在美国,辩方举证完毕,并不允许控方"重开案件"(即主动申请调查控方证据)。法庭有关案件事实的调查也行将结束。此后将会进入控辩双方的最后总结陈词程序。英国在特殊情形下,在法官的批准下,允许控方"重开案件"。由于"重开案件"会造成控辩在形式上无法实现"平等对抗",实践中英国的法官通常不会准许控方"重开案件"。参见李昌盛:《论对抗式刑事审判》,中国人民公安大学出版社2009年版,第148-149页。

[2] "剩余怀疑"并不是笔者所"生造"的一个词汇。它是美国部分保留死刑的州认定犯罪成立与否的标准。死刑案件当中的"剩余怀疑"是指被告人的罪行被证明到"排除合理怀疑"但是尚未达到"绝对确定"时的"证明距离"。为了尽可能防止不错判任何一个人死刑,有学者和部分法官主张当存在"剩余怀疑"时不应当判处死刑,将其作为一个"刑罚减轻情节"考虑。本研究所使用的"剩余怀疑"借鉴了它的主要思想("证明距离"),但是所指与其存在差距。关于死刑案件的"剩余怀疑"问题,参见 Jennifer R. Treadway, *"Residual Doubt" in Capital Sentencing: No Doubt It Is an Appropriate Mitigating Factor*, 43 Case W. Res. L. Rev. 215 (1992).

即使"剩余怀疑"只剩下10%，法院也不会主动填补或者澄清这个怀疑，而是径直按照"证明责任分配"原理认定主张者不成立。同样，在辩护方提出"积极辩护事由"的举证阶段，存在"剩余怀疑"时的不利结果也按照证明责任分配由辩护方承担，法官同样不会为了维护被告人的利益而去澄清真相。这主要是由美国的对抗制庭审当中控辩审三方的诉讼角色直接决定的。法院借此可以避免与侦控机关的角色混同，避免在出现"剩余怀疑"时为了"澄清真相"而成为"第二公诉人"，也可以避免审判成为"侦诉审"流水线当中的一环。对待"剩余怀疑"的此种态度，可以较好地保障被告人获得中立、无偏私的公正审判。同时，我们也必须看到，法院不仅"冷漠地"对待控诉方，而且也"冷漠地"对待辩护方。即使辩护方提出了"积极辩护事由"，法院也同样站在一个"超然"的裁判者地位"坐山观虎斗"，哪怕有一定的证据能够证明积极辩护事由的存在但仍有"剩余怀疑"时，也照样不会予以帮助，由被告人承担存在"剩余怀疑"时的不利后果。

一言以蔽之，在美国对抗制庭审下，由"证明距离"所产生的"剩余怀疑"是严格按照证明责任分配原理分配不利结果的风险，它是一种由立法预先规定的确定的风险分配机制，裁判者通常没有权力基于个案的情形（例如犯罪的严重性或者被告人的举证能力等）改变这种法定的风险分配规则，被告人不用担心法院会利用权力帮助检察院完成"犯罪本体要件"的"剩余怀疑"的证明问题，也不能期望法院仁慈地帮助自己完成"积极辩护事由"的"剩余怀疑"的证明问题。

德国的情形恰好与此形成对比。在德国的正式审判程序中，法官和检察官的角色与英美法系的同行们"形同水火"，由此导致两国对待"剩余怀疑"问题产生了截然不同的做法。

在德国，法官在正式审判中的核心义务就是"澄清义务"，其被明文规定于《德国刑事诉讼法典》第244条之中："为查清真相，法院依职权应当将证据调查涵盖所有对裁判具有意义的事实和证据材料。"这与英美法系国家法庭中裁判者仅是作为一个消极仲裁者的角色不同。为确保法院澄清义务得到实现，法庭调查也实行职权推进主义。法院在控诉原则拘束下，"有权也有义务独立活动"，因此法院既"不受诉讼参与者之主张的拘束"，也"不受证据调

查之声请之限制","对检察官及被告均未提出要求之证据,法院亦得依职权主动调查"。〔1〕

在这种审判结构下,即使检察官疏于举证,也并不必然导致其承担"败诉"的结果。同理,即使被告人没有提出阻却犯罪事由或者提出后无法加以证明,也并不必然导致其主张不被提出或承担举证不足的"不利"后果。因此,在德国的诉讼法学通说中,均不认可控辩双方承担所谓的"证明责任"。〔2〕"罪疑唯轻"或者"疑罪从无"并不是证明责任分配的结果,而是法院依职权调查犯罪事实,在穷尽了一切必要可行的手段后,基于防止冤案的政策考虑而作出的一种价值选择。因此,"疑罪从无"被视为一种"裁判规则",而非检察官证明不能后的"不利结果"。

此外,检察官在德国刑事诉讼中的角色定位,也不能将其等同于民事诉讼当中的一方当事人,要求其承担"证明有罪"的"证明责任"。德国检察官必须要遵循"客观性义务",其与被告人并非处于截然对立的关系,必须要对有利于和不利于被告人的事实、证据和情节一并注意,必要时在法庭上应当主动请求判决被告人无罪,〔3〕"无罪判决既不是检察官的'耻辱',也不等于检察官未尽证明义务"。如果迫使检察官必须要承担"证明责任",反而可能会使他们"越来越像'打击被告的追诉狂',所有客观性义务的良法美意将荡然无存,刑事诉讼也只会沦为优胜劣汰的达尔文主义之战场"。〔4〕

没有证明责任对控辩双方主张及举证行为的拘束和制裁,并不意味着在德国的法庭上控辩双方都是完全被动地听命于法官的职权调查活动,自己完全"不作为"。只不过控辩双方在法庭上的主张和(申请)调查质证活动并

---

〔1〕 [德]克劳思·罗科信:《刑事诉讼法》,吴丽琪译,法律出版社2003年版,第115页。

〔2〕 Thomas Weigend, *Assuming That The Defendant is Not Guilty: The Presumption of Innocence in the German System of Criminal Justice*, 8 Crim. L. & Phil. 285(2014), p.291.

〔3〕 客观性义务在德国的司法实践中并不是"美好理想",而是通过任职前的培训和检察组织文化内化为检察官的职业伦理之中。美国一位学者近期在对德国检察官的访谈中提到:"除极少数检察官以外,每一个接受访谈的检察官都能自豪地举出他们个人建议法院宣告无罪或者为被告人利益而上诉的案件。"参见Shawn Marie Boyne, *Uncertainty and the Search for Truth at Trial: Defining Prosecutorial "Objectivity" in German Sexual Assault Cases*, 67 WASH. & LEE L. REV. 1287(2010), p.1354.

〔4〕 林钰雄:《严格证明与刑事证据》,新学林出版股份有限公司2007年版,第212-213页。

不能限定法院的调查范围，由此也将导致"剩余怀疑"的不利结果到底归属于谁的问题就呈现一种不确定性的状态。"当控方就被告人犯罪事实未证明至确信状态时，审方不能立刻下无罪判决；反之，当检方攻势强烈，但辩方不知防御时，审方也不能遽为有罪之判决。所以……在具体操作上既可能有利被告人（释放无辜被告——即使其辩护人无能亦然），也可能不利被告（处罚真正犯人——即使检察官懈责亦同）。"[1]也就是说，在德国的刑事审判中，控辩任何一方举证的确定性程度即使与最终的证明标准存在距离，产生了"剩余怀疑"问题，也不是由法律预先按照证明责任分配不利后果，而是由法院根据个案的具体情况在穷尽所有调查手段后才可能确定最终的"风险承担者"：可能有利于辩方但也可能不利于辩方。

由于不是立法预先确定"剩余怀疑"的分配结果，而是由法院依照职权进行分配，所以法院澄清真相的义务就必须落实到位。否则，由于法官提前阅卷以及与检察官的职业联系较为紧密，法院就极有可能演化为"第二公诉人"，只想着弥补控方证实犯罪的"剩余怀疑"，会导致被告人的处境恶化。如果法院能够做到澄清一切可能存在的疑点，那么在德国的模式下，处于弱势地位的被告人由于有"法院的爱护"，其处境可能略好于美国法制下的弱势被告人，因为后者高度依赖于被告人自身的资力和能力。为了防止法院忽略有利于被告人的情节和事实，《德国刑事诉讼法典》通过构建一整套保障机制予以实现，不是完全寄托于个别法官的公正客观的道德品质。具体来说，主要包括三个方面的机制：一是辩护方强大的证据调查申请权以及对应的法院调查义务，二是详尽充分的判决书说理，三是上诉审法院对调查义务和判决理由充分说理的事后监督。

（四）不同的诉讼理念："纠纷解决"和"实质真实"

虽然作为两大法系代表的美国和德国在证明标准的"表达"上没有多大差别，但是由于运作背景和环境的差异，二者在"实践"中均存在较大的差异。没有任何一项规则可以摆脱其生存的法律文化土壤，因此比较法研究最忌讳的就是"望文生义"。比较法学家埃尔曼曾经告诫我们："在程序不同的

---

[1] 林钰雄：《严格证明与刑事证据》，新学林出版股份有限公司2007年版，第212页。

地方，差不多同一的法律规范在其适用中可能导致不同的结果。"[1]从根本上而言，美德两国在证明标准制度方面的差异是由不同法律文化所塑造的诉讼目的观的差异导致的。

美国的刑事诉讼没有把刑事审判作为一种事关公益的国家任务，而是将其看成类似于民事诉讼的"纠纷解决"事项。正如美国证据学鸿儒艾伦教授所言："所有构建证明过程的规则……来源于并践行着某种争端解决理论。""在英美法传统中，虽然政府提起公诉，但政府方被视为类似于私人当事人"，"法院的职责是基于当事人提出的材料正确裁定案件，而非竭尽全力'正确'裁定案件"。[2]因此，只要双方没有争议的案件就无须审理，也无所谓"排除合理怀疑"。至于有争议的案件，也是严格区分"控方案件"（犯罪本体要件）与"辩方案件"（积极辩护事由），并据此分配证明责任，法院的任务也止于按照既定的规则"处理纠纷"，而非究明真相何在。

德国的刑事诉讼则把刑事审判作为一种事关公益的国家职责，因此务必要确保刑罚适用的准确性（德国宪法的"罪责原则"）。因此，法院有权力也有义务澄清案件的真相，只有对社会公益影响不大的"轻罪"案件（处罚令案件），才可以相对降低真相的要求。在这种模式下，没有英美法系证明责任机制存在的土壤，法院的任务就是在控辩双方的参与下穷尽调查手段澄清真相，包括构成要件符合性、违法性和有责性的事实，都会成为法院依职权或者依申请调查的事项。刑事审判的"关键仅在于被告人犯罪事实客观上'是否被澄清了'（ob es dargetan ist），至于主观上'什么人澄清了这件事'（wer es dargetan hat），根本不是重点所在"。[3]所谓"存在合理怀疑"或者"无法形成内心确信"判处无罪，只是法院最终无法判定真相时的一种"裁判规则"而已，与证明责任无关。

---

〔1〕 [美] H. W. 埃尔曼：《比较法律文化》，贺卫方、高鸿钧译，三联书店1990年版，第164页。
〔2〕 [美] 罗纳德·J. 艾伦："证明责任"，蒋雨佳等译，载《证据科学》2012年第5期，第599-600页。
〔3〕 林钰雄：《刑法与刑诉之交错适用》，中国人民大学出版社2009年版，第251页。

三、中国的有关问题

通过比较分析，我们可以发现，由于诉讼目的观不同所导致的诉讼运作过程的差异，两大法系看似相同的证明标准实际存在较大的差异。对于一个存在合理怀疑的案件（如存在正当防卫的合理怀疑），在美国可能因为被告人没有卸除自己的证明责任而被陪审团认定有罪，在德国则必须要根据"罪疑唯轻"原则宣告无罪；对于一个控方无法将犯罪构成要件事实证明到排除合理怀疑程度的案件，美国将必须宣告被告人无罪，在德国可能因法官澄清了疑点而宣告被告人有罪。那么，这对我国的证明标准制度的完善带来哪些启发？我们必须要明确的是，中国当前的刑事诉讼制度既不同于美国，也不同于德国。不过，从文化传统（国家权力在诉讼中的主导性）、诉讼目标（强调不枉不纵）、诉讼职能（侦控审均有查明案件真相的澄清义务）等方面来看，中国的诉讼模式趋近于德国。从法庭审理的基本结构（控辩在调查案件事实方面起主导作用，法官仅是补充性地调查核实证据）和2012年《刑事诉讼法》明确由检察官承担"举证责任"等方面来看，中国的诉讼模式更趋近于美国。因此，这样一种"混合状态"是借鉴其他国家有益经验的基本背景。

（一）关于"排除合理怀疑"标准的适用范围问题

就理想状态而言，每个国家都应当在排除合理怀疑地确定犯罪事实后才能作出有罪判决。天下没有免费的午餐。作为一种回溯性认识活动的刑事司法尤其如此。一个国家投入刑事司法中的资源总是有限的。与此同时，犯罪率有增无减，犯罪嫌疑人、被告人的权利保障水平也不断加强。面对日益紧张的司法资源和日益难以对付的"真正的罪犯"，如果不采取一定的程序路径降低国家定罪的难度，将会使刑事司法不堪重负。这正是包括美国、德国在内的各个西方法治国家在普通程序之外创设各种"低规格程序"的共同原因。

司法资源紧张也日益成为我国刑事司法面临的现实问题。为此，2012年《刑事诉讼法》将简易程序的适用范围扩大到了基层法院所审理的全部案件。根据调研情况，目前所设计的简易程序似乎并没有达到立法所预期的目标，基层法院刑事案件审理效率并没有显著提高。[1]这有多方面的原因,立法固守"证据确实、充分"的定罪标准,无疑是其中一个主要原因。从《刑事诉讼法》有关简易程序的适用条件来看,即使被告人承认自己所犯罪行,对指控的犯罪事实没有异议,对适用简易程序也没有异议,但是如果案件没有达到"事实清楚,证据确实、充分"的程度,就不得启动简易程序。与此同时,最终认定被告人有罪也必须要达到"排除任何合理怀疑"的程度。[2]一方面,这意味着审前程序的"收集证据负担"没有丝毫减轻,另一方面,这也意味着检察院的"证明责任"和法院的"真实义务"没有任何降低。因此,所谓"简易程序",只不过是"法庭审理环节庭审时间"得到节省,但是由于坚守严格的定罪标准,其他环节的程序耗费不可能得到显著降低。这正是我国简易程序始终难以有效提升诉讼效率的一个主要原因。

由于我国不同于美国检察官拥有强大的起诉裁量权以及德国刑法的轻缓化,直接借鉴辩诉交易或者处罚令制度都不太现实,但是它们背后所体现的在部分案件中降低定罪标准以提升刑事司法效率的精神则是值得借鉴的。我们认为,在基层法院所审理的简易程序案件中,没有必要再坚守证据确实、充分的定罪标准,只要被告人对指控的犯罪事实没有异议,且认罪认罚,同意适用简易程序的,法院认定被告人具有犯罪的极大可能性,就可以认定罪名成立,无须达到"排除合理怀疑"的程度。

由于中国目前侦查阶段的权利保障水平不足和大部分被告人无法获得实质有效的律师辩护,可以将降低标准的案件限定在被告人在审前各阶段讯问时供述稳定的案件范围内。为了"奖励"被告人配合国家的刑事追诉和审判活动,目前的量刑机制也必须予以跟进,给予被告人相当程度的"量刑优惠",如给予1/4至1/3的刑罚减轻待遇。换言之,这也可以看作是"留有余

---

[1] 2012年《刑事诉讼法》实行之后,笔者所在的西南政法大学《刑事诉讼法》国家级重点学科于2013年暑假和2014年暑假分别对中南、华南、西南适用《刑事诉讼法》的状况进行了调研。根据多个基层法院和基层检察院的反映,《刑事诉讼法》修改之后,简易程序的效率并没有显著提升。除本研究所提出的定罪标准没有降低的原因之外,还有公诉人出庭、繁琐的文书制作和内部审批、附带民事诉讼调解等因素的影响。

[2] 参见《2012年最高法解释》第298条。根据该条的规定,只要发现"被告人的行为可能不构成犯罪的",就必须转为普通程序审理。

地"判决方式的"法定化"。

"留有余地"判决方式之所以在中国饱受诟病,主要是因为在被告人不认罪的案件当中,法院也基于实用主义的标准"剪裁"定罪标准,从而增加了错判的可能性。在被告人供述稳定且一直认罪的状态下,基于对趋利避害的人性基本假设,这种情况下的错判概率实际上已经极小。[1]此时司法制度应当将关注的重心适当转移到对诉讼效率的考虑,而不是不分青红皂白地一律要求所有案件均要排除合理怀疑。排除合理怀疑的证明标准应当将其范围局限在误判可能性较高(被告人不认罪)以及误判结果严重(严重犯罪案件)的案件当中,也就是通过遵循"二八定理",实现简化简单多数和优化复杂少数的目标,实现效率和公正的统一。[2]在司法资源始终有限的条件下,硬性要求所有案件达到最高认识标准,最终必将导致其他需要更多司法资源保障的案件(如不认罪案件、重罪案件)因资源分散而无法提供高质量的资源保障,进而在整体上降低刑事诉讼的真实发现能力。

(二)关于"排除犯罪事由"的证明问题

由于无罪推定原则得到了举世公认,目前世界上均认可被告人不承担证明自己无罪或者有罪的证明责任,国家有责任查明(如德国)或者证明(如美国)被告人构成犯罪,否则即按照疑罪从无原则宣告其无罪。这一点也体现在我国2012年《刑事诉讼法》第12条、第49条、第50条和第195条之中。但是,到底哪些"要件事实"构成犯罪以及如何分配不同要件事实的证明责任,则由于刑事诉讼目的和程序构造的不同呈现较大差异。在秉持刑事诉讼目的乃确保刑罚正确适用的德国,构成要件符合性、违法性和有责性均是要件事实,且职权主义诉讼构造要求国家必须依职权查清构成要件事实,才算是排除任何合理怀疑。在秉持刑事诉讼目的乃纠纷解决的美国,则仿效

---

[1] 我们并不否认即使确保被告人认罪的自愿性,还是有可能出现诸如冒名顶替认罪等错误认定案件事实的情形。但是,我们不能因为在极小部分案件当中存在误判的可能性,就一概要求所有案件都必须以牺牲司法资源为代价进行没有实质意义的"审判"。追求真相不能不计代价和成本,追求真相也并非刑事诉讼的全部,因此在绝大部分情形下,可以确保自愿认罪不会导致错判时就应将诉讼的重点适度转向效率。

[2] 参见李本森:"法律中的二八定理——基于被告人认罪案件审理的定量分析",载《中国社会科学》2013年第3期,第87页。

民事要件事实分类学说,将构成要件符合性与排除犯罪事由(违法性、有责性)进行分类,且仿效民事诉讼要件事实举证责任的分配学说,将构成要件符合性(公诉犯罪事实)的证明责任分配给代表国家的检察官,将排除犯罪事由(积极辩护事由)的证明责任分配给被告人,国家仅承担排除合理怀疑地证明构成要件符合性的证明责任。

由于受到英美法系证明责任理论的影响以及错误地解读大陆法系犯罪构成的程序法意义,我国也有许多学者主张被告人应当承担排除犯罪事由等积极辩护的证明责任。[1]我们认为,科以被告人积极辩护证明责任在中国法的语境下没有正当理由。

首先,英美法系证明责任理论将积极辩护事由的证明责任分配给被告人源自诉讼乃纠纷解决的目标,这与我国刑事诉讼追求刑罚准确适用的目标不同。大陆法系犯罪构成理论虽然也有对应于英美法系的排除犯罪事由(违法性、有责性要件),但并非如学界所说,需要被告人承担所谓的证明责任(不管是主张责任、提出证据形成争点责任或者证明到一定程度的说服责任),即使被告人未作主张、没有提供证据或者提供证据无法证明积极辩护事由存在,只要法院认为可能存在排除犯罪事由,就必须依职权澄清,否则将构成违法审判而成为上诉至第三审的事由。因此,在学界普遍引用的德国法中,并不认可被告人要承担排除犯罪事由的证明责任。从构成要件当中存在排除犯罪事由推理出排除犯罪事由应当由被告人承担,实乃误读。

其次,虽然我国的《刑事诉讼法》自1996年修正之后,在法庭审理阶段引入了英美法系的"对抗式"审判结构,但是我国审理模式的改变只是在"程序推进"方面进行了权责的再分配,将法庭调查区分为控方举证和辩方举证两个阶段,法院不再主导案件事实的调查,却并没有要求辩方在举证阶段一旦提出积极辩护事由,就必须承担证明责任。恰恰相反,为了进一步强化国家的举证负担,2012年《刑事诉讼法》第49条明确规定了"公诉案件中

---

[1] 参见孙远:"法律要件分类说与刑事责任责任分配——兼与龙宗智教授商榷",载《法学家》第2010年第6期,第109页;陈瑞华:"刑事诉讼中的证明责任",载《警察法学》2013年第1卷,第23-24页;房保国:"论辩护方的证明责任",载《政法论坛》2012年第6期,第36页。

被告人有罪的举证责任由人民检察院承担",且没有设定任何例外。[1]正如前文已述,由于证明责任分配直接关系被告人能否真正享受到"排除合理怀疑"的保障,所以除非立法基于政策考虑设定例外降低定罪标准,否则就不能将事关罪与非罪的积极辩护事由的证明责任分配给被告人。至于2012年《刑事诉讼法》新增的第40条"积极辩护证据"的告知义务,[2]也必须结合控方的举证责任以及立法理由进行理解,该条规定只能看作是辩护方积极辩护证据的开示义务,其目的是防止突袭式辩护,提升诉讼效率。不能因为第40条规定辩护人应当及时告知公安机关、人民检察院诸如不在犯罪现场的证据,就认为辩方一旦主张不在犯罪现场但不能证明就要承担不利后果。

再次,结合我国2012年《刑事诉讼法》第2条(保障无罪的人不受刑事追究)、第50条(审判人员、检察人员、侦查人员必须收集能够证实犯罪嫌疑人、被告人有罪或者无罪、犯罪情节轻重的各种证据)、第191条(法庭审理过程中,合议庭对证据有疑问的,可以对证据进行调查核实)等规定来看,中国的法院并非消极被动的"仲裁者",这与英美法系差异悬殊。中国虽然吸收了英美法系当事人法庭调查之"形",但是其诉讼目标、法院职能并没有发生改变,仍然强调追求真实目标之"实"。因此,即使被告人囿于没有辩护人且缺乏法律知识等因素的限制,没有主张正当防卫,但是如果法院基于案卷材料或者法庭调查发现可能存在正当防卫的情形,法院就有义务进一步依职权补充调查是否存在正当防卫事由,不能因为被告人未主张或者未提供证据,就认定该疑点可以忽略不计。

最后,我们必须要正视的一个现实就是我国刑事辩护还存在诸多法律和实践障碍。在辩护权亟须强化的当下中国,让被告人承担积极辩护事由的证

---

[1] 有必要提及的是,在2011年8月颁布的《刑事诉讼法修正案(草案征求意见稿)》当中曾规定:"公诉案件中被告人有罪的举证责任由公诉机关承担,但是,法律另有规定的除外。"但最终通过的修正案删除了"但书"规定,这也表明立法机关在经过政策权衡(最大限度地防止错判有罪)后排除了被告人承担证明责任的可能性。

[2] 2012年《刑事诉讼法》第40条规定:"辩护人收集的有关犯罪嫌疑人不在犯罪现场、未达到刑事责任年龄、属于依法不负刑事责任的精神病人的证据,应当及时告知公安机关、人民检察院。"

明责任,卸除法院的"照顾义务",[1]就会使本来已经失衡的天平更为倾斜。

因此,我们认为不能将排除犯罪事由的证明责任分配给被告人,因为这不仅于法无据,违背我国刑事诉讼法的目标和程序构造,而且也必将恶化被告人的处境,增加错案发生的概率。相反,我们现在急需加强的乃是国家(尤其是法院)的"照顾义务"。唯有如此,才能最大限度地贯彻"排除合理怀疑"的证明标准,尽可能地防止冤案发生。

(三) 关于"剩余怀疑"的风险分配问题

任何一个司法制度均会在法庭审理中面临由"证明距离"所导致的"剩余怀疑"如何应对的问题。美国通过证明责任分配机制将风险预先分配给控辩双方当事人,德国则要求法院尽可能穷尽所有调查手段再确定最终的风险归属问题,法院负担澄清"剩余怀疑"的义务。我国刑事诉讼目前采取的则是一种"混合"状态。一方面,《刑事诉讼法》明确规定公诉方承担"举证责任",这与美国法的处理方式类似;另一方面,《刑事诉讼法》也要求法庭在审理过程中,对证据有疑问的,可以进行调查核实,这与德国法的规定类似。这就会导致"剩余怀疑"的风险承担呈现责任主体不明的状态。例如,当公诉方所提交的证据无法充分证实被告人有罪,案件证据存在疑点,那么法院到底是按照举证责任分配径直判决无罪,还是在运用调查核实职权之后再确定是否判决有罪?如果选择后一种方案并澄清了"剩余怀疑",那么法院不就等于在"协同"公诉人履行证明被告人有罪的责任?所谓"公诉案件中被告人有罪的举证责任由人民检察院承担"将从何谈起?再如,如果辩护方提出患有精神病,已经提交了家族病史等证据材料,申请精神病鉴定,法院能否以没有必要为由拒绝调查核实呢?由此可见,如果不能解决"剩余怀疑"的风险到底如何进行分配的问题,不管是公诉方的举证责任,还是辩护方免受错误定罪的权利,都将处于一种非常不确定的状态,这将会从根本上销蚀

---

[1] 被告人承担证明责任与法院承担澄清有利于被告人事项的义务之间存在"不可兼得"的内在紧张关系。如果被告人承担证明责任,就意味着其举证不能将会承担不利后果。假如法院出于"关怀之心"照顾弱势的被告人,帮助其收集、调查证据,就意味着被告人即使举证不能也不必然面临不利后果。这会导致证明责任机制根本无法发挥作用。

所谓"排除合理怀疑"的证明标准。

问题的根本就出在 2012 年《刑事诉讼法》第 191 条第 1 款当中。根据该款规定,"法庭审理过程中,合议庭对证据有疑问的,可以宣布休庭,对证据进行调查核实"。这就意味着,当法院面对"剩余怀疑",它从事任何行为似乎均不违法。它既可以澄清疑点,也可以不澄清疑点;既可以澄清不利于被告人的疑点,也可以澄清有利于被告人的疑点。这种完全仰赖于法院任意裁量的规定,在某种程度上等于授权法院自由地确定入罪或者出罪的标准。这与美国将风险分配给控辩双方以及与德国将澄清义务分配给法院都极为不同。为了解决这个问题,我们认为有必要从以下几个方面入手限制法院的风险分配裁量权。

首先,由于 2012 年《刑事诉讼法》已经将举证责任分配给了检察机关,法院就不得越俎代庖充当"第二公诉人"的角色,继续主动调查核实不利于被告人的证据,以澄清"剩余怀疑",否则检察机关承担举证责任的新规将沦为一句空话。也就是说,由于 2012 年《刑事诉讼法》第 191 条的调查核实规则与该法第 49 条的举证责任原则相冲突,必须对其适用范围作出限制。具体而言,法院不可以主动依职权补充调查控方案件当中存在的疑点,而应当将澄清疑点的责任分配给检察机关。由于检察机关自身享有国家权力保障的调查取证权,法院出于真实义务的考虑,可以在控方案件存在疑点无法排除时,晓谕公诉人在法定期限内补充调查证据,而不应当自己主动调查核实。如果公诉人两次补充侦查机会用尽,依然没有澄清疑点,法院则应当直接宣告无罪。

其次,对于有利于被告人的事实或者证据,法院则应当依职权或者依申请主动调查核实。也就是说,将澄清有利于被告人事项的"剩余怀疑"解释为法院的义务,而不是不受限制的自由裁量权。这既是中国法院的真实义务使然,也是排除合理怀疑的证明标准使然,更是辩护方作为普通公民不具有强制调查权使然。因此,不管法院通过什么方式(自己发现或者辩方举证)发现了有利于被告人的疑点,也不管有利于被告人的疑点属于积极辩护事项还是消极辩护事项,只要法院已经发现被告人有可能不构成犯罪,除非已经穷尽了调查手段,否则就不得放弃对疑点的调查核实。

最后，为了防止法院消极对待有利于被告人的疑点，我们不能完全寄希望于法院的主动调查，必须对当事人的申请调查证据权给予充分保障。就这一点而言，可以借鉴德国法的规定。前已述及，德国为了防止法院不尽澄清义务，主要有三个方面的预防机制：当事人的证据调查申请、判决书说理和上诉机制。后两个机制在中国虽不完善，但已经确立，而证据调查申请权的保障则是一个尚未得到有效确立的制度。2012年《刑事诉讼法》第192条虽然规定当事人和辩护人、诉讼代理人有权申请通知新的证人到庭、调取新的物证，申请重新鉴定或者勘验，但是只有法院认为"有必要时"，[1]才会协助进行调查取证。在德国法中，除非存在例外情况，否则法院必须接受当事人的证据调查申请，法院实际上没有多大裁量权。因此，有必要对我国的"有必要"进行限制。我们认为，除非被告人及其辩护人申请调查证据属于被排除的证据、众所周知的事实、欠缺重要性的事实、推定的事实、已经证明的事实、无法取得的证据、不具有关联性的证据或者有意拖延诉讼，否则法院有义务依申请调查证据。违反澄清有利于被告人的疑点的义务，将构成重大的程序违法（剥夺或者限制了被告人的权利，可能影响公正审判的）并导致二审直接撤销判决、发回重审。[2]

---

[1] 参见《2012年最高法解释》第222条。根据该条规定，只有"法院认为"被告人及其辩护人所提出的证据调查申请"有必要的"，才应当同意。

[2] 参见孙远："论证据申请及其裁决"，载《现代法学》2011年第5期，第115页。

第八章
剩余风险的治理

准确认定事实是确保裁判公正的基本条件之一。但现实中的案件有时是"灰色"的,而不是"非黑即白"的。在司法实践中,有时会遇到这种情况:有一定的证据证明被告人构成犯罪,但是离确定的状态还有一定距离。例如,证明被告人实施犯罪的可能性为80%,但是离法律所要求的定罪证明标准(假设为95%)还有15%的"差额"。当前证明状态与法定证据标准之间的证明"距离"或"差额"就是剩余疑点。[1]剩余疑点也可能出现在有利于被告人的无罪事由中。例如,已经证明被告人实施了犯罪行为,但辩护人提出了一个"积极抗辩",认为根据被告人的家族精神病史材料和作案、归案后的反常表现,被告人可能是缺乏责任能力的精神病人,鉴于精神病是一个专业判断问题,必须以鉴定意见作为认定事实的依据,此时根据材料、经验所形成的判断与专业鉴定意见之间的证明距离,也属于剩余疑点。[2]我们可以分别称之为"控诉剩余疑点"和"辩护剩余疑点"。两种疑点都关涉被告人是否承担刑事责任。面对剩余疑点时,必须解决的问题就是法院能不能按照证明标准或证明责任一判了之。

首先,面对剩余疑点,到底是让法院积极主动地继续调查核实疑点,还

---

[1] 浙江"铁笼沉尸案"就属于比较典型的代表性案例。其案情简述如下:三名被告人被指控将被害人装入铁笼后沉入湖中,其中一名被告人自始至终否认杀人行为,另外两名被告人在侦查阶段交代了犯罪事实,但庭审时翻供,对于法庭来说,其他证据均显示三名被告人实施了犯罪,但由于水库打捞尸体存在一定的难度,直到第三次开庭审理时公安机关也没有将尸体打捞出来。也就是说,存在"控诉剩余疑点"。此时,法院该如何应对?关于该案的细节,参见林达:"'铁笼沉尸'谜案",载《人民公安》2015年第10期,第55—57页。

[2] 在邱兴华故意杀人案的审理中,对于是否需要对其进行精神病鉴定,就属于较为典型的存在"辩护剩余疑点"的例子。关于当时对于此案是否需要进行精神病鉴定的争论,参见桑本谦:"精神病抗辩的悖论——回眸邱兴华案",载《博览群书》2007年第6期,第48—49页。

是让法院消极被动地按照现有的证据作出判决？还是可以自由选择两种方式当中的任何一种？

其次，假如让法院继续澄清疑点，澄清疑点到底是法院"可以"行使的裁量权，还是"必须"要履行的义务？如果属于义务，澄清疑点的范围和边界如何确定？如何防止法院在澄清疑点的时候，重视控诉剩余疑点，忽视辩护剩余疑点，从而沦为"公诉人同盟军"或者"纠问法官"？法院是否需要区别对待两种不同的疑点？即使法院主动澄清疑点，也并不意味着"能够"澄清，当穷尽调查手段无法消除疑点，法院再次面临剩余疑点时该如何解决？

最后，如果必须在案件存在剩余疑点的时候作出裁判，那么到底是选择有罪判决还是无罪判决？抑或选择其他方式？是否在构成犯罪的事实上存在剩余疑点的案件，一律按照"疑罪从无"的原则进行处理？是否应当区别对待不同类型的疑点？

总之，上述所有问题的核心均在于：如何合理地控制剩余疑点所导致的错判风险。剩余疑点的存在导致裁判者无法在相对确定的条件下作出决策，可能造成误判，此乃认知上的风险。在剩余疑点最终无法消除的情形下，判决有罪可能会冤枉无辜，判决无罪可能会错放真凶，此乃价值权衡上的风险，即错案风险分配问题。剩余疑点是每一个国家在审判实践当中都可能遇到的问题。如何在条件约束下最大限度地降低剩余疑点所导致的"误判"风险以及确定两种不同错判风险的承受者，成为任何一个国家诉讼制度设计都不可回避的难题。

为此，我们首先以德国和美国的刑事诉讼为样本，考察不同诉讼模式下的制度如何解决剩余疑点的风险治理问题，然后从法理的角度对它们进行总结、评价，提炼出风险控制的一般原理，最后再分析我国当前有关立法和实践存在的问题，并根据所提炼的风险控制原理和中国刑事诉讼法的特色、国情提出一个合理的解决方案。

一、接力赛模式

职权主义诉讼的核心特征是强调司法官依职权主动调查案件真相,以期发现"实体真实"。《德国刑事诉讼法典》第 244 条第 2 款明确规定:"为查清真相,法院依职权应当将证据调查涵盖所有对裁判具有意义的事实和证据材料。"此处的"职权"包含调查权力和调查责任两层含义。从调查权力的角度来看,它是指法院在刑事审判当中有权不受控辩双方在法庭上所提出的主张、证据的限制,有权对控辩双方已无争议的事实主动展开法庭调查,有权提出控辩双方未曾主张的新争点,有权亲自收集、调查控辩双方未曾出示的证据。此时,调查原则也可称为"职权推进主义"。从调查责任的角度来看,澄清案件所存在的疑点,不是法院可以任意裁量的"权力",而是一种不可放弃的"责任",除非属于法律规定的毋庸调查的情形,否则应当调查而未调查的,将构成重大的程序违法。此时,调查原则也可以称为"澄清义务"。德国法学理论认为,之所以赋予法院如此重大的调查权责,是因为刑事诉讼事关公益,不同于处理私人财产纠纷的民事诉讼,民事诉讼旨在公平解决纠纷,法院满足于"形式真实"即可,刑事诉讼应当追求不枉不纵,努力还原真相,必须以"实质真实"为目标。[1]

基于调查原则,法院面对审判当中出现的剩余疑点,除非已经穷尽合法的调查手段,否则不得径直依照当前的证据作出裁判。"详言之,调查原则乃一刀两刃的原则,当检方就被告犯罪事实未证明至确信无疑程度时,审方不能立刻下无罪判决;反之,当检方攻势强烈,但辩方不知防御时,审方也不能遽为被告人有罪之判决。"[2] 出现剩余疑点时,法院原则上必须以控辩双方当前所提交的材料为基础,继续澄清疑点,探索"真理"。刑事诉讼就像是一场不同国家机关依职权主动探知案件真相的"接力"运动,法院在审判阶段必须接下检察机关探知真相义务的"接力棒",完成控辩双方已证明事实与确定事实之间的"剩余证明任务",因此,我们将之形容为解决剩余疑点的"接

---

[1] [德] 克劳思·罗科信:《刑事诉讼法》,吴丽琪译,法律出版社 2003 年版,第 114 页。
[2] 林钰雄:《严格证明与刑事证据》,新学林出版股份有限公司 2007 年版,第 212 页。

力赛模式"。

"接力赛模式"最易遭人诟病的地方，就在于造成法院角色与控辩角色混同。主动弥补控诉剩余疑点，容易让人产生控审不分的印象，如果不对其澄清疑点权力的行使条件进行适当规制，容易使审判活动变成针对被告人犯罪事实的"第二次实质侦查"，造成"控（侦）审职能混同"。主动调查辩护剩余疑点，则使法院与辩护人之间的角色在一定程度上混同，这固然有利于增强被告人的防御能力，但由于德国实行卷宗移送起诉方式，法院基于事前阅卷所产生的心证难免会在心理上让其产生"证实偏见"，加之检察院与法院之间职业联系紧密，可能会导致忽视、轻视辩护剩余疑点的澄清。[1]因此，"接力赛模式"所预设的"实体真实"目标想要得以实现，必须解决职能混同所导致的"重控诉倾向"和"轻辩护倾向"。否则，"接力赛模式"就存在倒退到纠问制的风险，使剩余疑点的不利后果风险一边倒地由被告人承担。

针对防范侦控职能与审判职能混同的问题，德国法主要采取了以下几种应对措施。

一是设置独立的"中间程序"，将控诉剩余疑点过于明显的案件阻挡在主审程序之外，防止审前调查机构以法院享有调查权限为由懈怠职责，也使法院在相对合理的范围内澄清剩余疑点。按照德国刑事诉讼法的规定，除适用处罚令程序和简易程序之外，其他公诉案件都必须通过"中间程序"的审查，只有法院认定控方指控所依据的证据材料达到了认定被告人有罪的"高度可能性"，才会裁定启动审判，否则法院应当裁定驳回起诉。鉴于起诉法定原则的要求，在"中间程序"中证明被告人具有定罪的"高度可能性"属于检察官的义务。法院的澄清义务仅及于已经通过了审查的案件。换言之，控诉剩余疑点的澄清只限于从有罪判决的"高度可能性"到"没有合理怀疑"这一段距离。对于没有通过审查的案件，法院没有权责澄清真相，以防止被告人

---

[1] See Joachim Herrmann, *Models for the Reform of the Criminal Trial in Eastern Europe: A Comparative Perspective*, 1996 St. Louis-Warsaw Trans'l 127 (1996), pp. 129-132；[德] 托马斯·魏根特，《德国刑事诉讼程序》，岳礼玲、温小洁译，中国政法大学出版社 2004 年版，第 134 页；[德] 克劳思·罗科信：《刑事诉讼法》，吴丽琪译，法律出版社 2003 年版，第 410 页。

被置于不必要的裁判风险之中,"如果要让被告接受审判程序的折磨,起码要保证检察官的起诉已经跨过法定门槛"。[1]

二是明确"澄清职责"必须以"客观性义务"作为运行的前提。法官和检察官均有义务对不利于和有利于被告人的证据一并注意并予以收集和调查。由于入职之前的司法官研修阶段的规训、司法组织的内部管理机制和选拔机制,"客观性义务"并不仅仅是一项法律原则,也已经内化为德国司法官的职业伦理。在德国的法庭上,检察官时而申请调查有利于被告人的证据,甚至申请法院宣告无罪。他们会把这种行为看作是自己的基本义务甚至荣耀,并不会把宣告无罪看作是自己的"败诉"。[2]"客观性义务"可以在一定程度上抵消法院(以及检察院)片面追诉的冲动,从而使其能够主动依职权将"澄清义务"及于控诉剩余疑点和辩护剩余疑点。

三是必须履行严格证明程序,"卷宗之内容原则上不得用为裁判之依据",所有的证据调查都必须遵循直接言词原则,原则上案卷材料当中的证据替代品和书面证据不得作为调查对象,对证人证言的调查"不得借由将昔往讯问时所作之笔录的朗读或借由对一书面说明的朗读代替之"。[3]加之严格的裁判说理制度,这就为在相当程度上迫使法庭反思阅卷所产生的结论是否具有坚实的基础创造了可能性,避免法院照单全收侦查结果。

四是禁止对裁定开启主审程序的案件撤回起诉,法院必须给出一个"说法"。对于已经进入主审程序的案件,法律上已经"系属于"法院,检察院没有处分权限。决不允许以"控诉疑点"无法排除为由,将案件退回检察院或者让检察院撤诉以重启侦查程序,否则在被告人的犯罪嫌疑未能得到彻底解除之前,始终处于一种命运不确定的风险之中,法院最核心的"定分止争"的裁判功能也将无法实现。

德国刑事诉讼法为进一步增强被告人的防御权,使法院澄清剩余疑点的

---

[1] 林钰雄:"论中间程序——德国起诉审查制的目的、运作及立法论",载《月旦法学》2002年第9期,第71页。

[2] See Shawn Marie Boyne, *Uncertainty and the Search for Truth at Trial: Defining Prosecutorial "Objectivity" in German Sexual Assault Cases*, 67 Wash. & Lee L. Rev. 1287 (2010), p. 1354.

[3] [德]克劳思·罗科信:《刑事诉讼法》,吴丽琪译,法律出版社2003年版,第430页。

职责切实惠及于辩护方,增强被告人积极影响裁判结果的能力,进一步在立法中规定了当事人的"证据申请权"。所谓"证据申请权",是指当事人主动申请法院调查卷宗内证据或收集对案件事实有影响的其他证据的权利。德国刑事诉讼法的"证据申请权"作为被告人在法庭审理当中的核心权利,可以较为有效地防止法院忽视辩护剩余疑点,敦促法院善尽"客观性义务",也可降低辩方自行收集证据证明辩护事由的难度。具体来说,包括以下几个方面。

一是原则上只要辩护方所申请调查的证据属于法院"已知或者可得而知"的证据,法院均不得拒绝辩护方的申请。只要与本案犯罪事实有关且具有调查可能性的证据,法院均应当依申请进行调查。二是拒绝辩护方申请的情形应由法律明文列举,[1]以防止法院以没有必要为由滥用驳回申请权力。《德国刑事诉讼法典》第244条第3款规定:"如果证据的收集不被准许,应当拒绝查证申请。除此之外,仅当因众所周知无收集证据必要;或者待证事实对裁判无意义或已证明;或该证据材料毫不合适或者无法取得;或为拖延诉讼而提出申请时;或对于有利被告人的应当加以证明的重大主张,仅当主张的事实可以作为真实事实处理时,才能拒绝查证申请。"德国的法学理论和判例已经累积了大量的解释,阐明了该款所规定的各项例外的具体含义。[2]三是针对有利于被告人的证据,辩护方申请调查时不得以待证事实"已证明"为由予以驳回。这被称为预断禁止原则。原则上法院在已经调查证据结果的基础上,对待证事项的真实性已形成确信,无须其他证据就可以作出裁判,即为"已证明"。但是,法院不得以"与查证申请相反的结果已被证明"这样的理由,拒绝查证申请。[3]例如,在本章篇首所提及的"辩护剩余疑点"的例子中,如果辩护方申请进行鉴定以获得鉴定意见这个证据,法院就不得以"相反的结果已被证明"——即根据常识和经验判断被告人精神正常——为由拒

---

〔1〕 这也是判断法院依职权进行调查时是否尽到"澄清义务"时的判断标准。也就是说,即使法院在没有申请调查的条件下依职权进行调查,如果没有调查的证据属于这些例外情形,那么上级法院就不得指摘下级法院违反"澄清义务"。反之,将构成程序违法和撤销裁判的结果。
〔2〕[德]克劳思·罗科信:《刑事诉讼法》,吴丽琪译,法律出版社2003年版,第418-419页。
〔3〕 参见宗玉琨译注:《德国刑事诉讼法典》,知识产权出版社2013年版,第195页。

绝申请。这是克服卷宗不利影响、防止先入之见、确保直接言词审理原则得到实现的保障性原则，迫使法庭听取其"认为"与案件不相关的证据或无价值的证据，从而使辩方具有了"违背法庭意愿提供证据的权利"。[1]四是所有的驳回申请均必须以"裁定"的形式作出，并详述驳回理由。如果当事人不服该裁定，可以提起上诉。

"接力赛模式"下的剩余疑点职权澄清方案，在部分案件当中可能会消除疑点，也可能在穷尽可行调查手段之后无力澄清疑点。按照德国的"罪疑唯轻"原则，"三阶层"要件当中的任何一个要件没有排除合理疑点的，均阻却对被告人的定罪。[2]也就是说，即使"构成要件符合性"没有任何疑点，但在"违法性"或者"有责性"方面存在合理疑点，也不得认定被告人有罪。虽然德国有权威证据法学者认为宣告无罪是检察官没有尽到"客观证明责任"的不利后果，[3]但依照当前德国刑事诉讼法学界的通说，这种看法并不成立。德国刑事诉讼法学界普遍认为，"存疑有利于被告人"与证明责任理论无关，而是刑事诉讼防止错判有罪的价值选择所致，本质上而言它属于一种指示法院在穷尽调查手段之后无法澄清案件真相时但又必须作出判决的"裁判规则"，将其作为检察院举证不能的不利后果违背德国刑事诉讼法司法官客观公正调查真相的基本原则。[4]

二、辩论赛模式

在美国，真正进入"审判"的公诉案件，必须是双方存在争议的案件。有一个诉讼程序专门解决这个问题，名为"罪状认否程序"。在该程序中，被告人必须要表示是否认罪。不管多么严重的犯罪，只要被告人明确表示认罪

---

[1] [德]托马斯·魏根特，《德国刑事诉讼程序》，岳礼玲、温小洁译，中国政法大学出版社2004年版，第164页。

[2] Hans-Heinrich Jescheck, *Principles of German Criminal Procedure in Comparison with American Law*, 56 Virginia L. Rev. 239 (1980), p. 247; [德]克劳思·罗科信：《刑事诉讼法》，吴丽琪译，法律出版社2003年版，第126页。

[3] 参见[德]莱奥·罗森贝克：《证明责任论——以德国民法典和民事诉讼法典为基础撰写》，庄敬华译，中国法制出版社2002年版，第37-38页。

[4] See Thomas Weigend, *Assuming That The Defendant is Not Guilty: The Presumption of Innocence in the German System of Criminal Justice*, 8 Crim. L. & Phil. 285 (2014), p. 291.

或者"不予争辩",就表明控方提出的"主张"得到了被告人的"自认",原则上只要法院确认被告人的认罪表示是自愿的且知悉认罪的后果,就表明被告人放弃了"抗辩"的权利,法院将据此认定其构成犯罪。在"罪状认否程序"中,法院重点审查被告人认罪行为的自愿性,即使现有的证据并不能充分证明被告人的罪行,明显存在控诉剩余疑点,法院也有权直接定罪。[1]由于被告人放弃了提出抗辩主张的机会,他就必须承担由此导致的包括错判在内的不利风险。

这就相当于一次控辩双方的"辩论赛",由于辩方直接认可对手的主张,裁判者直接判决控方获胜。如果被告人在"罪状认否程序"中不认罪,就等于否定了控方所提出的主张,诉讼"辩论赛"当中的"正方"与"反方"正式形成,此时才需要一场公平程序保障的"辩论",根据双方所提出的证据和论证的说服力判定胜负。因此,美国刑事诉讼的剩余疑点风险治理方式可称为"辩论赛模式"。

为了明晰不同主张的证明责任,美国进一步将被告人的不认罪抗辩分为两种主张:一种是"消极否认犯罪"的主张,即不承认自己的行为构成犯罪,此为"消极抗辩";另一种是"承认但免责"的主张,即承认自己实施了犯罪行为,但认为存在"正当化事由"(如正当防卫)或"可宽恕事由"(如精神病),可以免除刑事责任,此为"积极抗辩"。

对于"消极抗辩",按照无罪推定原则和不得强迫自证其罪原则的要求,证明"犯罪本体要件"的责任全部由控方承担。控方的证明责任完成情况需要接受"中间审查"和"最终审查"。美国刑事审判严格区分控方举证和辩方举证两个独立的法庭调查阶段。在控方举证阶段,控方所提交的证据必须经过"中间审查程序"的审查。与该程序对应的证明责任就是"提供证据责任"。在英美法系的证据法学理论中,"提供证据责任"并不是大陆法系证据

---

[1] "艾尔福德答辩"可以体现有罪答辩制度下的罪行认定对案件事实基础的"轻视"。艾尔福德被指控犯一级谋杀罪,在与检察官进行"交易"的过程中,为了消除被判处死刑的风险,他对检察官提出的二级谋杀罪作出了有罪答辩。随后的程序中他坚持自己是清白的,没有实施谋杀行为。即使如此,法院也接受了这一答辩并判决其有罪。美国联邦最高法院认为这种做法是符合宪法的,因为这是被告人经过利益权衡之后作出的理性自愿的选择。*North Carolina v. Alford*, 400 U.S. 25 (1970).

学理论当中的"行为责任"或者"主观证明责任",而是一种"弱化版"的"说服责任"(行为与结果责任)。松尾浩也教授在比较了两大法系的证明责任理论之后一针见血地指出:"证据提出责任与所谓主观的举证责任不一致,其本质是形成争点的责任。"[1]简而言之,在控方举证结束之后,如果法官认为即使采纳了控方所提交的全部证据,也没有可能让一个理性的人认定被告人的罪行已经得到了证明,那么法官就可以依职权或者依辩方申请直接宣告无罪。[2]在这种情况下,控方的举证根本就没有让控方主张的事实"在表面上成立",没有形成一个需要辩方予以回应的"有效争点",也没有必要将这种证据明显不足的案件提交陪审团评议,否则只能是浪费时间、资源。法官没有权力主动依职权填补控方举证阶段存在的剩余疑点,反倒有义务像一个消极中立的"裁判"直接判定控方败诉。对于通过了"中间审查"的案件,最终将被告人的罪行证明到"排除合理怀疑"程度的"说服责任"也是由控方承担的。

因此,在被告人作出"消极抗辩"的案件中,对于犯罪事实的任何剩余疑点没有消除的,自始至终不利风险都是由控方独自承担的,决不允许法院接力承担澄清剩余疑点的责任。

对于被告人作出"积极抗辩"的案件,其处理方式必须结合美国的实体法背景进行解读。在德国等大陆法系国家,犯罪的定义采用"三阶层"理论。这种犯罪构成理论被称为"综合性规则",即把入罪(构成要件符合性)和出罪(违法阻却和责任阻却事由)要件合并在一起的犯罪构成理论。但是,我们在上一章中已经论证,美国的犯罪定义到目前为止一直采取源自"私法"的"原则加例外"结构模式。让我们简要地回顾一下上一章的有关内容。

英美法系犯罪构成是"双层"理论,其中评价是否构成犯罪的基本原则在于是否符合"犯罪本体要件"(包括客观行为和主观心态),但是当存在违法或者责任阻却事由时,则可以免除罪责。前者是构成犯罪与否的规则,后

---

[1] [日]松尾浩也:《日本刑事诉讼法》(下卷),张凌译,中国人民大学出版社2005年版,第24页。

[2] 参见孙长永:"当事人主义刑事诉讼中的法庭调查程序评析",载《政治与法律》2003年第3期,第89页。

者则是例外。据此，英美法系把作为例外的排除犯罪性事由作为辩方的一种"抗辩"看待，它是犯罪要件之外的一个"独立要素"。美国联邦最高法院在Winship案中明确要求，"构成指控的犯罪所必要的每个事实"均由控方承担排除合理怀疑的说服责任。到底被告人所提出的"积极抗辩"是否属于"构成指控的犯罪所必要的事实"，该案并没有作出回答。

从当前美国各司法区的实践情况来看，存在两种做法：一是坚持传统的做法，认为"积极抗辩"属于犯罪的"例外"情形，因此不属于控方承担说服责任的范围，应当由提出该积极主张的被告人承担说服责任，通常达到优势证据程度即可；二是通过重新"诠释"，认为只要"积极抗辩事由"与"犯罪本体要件"存在"重叠"关系（例如，提出精神病辩护，就等于否定了自己具有杀人的主观恶意，此时"积极抗辩"与谋杀罪的主观要件"重叠"），就属于"构成指控的犯罪所必要的事实"，应当由控方承担排除合理怀疑的说服责任。鉴于"积极抗辩"毕竟属于特殊情形，个案中要求控方毫无缘由地一一排除并不现实，因此只有在被告人完成"提供证据责任"，从而使"积极抗辩"成为一个"有效争点"之后，控方才有排除合理怀疑地证明该抗辩事由不存在的说服责任。面对美国各州不统一的做法，美国联邦最高法院迄今为止并没有给出一个明确的解答，它以尊重各州的"刑法"制定权为由选择不干涉，即使是要求被告人必须将"积极抗辩"证明到排除合理怀疑的做法，也被认定为并不违宪。因此，美国被告人提出"积极抗辩"，就存在两种不同的证明责任分配方案：一是辩方承担该抗辩的说服责任，通常要达到优势证据程度；二是辩方承担该抗辩的提供证据责任，控方承担证明其不存在的最终说服责任。

在辩方承担"积极抗辩"说服责任的情况下，其基本程序与控方承担说服责任并无二致。辩方必须提出证据证明该抗辩表面上成立（中间审查程序），即在不考虑控方事后反证的情况下，该抗辩是否已经达到了法定的证明标准（如优势证据程度），否则就没有形成一个"有效争点"，法官将会指示陪审团不要将积极抗辩是否存在的问题纳入评议之中。对于通过中间审查的案件，则由陪审团结合积极抗辩的证明标准判断积极抗辩是否成立。由此可见，在辩方承担"说服责任"时，一旦出现了辩护剩余疑点，该积极抗辩被否定的风险将全部由被告人一方来承担，法院同样不会帮助被告人澄清疑点。

在辩方承担"积极抗辩"提供证据责任的情况下，他只要让"积极抗辩"成为一个"有效争点"即可。此时，提供证据责任和最终的说服责任是分离的，所以必须有一个独立的标准判断辩方的提供证据责任是否已经完成。美国各州表述不尽相同，但通常认为只要一个理性的人认为"有可能"存在即可。通常情况下，只要被告人放弃沉默权，走向证人席，即可完成该责任。该责任也是由辩方独自承担，辩方不能期望法院为其主动提出主张并收集证据。即使该责任相对较轻，但辩方无法完成时，就表明"积极抗辩"无法形成一个有效争点，控方也就没有进一步承担"说服责任"的必要。质言之，从主张积极抗辩到合理疑点形成之间的证明风险，也是由辩方独立承担的。只有当其完成了这一段证明任务，"积极抗辩"是否存在的最终说服责任才开始由控方承担。此时"积极抗辩"的剩余疑点无法排除所导致的败诉风险才转移给了控方。

美国的"辩论赛模式"将澄清疑点的权力（利）和义务均施加给了"参赛者"，剩余疑点未能排除的风险也由双方当事人各自分担。法院的角色被严格限定在根据既定的证明标准"判断"双方当事人的证明状态与法定的证明程度之间是否已经"达标"，根据是否存在争点以及争点的类型并结合证明责任机制分配剩余疑点无法排除后的风险，法院没有义务也没有权力为了"发现真相"协助任何一方澄清案件当中存在的剩余疑点。被告人自愿认罪，由于没有争议，即使存在较为重大的控诉剩余疑点，也由被告人自行承担被错误定罪的风险。被告人不认罪，原则上存在剩余疑点的败诉风险将由控方全部负担，但在被告人提出"积极抗辩"的情形下，他也分担了部分主张存在剩余疑点时的不利后果。在各自的案件存在剩余疑点时，法院既不会为了"毋纵"而帮助公诉人，也不会为了"毋枉"而协助被告人。

这种"表面"中立的审判所针对的"竞技场"，并非一场实力相当的"辩论赛"，刑事诉讼双方当事人无法类比普通民事诉讼当事人，二者在绝大多数场合下存在资源、权利、能力等方面的天然落差。法院不会协助控方"打击"被告人，并让控方承担"犯罪本体要件"的证明责任，且在存在剩余疑点时一律宣告无罪，可以为处于弱势地位的被告人提供保障，降低错判的风险。但这会进一步激励控方"打击犯罪"的胜诉倾向，控方利用掌握的强大权力和资源采取拙劣手段的风险也就相应增加，这无疑将会增加冤案发生的可能性。法官放任被告人自担风险，在提出"积极抗辩"时还让被告人承担证明不能的结果，也不主动协助辩方澄清辩护剩余疑点，则会进一步增加冤案发生的风险。于是，如何构建一个"实质公平"的审判程序规则和证据规则，防止被告人被错误定罪，就成为"辩论赛模式"的核心问题："我们的诉讼程序，总是被无辜者被定罪这个幽灵所缠绕"。[1]

为了矫正这种不均衡的竞赛格局，进一步降低错误定罪的可能性，美国刑事诉讼通过证据和程序规则为控方的指控设置重重障碍，并同时对被告人进行"武装"，让其享受大量的程序性权利以便与控方进行抗衡。

美国刑事诉讼蔚为壮观的证据排除规则，尤其是大量与降低错误认定事实无关的证据排除规则，将许多具有相关性和可靠性的证据阻挡在事实认定者的大门之外，其目的是防止控方片面追求胜诉而滥用权力。由此造成的举证困难非其他国家能比，达马斯卡在比较了美国与大陆法系国家的排除规则之后得出如下结论："美国关于排除规则的宪法性法律的数量之多在任何地方都是没有先例的"，"有大量的案件由于有罪的证据被宣布为不可采从而导致指控被驳回"。[2] 程序规则所设置的障碍最明显的例证就是陪审团的无理由裁决制度和非对称性上诉制度。无理由裁决制度可以让陪审团"废弃"哪怕已经有充分证据支持的控诉，并宣告被告人无罪。非对称性上诉制度则禁止控方再次以无罪判决提出上诉，而被告人则可以对有罪判决提出上诉。在美国联邦最高法院看来，禁止针对无罪判决的上诉，是因为这种上诉会"提高哪怕是清白的被告人在第二次审判中被认定有罪的可能性"。[3]

美国被告人的程序性权利也极为充分，且大多是以宪法条款作为明确依

---

[1] [美] 拉里·劳丹：《错案的哲学：刑事诉讼认识论》，李昌盛译，北京大学出版社 2015 年版，第 29 页。

[2] Mirjan Damaska, *Evidentiary Barriers to Conviction and Two Models of Criminal Procedure: A Comparative Study*, 121 U. PA. L. REV. 506 (1973), p. 522.

[3] Green v. United States, 355 U. S. 184 (1957).

据的。被告人既可以利用这些权利积极地攻击控方案件当中存在的"疑点"（如同证人进行对质诘问的权利），也可以主动证明自己所主张的"案件"（如强制有利于辩方的证人出庭作证权）。其中，最核心的无疑就是获得辩护律师帮助权。美国辩护律师可以从侦查伊始就同步介入案件，监督控方的取证活动（如律师的讯问在场权），并相对自由地进行证据收集和调查。为了确保辩护律师尽职尽责，美国还发明了一套"无效辩护"制度，即辩护律师的辩护行为不到位、存在明显缺陷，对被告人带来损害和不利，从而导致审判无效的制度。

这些证据规则和程序规则，让本来强大的控方权力受到较大的限制，而保障充分的程序性权利则让相对弱势的被告人变得更为强大，从而在证明责任分配机制的基础上进一步将剩余疑点的不利风险转移给了控方，以维护控辩实质平等对抗并进而降低错误定罪的风险。

三、模式比较与治理原理

（一）路径差异

在德国"接力赛模式"下，面对已经通过"中间程序"审查的案件，当出现剩余疑点时，法院不能简单地按照现有的证明状况作出判决，而是必须继续在控诉范围内澄清疑点。澄清剩余疑点是法院的职权，不受控辩双方主张、证据的限制，更是法院不可放弃的"义务"。除非穷尽了所有合法的调查手段，否则法院不得放弃调查案件真相的义务。澄清剩余疑点的范围及于封闭性的"三阶层构成要件"的所有要件事实，必须对控诉剩余疑点和辩护剩余疑点同等关注。为防止法院厚此薄彼，尤其是为了防止其重视控诉剩余疑点，忽视辩护剩余疑点，法律赋予辩方证据申请权：除非属于立法明确规定的例外情形，法院必须为辩方收集调查证据，禁止法院在没有调查辩方申请调查的证据之前预断其证明价值并以得到证明为由予以驳回，驳回申请必须以裁定的形式作出且可能接受上级法院的合法性审查。当穷尽可能的调查手段之后，仍然无法澄清构成要件事实上存在的合理疑点，不能形成内心确信的，应当按照"存疑有利于被告人"的裁判原则，依法作出无罪宣告。

在美国"辩论赛模式"下，从审判伊始到终点，都禁止法院积极主动地帮助控辩任何一方澄清案件当中存在的剩余疑点。剩余疑点无法排除的风险，根据是否存在争点以及争点的类型，均由控辩双方当事人各自负担。对于自愿认罪的被告人，法院通常直接判定罪名成立，剩余疑点没有澄清的错判风险由被告人自己承担。对于进入审判程序的案件，控方承担"犯罪本体要件"无法证明时剩余疑点的不利风险，法院将以"提供证据责任"（中间程序）或"说服责任"未完成为由宣告无罪，辩方承担"积极抗辩"无法证明时剩余疑点的不利后果，法院（在辩方承担提供证据责任时）将不会将其主张纳入评议之中或者（在辩方承担说服责任时）不接受其抗辩主张。由于代表社会进行追诉的国家机关"当事人化"，加之法院没有帮助被告人的"澄清义务"，单纯依赖于控方承担"排除合理怀疑"的证明责任和法院的被动审查，无法充分矫正控辩之间的实力落差，于是美国进一步设计了大量的证据、程序规则并强化被告人的权利保障，以期进一步降低错判有罪的风险。

两者之间的最大差异就在于"路径差异"。质言之，当审判程序出现剩余疑点时，到底由谁承担澄清疑点的责任，二者的选择是完全不同的。在"接力赛模式"下，法院担负起澄清剩余疑点的全部责任，它有义务公正无偏地运用自己的澄清职权弥补剩余疑点所导致的证明差额，除非所有合法且必要的调查手段已经穷尽，不得作出裁判，否则将因违反澄清义务而导致裁判被撤销的不利后果，以激励法院尽力担负起自己的责任。与此相反，在"辩论赛模式"下，法院则超然于控辩双方的证明之争，通过严格的证明责任机制将澄清剩余疑点的责任相对公平地分配给了双方当事人。任何一方无法澄清证明责任范围内的剩余疑点，都将会承受不利后果（败诉或者主张不被接纳），这种可预见的不利后果必将最大限度地激励双方当事人竭尽全力利用手中的权力（利）挖掘对方案件当中存在的漏洞以及穷尽一切合法的手段收集证据以澄清各自案件存在的剩余疑点。

（二）不同的诉讼认知论哲学与国家权力哲学

造成这种"路径差异"的原因可以从两个国家不同的诉讼认识论哲学以及国家权力哲学中找到答案。

自从告别了古老的"神示证据制度"，以"神明启示"的方法来解决案件剩余疑点的方案被打上了"非理性"的烙印，并最终退出了历史舞台。无论是美国还是德国，都坚持自启蒙时代所延续的"理性主义"哲学，认为人类有能力通过证据作出一个符合真相的判决。特文宁教授将这个诉讼传统称之为"乐观的理性主义"。[1]面对纷繁复杂的疑点，人类通过积极的努力是可能一步步将其澄清的。这种观念可以说是现代诉讼制度认识论的基石，认可了怀疑论就等于否定了现代诉讼制度本身。[2]但是，关于到底以什么样的方式在法庭上证明事实才是最优方案，目前并无共识。英美法系的主流诉讼认识论认为："发现事实的最佳途径就是让各方当事人挖掘有利于己方的事实；他们会将所有事实公之于众……两个各怀心腹的搜查者从相反的两个方向出发，要比从中间一点出发的公正的搜查者更不容易出现遗漏。"[3]大陆法系主流诉讼认知论则认为，只有一个与案件结果没有直接利害关系的中立调查者的客观调查，才是理性探知真相的最佳模式："大陆法系由职权控制的事实认定法——因其在展现证据时发挥的更大作用与无私利的第三方一致——更接近于声色不动的理性调查之要求。"[4]这两种不同的认识论哲学必然会导致两种不同的认知路径。

诉讼证明过程属于诉讼理论的一个组成部分，而诉讼理论涉及国家权力的运作，关于国家权力到底如何运作则涉及特定国家的政治哲学问题，不同国家也会存在不同的观念。在美国法传统中，由于对国家权力不太信任，法院的角色受到较为严格的限定，其应是提供一个公平而无偏私的纠纷解决平台的中立机关。"虽然政府提起公诉，但政府方被视为类似于私人当事人，即在法院上是与另一方私人当事人处于平等地位的一方当事人。""法院是中立的，而不是一个在具体诉讼中为促进政府特定政策而构建的政府机构的组成

---

[1] 参见[英]威廉·特文宁：《反思证据：开拓性论著》，吴洪淇等译，中国人民大学出版社2015年版，第94页。

[2] 对人类获知真相可能性置疑的"后现代哲学"无法取代传统诉讼认识论的深入剖析，参见Mirjan Damaska, *Truth in Adjudication*, 49 Hastings L. J. 289（1998）.

[3] P. Devlin, *The Judge*, Oxford University Press, 1979, p.61, 转引自[英]詹妮·麦克埃文：《现代证据法与对抗式程序》，蔡巍译，法律出版社2006年版，第5页。

[4] [美]米尔建·R. 达马斯卡：《漂移的证据法》，李学军等译，中国政法大学出版社2003年版，第142页。

部分。"[1]很显然,在这种政治权力哲学下,法院面对剩余疑点时,保持消极而中立的仲裁者身份,最契合社会对其权力的期待。在德国法中,一直存在民刑诉讼国家权力的区分论,认为前者主要旨在解决纠纷,尊重当事人的自治权,而后者旨在正确地实现国家刑罚权这一政策目标。法院也因此在刑事审判中担负起了澄清真相的"职责"。此时,面对剩余疑点时,完全按照控辩双方的证明状态作出判决,"裁判者既要承担作出判决的责任又要受制于别人提供的信息,这种论调深深挫伤了根深蒂固的大陆法系情感"。[2]一个积极能动的继续澄清疑点的"接力赛模式"下的法官,才符合对他的权力期待。

(三)求同存异:剩余疑点风险治理的一般原理

这种源自不同认知论哲学和国家权力哲学的"路径差异",并没有价值上的优劣之分。由此可以归纳剩余疑点所引发的错判风险应对"原理I":每个国家可以根据自己的诉讼认知论哲学和国家权力哲学选择一个契合它的剩余疑点澄清方式,但必须以尽可能地降低错判风险作为目标。解决剩余疑点裁判风险的首要目标是尽力做到"不枉不纵",既要避免错判有罪,也要避免错判无罪。借用我们在绪论中所归纳的更为准确的说法,解决剩余疑点裁判风险的第一目标是尽可能降低预期错案风险。

埃尔曼在比较了大陆法系与英美法系的刑事诉讼制度后,曾得出如下结论:"根据被告的最后结局来比较这两种制度,……如果他(指被告)是无罪的,他情愿受大陆法院的审判,但倘他是有罪的,他认为在普通法院受审具有更多逃避或减轻惩罚的机会。在许多情形下,这一点毫无疑义。"[3]结合语境,他的意思无非是指,在大陆法系,无罪被告人即使没有得到有力辩护,由于法院具有澄清辩护剩余疑点的义务,也不会被错判有罪;而在英美法系,对于事实上有罪的被告人,如果获得有力的辩护,让控诉剩余疑点得以产生,法院没有帮助澄清疑点的权力,只能"眼睁睁地"作出与真相不符的"无罪

---

[1] [美]罗纳德·J. 艾伦:"证明责任",蒋雨佳等译,载《证据科学》2012年第5期,第599页。

[2] [美]米尔建·R. 达马斯卡:《漂移的证据法》,李学军等译,中国政法大学出版社2003年版,第126-127页。

[3] [美]H. W. 埃尔曼:《比较法律文化》,贺卫方、高鸿钧译,三联书店1990年版,第176页。

判决"。但这种看法并没有充分的根据。从前文的分析来看，没有理由认为大陆法系比英美法系的诉讼制度在发现真相的能力上更为优越，也不可能有实证数据能够得出该结论。显而易见，他是以一个运行良好的状态（大陆法系）对比一个制度失灵的状态（英美法系）。从司法实践的角度来看，大陆法系国家法院也完全可能由于控审关系紧密和阅卷偏见的影响而"制度失灵"，无法实现其保护无辜的目标。[1]在英美法系国家，只要其制度运行良好，控方也有能力在法庭上根据自己收集的证据填补有罪的被告人所挖掘出来的控诉剩余疑点，从而实现准确定罪的目标。

埃尔曼提醒我们，理论应然状态与司法实际状态可能存在背离。因此，必须要对上述"原理I"的实现条件给予关注，努力降低制度失灵的概率。择其要者，"接力赛模式"仰赖的是一个尽职尽责且客观公正的司法官，如何防止懈怠职责和带有偏见，就是制度设计的关键。澄清义务和客观性义务的有关规定、违反义务的审级监督、坚持直接言词原则以及辩方的"证据申请权"制约机制，就成为"原理I"的保障性机制。"辩论赛模式"依靠的是一个实质上较为平等的当事人对抗结构，因此，如何避免控辩实力严重失衡，就是焦点问题。以辩护权为核心的程序性权利体系和限制控方取证权、举证权的证据规则和程序规则，就成为"原理I"的保障性机制。

无论以何种手段调查事实，只要穷尽当前可得的证据，若还是无法澄清剩余疑点，就必须从认识论走向价值论。此时，法院无论作出有罪判决还是无罪判决，在认知上都无法避免犯错的可能性，所以需要其他的理由为选择提供正当性。按照现代西方国家的政治伦理，错判一个无辜的人有罪远比错判一个有罪的人无罪要糟糕得多。[2]宁可信其无不可信其有的"疑罪从无"原则得到了普遍认可。无论是"接力赛模式"还是"辩论赛模式"，只要犯罪构成要件事实存在合理疑点无法排除的，就必须依法宣告无罪。这是一种两害相权取其轻的价值权衡，以降低错误定罪的风险，当然不可避免的是，

---

[1] 德国联邦法院法官 Rolf Eschelbach 估计，大约超过25%（没有统计数据的支持）的所有重罪案件有罪判决是错误的。See Ralph Grunewald, *Comparing Injustices: Truth, Justice and the System*, 77 Alb. L. Rev. 1139 (2014), p.1141.

[2] 参见 Alexander Volokh, *N Guilty Men*, 146 U. Pa. L. Rev. 173 (1997).

它也可能提高错判无罪的风险。据此，我们可以得出剩余疑点风险治理"原理Ⅱ"：当穷尽调查手段后无法澄清剩余疑点的，应当基于"宁纵勿枉"的政治伦理分配错误风险。[1]

仔细回顾前文内容，答案似乎没有这么简单。在美国的刑事审判中，被告人主张"积极抗辩"，有些司法辖区要求其承担"说服责任"。这在德国法中是绝不能容忍的"有罪推定"之举。之所以说它是"有罪推定"，是因为如果被告人一方无法将其"积极抗辩"（如正当防卫、精神病）证明到法定证据标准（通常是优势证据标准），就要承担由此导致的积极抗辩不成立的不利后果，即使存在积极抗辩事由的可能性，法院既不需要查明真相，检察院也不需要反证其不存在，而是由被告人承担举证不能的"错误定罪"风险。这实际上就是因为被告人没有完成证明自己无罪的责任而被定罪。[2]但是，它在"形式上"并没有违反"无罪推定"，因为英美法系的刑法犯罪构成并不包含"积极抗辩"，这一点与德国将"排除犯罪性事由"纳入犯罪构成不同。"疑罪从无"的效力只能及于犯罪构成的事实要件，至于一个国家的犯罪如何定义则可能受到历史传统、刑事政策、社会治安状况、刑法理念等多种因素的综合影响。由于美国部分司法区并没有将积极抗辩作为犯罪构成的必备要素，所以让被告人承担积极抗辩的证明责任就未尝不可。[3]为了更严谨地表述"原理Ⅱ"，也可以将其修正为：当穷尽调查手段后无法澄清一个国家刑法所规定的特定犯罪构成要件事实剩余疑点的，应当宣告无罪。

---

[1] 此时应当从认识论走向价值论，至于分配风险的标准公式 [$p \times > 1/(1+D_{ag}/D_{ci})$]，我们已经在第六章进行了论述，纵枉的可接受度主要取决于一个社会对于两种误判损失的赋值或比值。

[2] 参见 Larry Laudan, *Legal Epistemology*: The Anomaly of Affirmative Defenses (July, 28 2008), Available at SSRN: http://ssrn.com/abstract=1183363, p.13.

[3] 当然，这在美国刑事法学界存在较大的争议。关于目前争议的现状，参见 Luis E. Chiesa, *When an Offense is Not an Offense*: Rethinking the Supreme Court's Reasonable Doubt Jurisprudence, 44 Creighton L. Rev. 647 (2011).

四、问题和出路

(一) 一个长期悬而未决的问题

1. 1979年《刑事诉讼法》的"职权裁量模式"

1979年《刑事诉讼法》所确立的审理模式,在"外观上"更为接近"职权主义"国家的诉讼构造。其一,为了防止检察院恣意起诉,构建了"预审程序",对公诉案件进行实质审查,并据此决定是否受理案件。其二,法院在法庭审理过程中,依职权主动调查全案证据,还可以补充收集、调查新证据,程序推进不受控辩双方主张、证据的限制。其三,当事人和辩护人享有申请调查证据的权利。从形式上来看,依照1979年《刑事诉讼法》的规定,一旦接受了检察院的起诉,当法院面对剩余疑点时,有权力主动或者依申请填补"证明差额",无论该疑点是否有利于被告人,均在法院职权调查的范围之内。这与"接力赛模式"形式上较为相近。但是,这种外观上类似的模式在实质上与德国诉讼构造相去甚远。

首先,与德国"中间程序"的审查标准只要求控方起诉达到定罪的"高度可能性"不同,1979年《刑事诉讼法》"预审程序"要求法院认定"犯罪事实清楚、证据充分",才应当决定开庭审判,对于主要事实不清、证据不足的,可以退回检察院补充侦查。这就严重混淆了庭前审查与法庭审理之间的功能,庭前实质审查本来只是为了过滤明显缺乏根据的指控,在1979年《刑事诉讼法》框架下,它却演变成了一次"没有开庭的提前审判"。本来应当留待庭审解决的控诉剩余疑点,却在庭审之前就被解决,由此导致的核心问题就是饱受诟病的庭审走过场的弊端,模糊了侦查与审判之间的分际,造成控审职能不分。

其次,虽然法院享有主动澄清疑点的职权,但该权力的行使并没有澄清义务的约束,而是变成了一个有权无责的训示规定。在法院没有法定义务将证据调查延伸到所有对裁判具有意义的材料的前提下,其职权调查就变成了裁量调查,一切取决于法院认定案件的剩余疑点是否有必要澄清。加之缺乏直接、言词原则的约束,基于调查效率的考虑,法院就可能倾向于运用快速调查真相的材料,避免调查耗费精力、时间的证据资料(如证人出庭作证),

也可能在可以收集新证据的情况下轻率地拒绝调查，作为体现"原理Ⅰ"的依职权"穷尽一切调查手段"的"接力赛模式"第一原则无法得到切实贯彻，从而可能造成"不枉不纵"诉讼目标的落空。

再次，当事人享有的申请调查证据权是督促法院善尽调查职责的核心保障措施。但是，无论是对在案证据的调查申请，还是对新证据的调查申请，对于法院在什么条件下应当接受，什么条件下应当或者可以拒绝，均没有任何明确的规则。换言之，与"澄清职责"变成了"澄清裁量权"一样，针对证据调查申请的"裁判权"也变成了"任意裁判权"。这就使本来已经成为裁量权的调查职责进一步丧失了来自于辩方的有效制约。法院澄清剩余疑点的权力几乎变成了一匹"脱缰的野马"。

最后，当法院最终无法澄清犯罪构成要件事实的剩余疑点时该何去何从，1979年《刑事诉讼法》并没有给出一个明确的答案。1979年《刑事诉讼法》第120条规范的是在"已经查明的"条件下如何下判，对于无法查明的灰色地带该如何判决，并没有给出一个明确的方向。实践中存在以拖延术（经常造成超级羁押）拒绝裁判、撤回起诉、宣告无罪乃至留有余地判决有罪等做法。总之，即使犯罪构成要件事实最终存在剩余疑点，被告人也并不意味着就能够得到一个确定的无罪判决，这只不过是备选项中的一个。这明显违反了剩余疑点风险分配"原理Ⅱ"，其直接后果是哪怕案件最终存在剩余疑点，错判风险分配结果也是不确定的。

一言以蔽之，我国1979年《刑事诉讼法》所确立的剩余疑点风险控制方式是一种典型的"职权裁量模式"，与剩余疑点的理想分配方案（原理Ⅰ和原理Ⅱ）还存在较大的差距。我们不能过于苛责1979年《刑事诉讼法》的"职权裁量模式"，毕竟当时的立法资源、时间、条件有限。但是，我们将会看到，这种"职权裁量模式"一直存在于1996年和2012年《刑事诉讼法》当中。

2. "职权裁量模式"在1996年《刑事诉讼法》中的延续

鉴于1979年《刑事诉讼法》所确立的审判方式存在的法官"包办案件"、职权过大、控辩职能"萎缩"、审前预断和庭审走过场等问题，法律界普遍认为此乃"（强）职权主义"的弊端，必须合理地吸收"当事人主义"审判的要素，才能有效地解决上述问题。[1]这显然是当时学界的误判，因为1979年《刑事诉讼法》所确立的审判模式根本不是"职权主义"，将审判中出现的问题归咎于"职权主义"当然是错误的。例如，当时学界有人认为，检察院在提起公诉时将全部案卷材料移送给法院，容易导致法官产生有罪预断，认为应当改革起诉方式，改采"起诉状一本主义"。但是，在一个法院需要对案件真相"负责"的制度下，没有开庭前的准备是难以想象的，职权主义诉讼卷宗移送制度就成为法院履行"澄清义务"的必然前提。的确，这在客观上可能会使法院产生有罪预断心理。职权主义诉讼已经构建了完整的机制来克服这种倾向。由于当时学界对职权主义诉讼运作机理缺乏透彻的研究，最终以当事人主义消除我国"超职权主义"弊端的改革意见占据上风。于是，我国的刑事审判模式开始走向一条"混合式审判"的道路。

这种"混合式审判"的突出特征，就是"在形式上"构建了控辩双方主导法庭调查的结构，法院退居"二线"，但是也并非像英美法系那样"消极"，而是可以进行"补充性"的调查核实证据活动。1996年刑事审判方式改革主要内容略述如下：一是为了解决未审先判、庭前预断的问题，将起诉方式由"卷宗移送制"改革为"复印件主义"，同时禁止法院对公诉案件进行实质审查。二是为了克服法庭调查过程中法官"坐堂问案"无法保持"中立"听审的问题，将庭审证据调查的主导权交给控辩双方，法院可以进行补充性的调查。三是明确规定了犯罪事实最终无法查明存在剩余疑点的处理方式，即"证据不足，不能认定被告人有罪的，应当作出证据不足、指控的犯罪不能成立的无罪判决"。

就剩余疑点风险控制这个问题而言，1996年刑事审判方式的改革没能有效解决老问题，反倒带来了许多新的问题。首先，公诉案件的庭前审查由以前的"实质审查"转变为纯粹的形式审查，在程序上固然可以在相当程度上解决法院"先定后审"所导致的侦审职能不分的问题，但纯粹形式审查的最大弊端就是把公诉案件是否符合起诉条件的审查完全拱手交给了检察院的自我审查，法院成为完全被动接受公诉的"仲裁者"。这可能导致在剩余疑点非

---

[1] 参见左卫民：《刑事程序问题研究》，中国政法大学出版社1999年版，第216-217页。

常明显的案件中，检察院出于各种各样的动机（如转移政治、舆论压力等）将不具备起诉条件的案件移送到法院，法院在这种情况下却不能拒绝受理。[1]加之缺乏严格的证明责任规范，一旦受理，法院利用补充调查权限澄清这种"差额巨大"的剩余疑点，在相当程度上就等于代行侦查工作。

其次，将证据调查的主导权交予控辩双方而法院相对消极听审的调查模式，表面上看可以使法院处于中立仲裁者的地位，但由于1996年《刑事诉讼法》没有设定较为严格的证据规则和程序规则，辩方在法庭上的辩护权非但没有增强反倒由于公诉方式变化和阅卷制度的限制被削弱，离控辩双方平等对抗的条件相去甚远，结果"审判过程往往成为检察官单方面的立证过程"。[2]由于公诉人"当事人化"会导致其与客观性义务所设定的角色产生冲突，却没有辩护权的有效制衡，这就有可能导致法庭审理的证据调查"一边倒倾向"比之前更为严重，所谓"穷尽一切调查手段"通常只能以不妨碍顺利指控作为前提，错案风险控制"原理I"愈加难以得到实现。

再次，法院虽然相对消极，但是并非完全被动，而是享有剩余疑点的调查核实权。与1979年《刑事诉讼法》相同，这个权力的行使条件同样是"自由的"，只要法院认为"有必要"就可以行使。他可以选择继续澄清控诉剩余疑点，也可以选择放弃调查辩护剩余疑点。这不仅可能会导致两种诉讼模式下的优点无法体现，而且将吸收二者的缺陷，最终致使再次违背剩余疑点风险分配原理I：本来应当依照澄清义务予以调查的辩护剩余疑点由于法院拒绝调查而无法澄清，本来应当按照证明责任规则判决控方败诉的案件由于法院弥补控诉剩余疑点而使检察院获胜。辩护方申请法院（包括检察机关）调查证据的权利，也沿袭了1979年的模式，无法形成有效制约，法院可以名正言顺地进行剩余疑点的选择性补充调查。这种既没有证据规则、程序规则刚性约束和辩护权有效对抗，且法院可以选择性弥补控诉剩余疑点的控方单方面主导庭审的模式，可谓是一个极其糟糕的混合物，离理想的剩余疑点风险分配模式越行越远。

---

[1] 佘祥林案就是一个较为典型的代表性案例。参见王刚："决定佘祥林命运的执法者"，载《中国新闻周刊》2005年15期，第20-25页。

[2] 龙宗智："论书面证言及其运用"，载《中国法学》2008年第4期，第128-144页。

最后，立法所确立的"存疑有利于被告人"原则，被司法解释分解为两种处理方式：无罪判决或者撤回起诉。实践中，大多以撤回起诉方式解决最终剩余疑点问题，加之撤回起诉并不会产生英美法系"禁止双重危险"的效力，被告人的命运再次陷入了不确定的状态，他可能会被决定不起诉，也可能会被再次"回炉"退回侦查机关，也可能被取保候审，导致案件长期搁置得不到确定结果。

3. "职权裁量模式"在2012年《刑事诉讼法》中的再延续

2012年《刑事诉讼法》修改与剩余疑点密切相关的是证据制度和辩护制度的修改，总体而言进一步加强了诉讼的当事人主义色彩，使控辩对抗比之前更加平等化。这主要体现在以下几个方面：一是确立了非法证据排除规则，有关司法解释在"两个证据规定"的基础上进一步扩充了证据排除规则的适用范围，这无疑是一种削弱控方权力的机制；二是在《刑事诉讼法》第49条中明确了"公诉案件中被告人有罪的举证责任由人民检察院承担"，这是当事人主义诉讼剩余疑点风险治理的核心规则；三是在审前程序中加强了辩护权的保障（如会见交流保密权、侦查阶段辩护人地位的确立、审查起诉之日起的核实证据权、查阅全部案卷材料的权利等）。

但是，1979年和1996年《刑事诉讼法》所遗留下来的核心问题，同样没有得到有效解决。第一，没有构建最有利于查明案件真相的程序规则或者证据规则。《刑事诉讼法》以及有关司法解释所确立的证据规则种类繁多，但是旨在提高事实认定准确性的言词证据"内在排除规则"，[1]照样付诸阙如。对证人（被害人、鉴定人）的书面笔录的采信还是任意的，而这些人证通常是审判当中争议颇大且证明力极强的证据。无论是英美法系的传闻证据规则，还是大陆法系的直接言词原则，二者的出发点虽然不同，但是规范目的都是相同的：凡是有更为优质的证据，禁止调查和采纳次优的证据。换言之，均是为了实现错案风险分配原理I，以最有利于澄清真相的手段调查证据，降低错判风险。但是，立法中构建的强制证人（以及鉴定人）出庭作证的制度，

---

〔1〕 内在排除规则是旨在提高事实认定准确性的排除规则。参见［美］米尔建·R.达马斯卡：《漂移的证据法》，李学军等译，中国政法大学出版社2003年版，第16-18页。

由于增加了一个"必要性"条件，且有关司法解释没有对其适用条件作出任何明确解释，到底证人是否必须要出庭作证，再次沦为法院的"自由选择"。

第二，2012年《刑事诉讼法》明确规定了公诉案件有罪的举证责任由检察院承担，这是迈向"实质当事人主义"的重要一步。无论是对于贯彻原理I，还是对于贯彻原理II，均有积极意义。但是，2012年《刑事诉讼法》同时保留了法院的剩余疑点调查权，有关举证责任条款的"立法说明"中明确指出："人民法院不能只消极审查人民检察院提出的证据，在法庭审理中，合议庭对证据有疑问的，也可以宣布休庭对证据进行调查核实。"〔1〕这就意味着，即使控方承担举证责任，法院也可以帮助控方调查核实剩余疑点，帮助控方走完最后一程证明之路。如此一来，所谓控方承担举证责任的规定只不过是一句"有名无实"的规定，只能将其理解为"提供证据"而已。

第三，审前阶段辩方权利的扩大以及证据排除规则所带来的程序性辩护机会的增多，可以适度增强辩方的平等对抗能力。但是，自1979年《刑事诉讼法》到2012年《刑事诉讼法》，始终没有解决的一个核心问题是：如何保障辩方获得辩护证据的权利？众所周知，没有一个国家的辩护人可以自己使用强制手段获得证据，国家"有义务"利用公权力帮助辩方收集证据是任何一个以"发现真相"为目标的诉讼必不可少的保障机制。但是，哪些情形下不得拒绝辩方申请调查证据？我们还是没有办法在立法和司法解释当中找到明确的答案。对辩方依靠国家收集证据权利的忽视只能建立在这个假设之上：我们能够保证国家机关客观公正毫不遗漏地收集到所有不利于和有利于被告人的证据。这无疑是一个不可能实现的"乌托邦"。

第四，关于最终剩余疑点的风险分配，"撤回起诉"方式又通过"司法解释"的后门溜进了审判程序之中，〔2〕问题如故，兹不赘述。

---

〔1〕 全国人大常委会法制工作委员会刑法室编：《关于修改中华人民共和国刑事诉讼法的决定：条文说明、立法理由及相关规定》，北京大学出版社2012年版，第45页。

〔2〕 参见2012年《人民检察院刑事诉讼规则（试行）》第459条。有关内部指导性教材写道："如果因为犯罪事实并非被告人所为或者事实不清、证据不足而撤回起诉，需要重新侦查的，可以在作出不起诉决定后书面说明理由，将案卷退回公安机关并建议公安机关重新侦查。"孙谦主编：《〈人民检察院刑事诉讼规则（试行）〉理解与适用》，中国检察出版社2012年版，第311页。

(二) 我国剩余疑点风险治理的基本路径

纵览我国《刑事诉讼法》的制定、修改历程，我们可以发现，面对刑事审判当中出现的剩余疑点问题，到目前为止还是没有一个相对确定的法治化解决方案。首先，面对剩余疑点，法院可以自由地选择利用（补充）调查权继续澄清疑点，也可以按照现有的证据作出判决。其次，即使法院澄清疑点，也没有严格的澄清义务的拘束，澄清疑点是法院的一种"裁量权"。裁量权的表现是：在可以利用更有利于查明真相的证据时（如对证人的当庭言词调查）可以选择调查次优的证据（如宣读书面证言笔录）；在澄清疑点的类型选择上，它可以优先选择控诉剩余疑点，轻视甚至无视辩护剩余疑点；当事人尤其是辩护方缺乏有针对性的权利制约法院裁量权。最后，当法院"认为"调查手段已穷尽却仍存在剩余疑点没有澄清时，它可以选择无罪判决，也可以选择以其他的方式（当前主要是撤回起诉）规避"疑罪从无"的选择。因此，以不确定的规范应对不确定的剩余疑点问题，必然没有确定的预期。这种"职权裁量模式"的核心问题在于将裁判结果尤其是被告人的命运交给了法院的"偏好"，可以看作是"现代版"的"青天模式"。由于剩余疑点澄清到何种程度以及最终无法澄清时作出何种选择，直接关系被告人的罪与非罪这个关键性问题，裁量模式均被德国和美国所抛弃，因为这在某种程度上等于授予了法院"定罪裁量权"，但"罪与非罪"显然是一个"原则"问题，立法者将如此重大的问题交付司法裁量解决违反了现代法治基本原理。

在提出改进建议之前，我们有必要先结合中国的诉讼法审视错案风险分配背后的"中国哲学观"问题。这是确保剩余疑点风险分配方案具有可行性的基本前提。从我国诉讼法的目标、任务、原则和整体程序设置来看，我们与德国法的理念更为接近。简而言之，在诉讼认知论哲学上，我们偏向于认为国家机关客观公正地调查事实更有利于澄清真相，而不是控辩对抗更有利于揭示真相；在国家权力哲学上，我们更信任国家权力的良性运转并以司法机关的真相责任作为保障，法院并非只是一个解决纠纷的平台，而是一个确保国家刑罚权得到准确实施的机构。但是，在具体的操作方式上，1996年和2012年《刑事诉讼法》的改革也吸收了美国法的一些要素，如控辩双方在法庭调查时的主导性地位和控方承担"举证责任"。因此，我们还需要思考如何将现有的"当事人主义"要素合理地吸收进支配性的哲学观当中。

1. 区别对待两种疑点

当法院面对剩余疑点时，是否有义务继续澄清疑点，必须要结合剩余疑点的性质进行区别对待。对于控诉剩余疑点，法院没有义务主动帮助控方澄清剩余疑点。这是由于 1996 年《刑事诉讼法》审判方式改革之后，法院的角色已经发生了变化。它已经由一个积极调查犯罪事实的"纠问者"变成了一个相对消极审查控方指控是否成立的"仲裁者"。澄清控诉疑点的责任应当由检察院承担。这一点清楚地体现在 2012 年《刑事诉讼法》第 49 条和第 191 条之中。问题在于 2012 年《刑事诉讼法》第 191 条第 1 款（法庭审理过程中，合议庭对证据有疑问的，可以宣布休庭，对证据进行调查核实）并没有对法院澄清剩余疑点的"范围"作出任何限制。纵使法院没有"义务"帮助控方澄清疑点，它却有"权力"针对案件的具体情况启动调查核实权，以弥补控诉证明差额。这种随机而动的裁量权，确实可以在部分案件中实现"原理 I"的要求，即穷尽一切合法的调查手段澄清剩余疑点。但是，它不仅导致剩余疑点澄清责任的承担主体模糊，也使不同制度之间产生内在矛盾。法院利用第 191 条启动了澄清控诉疑点的权力后，控方即使举证不能达到法定证明标准，也不一定承担不利后果，法院实际上分担了控方依据第 49 条应当承担的"举证责任"。这进而削弱了控方由于举证责任的激励而积极收集证据的动力，反而可能使一些本应在审前予以收集的证据没被收集，且由于时过境迁彻底灭失而无法收集，导致无法实现"原理 I"的要求。也就是说，2012 年《刑事诉讼法》第 49 条的举证责任证明原则与第 191 条的裁量澄清控诉剩余疑点的补充调查原则产生了内在冲突，二者无法并存。

为确保法律的内在融贯性，同时也使"原理 I"得到更为充分的贯彻，笔者认为应当对第 191 条作出"目的限缩性"解释：法院对存疑事实的补充性调查核实权不得扩展至不利于被告人的控诉剩余疑点，只能及于有利于被告人的辩护剩余疑点。这将彻底分清检察院与法官澄清剩余疑点的责任，改变以往责任主体不明所导致的疑点澄清责任不确定的状态，也可以充分激励控方在审前尽其所能依法收集充分的证据，实现"原理 I"的价值目标。

有人可能会担忧，假如在审判期间出现了控诉疑点，且具备进一步澄清疑点的现实可能性，法院不协助控方收集调查证据，岂不是会放纵犯罪？这不是与"原理I"的要求不符吗？这种担忧是多余的。其一，我国的检察院在审判期间还享有"补充侦查权"。该权力可以运用两次，每次1个月，且不计入审限。检察院完全可以利用该权力在审判期间进一步收集证据弥补控诉疑点。由于法院的补充调查核实权弱于检察院的补充侦查权，所以检察院比法院更有能力补充收集能够弥补控诉疑点的证据，不会因为法院不帮助检察院收集证据而导致"放纵犯罪"。其二，由于对是否存在控诉证明差额的判断权是法院在综合庭审调查证据后形成的，所以可能出现检察院因"误判"导致对应当调查、收集的证据因确信完成了证明责任而没有行使申请调查证据权或补充侦查权的现象，从而使检察院在本可以弥补剩余疑点的案件中承担了败诉后果。由于中国的法院并不是美国那种无须贯彻国家政策目标的消极裁判者，而是有义务确保案件事实符合真相的"不枉不纵"政策目标的执行者，所以法院不应在此情况下"见死不救"，而是应当利用"释明权"晓谕检察院补充调查已经整理在案（卷宗）的证据或者补充侦查具备收集可行性的证据。无论何时，法院均不得主动代替控方调查、收集不利于被告人的证据，法院面对控诉剩余疑点时的"澄清义务"仅限于释明疑点和晓谕检察院补充调查收集证据。这不仅不会混淆控审之间澄清疑点的证据责任，而且与美国的"辩论赛模式"相比，这种做法更加契合中国刑事诉讼的认知论哲学和国家权力哲学，也更加符合"原理I"所要求的穷尽一切合法的调查手段以澄清疑点的原则。

至于辩护剩余疑点的澄清，可以有两种解决方案：一是仿效前述控方承担证明责任的方法，由辩方承担"积极抗辩"的证明责任，辅之以法院的释明义务予以保障，这是以美国法为主要借鉴对象的方案；二是将当前法院所承担的澄清辩护剩余疑点的裁量权界定为法院必须要履行的责任，法院有义务积极主动地帮助辩方澄清有利于被告人的事实，这是以德国法为主要借鉴对象的方案。

我们认为第二种方案更符合中国的国情。我们已经在上一章中对辩方承担积极抗辩事由的风险分配模式进行了否定。择其要者主要包括以下几点：

其一，前已述及，美国法之所以到目前为止还允许将可以"出罪"的积极抗辩事由让被告人承担，是因为英美法系的犯罪定义没有把"积极抗辩事由"作为犯罪构成要素，而是作为一种犯罪的"例外"来对待，所以这种实体法结构使这种做法难以在"形式"上指责它有违无罪推定的精神。在我国，无论是主张坚持传统的四要件理论，还是主张采纳大陆法系的三阶层理论，均认为类似于英美法系积极抗辩的"排除犯罪事由"属于犯罪构成要件的必备要素。让我国的被告人承担积极抗辩的证明责任，无异于让其承担证明自己无罪的责任，这与现代诉讼理念以及我国刑事诉讼法的有关原则直接相悖。其二，这种主要仰赖控辩对抗来揭示真相的机制，缺乏必要的程序规则、证据规则的保障（如数量众多的排除规则、被告人的沉默权、律师在场权、对质权以及无效辩护制度等）。其三，更为关键的是，它也缺乏基本的支撑性条件（如70%左右的案件没有辩护律师的帮助），更与我国《刑事诉讼法》的哲学观格格不入，会与我国《刑事诉讼法》的目的（保证刑法的正确实施）、任务（正确应用法律，惩罚犯罪分子，保障无罪的人不受刑事追究）产生激烈的冲突，即使"全盘移植"美国的保障性机制，也可能无法得到遵行，反倒让被告人的处境因此更为不堪，从而使本应得到澄清的辩护疑点无法得到澄清。一言以蔽之，通过严格贯彻检察院承担证明责任机制，辅之以法院的释明义务，并不会削弱审判程序穷尽证明控诉剩余疑点证据的能力，但是如果将辩护剩余疑点的澄清责任交给被告人，则可能导致法院因辩护不力而无法获得本来可以依职权获得的证据。因此，由法院承担澄清有利于被告人疑点的义务，才能较为有效地满足"原理I"的要求，防止被告人因缺乏辩护人、辩护技巧拙劣、辩护权保障不足所引发的错误裁判。

2. 澄清剩余疑点的保障机制

依照上述方案，澄清不利于被告人的控诉剩余疑点的责任将由检察院承担，而澄清有利于被告人辩护剩余疑点的责任将由法院承担。那么由此会产生两个方面的问题：一是在控方已经成为"实质当事人"的程序环境下，为确保胜诉，控方就存在使用"次品"取代"真品"的内在动机，以使控方顺利地完成疑点澄清责任，如何确保最佳证据展现在法庭上就成为一个需要解决的问题；二是在法院承担澄清有利于被告人疑点的义务的条件下，如何防止它由于阅卷偏见和控审关系紧密而懈怠职责，从而导致应当调查的证据而未予调查，这也成为一个需要解决的问题。笔者认为，借鉴德国的当事人证据申请权制度体系以及适度借鉴传闻证据规则，可以解决上述两个方面的问题，从而使"原理I"的贯彻得到充分的制度保障。

敦促法官善尽澄清有利于被告人疑点的义务以及防止检察官以次优证据取代最佳证据，首先可以通过辩护方的证据申请权对法官的决定以及检察官的举证选择权进行制约。这可谓"一箭双雕"的制度设置。由于同意辩方的证据调查申请是原则，否定申请是例外且必须符合法定条件，证据申请权可以打破由控审双方垄断证据调查范围和证据调查类型的权力，从而可以"迫使"法院必须将澄清疑点的义务落到实处，并能够保证最佳证据得到调查。这将会使"原理I"的实现得到有力的保障。

为此，我们可以从以下几个方面进一步完善辩方的申请调查证据权：

其一，原则上辩护方申请调查证据，除非属于"法定"例外情形，否则法院不得予以拒绝。这是利用证据申请权敦促法院澄清疑点的基本条件，也为确保原始言词证据作为法庭调查资料创造了条件。

其二，为了防止法院懈怠职责和滥用驳回申请权，参照德国法的有关规定，将可以拒绝证据调查申请的情形"法定化"：众所周知的事实、证据资料的调查确有困难（如证人下落不明，短期内无法查清下落）、不具有关联性或者证明意义不大的证据、不准许调查的证据（如测谎结论）、不适于调查的证据（如申请通知可预见事故的"慧眼人"）、待证事实已经得到证明和故意为拖延诉讼而提出调查申请。这些例外情形的具体标准的把握，还需要通过司法实践累积学理、实务解释以及颁布指导性案例予以明确。

其三，禁止预断证明力以防止随意排斥辩方的证据调查申请。在前述例外规定中有一种"待证事实已经得到证明"的情形，但是德国的理论和判例均认为，使用这个例外规定时不得以"与查证申请相反的结果已被证明"为由予以拒绝。这可以避免法院的先入之见，确保尽可能穷尽所有的调查手段再作出理性的证据评价。

其四，法院拒绝辩方的证据调查申请，必须援引法律规定的理由并以裁定的形式作出，以便辩方寻求审级救济时有据可循。

其五，辩方的证据申请并不能完全豁免法院澄清有利于被告人剩余疑点的义务。换言之，即使没有辩方申请，但是当法院已知（如卷宗内的有利证据）或者可得而知（如主动通知一个辩方没有申请的证人出庭作证）存在有利于被告人的证据时，也应当主动履行"照顾义务"，否则也属于对应当调查的证据未予调查的重大程序违法。唯有如此，才能确保没有辩护人（有效）帮助的被告人不会受到不平等的对待，确保"原理I"的价值目标能够公平地惠及每个被告人。辩护方的证据申请权和法官澄清有利于被告人的剩余疑点的义务不可偏废，二者相辅相成，共同致力于不枉不纵的实体真实目标。因此，无论是一审法院违法拒绝申请还是法院对应当调查的证据未予调查的，都将作为可能影响判决结果的重大程序违法行为，二审以及再审法院应当据此撤销判决。

证据申请权和法院照顾义务既可确保审判程序穷尽可行的调查手段，也在一定程度上抑制了法庭调查"以次充好"（以书面代替言词）这种不利于疑点澄清的调查方式的运用。但是，它的保障还略显不足。例如，在辩方没有提出申请的情况下，控诉证据的调查由检察院主导，法院不再主动干预，那么就可能导致书面证据或者二手证据再次泛滥于法庭之上。这显然不利于"原理I"所追求目标的实现。为此，必须辅之以最佳证据优先原则才能进一步保障实体真实目标的实现。有关司法解释已经确立了物证、书证的最佳证据优先原则，但是对于证人证言等言词证据，则尚未确立类似的规则。无论是德国的直接言词原则，还是美国的传闻证据规则，都是最佳证据优先原则的要求，均可以作为借鉴的对象。不过，与直接言词原则相比，借鉴英美法系的传闻证据规则可能更符合我国的实际情况。其核心原因在于我国目前还存在审委会制度，如果借鉴直接言词原则，将会导致审委会事后进行的裁判缺乏任何法律依据，改革阻力无疑太大。传闻证据规则，只是禁止以书面或者二手的信息作为裁判的依据，并没有强调裁判者必须"直接"调查证据。至于如何构建我国的传闻证据规则，学界已有较为充分的论述，此不赘述。当然，从切实推进审判中心主义的目标来看，审委会制度必须从幕后走到台前，构建大合议庭审判组织。

3. 废止最终控诉剩余疑点无法澄清时的撤回起诉制度

从我国刑事诉讼立法历程来看，面对犯罪构成要件事实最终存在剩余疑点的，其发展历程为：没有规范——吸收了存疑有利于被告人原理的疑罪从无"裁判原则"——以控方的证明责任进一步强化疑罪从无的风险分配原理。但是，即使在1996年《刑事诉讼法》确立了证据不足宣告无罪的制度之后，实践中还是存在"三元式"选择：撤回起诉、疑罪从轻和疑罪从无。第一种是通过司法解释的形式将1996年《刑事诉讼法》所废止的制度重新确立为一种可选择的裁判方式。第二种则是一种完全违法的裁判方式。但是，由于疑罪从轻的裁判方式并非《刑事诉讼法》缺乏规范所致，本书不做讨论。必须指出的是，这种做法是对错案风险分配原理以及法定规范的严重背离，必须要通过深化改革予以解决。我们重点讨论目前在制度上认可的两种选择方式是否还有必要共存的问题。我们认为，应当废止控方撤回起诉制度。[1]

其一，撤回起诉不符合剩余疑点分配的基本原理。前已述及，当法庭审理已经穷尽了一切可行的调查手段，没有办法澄清构成要件事实疑点时，就应当基于风险权衡的原理（宁可错放有罪的被告人也不可错判清白的被告人）及时、权威地作出无罪判决，不得再任由检察机关处分所谓"诉权"。

其二，剩余疑点最终无法澄清时如何作出抉择，属于艰难的"价值权衡"，如此重大的问题只能通过凝聚共识的立法手段予以解决，否则在一定程度上就等于授权司法机关按照自己的偏好作出抉择，这是违背现代民主法治精神的。按照我国1996年《刑事诉讼法》证据不足宣告无罪的规定以及2012年控方承担举证责任的规定，法律已就剩余疑点最终无法澄清如何处理作出了明确的规定：宣告无罪。最高人民检察院的司法解释所创设的证据不足可以撤诉的规定不是"解释"，而是一种较为典型的"变相立法"行为，因为它把法定的一元选择变为二元选择，改变了立法基于价值权衡所作出的抉择。因此，撤回起诉缺乏合法性。

其三，撤回起诉在实践中为法检以"内部沟通"的方式规避无罪判决提

---

[1] 笔者在此提出的禁止撤回起诉的条件是当法庭审理已经穷尽了一切可行的调查手段，但存在无法排除的合理疑点。

供了通道,损害了司法机关的公信力,部分案件由于撤回起诉之后继续"倒流程序",让本可以通过无罪判决恢复声誉的被告人成为侦查阶段的"嫌疑人",或者案件被搁置而久拖不决,甚至即使丧失了追诉条件的案件也让被告人长期置于风险之中,从而使立法所确立的有利于被告人的价值选择无法实现。

其四,我国《刑事诉讼法》已经为检察机关提供了较为充分的避免无罪判决的事前补救(审查起诉和审判阶段的补充侦查权)和事后救济机制(抗诉权),没有必要再赋予检察机关撤回起诉的权力,否则将会导致控辩权力(利)失衡。

第九章
证明结构的优化

刑事证明最崇高的理想是不枉不纵。哪怕深受怀疑主义哲学思想影响的英美法系，主流的刑事证据法思想也是将裁判的准确性作为首要目标。[1]若想作出准确的裁判，其首要前提就是尽力收集一切可以获得的与案件有关的证据，并对所收集的证据进行严格的检验。从证明的角度来说，准确的裁判，就是当已经确定了某个版本的事实后，不大可能出现新的证据，也不大可能有新的有价值的反对意见，会指向另一个结论或对原先的结论产生合理的质疑。遗失了证据，缺乏严格的检验，悔不当初的误判风险就可能发生。古今中外的立法者在设计诉讼制度时，都必须考虑如何在各种资源约束条件下实现证据数量和证据检验制度的最优化。只不过由于取证技术的时代差异，求真价值与其他价值的不同权衡立场，尤其是特定时期对于刑事司法如何运作的主导性观念的影响，不同历史时期的不同国家会产生实现路径的差异，进而造成不同的框架，形成了结构性差异。从理论上来说，如果任何一种证明结构存在缺陷，完全可以将现有的结构推倒重来，按照理想的模式重新设计。

但是，结构一旦形成之后，它不会一成不变，因为社会总是在发展，制度构造也永远不可能完美，随着时间的推移，运行中的问题会逐步暴露。不过，正如同一个生命体形成之后，会逐步进化以解决自身存在的问题和适应新的环境而不会自我毁灭一样，制度性结构也会做些微调，进行自我修复和自我完善，其目标不是"自杀"，而是维持自己的生命力，以使结构更加稳固，并且增强抵御能力。近10年我国证据制度的发展就是在现有结构下进行

---

[1] 参见［英］威廉·特文宁：《证据理论：边沁与威格摩尔》，吴洪淇、杜国栋译，中国人民大学出版社2015年版，第22—23页。

完善的鲜明例证。一般来说，除非支撑结构的主流观念发生了根本性的转变且得到了全社会较为普遍的认可和接受，否则稳固的结构形成之后，不仅会自我加固，也会排斥在本质上无法被结构所容纳的异体物，要么让其归于死亡，要么让其失灵无法发挥作用，要么被结构中的主导性力量改造为一种与结构相容的东西，产生"异化"。

前文已经在多个章节中论述，从1979年《刑事诉讼法》确立了分段包干和选择性接力的查证结构后，我国法律经历了三次修改，但基本方向是朝加固结构的路线行走。尤其是被宣告"失败"的改革措施，更能够体现结构强大的生命力。其典型例证就是1996年全案卷宗、证据移送制度的废除和2012年全案移送制度的恢复。在分段接力的结构中，案卷移送制度是结构保持顺畅运行的必要条件。一方面，全案移送制度是下一阶段主导性机关进行选择性接力的前提。如果上一阶段可以截留部分证据材料，既不移送给下一个机关，又可以不在法庭上出示，下一阶段就无从判断是否需要继续接力以及从何处继续接力。另一方面，这与分段包干责任制下的分段、分工但不分目标的要求也不一致。侦查、起诉、一审、二审均要致力于全面收集证据，查清事实真相。法律允许检察机关合法地"隐瞒"部分证据材料，既损害了证据的全面性，也可能危及下一阶段对真相的认知，注定无法被分段接力的结构所容纳。因此，在司法实务中，所谓主要证据复印件主义实行没多久，就被法检两家"宣告死亡"，只不过移送的时间从开庭前转变为开庭后。2012年《刑事诉讼法》将卷宗移送制度恢复可以说明这一结构的强大力量。

在业已形成的分段包干和选择性接力的证明结构中，有三根支柱共同支撑使目标得以实现，分别是科学精神、仁爱之心和客观尺度，它们共同维持着结构预期目标的实现。科学精神和仁爱之心主要担保着事实认定错误风险的降低，目前形成的客观尺度则主要担保事实认定错误风险的分配，但三根支柱之间的比例关系确有进一步优化的必要。简单来说，就是前两根支柱过细，缺乏对人性固有缺陷的防范措施，后一根支柱过粗，缺乏对理性精神和良知的必要尊重。三根支柱目前的发展极不均衡，因此，实有必要改善当前的结构，以降低刑事证明的错误风险，提高与证明有关的制度揭示实质真实的能力。将科学精神和仁爱之心的精神内核转换成一套具体的制度体系，使其由细变粗，从而迈向求真过程的法治化、精细化，是我国证明实质化目标的首要任务。其目标不是抑制软支柱作用的发挥，而是让有求真精神和仁爱之心的侦查司法人员在证明活动中有法可依，降低因斗争思维、证实偏差、麻木不仁等人性缺陷所导致的错误风险。证据调查活动是最终证据评价活动的前提。对证据的证明力作出恰如其分的评价，必须仰赖于充分的证据调查。绝大部分时候，充分的证据调查自会让真相水落石出，准确的评价也就是水到渠成的结果而已。证据评价的艰难之处主要在于诉讼各方对证据的评价有争议且无法再通过调查证据解决争议。此时，已无可能利用调查证据的方式查明真相，唯一合理的解决办法就是对已经调查的证据进行尽可能理性的评估，并结合预先设定的风险分配规则来取舍证据和认定事实。

一、实质化基本原理

证据是司法证明的基石。正如同地基的深度往往决定了房子的高度，证据的齐全性通常决定了决策的准确性。理想的证据状态当然是一个也不能少。若想通过证据还原真相，首先必须尽力获取与待证事项有关的全部证据。但证据不会一个一个地乖乖跑到决策者面前，而是经由人力才能获得证据。在证据调查环节，各个时代的司法制度均无法回避如下两大问题：一是由谁负责收集证据？即调查证据的权力如何进行分配。二是如果未尽职责，其法律效果是什么？即如何设置制裁措施以确保各尽其职，各尽其责。从功能来看，调查证据权力的配置，是为了确保证据收集的全面性，即防止由该查而未查的证据疏漏导致的事实认定的错误。习近平总书记在推进以审判为中心的诉讼制度改革的说明中曾经指出："在司法实践中，存在办案人员对法庭审判重视不够，常常出现一些关键证据没有收集或者没有依法收集，进入庭审的案件没有达到'案件事实清楚、证据确实充分'的法定要求，使审判无法顺利进行。"[1]习近平总书记的说明深刻地指出了目前我国证据调查制度的两大痼疾：一是证据收集不全面，二是证据收集不合法。从目前我国改革取得的

---

[1] 习近平："关于《中共中央关于全面推进依法治国若干重大问题的决定》的说明"，载《共产党员（河北）》2014年第22期，第25页。

成果来看，证据收集不合法的问题已经得到了一定程度的遏制，但"一些关键证据没有收集""常常出现"的问题并没有得到有效解决。从确保诉讼证明揭示真相的角度来说，不遗漏关键证据（无论是否有利于被告人）的调查可能比确保依法收集证据意义更为重大。

刑事诉讼调查证据的主体主要由侦控审辩组成。任何一方收集到的证据，都可能有真有假，因此一个国家的证据调查制度不仅要确保证据调查的全面性，还要确保任何一方收集到的证据都能得到其他方严格的检验。至少要在具有实践可行性的情况下，确保可能受到该证据不利影响的一方有全方位质疑、挑战该不利证据的机会。机会当然可以放弃，但与没有机会是完全两回事。受到证据不利影响的一方可能会认可该证据的效力，没有任何异议，但如果他有异议，法律制度就应当尽力保证他获得该机会。从让每一个人都能够从司法审判中感受到公平正义的政治伦理来看，如果某一方在诉讼中面对一个不利于他的证据，却无从全方位质疑挑战该证据的效力，他显然是无法感受到公正的。从人性的角度来看，也只有那些可能受到证据不利影响的一方，才会有巨大的内驱力，揭露相对方所收集、提交的证据存在的各种缺陷，从而达到去伪存真的效果。因此，从证明功能来看，证据检验程序和权力的配置是为了确保待评价证据的可靠性，即防止因为未经严格检验的不真实、不可信的证据流入最终的证据评价体系而导致事实认定的错误。

全面收集证据和严格检验证据就为证据评价活动打下了坚实的基础。它们共同致力于将错误的风险降至最低。但我们一开始就提到，求真目标的实现必须讲究最优化，必须要适当兼顾实践可行性、司法资源、伦理资源等资源约束条件。易言之，即使我们把求真目标作为证明制度设计的首要价值目标，也只能是在资源约束条件下的最优化。这一点务必注意。例如，在被告人有异议的情况下，控方证人必须出庭作证。这是一个可以实现证据调查双重目标的活动。一方面，它可以增加证据的数量，或者说巩固了裁判的信息基础，因为出庭作证之人有可能所说之事与之前相同，也可能不同。但无论如何，裁判无疑多了"一份"证据。另一方面，它也可以保障控辩审三方对证人的庭前证言和庭审证言进行面对面的全方位的调查，保证作为裁判基础的证据得到严格的检验。但目前我国有异议的证人是否出庭主要依赖于法院基于具体情况的具体裁量，并无任何刚性规则予以规范。但是我们也不能为了促使证人到庭接受调查，就采取"一刀切"的方式，规定凡是通知出庭的证人，若不出庭，其庭前证言一律无证据能力。证据调查制度的严格化不是不问代价、不问现实可行性的严格化，而是在资源约束条件下将证据调查活动做到最优。

二、收集责任的分配

从目前所形成的证明结构来看，公检法三机关在证明活动中的查证责任是缺乏任何区分的。他们在各自主导的阶段均有义务收集有罪证据和无罪证据，以便澄清案件的真相。这一模式可以在纵向结构上继续推进。此种责任配置方式固然有助于各机关发挥合力，但带来的弊端就是多头负责后的责任不明晰，并导致规范上的困境。目前在制度上解决这一问题的主要方案就是"分段制"。也就是说，各管一段，分段包干。这种情况在侦查、起诉阶段目前尚无较大问题，但在审判阶段由于同时出现了检察机关和审判机关两家单位，如何分配责任就成为我国目前为止在制度上一直没有解决的问题。前文已经论证，虽然2012年《刑事诉讼法》将有罪的举证责任分配给了检察机关，但法院还是有收集有罪和无罪证据的客观义务，且可以在案件存在疑点时主动依职权行使调查核实权。因此，有罪证据的收集、出示责任到底由谁承担并由谁承担无法查清案情后的"客观证明责任"，就属于一个悬而未决的问题。至于有利于被告人的无罪证据，在此阶段由谁负责收集，同样并不明晰。我们认为应当明晰二者在审判阶段的责任，以防止责任不明而出现推诿塞责的情况：法院在审判阶段的补充性调查核实权和证据收集责任，不得扩展至不利于被告人的有罪证据，只能及于有利于被告人的事实和证据，与此同时，检察院必须在审判阶段负担起完整全面的有罪事实的证明责任，如果检察院无法收集、提供确实充分的有罪证据证明被告人有罪，就必须承受不利裁判的风险。这将彻底分清检察院与法院之间在审判阶段的证据收集责任，改变以往责任主体不明所导致的澄清案件责任不确定的状态，也可以充分激励控方在审前尽其所能依法收集充分的证据。

但为了与我国证明目标相适应，法院对检察院的证明活动还有最低限度的"配合"义务，即当案卷材料或在案证据显示，不利于被告人的证据漏未调查或经过努力后可以进一步收集到控诉证据的，法院应当予以释明、提示、晓谕检察官，但是否调查该证据，由检察官决定。此外，当控辩双方均未申请调查证据，在征求控辩双方意见后，各方均放弃调查该证据的，但如果有助于澄清案件事实的，法院可以依职权收集、调查该证据。因此，在此权力配置模式下，法院在审判环节的证明活动中仅有三项责任：一是有利于被告人证据的收集、调查责任；二是针对不利于被告人的证据，有提示、晓谕检察院的义务；三是对于确切指向有罪无罪方向不明但却可能有助于证明案件事实的证据，法院可以提示控辩双方予以收集，但如果双方均表示放弃调查的，法院则可以依职权主动进行额外证据的收集。对于第三种情形，法院完全是站在客观立场上收集证据，并不是为了帮助任何一方，纯粹是为了澄清案情。

  有人可能会担忧，假如在审判期间出现了证据不足的状况，且具备进一步澄清案件事实的现实可能性，法院不积极协助控方收集有罪证据，岂不是会放纵犯罪？这种担忧是多余的。其一，我国的检察院在审判期间还享有"补充侦查权"。检察院完全可以利用该权力在审判期间进一步收集证据，弥补控诉方证据的不足。由于法院的补充调查核实权弱于检察院的补充侦查权，所以检察院比法院更有能力补充收集能够弥补控诉疑点的证据，不会因为法院不帮助检察院收集证据而放纵犯罪。其二，由于控诉方的证据是否达到了法定标准的判断权是在法院综合庭审调查证据后形成的，所以可能出现检察院因"误判"导致对应当调查、收集的证据因确信完成了证明责任而没有行使申请调查证据权或补充侦查权，从而使检察院在本可以弥补缺陷的案件中承担败诉后果。由于中国的法院并不是美国那种消极裁判者，而是有义务确保案件事实符合真相的"不枉不纵"政策目标的执行者，所以法院不应在此情况下"见死不救"，而是应当利用"释明权"晓谕检察院补充调查已经整理在案（卷宗）的证据或者补充侦查具备收集可行性的证据。但无论何时，法院均不得主动代替控方调查、收集不利于被告人的证据，法院面对控诉案件疑点时的澄清义务仅限于释明疑点和晓谕检察院补充调查收集证据。这不仅不会混淆控审之间的澄清案件的证据责任，而且同美国的对抗制诉讼模式相比，这种做法更加契合中国刑事诉讼的特色，即法院有一定的配合追诉方的义务。因此，分段包干和选择性接力的结构得以维持，改变的只是这一结构的操作方式。审判阶段依然要全面调查案情，只不过对调查案情的责任进一步进行了分化处理，由控方收集、提供不利于被告人的有罪证据，由法院收集、调查有利于被告人的无罪证据。选择性接力的做法得到了维持，只不过法院没有义务帮助控方进一步收集证据，但在法庭上有责任进行释明和晓谕，不得对控方进行偷袭式裁判，控方依然可以选择是否接力。

从制度设计来说，法检两家在审判阶段的查证责任还有其他方案可选，但从我国的现实情况出发，上述优化方案可能是目前最优的一种方案。备选方案一是恢复 1979 年《刑事诉讼法》的制度，即由法院负责审判阶段有罪无罪事实的全部查证责任，并在此基础上完善法院未尽查证责任的制裁手段、检察院的监督责任和辩方的制约性权利。此时，审判阶段负责查证案件事实的唯一主体是法院，而不是检察院和辩方。这是以德国为代表的大陆法系国家目前为止采用的方案。从形式上来看，这种方案与我国分段包干责任制更加吻合。这可能也是制度设计者一开始制定法律时在宏观架构上采用这一模式的原因。因此，这一方案是"比较"符合我国国情的。但我们之所以没有建议选择此方案，主要有以下几个方面的原因：其一，我国自 1996 年《刑事诉讼法》修改后，在整体改革方向上一直是朝增强控方的"证明责任"发展，先是在 1996 年改变了庭审调查方式，由之前的法院主导调查变为控辩双方主导调查，后是在 2012 年的立法中明确规定了公诉案件被告人有罪的"举证责任"由检察院承担。因此，如果要退回 1979 年的模式并在此基础上完善证明制度，无异于要彻底否定 20 多年的改革成果，存在很大的改革难度。况且这么多年的改革，已经让控辩审三方慢慢适应了改革后的审判模式。如果恢复以前的制度，必将有很长的调整适应期，且实效未必更好。其二，之所以说效果未必更好，是因为这么多年的改革已经让检察院的公诉职能呈现出"斗争化"的趋势，且法院也开始从积极的真相探知者转变为一个有一些中立色彩的裁判者。我国近年来证据制度（主要为各种证据标准和证明标准的具体要求）取得的成绩，与法院越来越将自己定位为消极的裁判者有直接关系。如果法院突然恢复到以前的角色，检察院的斗争思维继续维持，那么刑事审判中控审协同打击被告人的局面可能会加剧，我国刑事证明的结构性风险也可能随之增加。其三，以德国为模板的新职权主义证明模式有其历史传统，即纠问制下强大的法院调查权。我国虽然在历史传统上有强大的国家调查权，但并无类似于大陆法系那样强大的法院。这一点在法国一直保留至今的预审法官制度中体现得尤为明显。其四，该模式存在一些内在的无法克服的结构性缺陷，法院同时肩负职权调查、澄清案情的责任并履行裁判职责，对责任承担者的品质要求较高。即使在职权主义国家，也不乏有质疑的声音，指责其现实的可行性。[1]因此，综合考虑我国刑事诉讼制度改革的路径倾向、预期效果、历史传统和人性风险，我们不建议选择这一方案。

另一个备选方案则是将法院彻底打造为一个消极的裁判者角色，让控方承担有罪证据的收集、出示责任，并把无罪证据的收集、出示责任交付辩方承担，在此基础上加强对辩方履行责任能力的权利保障，让法院从调查案件事实的负担中抽身而出，真正实现所谓法院居中裁判的目标。但这一方案就不再是对我国证明结构的优化，而是对我国刑事证明结构的革命性改造。首先，它与分段包干的要求不一致。法院在这一结构下不再承担任何调查案件事实的责任，这就需要对一审法院、二审法院乃至于最高人民法院死刑复核的功能进行全方位的改革。如果一审法院不再负责调查事实，那么二审法院以至于最高人民法院却有查证责任，显然是结构失调的。除非我们将二审法院改造为一个彻底的事后审法院，即只对一审法院所认定事实的理由和根据进行事后审查，但不再接受新证据，也不再开展法庭调查，否则二审法院要承担查证责任，但一审法院却不负担查证责任，显然这是一个责任分配不合理的方案。我们建议的方案并不是彻底解除法院在审判阶段的查证责任，而是将其责任予以分割。针对有利于被告人的事实和证据必须进行调查，不留推脱的余地，但针对不利于被告人的事实和证据，则由检察院负责收集和出示，法院只有有限的"接力"任务，即提示、告知控方案件存在的不足或遗漏（案卷业已存在的）了有关证据的调查。最终决定权还是由检察院作出。法院如果超越这一职责，就属于"越权"行为。法院在这一结构下，依然负

---

[1] 参见［德］克劳思·罗科信：《刑事诉讼法》，吴丽琪译，法律出版社2003年版，第410页。

有阶段性责任，只不过由于审判阶段出现了二元主体，为了明晰二者在此阶段的责任，对二者进一步进行了"分包"。它与当前的证明结构并无结构性冲突。二审法院以及死刑复核审法院都可以继续这一任务分工。

其次，它与选择性接力的结构性要求也无法协调。分段包干和选择性接力证明结构下的后端办案机关有三重角色：一是阶段性的事实调查者；二是对前端所调查事实的裁判者；三是裁判后选择性的接力者。但在此方案中，法院变成了纯粹的裁判者，既不主动调查事实，也不进行任何接力。如果控辩双方出于诉讼策略等原因遗漏了有关事实的调查，但对于准确认定事实却有重大意义，法院只能放弃对真相的调查，这显然与我国的诉讼目标完全不符。我们可以以美国的一起真实案件说明这一问题。该案发生于1954年，被告人的妻子被人杀害，但他却被认定为凶手，尽管他主张妻子是由一个闯入他家里的人杀害的。在监狱内服刑多年后，他的定罪被以违反正当程序为由被美国联邦最高法院撤销并发回重审。重审后最终被宣告无罪。在他死后许多年，有证据浮出水面，他的儿子（以遗产继承人的身份）据此提起了一起国家赔偿诉讼。但依据俄亥俄州冤狱赔偿法律，他必须要以优势证据证明他的父亲确实是清白的。在2000年为此审判而进行的陪审团遴选阶段，一位就此知名案件撰写图书的记者注意到，侦查机关曾提取并保存了被害人的指甲屑，但没有做过DNA鉴定，此检验或许可以发现攻击她的人是谁，因为她有可能奋力抗争过。虽然控辩双方均花费了很大的努力在其他方面准备案件，包括启动其他的DNA鉴定工作，不过就此证据来说，无论申请赔偿的一方还是检察官，都没有兴趣从事这项鉴定，显而易见的是，任何一方都担心鉴定结果会打乱他们为审判设计的战略；每一方都相信自己的案件成立，但却对该DNA鉴定可能揭示的真相感到不安。[1] 美国的对抗式诉讼对于解决这种棘手的案件可以说是左右为难。法院如果亲自调查该证据，就会彻底破坏该诉讼结构背后的基础，控辩双方的主导性地位就会土崩瓦解，法院就变成了一个凌驾于控辩双方之上的真相探知者。但如果法院以裁判者自居，放手不管，

---

[1] 参见 Dale A. Nance, *The Burdens of Proof: Discriminatory Power, Weight of Evidence and Tenacity of Belief*, Cambridge University Press, 2016, p. 191.

只以控辩双方收集的证据作出裁判，显然不利于真相的发现。这可以说是美国对抗式诉讼的结构性困境。我们认为，在这种情况下把真相调查的利益完全让位于控辩双方的胜诉利益，并不符合我国诉讼的传统、目标和国情。因此，在我们建议的方案中，法院还享有一种有限的补充调查证据的职责，即征求控辩双方意见后，对于均放弃调查的但却可能有助于澄清案件真相的证据，法院有职责进行补充调查。这个责任就可以较好地解决上述困境。简单来说，如果法院晓谕检察院后，检察院表示放弃调查，且在法院征求辩方意见后，辩方也不申请调查此证据，此时法院就可以依职权主动调查该证据，无论最终结果是有利于控方还是有利于辩方。

最后，将有利于被告人的证据收集、出示责任分配给辩方，极可能使被告人的处境恶化，会使刑事证明制度的求真能力进一步降低。这一责任分配方案建立的基础是双轨式调查制度和利用法院的公权力对调查障碍的排除。将有利于被告人的证据责任分配给辩方，就必然意味着公安机关、检察机关没有为辩方积极收集无罪证据的义务，否则又会陷入责任分配不明的困境。从保障发现真相的角度来看，此时就必须要赋予辩方与控方大致相同的调查权。一方面，他可以采取任何必要的手段（包括雇请专门的调查公司和调查员）进行非侵犯性的调查，另一方面，他可以在调查遇到阻碍时，向法院申请令状排除妨碍，获得证据。就如同控方收集证据的模式一样，实现所谓的"武器对等"。毫无疑问，这同样也会使我国诉讼证明结构发生革命性的变化。这就意味着辩方不再是证明过程中国家探知真相的协助者，而变成了一个完全可以跟控方进行平等对抗的主导者。在我国这样一个国家权力主导型的政治、社会、文化传统背景下，辩方完成这种角色的转变几乎没有可能性。因此，最终导致的结果极有可能是控方的责任降低了，法院积极照顾被告人的责任没有了，但辩方履行责任的能力却得不到有效保障，非但无法解决我国证明结构的缺陷，反而有可能使这一结构中的风险（如斗争思维、证实倾向、缺乏伦理关怀的情感和理性等）呈倍数增长，本来比较细的软支柱可能拦腰折断，但替代性的柱子却无法形成。因此，如果说上一个备选方案还比较适合我国，那这个备选方案则几乎完全不适合我国的国情。

因此，按照我们建议选择的方案，优化了的证据责任在结构上大体如下：

侦查、起诉阶段的结构不变，公安机关、检察机关要继续承担阶段性的查证责任，但审判阶段的查证责任要优化配置。但这里面有一个技术性的问题必须解决，即侦查起诉阶段收集证据的责任和审判阶段法院承担的查证责任如何转化为技术性的规则。其难题就是在没有对证据进行严格的调查检验之前，证据的效力往往是不确定的。易言之，本来以为某个证据可能是有罪证据，但调查的最终结果却显示它是无罪证据，反之亦然，甚至可能出现本来以为有价值的证据，结果发现没用。因此，如何在收集一份证据之前判断它是有利于被告人的证据、不利于被告人的证据或无价值的证据。

针对公安机关、检察机关而言，由于他们继续承担侦查、起诉阶段的客观性义务，这一问题并不明显，因为无论结果有利于还是不利于被告人，他们均要收集。因此，我们认为，只要具有"潜在关联性"的证据，他们均有义务在各自主导的诉讼阶段予以收集。所谓潜在关联性，就是指预估某一个证据可能会提高或降低有罪无罪的可能性。至于这一证据最终有无价值和指向哪一个方向，则无须判断。但在新结构中，我们限制了法院的查证责任，将其限制在有利于被告人的事实和证据与极为有限的补充调查责任。补充调查责任与前述标准一致，但何谓有利于被告人的事实和证据？假如法院预估了某个潜在证据的证明力后，认为它可能有利于被告人，但结果却发现不利于被告人，此时证据可否作为认定犯罪事实的依据？甚至不能排除部分法官打着保护被告人的旗子，但实际上却是在帮助控方打击被告人。因此，有必要在规范上设立一个标准，确保法院这一职责公正行使。我们认为，可以在如下两个方面考虑法院收集调查有利于被告人的证据问题：一是被告人及其法定代理人、辩护人申请法院调查收集某一证据的，可以被视为有利于被告人的证据；二是如果辩方未申请的，法院依职权调查取证的，必须先要在程序上听取辩方意见，如果辩方同意的，则视为有利于被告人的证据，如果辩方不同意的，视为辩方放弃获得有利裁判的机会，法院不得进行调查，否则所收集的证据无效，不得作为定案的根据。因此，正是由于对是否有利于被告人无从在调查之前得出明确的结论，所以应当从程序和过程上界定有利于被告人证据的标准。要么是辩方申请调查的证据，要么是法院依职权调取且得到辩方事前同意的证据。当然，最终的结果确实也可能无价值甚至对被告人不利，但由于这是出于辩方自己的意愿和选择，他也只能"自食其果"。由于被告人已经感受到了"公平正义"，他应当会认同这一不得不接受的不利结果。

　　一旦有责任，就必须有后果。按照建议的方案，由于有罪证据的收集、出示等证据责任由检察院承担，〔1〕因此当其提供的证据达不到定罪的法定标准，就必须要承受指控的事实不被接受的结果。这一点在我国目前的立法中也是相当明确的。但问题在于法院未尽查证责任的法律后果是什么？简而言之，如果一审法院未依申请或未依职权调查收集可能有利于被告人的无罪证据，那么他要承担什么不利后果。我们认为，应当调查可能有利于被告人的证据而未调查的行为，应当被认定为一种严重的程序违法行为，而不是事实认定错误行为。尚未调查的证据的证明力是待定的，因此即使法院依照现有的证据足以认定被告人的犯罪事实，但由于它是建立在一个不全面调查证据的基础之上，因此这一认定是不可靠的，而不一定是错误的。因此，如果一审法院违背了查证职责，二审法院既不能越俎代庖，亲自调查证据，也不能以事实不清、证据不足为由发回重审，更不能直接宣告无罪，而应当以程序违法为由将一审裁判撤销并发回重审，以促使一审法院继续收集调查有利于被告人的证据。

三、拒绝事由法定化

　　在我国分段接力的证明结构下，三机关分别垄断了各自主导的诉讼阶段的证据调查边界的认定权。将证据调查至何种程度，其边界线主要取决于办案机关对当前已收集证据确实充分程度的自我评断。只要他们认为已经收集到足以"认定有罪"的证据，就可以终止调查活动，将案件移交下一阶段办案机关或由法院作出有罪判决。因此，这种终止调查证据的决定有可能建立在片面地收集有罪证据的基础之上。易言之，办案机关可能出于恶意或善意没有调查收集有利于被告人的证据就仓促得出了有罪结论。甚至就连有罪的

---

〔1〕 需要注意的是，在我国目前的审判模式下，对于证人等人证是否通知出庭作证，则属于法院的"职权"。如何协调控辩双方的举证权与法院的人证出庭与否的决定权就成为一个迫切需要解决的问题。具体完善建议，参见下文有关"证据调查方式的优化"一节。

证据也尚未收集齐全。目前由两根软支柱和一根硬支柱所支撑的证据调查制度体系，无法有效地避免这一问题，甚至可能会加剧这一风险。我们在司法实践中随便就可以找到诸如此类的现实案例，辩方提供了证据线索、已收集到的证据材料或提出了证据调查申请，但三机关认为在案的证据相互印证，足以认定案件事实，没有进一步收集证据的必要。这种机械的证据评价规则已经为办案机关拒绝调查有利于被告人的证据提供了一个冠冕堂皇的合法根据。从理论上来说，我们可以考虑强化辩方独立进行证据调查的权利来解决这一问题，确保有利于被告人的证据不会遗漏，但由于我国所形成的证明结构只是将辩方设定为一个"铁三角"求真活动的协助者，这种结构性的"革命"殊难完成。因此，我们认为可以从另外的角度来解决这一问题，即将我国辩方的协助责任实质化。易言之，在维持现有辩方取证权的框架基础上，将辩方申请公检法调查证据的权利落到实处，防止享有国家权力保障的三机关在不该拒绝调查证据的时候却拒绝了调查。为此，我国亟须在证明制度上规范证据调查范围的认定权，保证最终的定案证据体系的全面性，尤其要以辩方的证据调查申请权对三机关的调查范围认定权形成制约，确保辩方协助三机关正确认定案件事实的目标得到实现。如何将证据调查范围的客观性原则转化为证据调查范围的具体规则，使其具有刚性，是实现证明实质化无法绕开的现实问题。一言以蔽之，什么证据应当进行调查，什么证据无须进行调查，不能完全仰赖于办案机关基于科学精神、仁爱之心的自由裁量，也不能将其交付于充满了预断色彩的"必要性"标准，而应当将它们转化为具有极强可操作性的规范。

根据司法证明的原理和域外法治国家相关制度建设的经验，[1]我们认为，可以拒绝证据调查申请的情形仅限于如下列举的情形。

---

[1] 此处主要是以德国法制发展的经验教训作为借鉴对象，德国历史上曾经面临跟我国完全类似的证据调查难题，因为德国也是一个国家权力主导诉讼的模式，法官经常以内心确信为由拒绝调查他认为没有必要的证据，这一点与我国极其类似。为了解决这一问题，德国的立法机关、各级法院和学界携手并进，慢慢解决了这一问题，即通过明确的规则厘定法院调查权的边界和范围。有关这一历史发展的详情，参见 Karl H. Kunert, *Some Observations on the Origin and Structure of Evidence Rules under the Common Law System and the Civil Law System of Free Proof in the German Code of Criminal Procedure*, 16 Buff. L. Rev. 122（1966）, pp. 153-163.

一是众所周知的事实。众所周知的事实无须证明，是权衡调查真相的实践利益和节省司法资源的现实利益的结果。从科学研究的角度来说，无所谓众所周知的事实，挑战常识及其背后的错误是科学研究不断取得进步的源泉，否则科学将会故步自封，无法进步。但刑事证明活动必须要在资源约束下进行调查，不是不计代价发现客观真相，因此对于审判法院管辖区域内众所周知的事实，[1]可以不再采用证据调查的方法予以证明，而是可以直接确认。即使辩方提出申请，办案机关予以拒绝也是完全适当的。

二是不具有相关性或者缺乏证明价值的证据。相关性是证据的第一属性。调查没有相关性的证据既无益于证实犯罪，也无益于证明无罪，只是在做无用功。但在运用这一标准的时候，必须要注意相关性标准的基本原理。相关性有三个层面，其一是证据调查之前的相关性判断，其二是证据调查之时的相关性判断，其三是证据调查之后的相关性判断。此处的相关性判断是证据调查之前和之时的相关性判断，不同于调查过后在证据评价环节的相关性判断。其原因在于证据在尚未调查"完毕"之前，其具体内容到底是什么，往往并不完全明了。这一点毛主席说得非常明白："一切结论产生于调查情况的末尾，而不是在它的先头。"因此，有可能一开始预判有相关性的证据，经过调查之后，却发现没有相关性。这一点在司法实践中尤其是在侦查实践中可谓司空见惯。例如，侦查人员为了确定有关人员是否了解犯罪的情况，通常会寻找犯罪现场附近的居民，以发现可以提供有价值信息的证人，但经过排查之后，最终调查了10户居民，只有1户给出了有价值的信息，其他9户居民都不知情。因此，从最终的证据调查的结果来看，这9户居民所提供的信息是无相关性的。但在调查之前，侦查人员并不知晓，侦查人员根据经验判断，犯罪现场附近的居民有可能了解有关情况。因此，在调查之前，这9户居民（作为犯罪现场附近的居民）所了解的情况是被认为可能具有相关性的。因此，证据调查环节的相关性与证据评价环节的相关性不可混为一谈。证据

---

[1] 之所以将范围限定在"审判法院管辖区域内"，是因为众所周知的事实具有区域差异性。"一项事实在甲地众所周知，在乙地却可能无人知晓，要求全国各地的人们都知晓是不现实的，也没有必要。"参见张保生主编：《〈人民法院统一证据规定〉：司法解释建议稿及论证》，中国政法大学出版社2008年版，第362页。

调查之前的相关性是指某个证据来源有可能给事实认定者提供证明有罪或无罪的信息。我们可以将之称为证据的"潜在关联性"。这才是证据的具体内容尚不确定的证据调查之前证据相关性的要求。证据评价环节的相关性则是"实际关联性"，即证据的内容实际上对认定案件事实有无帮助。之所以作此区分，就是为了避免在证据调查环节先入为主，从而尽可能全面地开发证据资源。

此外，在程序的后端，由于证据已经固定，内容明晰，此时就无须判断潜在关联性，但是否对已经收集在案的证据进行调查，也不是证据的"实际关联性"，而是证据的"潜在指向性"。因此，证据调查之时的关联性判断的标准将发生变化，对于已经收集到的证据，是否具有关联性则是指"假设该证据为真，那么它是否会提高或降低某个要件事实存在的可能性"。也就是说，除非假设该证据的内容为真之后，它既不指向有罪，也不指向无罪，否则就是具有潜在指向性的证据，就应当予以调查。至于这份证据最终"实际指向性"如何，则非所问。例如，假设警方所调查的那一户了解案情的居民是目击证人，描述了犯罪发生时的情况。这当然是具有潜在指向性的证据，即假设该证据为真，就可以证明犯罪事实的发生。但在审判阶段，法院认为这一证据与其他证据相互印证，无须再对该证人进行当庭调查。这就等于在未调查之前就先对证据的"实际指向性"进行了肯定，明显违背了证明规律。此时就不是在对证据进行调查，而是对别人所收集的证据进行（书面）"复查"和"确认"，是一种典型的未审先判的情形，以此为由拒绝对该证人进行法庭调查，等于彻底否定了通过审判程序调查案件事实的必要性。如果拓展其言外之意，这种做法等于说被告人明显有罪，审判已无必要，直接判刑得了。相关性本来似乎是一个非常简单的证据学概念和证据标准，但如果不对三个层次进行区分，在我国这种分段接力的证明结构下，就极容易把证据评价环节的相关性植入证据调查之前和之时的相关性之中，导致严重的未审先判。因此，最高人民法院和有关司法机关亟须通过指导性文件和判例，将证据调查环节的相关性标准和证据评价环节的相关性标准予以区分，可以拒绝进行调查的证据只限于不具有"潜在关联性"的证据和"潜在指向性"的证据，否则就属于具有相关性的证据。除非符合其他可以拒绝调查的情形，否则对于具有潜在关联性和潜在指向性的证据，都应当进行调查，这一原则适用于侦诉审三个阶段。

所谓缺乏证明价值的证据是指即使该证据的内容为真，也对案件事实的认定无法律或事实方面的意义。刑事证明所要认定的事实必须是有法律意义的要件事实。如果一份证据对于证明要件事实无推论价值或者虽有推论价值但没有法律价值，均属于缺乏证明价值的证据。就事实推论方面的价值而言，该证据并不一定非得要直接证明某个待证要件事实，利用推论关系间接证明某个待证要件事实，也有价值。如果就某个证据本身的真实性产生了争议，则不指向待证要件事实的辅助证据也具有推论价值。但是，这是一个必须结合具体案件的具体情况进行判断的规则。由于每一个罪名必须认定的要件事实不同，每一起犯罪的具体事实及证据类型也不同，所以是否具有事实方面的推论价值，必须依据个案的情况加以确定。例如，在一起危险驾驶罪案件中，被告人申请调查他的车辆安全性能状况，以证明他的车辆不太可能具有安全风险。这就是较为典型的缺乏事实推论价值的证据。因为危险驾驶罪所要认定的事实中无关车辆的安全性能，即使该证据为真，也对证明其无罪没有任何事实推论方面的意义。如果一个具有事实推论价值的证据缺乏法律意义，也同样可以认定为缺乏证明价值。例如，在危险驾驶案件中，被告人申请法庭通知一位专家辅助人出庭，以证明他因为个人体质的差异，即使血液中的酒精含量达到了每一百毫升八十毫克的程度，也尚未"醉酒"。这个证据并非没有事实推论的价值，因为他确实可能属于某种特殊体质人士，酒精分解能力异于常人，但却没有法律意义。在司法解释未对醉酒的标准作出修改之前，醉酒的事实认定标准只能以当前的法律为准。如果一份证据具有事实推论的价值，也不缺乏法律意义，那么就不能根据此项条件拒绝当事人所提出的证据调查申请。如果是已在案的，必须进行调查。如果是未在案的，但国家机关通过实践努力可以得到的，也必须依职权收集并调查。当然，后一种情形就涉及下面所说的第三个拒绝调查证据申请的理由。

三是证据材料的调查不具有现实可能性的。应当必须以"能够"为前提，法律不能强迫任何人完成不可能完成的行为。这一点也适用于证据调查问题。因此，国家机关固然有义务调查收集一切与案件有关的具有实质意义的证据，但由于客观原因无法获得的，则可以免除国家的调查职责。但这个条件极其容易被滥用，因此，务必严格解释何谓不具有现实可能性。由于调查收集证据可能会耗费很大的人力物力，且调查有利于被告人的证据还可能会否定先前已经确定无疑的结论，办案机关出于办案效率和偏见等原因，可能在依职权或依申请调查证据的时候，不愿调查。有时候，在一些社会影响和政治影响比较大的案件中，甚至可能出现不敢调查的问题。但不愿调查也好，不敢调查也罢，都不是拒绝调查真相的正当理由。该条件唯一正当的理由就是证据调查客观不能。易言之，就是办案机关已经尽了最大努力，也无法收集到有关证据。因此，适用这一条件必须以办案机关已经尽到了勤勉义务作为前提。在我国，司法实践中经常出现这种匪夷所思的现象，法院向证人发出了出庭作证的通知书，但证人以各种理由推脱出庭，于是法院就以证人不愿意出庭或证人有理由不出庭免除了证人的出庭作证的义务，不再对该证人进行调查。有人甚至以我国注重"和谐"不愿意出庭得罪人的"文化"解释这种做法的合理性。这是一种不折不扣的"借口"，而不是正当的理由。我们尚未发现世界上有哪一个国家的证人有普遍的出庭意愿，在警察询问过后，他还千方百计想要出庭作证。证人不愿意出庭作证甚至不愿意作证是世界各国普遍存在的现象，其道理很简单，出庭对证人带来的损失一般大于可能带来的收益，因此这绝不是我国注重和谐文化的传统所致。但如果对证人的调查完全取决于证人的意愿，刑事司法岂不是一出儿戏，调查真相岂不是一句空话？因此，国家有义务促使每一个有义务作证的人接受调查，正是由于真相的利益远远大于可能给证人带来不便的损失。因此，出于求真的目标，有时候必须要让证人承受一些自由、经济和机会等方面的损失。除非国家机关存在无法克服的客观障碍，如证人业已死亡，证人所在不明且经过国家机关努力后仍然无法找寻其下落等正当事由，否则就必须让证人接受调查。

  四是待证事实业已得到证明的。证据旨在证明案件事实，但有时一个事实可以有多个证据进行证明，司法实践中经常将此称为"一组证据"。但是否一个事实中的一组证据都要出示完毕，才算是调查全面？如果完全不计算调查证据的成本，当然可以这么做，但证明活动必须要尽可能进行优化。即使存在多个证据证明同一事实，也不必非得调查完毕。例如，假如被告人申请证人A、B、C、D证明被害人打人行为在先，他是出于防卫才将对方打伤的，其行为不构成犯罪，属于正当防卫。如果法庭调查了A、B、C之后认为这一事实已经没有争议，可以得到确认，无须进一步调查证人D，此时就可以拒绝辩方继续调查证人D的申请。但这一拒绝调查的条件在运用时必须要注意如下两点：其一是办案机关必须认定待证事实得到了证明，且需要将"认证"结果告知辩方，也不得在最终决断中出尔反尔，否则被告人不仅被蒙骗，而且可能错失了提供全部有利证据的机会。事实上，辩方运用这一条可以"测试"出办案机关当前的心证状况，并可以据此进一步选择辩护的策略。其二是不得以相反事实得到了证明为由否定证据调查申请。这是整个证据调查申请中最重要的规则。我们将在下文有关不得拒绝证据调查申请的事由中进行更为深入的阐述。

五是依法不允许调查的证据。这一条件主要适用于采用非法手段所取得的不具有可采性的证据或其他法律上明确允许接受调查的主体享有拒绝调查权的情形。针对非法证据缺乏证据调查的资格，我国2017年《关于办理刑事案件严格排除非法证据若干问题的规定》第34条有一个可圈可点的进步，该条第2款规定："对依法予以排除的证据，不得宣读、质证，不得作为判决的根据。"这一款规定同时否定了非法证据的法庭调查资格和定案资格。因此，如果某个证据属于依法应当排除的非法证据，既不允许控辩双方任何一方申请调查，也不允许法官依职权对此证据进行调查。至于拒绝提供证据的情形，在我国目前的立法中基本上付之阙如。我国立法规定，人民法院、人民检察院和公安机关有权向有关单位和个人收集、调取证据，有关单位和个人应当如实提供证据。但2012年《刑事诉讼法》修改时却增加了近亲属[1]出庭作证豁免权的规定。依据这一规定，如果被告人的配偶、父母、子女拒绝出庭作证的，人民法院没有权力强制他们必须出庭作证。因此，如果被告人的近亲属主张"特权"，法院强制他们出庭作证就是非法的，此时法院可以拒绝调查申请。[2]

---

[1] 需要说明的是，根据《刑事诉讼法》的有关规定，此处的近亲属是指被告人的配偶、父母和子女，不包括同胞兄弟姐妹。

[2] 必须指出的是，我国目前立法有关近亲属出庭作证豁免权的规定存在无法"自圆其说"之处。一方面，立法者认为强制近亲属出庭作证是对亲情的伤害，但只免除他们的出庭义务，却没有免除他们的作证义务，事实上近亲属还是有义务相互指证犯罪；另一方面，法律又通过免于出庭的特权，剥夺了被告人甚至整个法庭面对面调查证人的机会，无法进行全方位的调查质证，显然有损真实发现。真可谓是亲情得不到有效保障，真相也可能受损。未来立法完善时必须要修改这一"双输"的规定。

除上述五种可以拒绝调查申请的情形外，还有一个不得拒绝调查申请的事由尤为关键。这就是禁止以相反结果得到证明为由拒绝进行证据调查。这一原则在理论上又被概括为"禁止预断证明力""证据预断禁止""不得预先作证据评估"[1]或"对证据不得事先有成见"[2]等。德国缇德曼教授所讲述的一个例子可以很好地说明这个规则的含义："被告人提出查证申请，主张不是他，而是他的孪生兄弟在肇事时驾驶轿车，为证明这一事实应当询问他的孪生兄弟（或者一个证明其不在现场的证人），即使法庭对被告人的犯罪人身份已经有确信，法庭也不能拒绝此查证申请。"[3]这一规则可以较好地克服我国证据调查不全面的弊端，也可以很好地避免因为斗争思维、证实偏差和因人而异的道德关爱、道德推理所产生的证据缺失。在我国，无论是依职权调查还是依申请调查，办案机关往往在形成确信之后就会拒绝进一步调查证据，且以证据确实充分（或证据相互印证）无必要进一步调查为由，拒绝当事人所提出的证据调查申请。有时候，哪怕证人已经等候在法庭门外，法院照样可以根据无必要性这一模糊条件拒绝进一步调查此证人。设立这一规则就是强迫办案机关必须放弃先入为主的思维定势。习近平总书记对此有深刻的洞见，2013年7月23日在武汉主持召开部分省市负责人座谈会时的讲话中，他说道："调查研究是谋事之基、成事之道。没有调查，就没有发言权，更没有决策权。"决策必须先以作为根基的调查研究为前提，不能反其道而行之。在尚未对一个证据进行严格的调查之前，就断定其相反的结果成立，这是严重背离科学精神的调查作风，必须以此规则加以预防和矫正。

上述五种可以拒绝调查的事由和一种不得拒绝调查的事由共同构成了公检法三机关在各阶段证据调查范围的边界，也是当事人及其辩护人、诉讼代理人申请公检法三机关调查证据的边界。也就是说，只要不属于上述五种情形之一的，公检法三机关就有义务对有关证据依职权或依申请进行调查，但根据上一节调查职责分配的要求，法院的调查职责只限于有利于

---

[1] 参见宗玉琨译注：《德国刑事诉讼法典》，知识产权出版社2013年版，第27页。
[2] [德]克劳思·罗科信：《刑事诉讼法》，吴丽琪译，法律出版社2003年版，第419页。
[3] [德]科劳斯·缇德曼："德国刑事诉讼法导论"，宗玉琨译，载宗玉琨译注：《德国刑事诉讼法典》，知识产权出版社2013年版，第27页。

被告人的证据。这就使证据调查的范围有了明确的法律依据，不再依赖于办案机关具体情况具体分析的必要性裁量，对于确保证据调查的全面性来说至关重要。

为了确保上述关于证据调查范围的规则得到保障，程序上还要采取一些保障措施。首先，对于当事人及其辩护人、诉讼代理人调查证据的申请，三机关必须在其主导的诉讼阶段作出是否同意的决定。对于同意调查申请的，可以不作出书面决定。但若是不同意证据调查申请的，则必须给出书面决定，说明拒绝的理由，且只能援引前述拒绝调查的事由作为合法根据。该书面决定副本要送达申请人，且原件要附卷备查。如果在侦查阶段申请遭到拒绝的，申请人可以向检察院提出申诉，申请检察院启动侦查监督程序。检察院依照上述法定事由对侦查机关的决定进行审查，如果决定不合法的，可以通知侦查机关予以纠正，并要求侦查机关按照申请人的申请调查收集有关证据。对于检察环节的证据调查申请，维持上述模式，只不过依照目前我国的诉讼体制，提供救济的机关只能是接受申请的检察院的上一级检察院。上一级检察院可以责令下级检察院予以纠正。在审判阶段，也维持这一模式，如果调查申请遭拒绝的，申请人认为拒绝决定不合法的，可依法向上一级法院提出上诉。二审法院应当以程序违法为由将一审裁判撤销并发回重审，以促使一审法院继续收集调查有关证据。其次，如果因为办案机关违法适用拒绝申请的条件，最终导致对应当收集的证据未能收集的，但由于证据已经灭失，无从判断其内容是否属实，为了避免误判，较为合理的应对措施就是推定辩方申请调查的证据内容属实。当然，这一推定有可能不符合事实，但由于证据不复存在，已经无从还原真相，解决办法就是如何应对证据灭失后的裁断风险。将辩方申请调查的证据视为不存在显然是把误判的风险分配给被告人，而推定申请的证据内容属实则把风险分配给了国家机关。由于被告人已经尽到了自己的协助义务并积极地行使了申请权，此时将证据灭失后产生的疑点分配给被告人，显然有失公正，只能由没有尽到责任的办案机关来承受这一风险，才较为合理。最后，对于故意违法拒绝辩方申请，导致可能具有重要证明价值的证据灭失，无从再予以收集的，必须视情节给予承办人员纪律处分；构成犯罪的（如徇私枉法罪），应当追究其刑事责任。

四、调查方式的选择

证据调查的方式就是如何对证据进行检验,以尽可能达到去粗存精、去伪存真的目的。优质的证据调查方式,能从过程上确保证据的质量。它与前述证据收集制度体系结合在一起,分别从量和质两个维度构筑了正确决策的基石。但证据调查方式与证据收集模式一样,并无放之四海而皆准的最优模式。每个国家都必须以证明原理为指导,在特定国情决定下的资源约束条件下做到最优。有时候,从证明原理来看最优的证据调查方式,由于证明资源的约束,只能选择次优。当然,此时的次优就是实践上的最优。除了极个别例外情形,我国目前的立法给予办案机关证据调查方式非常灵活的选择权。而极个别调查方式比较刚性的规则,又违背司法证明的规律。就前者来说,我们谁都说不准在何种条件下必须赋予我国被告人这种机会,以面对面的方式,询问、挑战、质疑提供不利证词的证人、被害人、共犯被告人、鉴定人员和侦查人员。在侦查起诉阶段,立法没有建立任何辩方参与询问证人的机制,甚至连检察官办案,自己基本上都不直接接触证人。到了审判阶段,2012年《刑事诉讼法》虽然要求针对控辩双方有异议的证人证言,如果符合条件的,法院必须通知证人出庭作证,且建立了强制出庭制度,但这一切都取决于审判人员的裁量。这就几乎等于把何谓最优的证人调查方式的选择权完全交给法官。因此,法庭对言词证据采取何种调查方式,有很大的自由选择空间。但有时我国的立法在罕见的场合,采取了一种决绝的态度,实属"双标"。在我国,证人即使经通知后拒不到庭的,其庭前证言照样可以作为调查的证据使用,但如果是鉴定人,一旦法庭发出了出庭通知书,该鉴定人拒不出庭作证的,其鉴定意见就失去了效力。立法虽然没有否定该鉴定意见在此时的证据评价资格,但由于该鉴定意见在此情形下不得作为定案的根据,调查也没有任何意义了。这种"一刀切"的规则固然有助于限制司法机关的裁量权,但可能无法应对司法实践中出现的特殊情况。简而言之,鉴定人出庭必须以其有能力出庭为条件,鉴定人拒绝出庭作证的原因众多,有的合理,有的不合理,如果鉴定人拒绝出庭作证存在合理的正当事由,为何要否定他作出的鉴定意见的证据资格呢?例如,如果鉴定人在被通知后去法庭的路上遭遇车祸，成为一个植物人，缺乏作证能力，为何法庭在这个时候否定鉴定意见的调查资格呢？鉴定人出庭作证，接受控辩审三方的询问和调查，无疑是一种比单纯朗读书面鉴定意见更好的调查方式。但如果鉴定人无法出庭确实存在正当理由，此时次优的方案只能以宣读鉴定意见的方式取而代之，而不是以最差的排除法将此证据排除在调查程序之外。尤其是当该鉴定意见不具有可取代性的时候，更是如此。因此，我们可以发现我国的制度设计者在如何调查真相方面尚未形成一种证据调查方式的最优化理念，尚待进一步完善。

接下来，我们将以证人调查方式为例谈一谈如何优化我国的证据调查方式。整体来说，无论是我国制度改革的顶层设计者，还是刑事诉讼法学界，在改进证人证言在法庭审理中的调查方式上并无任何分歧。易言之，确保应当出庭作证的证人，在公开的控辩审三方在场的法庭上，以口头言辞的方式面对面地接受各方询问，是一种针对证人的最优调查方式。但就如何达到这一目标以及无法达致这一目标时的次优或次次优方案是什么，则众说纷纭。目前实务界、中央司法机关和理论界贡献的方案，大体上有五种类型。

一是司法机关将出庭作证率纳入绩效考核指标，积极争取地方党委、政法委的支持，探索证人保护、证人出庭补偿等相关制度的实施机制，以解决法庭和证人动力不足的问题。庭审实质化改革试点地区的政法机关大多采取了此种方案。[1]

二是对现有证人出庭作证的条件作出目的限缩性解释。将裁量空间过大的第三个条件吸收到前两个条件之中，即只要控辩双方对证人证言有异议，且法院认为该证人证言对案件定罪量刑有重大影响，就必须通知证人出庭，不再允许法院以有没有必要为由判断是否应当通知证人出庭。"两高三部"2016年颁行的《关于推进以审判为中心的刑事诉讼制度改革的意见》第12条、最高人民法院2017年颁行的《关于全面推进以审判为中心的刑事诉讼制度改革的实施意见》第14条和最高人民法院2017年颁行的《人民法院办理刑事案件

---

[1] 参见程银、朱若苏、谢丽珍："论证人出庭'温州经验'的新挑战与实务应对"，载《法律适用》2019年第1期，第93-94页。

第一审普通程序法庭调查规程（试行）》第13条，均采取了这一方案。[1]

三是借鉴英美法系传闻证据规则或以德国为代表的直接言词原则，建议在立法上明确规定除非存在法定例外事由（如书面证言"特别可信"或有"可靠性的情况保障"时，或者存在证人客观上无法到庭的正当事由，或者为了帮助出庭证人恢复记忆、解释矛盾等），否则庭前书面证言不得作为定案的根据。[2]通过立法上规定传闻证据规则或直接言词原则，"取消裁判权在划定证人出庭范围上的决定性作用"。[3]

四是建议确立"真正的直接和言词的审理方式"，在立法上建构一个没有例外的"一刀切"规则，"将公诉方的案卷材料排除于法庭之外，对证人证言笔录、被告人供述笔录的证据能力予以彻底否定"。[4]

五是与此类似，区别在于它并非聚焦于证据规则，而是以被告人对质权的保障为路径，并以审判无效制度为后盾构建一个泾渭分明的规则。简而言之，就是只要被告人提出要求同证人进行对质的申请，法院就必须以强制手段为保障，要求提供不利于被告人证言的证人出庭作证，否则二审法院将直接认定一审裁判无效，并据此撤销原判，发回重审。[5]

---

[1] 实务界和理论界对此观点的论证，参见胡云腾、喻海松："刑事一审普通程序修改解读"，载《法律适用》2012年第9期，第4页；龙宗智："庭审实质化的路径和方法"，载《法学研究》2015年第5期，第143页；汪海燕："论刑事庭审实质化"，载《中国社会科学》2015年第2期，第114页。有学者进一步将立法规定限制解释为只要"被告对某于己不利的实体性证言之证明力提出异议"，法院即没有裁量空间，应当认定为有必要通知证人出庭。参见孙远："全案移送背景下控方卷宗笔录在审判阶段的使用"，载《法学研究》2016年第6期，第172页。

[2] 参见龙宗智："庭审实质化的路径和方法"，载《法学研究》2015年第5期，第142页；熊秋红："刑事庭审实质化与审判方式改革"，载《比较法研究》2016年第5期，第40页；孙长永、王彪："论刑事庭审实质化的理念、制度和技术"，载《现代法学》2017年第2期，第132页。

[3] 参见胡星昊："从职权启动到诉权驱动——论证人出庭模式之转变"，载《政法论坛》2015年第4期，第81页。

[4] 参见陈瑞华："新间接审理主义：'庭审中心主义改革'的主要障碍"，载《中外法学》2016年第4期，第864页。

[5] 参见易延友："证人出庭与刑事被告人对质权的保障"，载《中国社会科学》2010年第2期，第175页。需要说明的是，该学者认为其方案并非属于"立法"应对型方案，而属于"司法解释"型方案。但由于一方面至今"对质权"在我国立法并无任何明文规定，立法有关二审现有的裁判规则也没有将侵犯申请证人出庭作证权作为绝对无效的事由，加之该文写作时建议对证人采取拘留等司法处分属于对公民人身自由权的剥夺，属于立法保留事项，而1996年《刑事诉讼法》对此并无任何规定，因此笔者将其归类为"立法绝对主导型"。

我们可以将前三种方案概括为地方试点推进型、司法解释自律型、立法有限规制型，后两种方案概括为立法绝对主导型。前两种不涉及刑事诉讼法的修改，属于保守型方案；后三种必须以刑事诉讼法修改乃至于"脱胎换骨"才能实现。

就地方试点推进型方案来说，试点法院普遍反映改革后证人出庭率有显著提升。这是一个值得肯定的好现象。但法庭调查方式的实质化，并不只是体现在证人出庭数量的提升上，而是应出庭证人数量的提升上。依照当前《刑事诉讼法》的规定，应出庭的判断标准主要有两点：一是有异议，尤其是辩方有异议；二是证人是关键证人。但据学者调研情况来看，应出庭证人大多数并未出庭，反倒是无必要出庭的证人越来越多。[1]在某试点地区，法院在控辩双方均无异议的情况下，主动依职权通知证人出庭的数量，遥遥领先于二者申请出庭数量的总和，法院有点不满地指出"控辩双方对于申请证人出庭仍欠缺积极主动性"。[2]难道法院比控辩双方更能精确地判断如何才能实现胜诉利益的最大化？在控辩双方均无异议的情况下，通知证人出庭的意义何在？[3]除一小部分案件可能是出于法官依职权查明事实的需要外，估计绝大部分都是为了"超额"完成试点考核指标。[4]由此可见，旧的问题非但未能得到有效解决，新的问题就接踵而至：一是浪费了有限的司法资源，消耗了一些本来应当投入其他"实质化"庭审案件的时间和精力；二是为证人尤

---

[1] 左卫民："地方法院庭审实质化改革实证研究"，载《中国社会科学》2018年第6期，第112-115页。据龙宗智教授介绍，"成都市中级人民法院等庭审实质化试点法院，也绝不以有争议的职务犯罪案件作为强化证人出庭、实现庭审实质化的试点案件"。龙宗智："庭审实质化的路径和方法"，载《法学研究》2015年第5期，第142页。

[2] 参见程银、朱若苏、谢丽珍："论证人出庭'温州经验'的新挑战与实务应对"，载《法律适用》2019年第1期，第96页。

[3] 由于试点地区通常把侦查机关一并纳入完成证人出庭任务的考核指标当中，所以警察出庭率高于其他类型的证人。在调研时，有法官解释说，虽然警察出庭大多数时候对于查明事实没有多大意义，但可以对警察起到"法制教育"的效果。

[4] 笔者于2018年8月对C市检察机关进行调研的时候，许多检察官的回答证实了这一点。有检察官反映，有些法官为了提升自己所审理案件的证人出庭率，在不提前通知控辩双方的情况下，主动通知一些无必要出庭的证人（主要是警察）出庭，法官简单问了几个问题后，证人即退庭。在写作本章的时候（2019年3月），笔者再次就此问题求证于西部地区两位分管刑事的中级人民法院副院长，他们共同认为大量证人出庭是为了完成考核指标。

其是大量的警察证人带来了不必要的诉累，增加了他们的抵触情绪；三是由于大部分证人出庭的价值不大，进一步强化了法官"出庭无用论"的"偏见"，为法官排斥证人出庭申请积累了更多的"司法经验"。

就司法解释自律型方案来说，我们赞成将证人出庭作证的条件作限缩性解释，因为即使其在字面上压缩了立法赋予法院的裁量空间，将三个条件减为两个条件，也完全符合2012年《刑事诉讼法》修正时制定此条的立法目的，即期望增加有异议的关键证人的出庭量。尤其是结合近几年《刑事诉讼法》的实施情况来看，法院在大多数情况下均以证人没有"必要"为由否决了辩方的申请，[1]作出目的限缩性解释也是纠正这一不良倾向的现实需要。但其有效落实的前景并不乐观。首先，通过检索"聚法案例网"可以发现，即使上述文件早已颁行，但从2018年作出的裁判来看，目前没有检索到任何一份裁判文书援引前述规定，而是继续援引《刑事诉讼法》和2012年《最高人民法院关于适用〈中华人民共和国刑事诉讼法〉的解释》，作为裁决证人申请的法律依据，[2]前述三个文件被置若罔闻。[3]其次，限缩解释并非完全排除裁量权，只是减少了裁量的空间，地方法院还可以在这两个条件上"做文章"，"合法地"拒绝有异议的关键证人出庭。依照学界通说，两个条件都应当被理解为"客观条件"，并无多少主观裁量的空间，只要控辩任何一方提出

---

[1] 有学者对2012年《刑事诉讼法》修改后的裁判文书进行分析后发现，"证人出庭率低的症结在于法官对于证人出庭与否拥有绝对裁量权，而这种裁量权往往以印证理论为合理化依据，以事实清楚为理由，否定证人出庭的价值"。参见张毅科："论法院通知证人出庭的要件——基于64份裁判文书的分析"，载《河南科技大学学报（社会科学版）》2018年第6期，第106页。

[2] 在聚法案例网（https://www.jufaanli.com/）的检索步骤如下：首先以"全部内容"为关键词检索"申请证人出庭"，然后选择其中"案由"为"刑事"的案件，最后选择其中"审判年份"为"2018"的案件。共检索到79篇文书，其中二审裁判文书38件，因有些文书重复，有效二审裁判文书为33件。检索日期为2019年3月3日。

[3] 即使在新近制定施行的一些地方司法文件中，也将上述三个文件的精神置之度外，照样把"法庭认为有必要出庭作证的"作为出庭三要件中的一个独立条件。令人惊讶的是，文件还明确说是为了"推进以审判为中心的刑事诉讼制度改革"或者"贯彻落实《最高人民法院、最高人民检察院、公安部、国家安全部、司法部关于推进以审判为中心的刑事诉讼制度改革的意见》"。参见浙江省高级人民法院、浙江省人民检察院、浙江省公安厅、浙江省司法厅、浙江省财政厅《关于刑事案件证人、鉴定人及有专门知识的人出庭规定（试行）》（浙高法〔2017〕199号）第1条、第2条以及安徽省高级人民法院、安徽省人民检察院、安徽省公安厅、安徽省司法厅《关于刑事案件证人、鉴定人、侦查人员出庭相关问题的指导意见》第1条、第2条。

了"异议",且该证人证言是作为定罪量刑的基础,即必须通知证人出庭。但揆诸司法实践,这两个条件也可能理解为另一番模样。例如,以正在进行庭审实质化试点的温州市永嘉县人民法院一则裁判为例,其认为"以证人陈某乙的证言对被告人胡某收受 5 万元贿赂的事实认定存在影响为由申请证人陈某乙出庭作证,但辩护人未能提出证人证言可能存在不真实的具体理由,不足以引起对证人庭前证言真实性的合理怀疑,且目前没有证据表明证人证言不真实,证人陈某乙的证言与被告人胡某在侦查阶段的供述均能够相互印证证实本案的事实,故本案没有必要强制证人陈某乙出庭作证"。[1]也就是说,即使是行贿人的证言,法院也照样认定它对"定罪量刑"不存在影响,因为法院对关键证人的判断在于其证言是否"存疑",而不是是否作为定罪量刑的基础,只要无疑,就不影响定罪量刑"事实"的认定,也就无须出庭。就另一个条件而言,有法院把控辩双方有异议理解为"控辩双方均有异议",如果"公诉人对证人证言并无异议",只是辩护人认为"证人证言不完整且真实性存疑",并不符合应当出庭的条件。[2]这就等于说只要控方反对辩方申请,证人就不需出庭。最后,即使司法机关"误解"证人出庭的条件,甚至执意滥用法律规则,现行立法也无明确的法律后果迫使他们必须遵照立法本意行事。一方面,证人是否出庭,并不影响审前书面证言的证据能力,检察院的指控可以按部就班地顺利推进,法院的裁判照样可以将"得到其他证据印证"的书面证言作为定案根据。另一方面,即使一审法院裁量权行使欠妥,对本应当让证人出庭的案件却没有履行促使证人出庭的义务,只要二审法院认定据以定案的书面证言与本案其他证据并无矛盾且相互印证,二审法院通常也秉持对一审法院裁量权最大限度的尊重,绝不会撤销判决。在检索"聚法案例网"得到的 2018 年作出的二审裁判中,以一审法院没有通知证人出庭属于程序违法为由提出上诉的案件共计 33 件,在检索后的二审裁判中所占比例极小(0.07%),即使如此,二审法院没有对任何一起案件单纯以此为由撤销一审

---

[1] 参见胡某犯受贿罪一审刑事判决书,(2015)温永刑初字第 920 号。安徽省政法机关出台的《关于刑事案件证人、鉴定人、侦查人员出庭相关问题的指导意见》第 2 条有关"对案件定罪量刑有重大影响"的解释与此同出一辙。可见,实务部门的理解与学界的看法无法交集。

[2] 参见陈某文行贿二审刑事裁定书,(2016)粤刑终 1378 号。

判决。[1]司法机关既可以把书面证言作为举证和定案的根据,也可以免受二审法院的否定性评价,只是将应当出庭的条件限缩为两个条件,恐怕难以解决法庭审理积重难返的出庭难问题。

立法有限规制型反映了学界对实务界在当前立法框架下自我解决证人出庭难问题的失望情绪,[2]于是寄希望于修改立法,以激励司法机关落实有异议的关键证人出庭制度。学界希望通过否定被告人有异议的审前书面证言的证据资格,迫使控方以当庭口头证言的方式进行举证,或者促使法院积极履行通知证人出庭作证的义务。此方案若是被立法机关采纳,预期会产生比前两种方案更好的效果,但也不能抱有过大的期望。首先,有限规制型并非一概排斥被告人有异议的审前书面证言的证据能力,而是采取一种"规则+例外"的立法模式。立法认可的例外事由的范围和司法机关对例外事由的判断标准就成为关键问题。例如,如果借鉴英美法系传闻证据规则,将书面证言具有足够的"可靠性"作为例外情形,[3]那么当前证人出庭难的问题将基本无望解决,因为当前否决证人出庭申请的主要理由就是法院认定书面证言足够可靠,证人没有必要出庭接受质证。再如,如果借鉴大陆法系的直接言词原则,规定证人不能或难以出庭时,可以宣读书面证言,但若完全不管不出庭的事由是否相关且充分、是否有证据佐证以及是否由于控方未尽到责任造成无法出庭等,可以想见一旦证人"玩失踪"或"被失踪",该规则就会被架空。其次,从美国的司法经验来看,传闻证据规则由于存在大量的例外,实务中其发挥的排除效果并不理想。[4]在 2004 年美国联邦最高法院作出克劳

---

[1] 检索到的二审刑事裁判文书共计 57 282 份。由此可以推断,以没有通知证人出庭属于程序违法为由提出上诉的案件比例仅约占 0.07%(38/57 282)。

[2] 如果从中央到地方的司法机关认真领会中央推进以审判为中心的诉讼制度改革的精神和立法价值追求,对我国刑事诉讼法有关证人作证的规则"从严"解释与适用,在功能上基本可以达到与立法有限规制型相同的预期目标。有关如何从"法教义学"角度实现这一目标,其中一个方案可参见孙远:"全案移送背景下控方卷宗笔录在审判阶段的使用",载《法学研究》2016 年第 6 期,第 170-173 页。

[3] 参见龙宗智:"庭审实质化的路径和方法",载《法学研究》2015 年第 5 期,第 142 页;另请参见《美国联邦证据规则》第 807 条。

[4] 以《美国联邦证据规则》为例,该法共规定了 28 种例外。参见王进喜:《美国〈联邦证据规则〉(2011 年重塑版)条解》,中国法制出版社 2012 年版,第 305 页。

福德案判决之前，由于被告人的宪法对质权与传闻证据规则基本合二为一，美国法官也会以传闻证言与其他证据印证并具有可信性为由，认为法院采纳传闻证据既符合例外情形，也没有侵害被告人的对质权。[1]这就导致司法实务中"只有极少的传闻被排除，即使偶尔排除，看起来也是任意的，不具有可预测性"。[2]最后，与上一种方案面临的问题类似，如果我国针对一审程序违法的二审裁判规则维持现有模式，[3]那么撤销原判的适用条件是一审程序存在违法行为且达到"可能影响公正审判的"程度。且不说如果存在诸多例外理由，二审是否会认定一审违法，[4]即使一审法院明显违反传闻证据规则或直接审理原则，在缺乏具体规范予以控制的条件下，二审法院也可能以"无害错误"（没有"影响公正审判"）为由，维持一审裁判，一审违法行为也不会产生任何不利后果。此时被告人照样救济无门，书面审理的惯习也可能无法扭转，毕竟针对被告人有异议的关键证人，证人不出庭通常可以实现控、证、审三方"共赢"的结果。[5]

如果说立法有限规制型代表的是学界对实务界的"失望"，立法绝对主导型代表的则是一种对司法机关近乎于"绝望"的情绪。于是把解决证人出庭问题的希望完全寄托于立法机关和被告人的程序选择，要么通过制定一个没

---

[1] 克劳福德案就是典型案例，审理该案的一审法院认为书面证言与其他证据印证，具有可信性，无须排除。但州上诉法院认为证言与其他证据有矛盾，不具有可信性。结果上诉到州最高法院后，州最高法院认为一审法院的意见正确。参见吴宏耀、徐文晶："克劳福德案：采纳传闻证据不得侵犯被告人的对质权"，载《法律适用》2017年第6期，第113-114页。

[2] Dale A. Nance, *Rethinking Confrontation after Crawford*, 2 Int'l Comment. on Evidence [i] (2004), p. 1.

[3] 根据《刑事诉讼法》第238条的规定，只有当一审法院存在三类程序违法情形（违反公开审判规定、违反回避规定和审判组织不合法），才是必须撤销原判、发回重审的情形，至于剥夺或限制了当事人的法定诉讼权利或其他程序违法行为，只有当它们的严重程度达到了"可能影响公正审判的"，才会撤销原判，发回重审。

[4] 例如，如果立法规定书面证言具有可靠性就可以豁免证人出庭的义务，那么依照现有的二审审理模式，二审法院也会秉持与一审法院类似的方法来审查书面证言的可靠性，即书面证言与本案卷宗内的"书面"证据的一致性（印证方法）。在这种情况下，除非"一审法官业务不精或责任心不强，未能发现文书证据间存在的重大矛盾"，否则二审法院根本无从认定拒绝证人出庭的决定是"违法"行为。参见陈有为、任国权、方勇："庭审实质化背景下刑事二审证人出庭必要性审查研究"，载《证据科学》2017年第4期，第426页。

[5] 参见胡波："贿赂类案证人出庭问题探究"，载《人民检察》2015年第10期，第62-63页。

有例外和裁量余地的证据规则,将庭外书面证言的证据能力彻底否定,要么以侵犯对质权就认定一审审理结果绝对无效的上诉裁判制度,激励司法机关尽全力促成证人出庭。[1]从尽可能实现证人出庭的目标来看,这两个方案应当说是最有效的,如果二者结合在一起,效果可以达到最大化。如果法院据此规则审判,检察机关若不积极促成证人出庭,证据被排除后将难以完成证明责任,面临败诉风险;法院若不积极促成证人出庭,也将难以认定基本的案件事实;如果一审法院放弃监督职责,违反规则进行审判,被告人一旦上诉,将导致裁判无效。

但这两种方案由于刚性太强,几乎没有任何回旋的空间,不符合证据调查的优化原则,其代价也是最高的,可行性也是最小的,因此得到我国顶层设计者采纳的可能性很低。单就证人无法出庭作证的原因来说,情况极为复杂。有些可能是司法机关未尽到责任所致,例如证人以工作繁忙为由,拒绝出庭,司法机关听之任之。有些则可能是被告人一方的过错所致,例如,被告人在开庭前威胁证人及其亲属,若是出庭指证犯罪,就要对其进行报复行凶。有些则可能并不是任何一方的过错,而是事实上或法律上的原因,导致证人无法出庭作证,例如,证人在开庭审理前因意外事故死亡,或者证人失踪后司法机关努力寻找证人却无法找寻其下落,或者证人在侦查阶段作证后到审理阶段主张近亲属出庭作证豁免权。在前述三类情形中,只有在第一类情形下,通过禁止使用书面证言促使司法机关履行职责才具有合理性。后两类情形绝对禁止使用证人的庭外书面证言,则明显有失公正。在第二类情形下,完全禁止使用书面证言等于在法律上承认被告人可以从自己的违法行为中受益。在第三类情形下,完全禁止使用书面证言等于要求司法机关去完成一个绝对不可能完成的任务,违背"应该蕴涵能够"(ought implies can)的实践准则。如果不对未出庭作证的原因加以区别对待,一概否定庭外书面证言的证据能力,必将导致一些有证明价值的关键证据因立法的刚性太强而"人为地"缺失。这显然有损于司法公正。

---

[1] 该学者后来软化了自己的立场,允许"一个"例外存在,即借鉴英美法系"弹劾证据"的理念,允许庭外书面证言可以"用来对当庭证言和陈述进行质证,而不能被法庭采纳为定罪的根据"。参见陈瑞华:"什么是真正的直接和言词原则",载《证据科学》2016年第3期,第268页。

同理，在上述后两种情形下，一旦上诉后二审法院就否定一审的裁判，等于是在"惩罚"没有任何过错的一审法院，且一审法院可能也无法补救自己的"错误"。如果一审法院用尽全力，也无法找到失踪的证人，那么案件该如何收场？一直拖下去，反倒有损被告人的利益。但如果依照现有证据裁判，二审法院则可能不予认可，那么可能就永远无法了结这个案件。除非一审法院以证人无法找到为由宣告无罪，让被告人不再上诉，案件才可能平息。但单单因为证人在客观上无法找到并令其接受被告人的"对质"就宣告无罪的根据何在？此外，假设一审法院采纳了一份本来应当让其出庭的证人的书面证言，存在错误行为，但此证言在案件事实的最终认定中并无多大作用，易言之，即使排除了这份证言，也对案件事实的认定并无任何影响，二审法院是否也可以侵害对质权为由一律发回重审？除非我们追求某种绝对的程序正义，完全不顾及实体公正和诉讼效率，否则答案一定是否定的。

即使从比较法的角度来看，笔者也尚未发现当前有任何一个国家的法律制度采取如此苛刻的规则来确保证人能够到庭作证。即使在较为重视防止国家权力滥用和被告人程序参与权保障的美国，为了解决美国司法实践中的"被告人对质难"问题，在2004年就宪法修正案对质权条款作出了史上最严格的解释，也没有一概否定庭外书面证言的证据能力。根据克劳福德案的判决意见，法院采用如下情形的庭外书面证言并不"违宪"：一是该证言被认定为"非证词性的陈述"；二是先前程序中给予了被告人对质的机会，且证人在当下存在无法出庭的正当事由；三是被告人对导致证人无法出庭存在过错而导致其丧失对质权的。[1]就采纳书面证言而导致侵犯对质权的法律后果而言，美国也并不将其视为当然发回重审的"结构瑕疵"（structural defects），而是作为一种可以适用"无害错误"法则的"审判错误"（trial error），即只要上诉法院排除合理怀疑地相信侵犯了对质权的行为不影响判决结果，就认为宪法错误为无害错误，否则才应当认定为有害错误并发回重审。[2]

---

[1] 吴宏耀、徐文晶："克劳福德案：采纳传闻证据不得侵犯被告人的对质权"，载《法律适用》2017年第6期，第118页；吴光升："任何人不得从自己的错误行为获利——美国'对质权因错误行为剥夺'规则及其启示"，载《中国刑事法杂志》2013年第3期，第119页。

[2] 参见王兆鹏：《当事人进行主义之刑事诉讼》，元照出版有限公司2004年版，第288页。

毋庸讳言，上述各种方案虽然在解决证人出庭难问题方面宽严有别、路径有别、预期效果有别，但均是致力于一个共同的目标：提高我国法庭审理证人出庭率，改进证人证言的法庭调查方式。但各种方案均有利弊得失。我们认为，如果对上述最后两种方案进行适度改进，可能是当前比较理想的方案。

从分段包干和选择性接力的证明结构上来看，目前造成辩方有异议的证人难以出庭作证的原因主要有三点：一是后端办案机关未查先断的惯性思维，即裁断式接力，这是一种沿袭了多年的办案模式。无论是我们前一部分所说的继续收集新证据的必要，还是当前讨论的证人调查方式的问题，二者在这一结构下均由法院先对在案的证据作出裁断，再确定下一步如何进行。因此，如果法院已经确信了证人在前面阶段所给出的证言，当然就可能终止对此人的调查活动。前面已经指出，哪怕是司法解释性文件已经删除了"必要性"要件，只保留了"对定罪量刑有重大影响的"这一判断要件，在司法实践中也被法院解读为该证据有疑点。同理，如果借鉴英美法系的传闻证据规则，并设定"可靠性"的例外，同样无助于解决问题，甚至可能使这一惯性思维得到合法性确认。二是辩方对法庭调查方式的决策权无法形成真正的约束，哪怕是真正协助法庭调查案件事实的意见，法庭基于办案便利、先入为主、担心言词证据变化导致证据评价困难甚至害怕查明真相后导致裁判面临巨大压力等因素，也可能置若罔闻。三是上级法院对一审法院自由调查证据的认可程度较高，基本秉持类似于一审法院的思维，即只要在案的（书面）证据材料确实、充分，足以认定有罪，就会认可一审法院采取其认为适宜的方式调查证据。因此，解决我国证人法庭调查方式随意性较大的问题，必须从强化一审法院的求真责任、增强辩方的制约权和明确二审的裁判标准三个方面入手，一并解决。其具体思路与上述有关证据收集制度的完善进路一样，即明确责任、设定例外和确定法律效果。

首先，立法必须明确一审法院有职责通知在案的证人等言词证据的提供者出庭作证，且应当按照最优调查方法对该证人进行调查。对证人的最优调查方法在空间上要求在公开的法庭上作证，在基本信息上必须披露证人的真实身份和了解案情的途径，证人必须面对控辩审三方提供证言（英美法系将之称为"眼球对眼球",eyeballs to eyeballs),以口头言辞的方式作证,接受各方的询问并予以回答。这是基本原则,正如同一审法院应当收集所有有利于被告人的证据一样,二者都旨在确保法院在分段包干下的审判阶段尽到查证责任。各机关在各自主导的阶段依职权查明事实的真相是我国司法制度的重要特色,体现了一种对真相负责的国家保护主义精神。当然,以此为依据来推理,检察机关在起诉阶段也有义务——询问在案的证人。如果司法资源能够允许的话,这当然是实现我国诉讼证明目标的最优方式。但由于以下几点原因,维持目前检察院自由裁量是否询问证人的方式可能更好,虽然是次优,不过却是资源约束条件下的最优。检察院——询问证人,一是会对证人带来过大的滋扰,有可能导致他在一起案件中三次作证;二是检察院并不采取公开办案的模式,并无辩方和法院的参与,其询问的效果与公安机关并无多大差异;三是会导致检察院浪费过多的司法资源,实效可能还不大;四是如果审判阶段的证人出庭问题得到了解决,检察院完全可以在公开的法庭上询问一切其认为值得询问的问题,并不会失去通过询问证人调查案件真相的机会。这一新的调查方式并没有改变我国目前的证明结构,只是改变了审判阶段的调查方式,庭前所收集的证据材料照样可以移送给法院,法院照样可以阅卷,庭前书面证言并不是一概予以排除,而是根据案件的情况决定是否对此证据进行调查。如果证人的当庭证言与庭前证言并无实质性差异,庭前证言就是多余的证据,当然也就无须进行调查。但如果有实质性差异,则可以进行调查,并结合二者调查的结果综合评判证据的效力。因此,这一责任配置方式主要是为了克服目前证明结构的内在风险,旨在优化接力方式,强化分段责任,事实上增强了我国证明结构的生命力。

其次,法院偏离这一最佳调查方法,必须具备法定的例外事由,且遵循能优则优的基本原则。正如同前文有关证据收集责任的例外情形一样,它明确了公检法三机关的查证边界和范围,在证据调查方式上,也应当采取类似方案来设定证据调查方式的例外,以限制法院自由切换不同调查方式的权力,确保能够以最优方式调查的不得以次优方式调查。但跟证据调查范围的例外不太一样,证据调查方式的例外更为复杂一些。因为就前者来说,一般只存在收集或不收集两种方案,对后者来说,则有若干种方式。它们均介于最优的方式和最差的方式之间的某个位置。最优的方式前已述及,最差的方式可能就是证人在法庭外的某个空间（如警察的询问室）所形成的且不公开证人真实身份的书面证言。在后一种情况下,证人在接受询问的时候发生了什么并不十分清楚,控辩审三方也无从观察证人作证时的举止、神态、表情,警察是否如实记录了证人的回答也并不完全清楚,由于身份不明也难以核实其信息来源的真实性,当然最严重的问题就是面对上述各种疑虑,一张沉默的"纸"无法开口回答,给予你任何回应。介于二者之间的调查方式还有：出庭但蒙面的作证方式（听声不识人）,蒙面且变声的作证方式（不识人也不知声）,法庭隔壁房间视频作证（空间阻断且无法面对面）,以庭前的录音录像而不是书面证言作证（空间阻断,无法面对面但可以观察到表情神态,无法接受各方询问）,等等。因此,到底在什么类型的案件中按照最优方式,何种案件中使用次优方式,何种案件中运用次次优方式,何种案件中迫不得已只能把最差的方式当做最优方式,就成为一个证据调查的难题。

解决这一问题的基本原则大致如下：除非存在不可归责于办案机关的正当事由,否则对人证的调查必须以最优的方式进行；当存在不可归责于办案机关的正当事由,导致最优的方式无法采用或不宜采用,应当优先选择对真相利益侵害较小的方式进行；只有当出现了足够充分的正当事由,导致即使以侵害较小的方式调查证据,也不可行或无法保护真相以外的其他重大利益,才能以最差的方式（匿名或书面或兼而有之）进行。这是一个具有递进关系的最优调查方式的基本原则。例如,一名目击证人以自己工作繁忙为由拒绝作证,就不属于可以认可的正当事由,如果没有其他理由,法庭就必须对其以最优方式进行调查。如果一起涉黑案件的证人有合理根据担忧面对面指证被告人可能遭受报复,那么法庭不应当直接跳到最差的书面调查方式,还应当考虑是否有其他对真相利益侵害更小的手段可以消除证人的顾虑,如蒙面变声等手段。如果证人自然死亡,导致客观上不可能再通知他出庭作证,此时较优方式不具有可行性,那么就可以根据其庭前证言进行法庭调查。

就目前我国的法治建设来说,若要就这一系列问题作出系统的规定,可能还不现实。但上述基本原则可以作为一审法院判断以何种方式调查的指南,也可以作为二审法院审查一审法院是否"滥用自由裁量权"的标准。由于当前应当出庭作证的证人不出庭是一个严重的司法审判问题，所以目前最迫切的是需要明确界定以最差的方式进行人证调查的例外事由的情形，以促使应该出庭的证人都出庭作证，至于出庭后的调查方式则可以交给法院自由裁量，以累积司法经验，若是存在普遍滥用裁量权的情形，如证人出庭作证实现了，但却普遍采用隔壁房间视频作证等，二审法院也不予以纠正，则可以考虑再以明确的规则限定调查方法的斟酌权。

我们建议制度设计者可以考虑将如下情形作为直接调查庭前书面证言的例外事由：其一，控辩双方同意宣读书面证言代替证人出庭作证的。之所以规定这个例外，主要是出于诉讼效率的考虑。在控辩双方均无异议的情况下，证人出庭作证的方式现实意义有限，且会产生较大的程序耗费。此时，证人不出庭也不能归咎于国家的失职，而是辩方主动放弃调查权的结果。但只要有一方不同意的，尤其是辩方不同意的，就不得适用这一例外。这就使辩护权可以很好地制约法庭随意切换调查方式的权力，本质上是协助法庭以更优的方式调查事实真相，而不是刁难或阻挠庭审顺利进行。这就使我国当前的证人出庭制度发生了权力转换，迫使法庭必须秉持科学精神和仁爱之心从事真相探知活动。在我国现有的出庭框架下，制度设计刚好相反。它规定控辩双方有异议的，法庭觉得有必要，才会通知证人出庭作证，这就使法庭享有不顾辩方意愿自由选择调查方式的权力，从实现证明实质化的目标来看，可谓本末倒置。

其二，证人死亡或下落不明的。这属于客观不能的正当事由。当无法以较优的调查方式进行调查时，只能选择次优的方式进行。当然，适用这一条件时必须审查证人死亡或下落不明的原因，必须排除证人死亡或下落不明并非由于办案机关的失职失责所致才能适用这一条件。我们在上文的基本原则中已经反复指出，证人无法出庭必须是由于不可归责于办案机关的事由，才能适用例外条款，这是所有例外都必须遵守的前提。在我国司法实务中，尚未发现办案机关为了阻挠证人出庭作证将证人杀死的案例，但恶意阻碍证人出庭作证的案例时有发生，例如恐吓、威胁证人将对其进行追诉，在开庭时将证人"藏匿"起来甚至"拘禁"起来，导致证人下落不明。如此种种恶意阻挠证人出庭导致证人"下落不明"的情形，当然不能作为例外事由。除此之外，查找证人并确保其作证是国家的职责，如果证人自己"玩失踪"，国家听之任之，不做任何努力，就直接认定证人下落不明，当然也是失职行为。因此，此处的"下落不明"是指办案机关已经尽到了一切合法可行的手段仍然无法找到证人的，而不是只打了一个电话，证人的手机回答"您拨打的电话已停机"，就算是下落不明。这是把握这一条件时必须要注意的事项。

其三，辩方恐吓、威胁或伤害证人导致证人不敢出庭的。任何人不得从自己的违法行为中获益是法治的基本原则。如果辩方存在积极妨碍证人出庭的行为，例如伤害、恐吓、威胁证人，却又积极要求该证人出庭的，对证人显然施加了过重的负担。只不过从依职权查明真相的角度来说，只要办案机关对证人采取了充分的保护措施，证人出庭的安全性可以得到保障，且有助于法庭主动查明真相，法庭在此情形下依然可以依职权通知证人出庭作证。因此，在职权主义国家，并没有将此情形作为允许宣读书面证言的例外。[1] 但我国的审判模式早已不再是职权主义模式，法庭负责通知应出庭的证人出庭，但根据我们前面有关查证责任的分配，他没有义务积极调查犯罪事实。这是检察院的职责所在。如果检察院积极申请法院通知该证人出庭的，法庭征求证人的意见，该证人愿意出庭的，当然可以出庭。这正是控方履行证明责任的体现。但如果证人表示不愿意出庭的，则可以其庭前书面证言取而代之，包括检察官单方面私下询问证人的笔录。这并不影响控方履行自己的举证责任。但如果被告人在此情形下表示反对，显然不应予以支持。前已述及，按照我们所提出的建议，法院有义务调查有利于被告人的事实，但如果被告人自己阻碍某个证人作证，却又要求法庭通知该证人作证，这无疑是自相矛盾。在此情形下，哪怕该证人确实有可能在法庭上给出有利于被告人的证言，但由于被告人有明显过错，则可以免除法院的责任。但在适用这一条件的时候，需要注意必须是辩方存在积极阻碍证人出庭的行为，如果只是证人自己担忧出庭可能会遭受侵害，则并不符合这一条件。此时法庭则应当选择其他较优的方式解除证人的后顾之忧，而不能直接以书面证言这种最差的方

---

[1] 可以参见《德国刑事诉讼法典》的有关规定，尤其是第251条至第256条。

式进行调查。也就是说，如果证人有具体的现实的根据担忧作证可能带来风险，法庭应当在最优的方式和最差的方式之间根据案件的情况选择某种调查方式，从而兼顾各方的利益。

其四，证人身患严重疾病或路途遥远，且其证言并非定案的关键证据（key evidence）的情形。证人若是患病或距离开庭作证的地点路途遥远，如一概责令这些证人都必须出庭作证，则明显不够人道，完全忽视了证人的身心健康和作证成本。但在运用这一例外时，还有一个附加条件，即该证言并非认定案件事实不可或缺的证据。之所以加上限制条件，是因为身患疾病或路途遥远，并非完全丧失了以其他方式作证的现实可能性。也就是说，即使身患严重疾病，也可以等待其身体好转并有了作证能力后再调查事实。路途遥远在当下交通较为便利的现实条件下，并非成本过于高昂的理由。除非证人远居境外或国外，让证人在我国出庭作证存在执法权障碍的，此时可能就涉及比较高的政治上的磋商成本。即使如此，如果该证人并非属于前述下落不明的情形，在当前的技术条件下，选择书面作证以外的其他作证方式依然存在可能性，例如制作作证的视频录像或通过网络视频作证，而不是不加区分地一概以书面证言取代其他作证方式，除非其证言对于认定犯罪事实来说属于可有可无的非关键证据。在此条件的例外中，出现了"关键证据"一词，对这一法律概念必须要给出明确的解释，否则这一条可能会被滥用。我们将在下文有关一审违反法定调查方法的制裁措施中对此概念予以阐释。

我们认为，综合考虑我国目前的审判模式的特点、出庭现实可能性和证据价值等因素，上述四种情形可以作为豁免法庭通知证人出庭作证的正当事由。除此之外，证人均应当出庭作证，至于出庭作证的具体方式，目前则可以留给法官根据案件的具体情况具体裁量，但应当遵守前述基本原则。在此必须强调两点不得作为例外事由的情形：一是法庭认为证人的庭前书面证言真实可信，无必要出庭的。这是目前已经被严重滥用的拒绝履行最优调查方式的理由。之所以不可以将此作为理由，主要就是因为它违背了调查案件事实真相的基本规律，属于一种典型的未做调查研究就进行决策的情形。本来证人所言之事是否真实可信，应当先对之进行调查研究，但在未调查之前，就决断证人所言属实，则是典型的本末倒置。美国联邦最高法院大法官斯卡利亚在克劳福德案的判词中一针见血地指出："因证人证言明显可靠就无需对质，与因被告人明显有罪就无需陪审团审判的说法大同小异。"[1]二是证人表示不愿意出庭不是正当理由。所有的证人都有作证义务，尤其是有义务在法庭上作证。这是法庭调查真相的利益施加给每一位可能成为证人的公民义务。如果不属于上述任何一种可以使用书面证言的情形，证人拒绝出庭作证的，法院就有责任采取强制手段迫使证人出庭作证。顺便提及，我国目前强制证人出庭的手段缺乏层次性，直接从训诫过渡到拘留，未来在立法中可以进一步完善中间惩罚措施，增加罚款处罚。这样在整体处罚措施中衔接就更为顺畅一些。

最后，为了确保最优证据调查方式得到落实，必须要建立相应的程序机制和制裁措施，否则将没有任何意义。就程序机制来说，未来应当将证据调查方式的选择纳入公开法庭审理之中。具体来说，在控辩任何一方申请证人出庭作证的情形下，法庭必须要就证据调查方式作出专门的书面决定，且告知控辩双方其决定的依据和理由。这可以成为控辩双方进一步向上级法院提出抗诉或上诉的"证据"。法庭只能援引前述例外情形作为选择书面证言的法律依据，且必须明确指出属于哪一种情形及其事实根据。在作出决定之前，应当给予控辩双方发表意见的机会。当然，如果证人已经出庭，选择何种最优方式进行调查，目前可以留给法院进行裁量，以观察司法实践的情况，无须经过前述严格的调查方式决定程序，法庭享有依据原则进行自由确定的权力。

对于一审法院违反法定调查方式进行调查的，且不属于自由裁量的范围，二审法院必须依据情况给予相应的救济。违背法定调查方式，以书面证据替代证人出庭作证的，属于严重的程序违法。但是否一律发回重审，则要看违法行为对裁判结果的影响程度，不宜不分青红皂白地一概否定一审裁判的效力。鉴于目前二审法院对一审程序违法行为的审查力度不足，二审的裁判标准也不宜过于松弛。我们认为，可以采用较为严格的剩余证据分析法来判断

---

[1] *Crawford v. Washington*, 541 U. S. 36 (2004), at 62.

违反法定调查方式的制裁后果问题。所谓剩余证据分析法，是指如果舍弃了该书面证言，剩余证据可以达到我国定罪的证明标准，那么就可以将一审所犯的错误视为一种对结果无害的错误，只需将错误调查方式在裁定书中指出即可，无须发回重审；但如果抛弃该证据后，已经无法排除合理怀疑地认定犯罪事实，那么该错误就是一个有害的错误，二审法院就必须将案件发回重审，并责令一审法院按照最优方式进行调查。这也是我们前文所说的"关键证据"的含义。所谓关键证据，是指假设抛弃了该证据，就无法认定有关犯罪事实的证据。这与当前"印证法"刚好在方向上是相反的。当前司法实务中，法庭经常以该证言得到了其他证据的印证为由不对其进行调查，这事实上是把尚未经过严格调查的证据先入为主地进行了证据评价，显然不利于最优调查方式的贯彻。但剩余证据法则强制要求法庭必须将此证据予以摒弃，然后再评价剩余的证据是否达到了足以证明有关犯罪事实的程度。

结 语
刑事证明的困境

一、证据材料的价值

司法活动拟认定的犯罪事实通常是过去已发生的某个特定事件的真相。[1]例如，被告人甲是否曾于某个时间（段）将被害人乙故意杀死。从独立于人的主观意识的角度来说，某起犯罪在社会生活中要么发生过，要么未曾发生过。对于这种外在于人类思想意识、主观认知领域的客观事件，只存在有或无的问题，没有对错的问题。无论我们喜欢或厌恶，发现或未知，证明得了或无法证明，确信或怀疑，接受或拒绝，它都在客观的世界中发生了或从未发生过。这是一种不依赖于人的认识、心灵、精神的本体论意义上的社会事实。它是检验裁判者对犯罪事实的判定对错与否的"终极根据"。

但是，在这种事实尚未成为诉讼认识、法庭裁判的对象之前，对于司法活动而言，它是没有意义的，甚至局外人根本就不知道是否有这样的事件在世界上发生过。假设某甲确实曾于某年某月某日将某乙故意杀死。但此事除某甲自己知晓外，无人知道，甲没有主动投案自首，警方也没有任何线索得知发生了这么一起案件。此时，纵使在历史上确实发生了这起案件，但由于没有进入司法诉讼领域，这种"硬邦邦"的事实对于司法活动而言几乎毫无价值。犯罪学将其称为"犯罪黑数"，意指隐藏于（hidden）社会之中的犯罪。强调这一点的用意在于，凡是进入诉讼中的"事实"，就不再是纯粹本体论意义上的"事实"，而是认识论意义上的"事实"。换言之，裁判者视野下的事实，一定是对某个特定事实的感知、认识、推理、判断，是掺杂了人的

---

[1] 也可能包含对未来不确定事实的认定（如人身危险性），但基本原理并无区别。

感性知识和理性知识的"事实认定"（fact-finding）。正是由于人的认知因素的介入，"事实"才具备诉讼的意义，但也正是这个因素的介入，才有认知结果（对案件事实的司法判定）真假对错的问题，即判决对错的问题。对于没有进入诉讼领域的本体论意义上的案件事实，谈论真假对错是一件荒谬的事情。

一旦加入了裁判者的认知活动，案件事实好似瞬间变成了主观上认定的事实。本体论意义上的事实仿佛一下子就蒸发了，那么是否存在不以人的意志为转移的外在于人的认识的"案件事实"？对此问题，存在一个看似前后不一的回答：通常没有直接的"案件事实"摆在裁判者的面前，[1]但却有各种客观存在的"证据材料"摆在裁判者的面前。假设某甲为了杀死某乙，事先准备了作案工具，进行了周密的计划，在某夜凌晨撬开窗户潜入某乙家里，用一把锐利的匕首连捅某乙致命部位数刀，将其杀死后点燃尸体和房屋。这些已然发生的一连串事件绝无可能直接摆在裁判者的面前，也没有办法通过感知器官予以直接观察。[2]就当前人类的科学技术水平而言，任何一个历史事件发生过后，就停留在了历史当中，没有办法让其"完全重现"，也无法重回过去直接观察。

幸运的是，根据"洛卡德定律"，"任何接触都会留下痕迹，只要两个物体有过接触，它们就一定会以某种方式互相影响"。[3]因此，案件事实一去不复返，但在案件事实发生后所遗留的各种"痕迹"却可能会保存下来。痕迹可依照不同标准进行划分，例如根据痕迹附着于人的意识或客观存在物，将其分为主观痕迹和客观痕迹。前者"刻在"人的大脑中，后者"刻在"各种物体上面。前者如留存在目击证人、被害人、作案者自己意识中的有关案件事实的记忆，后者如犯罪发生后遗留下来的现场、血迹、衣物、匕首、尸体、购物小票等场所、痕迹、物品和文书。通过取证活动，有可能收集到在"案件事实"发生后所遗留下来的各种"主观痕迹"或"客观痕迹"，并展现在

---

〔1〕 英美法系国家的藐视法庭罪可能是一个例外。这也可以解释，为何英美法系国家的法官可以无须起诉，直接判决在法庭上犯了藐视法庭罪的被告人有罪，因为这通常是"不证自明的"。

〔2〕 基于回避和证人地位优先性的考虑，在现代诉讼制度中，凡是"直接"感知了案件事实的人，如证人、被害人或被告人，即不得作为该案的裁判者。

〔3〕 参见 [美] 伯纳德·罗伯逊、G. A. 维尼奥：《证据解释——庭审过程中科学证据的评价》，王元凤译，中国政法大学出版社2015年版，第2页。

裁判者的面前。证人丙在法庭上作证说："2016年3月2日,我看见被告人张三拿着一把沾满了血迹的刀子从被害人的家里急匆匆地跑出来。"对于法庭上出现的这个事实,即"证人丙在法庭上作证说,他于2016年3月2日看见被告人张三拿着一把沾满了血迹的刀子从被害人的家里急匆匆地跑出来",〔1〕除非我们否定普通人具备感知觉的能力,否则这就是摆在裁判者面前的显而易见的"事实",且不以裁判者的意志为转移。在理性主义认识观下,它们是打通案件裁判活动(认识)与客观事实(一去不复返的客观事件)之间认知鸿沟的唯一媒介。因此,就司法活动而言,准确地说,"一个不以人的意志为转移的外在于人的认识的案件事实"并不是案件事实本身,而是案件事实发生时在人类世界中所留下的各种证据材料。它们是客观存在的,也能够直观地"呈现"在事实认定者面前。

极端的怀疑论者认为,我们根本无法证明自己源自感觉经验的认识与梦境有何区别,甚至无法排除人类所有认识、信念只不过是一个超级电脑输送给我们的电子脉冲,而我们自身只是一个无生命的浸泡在溶液之中的"缸中之脑"。提出这种版本怀疑论的最有代表性的学者当属笛卡尔。笛卡尔认为,一个人必须在有证据排除与他的认识相悖、不一致的其他可能性时,才能声称知道它,而一个人对外部世界的任何信念,其基础性的证据通常是他的感觉经验。但一个人的感觉经验实际上有可能只是在做梦。因为梦境与感觉经验具有高度同一性,一个人的感觉经验就无法排除他在做梦的可能性,所以没有任何人可以真正知道关于外部世界的任何东西。〔2〕对于笛卡尔来说,不存在独立于人的意识之外的客观实在,只有能够"思考"到底是做梦还是真正看到了一只蝴蝶,才能证明他的存在,故曰"我思故我在"。

证据法学者要认真对待所有的怀疑论,不能简单地将之归结为"胡思乱想",因为这关系司法活动的价值取向:假如外部世界有可能不存在,以发现

---

〔1〕 注意此处发生的客观事实是"证人甲说了事件E",而不是"事件E"。"事件E"属于待证事实。

〔2〕 参见徐向东:《怀疑论、知识与辩护》,北京大学出版社2006年版,第48-52页。笛卡尔并非怀疑一切。梦境无法完全与现实进行区分的怀疑论论证,只是一种方法,目的在于建立免受怀疑的第一认识原则。他只是企图宣告经验无法提供确切的知识,只有理性才是知识的来源,我正在思考是在做梦还是感受外界现象本身是完全确定的,所以理性思辨告诉我:我确实不是一个虚幻,而是一个真实的存在物。故曰:"我思故我在。"

真相作为审判的目标岂不是毫无意义？哪里还有错案的问题。就目前来说，实在论者并没有理性的方法彻底驳倒认识之外的现实只是一场梦的论证。[1] 但是，这并不意味着坚持客观主义的基本立场就是错的。

一方面，笛卡尔对独立于人的认识的外部世界的证明，坚持了一种人类无法企及的标准：排除一切可能性。如果对存在客观世界的证明必须坚持如此高的标准，人类就只能承认一无所知。甚至笛卡尔所说的是否在进行思考本身也是可疑的，普特南所设想的"缸中之脑"就证明了思维有可能是某个超级计算机输送的信号，而我们自己只是一个没有意识的"缸中之脑"。这种理论上无法排除的可能性并非实践的不确定性。人类的司法活动是一种实践活动，而不是哲学思辨，它坚持的只是"常识实在观"，认为人的感知通常可以证明存在一个认识之外的客观事实。常识"是简单而基本的事实和道理，所以通常无须证明，也不用解释"。[2] 当一个人中了一百万彩票，怀疑这不是事实，而是做梦，他判断是否在做梦的方法，就是使劲地掐自己一把，疼痛的具体感受让他知道在客观世界上确实存在他中了彩票的事实。

在证据学理论中，存在一种与笛卡尔论证类似的问题："海盗抗辩"或"幽灵抗辩"。有一起走私案，被告人辩称："我们并非走私，我们当时在海上捕鱼，一艘匪船靠过来并拿着枪强迫我们交出渔获，临走时丢了一千盒走私香烟给我们作为交换物，这是强迫交换，我们没有犯罪意图，我们也是受害者。"此种情形被称为"海盗抗辩"或"幽灵抗辩"，即难以排除其可能存在的辩解事由。假设在该案中检察官已通过其他证据证明被告人存在走私香烟的事实，除非有证据支持被告人的辩解，否则海盗劫船的辩解[3]就只是一种理论上存在的疑点，而不是现实中存在的疑点，根本就无须将其排除。坚持排除一切可能性的标准且诚实地予以贯彻，等于废除了司法制度。除了将所有的被告人宣告无罪，没有其他做法可以符合这个标准。因此，如果说类似的怀疑

---

[1] "关于外部世界是否存在的问题曾在哲学史上争论不休，而且似乎也争不出什么结果。"参见陈嘉映：《说理》，华夏出版社2011年版，第47页。

[2] 陈嘉映：《说理》，华夏出版社2011年版，第32页。

[3] 在没有任何证据证明这个辩解的情况下，该辩解本身的真实性就违背常识，因为以一千条香烟作为交换物来"劫取"渔获，可能是"亏本买卖"，至少不符合"强盗逻辑"。

论对司法活动有什么价值的话,那就是警惕人类放弃傲慢自大的绝对实在论,认为人类凭借经验和理性可以绝对确定存在独立于人的认识的客观事实,没有任何疑点。只有坚持谦虚的实在论,才能阻挡怀疑论的入侵。绝对实在论实际就是怀疑论的反面(消除一切怀疑)。它们表面上相反,实际上却是孪生姐妹。

另一方面,理论上我们无法证明必定存在一个独立于人的认识的客观事实,怀疑论也无法证明它必定不存在。因此,这是理性法庭无计可施的领域。这与灵魂是否不朽、上帝是否存在、自由意志是否可能等本体论问题一样,无法给出绝对肯定或否定的回答。但人类的生活必须要选择是否相信存在一个外在于理性认知的实体。选择则是一个实践问题,取决于我们期望追求的目标。因此,康德才论证理性是有界限的,但超出理性之外的信仰也是有价值的:"我要悬置知识,为信仰留出地盘。"康德认为,必须"信仰"自由意志存在,否则人类将把一切责任推给不受自己控制的"科学规律",人类的实践活动也将会没有道德标准。[1]正所谓"吾与禽兽奚择哉?于禽兽又何难焉"。[2]这将导致极其可怕的后果。同样,目前几乎没有国家不认为司法活动的目标是实现正义。就实证主义正义观来说,将正确的法律适用于正确的事实,几乎就是它的全部。为了实现正义,我们必须要选择相信存在一个不依赖于人的认识的客观事实,否则法律实践活动将变得没有意义和价值,即使我们没有办法证明它在本体论上必定存在。

需要注意的是,摆在审判者面前的客观事实并非"原始事实",而是"证据材料"。在司法审判领域中,唯一客观存在的事实是证据材料。至于超越证据材料的案件事实则是需要通过证据材料加以证明的事实。它是"待证事实",是以证据材料为基础结合经验法则、推理法则推理得出的结论。因此,它是一种基于证据所得出的认定、判定、断定或推论。证据材料存在的客观真实性,通常只需要诉诸观察者的感知觉器官就可以得到担保的事实。它可能是实物,也可能是言辞。它们属于"不证自明"的材料。借用美国证据学大师威

---

[1] 参见邓晓芒:《康德哲学讲演录》,广西师范大学出版社2005年版,第157页。
[2] 《孟子·离娄下》第二十八章。

格摩尔所创造的词汇，它们是"实感为真"（autoptic proference）的事实。[1]

中国历史上曾出现过"指鹿为马"的故事，但这并不是说当时的大臣们看到的是马而非鹿，而是迫于权力的淫威违背自己的意志集体说谎。这正说明了决定认识是否正确的并不是"多数人"的"共识"，而是摆在面前的事物本身。不过，我们还必须要区分证据材料和证据材料中包含的有证明价值的信息。例如，就证人证言而言，我们能够客观感知的事实（证据材料）是"证人甲说了事件E"，而不是"事件E"。如果这是一份警察制作的书面询问笔录，我们能够"实感为真"的事实则是"警察制作的笔录中记载了证人甲说了事件E"，而不是"事件E"。其中，"事件E"是证据材料中蕴含的信息，不能等同于证据材料。"对事件据以推论出事件的证据材料进行区分，意义重大，因为证据材料的存在，并不意味着事件事实上发生了。"[2]再用"指鹿为马"的故事予以说明，假设秦二世是裁判者，各位大臣是证人，他们都说面前是一匹马。摆在秦二世面前的客观事实是"大臣们都说那个东西是一匹马"，而不是"那个东西是一匹马"。如何才能从各种各样的证据材料当中揭示出有价值的资讯或信息，这并不容易。[3]但需要注意的是，只有客观存在的证据材料才是不以人的意志为转移的"客观"事实，而并不是其中所包含的可能用来证明案件事实的信息。

这是因为诉讼中的证据材料并不能总是完美地再现客观发生的案件事实，从而导致依照"客观的"证据材料可能产生错误的事实认定。首先，前已述及，案件客观事实无法主动站出来告诉我们案件的真相如何。诉讼中的待证事实通常是根据所收集的证据材料一步步"建构"出来的事实。侦查人员在接到报案之后，通常要根据各种迹证推测过往发生了哪些事实，一开始所作

---

〔1〕 J. H. Wigmore, *The Principles of Judicial Proof or the Process of Proof as Given by Logic, Psychology, and General Experience, and Illustrated in Judicial Trials*, Little, Brown and Company, 1931, p. 10.

〔2〕 Floris J. Bex, *Arguments, Stories and Criminal Evidence: A Formal Hybrid Theory*, Springer, 2011, p. 13.

〔3〕 例如，从社会认识论的视角来看，人类的认识都存在获得群体认可的倾向。如果一个人所持有的信念或认识与同一个社会中其他人的认识产生差异，而其他人坚持认识的正确性，即使其他人的认识客观上是错误的，那个人的认识是正确的，也可能会导致持有正确信念的人怀疑或放弃自己的正确认识。参见［美］凯瑟琳·舒尔茨：《我们为什么会犯错？》，陈盟、钟娜译，中信出版社2012年版，第115–117页。

出的侦查假设，如果能够引导侦查人员收集到足以证实该假设的证据材料，侦查人员就会将此假设中的事件作为"案件事实"，但本质上它只是侦查人员根据现有证据材料所提出的一种"案件假设"（case theory）。例如，侦查人员发现受害人赤身裸体地死于水沟，于是假设受害人系被他人强奸致死。通过对死亡原因的法医学诊断，判明死于扼颈窒息。这验证了受害人系他杀的假设，并使假设的案件情节进一步细化：强奸扼颈而死。根据证据材料（E1）试探性地提出假设（H1、H2、H3），再根据假设寻找可以支撑它的证据（E2、E′[1]……），如果被进一步收集的材料所否定，则提出新的假设并据此寻找验证新假设的证据材料……，通常情况下，直到侦查人员确定"案件事实"已经清楚（H2），且有较为确实、充分的证据证实犯罪，侦查工作才会完结（图10-1）。该事实在审判中则成为必须证明的"犯罪事实"。但是，在侦查阶段建构案件事实的过程中，案件假设可能完全是错误的，但是却收集到一些能够证明它存在的证据材料。[2]此时，即使存在相当数量能够证实"案件事实"的证据材料，它实际证明的只不过是这个世界上从来没有发生过的"虚构事实"。

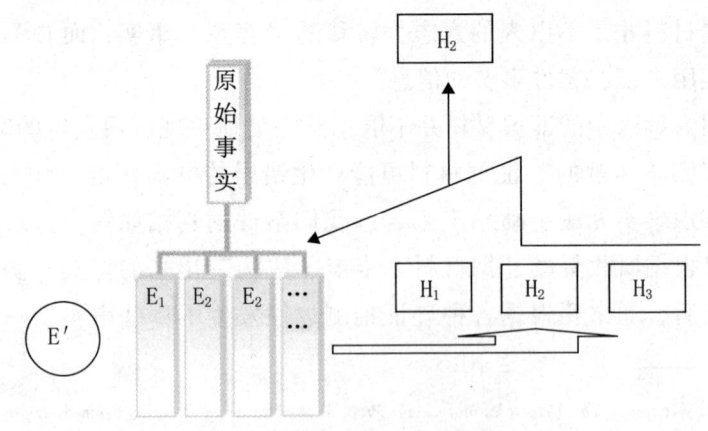

图10-1 案件事实的"建构过程"

---

[1] E′根本就不是源自本案的证据，但由于偶然因素或错误建构假设导致它成为与所建构的假设具有关联性的材料。

[2] 例如，在浙江张氏叔侄案中，侦查人员一开始根据受害人下半身裸露的事实，就推测受害人系被人强奸（杀害）。但根据张氏叔侄再审改判无罪后的媒体报道以及疑似真凶苟某某以前的犯罪事实来看，这起案件强奸事实可能就是人为建构出来的虚构事实。

其次，证据材料中所蕴含的信息的虚假性并非总是能够被识别出来。在前文中，笔者肯定了经验事实的客观真实性，但它的客观性是相对的，必须受到观察主体已有知识结构、观测时间、注意力分配、情绪状态、主观期望、感觉器官的灵敏度等复杂因素的综合影响，历史经验和科学研究已经不止一次地揭示，人类的感觉器官所"捕捉"的事实并非一定可靠。在哥白尼的日心说被普遍接受之前，人们通过仰望星空、观测天体，就得出了地球中心论和地球静止论，且每个人的观察结果也能够"相互印证"。实验结果也表明：如果一个观测者的注意力集中于其他的事物，他完全有可能会对发生在面前的"无关"事情"视而不见"。无论是人的感知觉器官的功能、记忆的准确性程度以及表达的诚实性，都不是完美的。我们一方面必须承认感觉经验具备"保真"的属性，毕竟认识真相的活动不是一场语言游戏，在控辩审三方共同参与的公开审判下，证据材料的客观性通过多个感知主体的检验，通常不会发生错误，但另一方面证据材料中蕴含的错误信息，有时却是人力无法揭示出来的，我们也得承认由此可能导致的误判风险是没有办法完全消除的。换言之，控辩审三方以及旁听群众，均从感知上确认了"证人甲说了事件E"，证人自己也相信看到了事件E，也诚实地将自己确信的事件告诉了法庭，但客观上事件E并没有发生或并非如证人所说的那样，我们固然不能因此像怀疑论者那样彻底否定客观事实存在的可能性，但出现误判的可能性从本质上而言是无法绝对清除的。

最后，证据的充分性总是相对的，我们不可能将与案件有关的证据材料毫无遗漏地全部收集齐全（complete）。如果我们总是能够获得任何一起案件的全部证据，那么事实认定就变成了一个简单的拼图游戏，将证据碎片一张张地粘贴起来就一目了然。但由于收集证据的技术、时间、倾向性、成本等因素的影响，我们只能依照当前可以获得的证据作出判断。正是由于证据材料完整性的限度是司法制度无法克服的"死结"，我们能够做到的只能是在特定时间根据现有的信息给出最好的判断。至于未来会怎么样，则无法进行准确的预测，但未来会改变一切。一个本来看起来有较为充分证据材料支撑的事实认定结论，可能因为一个"新证据"的出现，导致原先信心十足的事实认定结论被连根拔除、拦腰斩断或疑点丛生。因此，无论对自己的审判制度多么充满信心，几乎所有现代国家的生效裁判的"既判力"都并不是绝对的。当新证据足以证明原先并无问题的裁判在实体事实认定上确实可能存在错误，都会启动"再审"，以便重新审查原先裁判的准确性，并在确有错误的情况下予以纠正。

　　一言以蔽之，即使从司法审判的实践目的来看，我们必须否定怀疑论，相信存在一个不依赖人的主观世界的案件事实，但我们能够依靠的只能是客观存在的证据材料，而不是案件事实。在利用证据材料洞悉案件真相的过程中，证据材料的质量和数量都不可能尽善尽美，我们可能被表面上真实的材料中蕴含的虚假信息所蒙蔽，也可能在证据不足的时候误以为证据充分，有时可能会利用证据材料建构出一个世界上并未发生的"幻象"却误以为是真相，所以在利用证据材料认识案件真相的过程中，总是存在一定程度的不确定性。不确定的程度在个案当中可大可小，但由此造成了司法误判的风险总是无法消除。从某种意义来说，我们在绝大多数案件中发现了案件的真相，与其说是因为我们已经完全具备了凭借证据洞悉真相的能力，倒不如说它是对理性努力的一种馈赠和奖赏。承认证据材料揭示真相的不完美以及由此引发的错判风险，并不是否定证据材料在理性认识案件事实方面的基础性地位，而是为了让我们放弃自满的心态，认识到降低错案风险任务的艰巨性及理性限度。

二、乐观谦逊可知论

　　自告别神判制度以后，人类就乐观地认为，以证据材料为基础，借助于普通成年人所具备的经验和理性，是能够认识到过去发生了什么案件的。与此同理，一般也可以借此知道过去没发生过什么。通常情况下，这并不需要高深的知识和专门的训练，每个正常的成年人依据自己生活中习得的经验、知识即可完成这个工作。正如有学者所言："如果我们期望事实认定者理性行事，我们就必须保证他们有'能力'理性行事。理性行事的基本条件是具备认识能力，它包括相互联系的两个方面。一方面，事实认定者必须具备理性思考的正常智力并能运用日常推理原则，智障者不具备这种能力。另一方面，事实认定者必须要具备丰富的社会阅历和社会常识，儿童无法达到这个标准。"[1]易言之,排除智障者和涉世未深的儿童,普通人均具有认识案件真相的能力。

例如,根据直接经验,我可以自信地宣称:"我面前的桌子上有一个空杯子。"根据对这个杯子的颜色的观察,人们也可以作出否定性的判断:"它不是红色的杯子。"裁判者在法庭审理的时候,也完全可以借助直观来作出如下判断:"被告人在法庭上主动供述说他为了报复而杀死了受害人。"再借助由生活或审判中得到的知识:"一个理智的被告人在法庭上主动的供述通常是自愿的,自愿承认不利于自己的事实通常是可信的。"他就可以大致确定,在过去发生了被告人为了报复而杀死被害人的事件。

正常的成年人通过从小至今的生活,学习积累了各种各样有关自然界和社会生活的各种"知识",从而形成一个庞大的"知识库"。它们储存在大脑中,处于随时协助我们作出判断的状态。一旦遇到需要作出判断、决策的时候,借由习得知识的帮助,我们就可以作出相对准确的判定。根据拟解决问题的境况不同,这种判断时快时慢。半夜里听到客厅有翻箱倒柜的声音,我们可以迅即作出"进贼"的(直觉)判断,并据此选择如何行动。一个学者为了论证某个判断是正确的,可能需要反复思考数年或重复试验多年,不断地检验自己的"证据"是否充分,才能作出肯定的判断。

由于精力、时间和兴趣等因素的影响,单个人所具备的知识总是有限度的,尤其是涉及需要经过长期学习、实践才能获得的专业知识,没有谁是"百科全书"。从职业训练和社会分工的角度来说,我们也没有必要成为全能型专家。因此,有时候就必须依靠其他人的专业知识帮助我们作出特定的判断。随着科技的不断进步,对犯罪事实的认识越来越依靠各个领域内的科学知识。科学知识和应用技术的发展,进一步弥补了常识判断的不足,为准确地发现真相提供了强大的工具。就犯罪事实证明通常必须要解决的"同一认定"问题而言,DNA技术的发展已将判断正确率提升到几乎无懈可击的程度。

承认、接受人类具备认识真相的能力必须要反对两个极端:一个是悲观

---

[1] HL Ho, *A Philosophy of Evidence Law: Justice in the Search for Truth*, Oxford University Press, 2008, p. 37.

绝望的怀疑论，另一个是自负骄傲的必知论。对人类认识真相能力的怀疑有各种版本，至少可分为两类：一是本体论怀疑主义，这种怀疑论认为外部世界可能均是"幻觉"或者"梦境"；二是认识论怀疑主义，它承认世界存在一个不依赖于认识的"客观实在"，但对认识能否正确反映客观规律，则持怀疑态度。就前者而言，已在上文处理，兹不赘述。就后者而言，从根本上来说，主要涉及绝对正确的知识如何可能的问题。如果我们具备的知识（无论是科学知识还是经验知识）本身不是准确无误的，如何根据这个存在错误可能性的前提得出一个正确的判断？

在对基于经验观察所得知识的客观性质疑的人当中，休谟当属领军者。他所提出的问题史称"休谟问题"。"休谟问题"的核心在于质疑人类有可能通过经验归纳的方法获得关于这个世界实际状况的知识。令人不安的是，司法审判活动对真相的认识无时无刻不依赖于基于经验归纳所形成的知识。[1]例如，在中国司法实践乃至部分证据规则中，法官经常会运用这种"审判知识"："一个证据中蕴含的信息与其他证据中蕴含的信息如果是吻合一致的，则该信息就是真实的。"它被学者概括为"印证法则"，[2]是中国的司法者在长期的实践中归纳而得的知识。在休谟看来，不仅这种观念算不上知识，就连"太阳晒导致石头热"这种几乎每个人都会接受的常识也算不上知识。休谟认为，人类的知识可以分为逻辑上必定有效的"关于观念间联系的知识"和"关于实际事情的知识"。前者如数学运算方面的知识，后者如太阳晒会导致石头热。前一类知识的客观性通过"直观"或"演证"就可以得到担保，属于必然有效的知识。例如，所有的 A 均是 B，a 属于 A，所以 a 是 B。但后一类知识的客观性无法通过直观或演绎得到证明，而是建立在因果联系之上。但原因和结果是不同事件，结果并不内在地包含在原因中。无论对原因进行多么精细的观察与分析，都无法找出其结果。在知觉经验中，我们从直观上获知两个事件在"时空上相互邻近和时间上先后相继"，但两者之间的因果联

---

[1] 关于归纳概括（generalization）在司法审判的事实认定活动方面的地位和作用，参见 Terence J. Anderson, *On Generalizations I: A Preliminary Exploration*, 40 S. Tex. L. Rev. 455 (1999).

[2] 参见龙宗智："印证与自由心证——我国刑事诉讼证明模式"，载《法学研究》2004 年第 2 期，第 36 页。

系"必然性"（太阳晒必然导致石头热）是经验观察中没有的。之所以"添加"了这种联系，是因为我们假设没有经验过的例子必然类似于我们所经验过的例子，自然进程永远不会改变。但其只是假设，无法得到充分有效的理性证明，"自然的途径是可以变的，而且一个物象纵然和我们所经验过的物象似乎一样，也可以生出相异的或相反的结果来"。[1]

如果用更加容易理解的语言来表达休谟的思想，那就是经验归纳得出的知识由于无法指向未来和未知，它只是当前可以得到的信息所归纳出来的一种设想性的知识，所以并不具有普遍有效性和绝对正确性。由归纳得出的绝对肯定性的知识一方面"从实际观察到的有限事例跳到了涉及潜无穷对象的全称结论"，另一方面"从过去、现在的经验跳到了对未来的预测"，它们没有演绎逻辑的保证，"因为适用于有限的不一定适用于无限，并且将来可能与过去和现在不同"。[2]

休谟的质疑让每一个理性的人感到不适：普遍必然的经验知识是否可能？如何可能？休谟问题被称为人类的困境。如同外在于认识的客观事实是否存在无法从理性（论证）上给出一个绝对肯定或否定的回答一样，目前也无人能够彻底消除休谟所提出的质疑。休谟问题"在现代归纳逻辑中仍然是核心问题之一，并且至今尚未得到令人满意的解决"。[3]从历史进程看，只要承认前人确定无疑的众多知识确已被今日扬弃，今人也不得不接受当今确定无疑的知识也可能被后人所否定。任何宣称已经掌握了绝对真理的人，不是愚弄欺骗自己或他人的无知者，就是傲慢自大且不允许质疑的独裁者。意识到认识能力的不完美是人类必要的认知谦逊态度。这倒不是说坚持以当前普遍接受的经验性知识去探知未知事实就一定是错的，但可能要作出必要的让步。就法律领域认知能力而言，面对休谟的质疑，可从以下三个方面予以回应。

司法是一种必须要给出裁判结果的实践活动，禁止拒绝裁判，也不允许

---

[1] [英]休谟：《人类理解研究》，关文运译，商务印书馆1957年版，第34页。
[2] 陈波："休谟问题和金岳霖的回答——兼论归纳的实践必然性和归纳逻辑的重建"，载《中国社会科学》2001年第3期，第36页。
[3] 陈晓平："关于归纳逻辑的若干问题——对现代归纳逻辑的回顾与展望"，载《自然辩证法通讯》2000年第5期，第22页。

长时间地拖延作出裁判。为了确保实体法有关基本行为（primary behavior）的规定得到遵守以维护法律秩序和社会秩序，针对提交给法院的纠纷（无论是民事纠纷还是刑事犯罪），法院必须要给出一个权威性的判定。无论当前可资利用的经验知识是否完美，也不得不依赖它，因为拒绝裁判等于放逐法律，放逐法律将导致社会沦为无法的"自然状态"，秩序失控的社会可能无益于任何人，也可能沦为丛林法则支配的社会。即使裁判者所依赖的认识真相的知识并非绝对可靠，但只要当前尚未被完全"证伪"，为了实践的目的，我们也只能接受。否则，假如等到绝对真理显现，我们才据此作出选择和行动，且不说司法将因此而停滞，就连普通人吃素菜还是吃荤菜也许都无法作出选择，最终可能就像"布里丹的驴子"[1]那样，饿死在两堆诱人的食料之间。"坐在摇椅中的哲学家似乎有那么一会已经说服自己相信，双手的存在远没有看上去那么确定无疑。突然间电话铃响了，他不假思索，马上伸手抓起话筒。"[2]人类能够进化到今日模样，正是实践中解决实际问题的必要性所迫，在不断地试错中一步步地通过新的知识化解了各种难题。即使经验知识无法得到绝对证明，实践的必要性也迫使我们只能仰赖于它。

除（司法）实践必要性之外，根据已经掌握的知识，人类确实取得了令人惊叹的成就。运用知识的社会实践，可以从效果上"印证"相对可靠的知识并非海市蜃楼的幻象，而是在一定时间限度内经得起考验的。在马克思主义者看来，不可知论"对认识客观规律的可能性的怀疑，已为实践，即实验和工业所坚决驳斥。实践证明，我们能够认识客观的自然现象，因为我们能够依照我们的理解制造出一些东西来"。[3]就性质而言，鉴于司法活动永远都是对无法进行重复实验或实践的特殊事件进行认定，没有办法像认识自然规律那样检验它的可靠性。但对于案件的部分事实，则是可以利用已经被实践反复证明的科学知识加以认定的。即使是对那些还没有办法通过可靠的科学

---

[1] 这是中世纪经院学者布里丹（Jean Buridan）所创造的故事。他曾谈到，有一头驴子，面前有两堆诱人的食料。它不能判断哪一堆食料更好一些，因而不能决定应该先吃哪一堆，于是在这两堆食料之间走来走去，最后饿死在这两堆食料之间。这可是一个为了绝对真理而牺牲自己的理性之驴：除非绝对确定，否则绝不冒行。

[2] 刘畅："证明与印证"，载《世界哲学》2011年第3期，第46页。

[3] 方书春等：《批判休谟和康德的不可知论》，上海人民出版社1956年版，第12页。

知识予以解决的事实（如言词证据中信息的可信度），人类几千年来所积攒的经验性知识，尤其是其中较为普遍接受的"经验法则"，也可以为我们提供一个较为可靠的尺度。如果自然科学知识所取得的成就可以在相当程度上反衬它的可靠性，大多数情况下裁判者根据经验法则所作出的判断也被当事人所接受，这可以反映出裁判者所凭借的常识常理也是可靠的。

以上两点有关认识能力可靠性的辩护都是从实践的角度（必要性和结果有效性）给出的辩护，它并不是对休谟问题的直接回答，而是说即使我们无法证明知识是绝对确定的，但人类为了生存、进步，必须要依赖于它，且部分知识已经被实践证明是基本可靠的，且推动了人类的发展。这是一种迂回的辩护策略，[1]它并不直接面对如何理性地、符合逻辑地证明我们的知识是必然正确的。这主要是因为休谟问题在逻辑上无解。但休谟问题存在一个潜在的预设，即在逻辑上天衣无缝的绝对正确的知识才能算得上知识。按照休谟的严苛要求，且不说经验性知识难以当作知识，就连他所说的基于逻辑演绎推理的"关于观念间联系的知识"可能都难以算得上知识。演绎逻辑只能确保所得出的结论在形式上必然为真，而无法保证结论在内容上必然为真。例如，单纯从形式上来看，如下结论（则B）是必然成立的：

若 A 则 B
因 a = A
――――――――
若 a 则 B

由于这种演绎推理抽掉了前提当中所对应的"实际的事情"，代之以形式化的符号，所以它可以保证结论绝对为真。但当我们追问作为认定结论的前提（若 A 则 B，因 a = A）所实际指涉的知识是如何获得的，形式化演绎推理则回避了这个问题。事实上，一旦我们将这种形式化的逻辑运用到具体的科学活动、日常生活或司法实践中，就必然会产生前提里面所涉及的知识如何

―――――――――――
〔1〕 这两种辩护策略可以称为人类进化论的辩护策略（为了适应环境和改造环境，必须依靠归纳性知识）和实用主义（目前归纳所得的知识确实对现实造成了我们期望的改变，产生了实效）的辩护策略。

确定的问题。例如,从形式上来看,法官运用以下逻辑认定犯罪事实:

若任何案件的证据之间相互印证,则证明犯罪事实必然发生
A 案件中的证据之间相互印证
——————————————————————————
A 案件犯罪事实必然发生

这完全遵守了上文提到的演绎逻辑的公式和推理规则,从形式来看,只要前提是成立的,结论必然为真。假如法官单纯按照这个"逻辑法则"办案,可能非但无法"保真",反而可能会导致误判。人类历史上也产生过诸如此类的"形式证据规则"。那是一个理性极度膨胀和自负的年代,认为人类有可能通过提前设定认定真相的"证据法则",确保裁判绝对正确,史称"法定证据制度"。但是,它并不能有效预防错误的发生。[1]"由于一逻辑系统实际上是建立在某些假定或预设之上的,该系统的定理只是相对于它们所含的逻辑常项的某种解释才是逻辑真理,因此,如果我们改变一逻辑系统所依据的某些假定或预设,……原来是定理的一些公式可能不再是定理了……逻辑和逻辑真理可以被修正,就是必然的结论。"[2]换言之,演绎上绝对正确的结论只是形式正确,它并不能保证结论在经验事实上绝对正确。在实际的生活实践中,由于前提殊难百分百确定,谈论演绎结论的真假其实是一个错误的看法,正确的看法是:演绎论证只存在有效或无效(valid or invalid)的问题,并无真假的问题。检验结论在事实上真假的核心还是前提本身的正确性。前提本身的正确性源自经验归纳而得到的各种知识,否则科学家探求科学真理的活动就没有意义,普通人也无须总结各种各样的经验教训,因为掌握了(演绎)三段论就等于掌握了全部真理。

可见,无论我们多么渴望获得必然正确的知识,摆脱不确定性给我们带

---

[1] 例如,中世纪的巫术审判就是一个例证。根据当时的理解,所谓"巫术",就是与魔鬼建立契约关系后具备的一种能力。如果被告人不能哭泣,就可以作为推定被告人与魔鬼之间存在契约关系的证据,可以据此认定构成巫术罪。参见 [美] 米尔吉安·R. 达马斯卡:《比较法视野中的证据制度》,吴宏耀等译,中国人民公安大学出版社 2006 年版,第 56-57 页。

[2] 陈波:"一个与归纳问题类似的演绎问题——演绎的证成",载《中国社会科学》2005 年第 2 期,第 94 页。

来的忧虑，但现实却残酷地告诉我们：任何一个时代的人可能都只能利用当前可以获得的"相对真理"而安排生活、从事生产以及判定纠纷。一方面，我们不要因此感到悲观绝望，毕竟人类不得不依靠无法完全确定的知识，且我们的实践也已经证明即使没有达到完美程度的知识，也能够帮助我们解决各种问题并推动了社会的进步；另一方面，我们必须保持谦逊，不能以为依靠现有的知识就必定能够发现任何事实的真相。简而言之，我们有能力发现真相，甚至可以不断地改进方法、程序和技术以增强我们的能力，但切不可以为我们能够绝对确定地探知未知的真相。

三、非此即彼的框架

法律制度给予决策者的选择框架通常均是二元对立的方案：决定立案或决定不立案，决定逮捕或决定不捕，决定起诉或决定不诉，判决有罪或判决无罪等。这种二元对立的框架设定了一种非此即彼的结构，肯定其中一个必须要否定另外一个。非此即彼的选择模式也符合法律在本体论上的预设。一个人在客观上要么实施了犯罪，要么没有实施犯罪，不可能既实施了犯罪又没有实施犯罪。它也完全符合古典的二值逻辑思维法则，两个相互矛盾的命题不可能同时为真或同时为假，矛盾律或排中律要求相互对立的命题只能是非此即彼。

法律之所以在传统上坚持这种绝对的二选一方案，在根本上是由法律制度的功能和价值决定的。无论裁判者实际面临的问题多么疑难、复杂，为了使法律能够产生定分止争、恢复秩序的作用，他都必须要给出一个肯定或否定的解答，不予应答或应答模糊均会产生毁弃法律的效果。不予应答等于默认现状，它将会导致群体性的效仿，进而导致人人为自我立法的可怕局面；应答模糊也无法为以后的类似行为提供一个明确的指引，它会导致严重的法律投机主义、司法擅断，也无益于社会法律秩序的养成。从理想的状态来看，法律必须预先告诉规范对象什么是对的和什么是错的，司法人员事后在个案中也必须据此给出一个毫无含糊的个案结论，从而通过立法的宣示和司法的表达，共同营造出一个人造的井然有序的社会状态。

从法律制度的决策框架、本体论的预设和古典逻辑思维定律来看，非此即彼的结构预设了完美立法、完美司法和司法与立法的完美契合。就本研究所涉及的刑事诉讼事实认定活动来看,二元框架的理想运作情形如下:立法预先设定了明确的实体法规则和程序性规则(包括证据规则),司法者在程序法的拘束下通过发挥"主观能动性",在认识上绝对确定了作为小前提的基础事实要件,即与客观事实绝对符合或不符合,然后根据绝对正确的三段论演绎推理,得出了有罪或无罪的结论。暂且不考虑这种二元框架下的法律适用问题,即使从其中的事实认定角度来看,这种理想的情形在实践中也不可能实现。人类审判史和科学发展史(尤其是量子力学)已经表明,没有任何一套科学有效的办法保证我们能够获得绝对确定的认识。即使我们的立法要求裁判者必须在认识结论符合"客观事实"时才能作出相应的事实认定,也根本无法消除事实认定的不确定性,因为人类的认识能力并不取决于法律规范的选择。如果这是定罪必须达到的要求,且裁判者诚实地执行这个规则,它就无法为任何案件作出肯定或否定的判定。这种规则的实际规范作用更像是一种劝导、提醒、警示作用,告诫裁判者谨慎、细致、认真地分析证据作出判断。

  非此即彼的思维假定的事实认定结果总是能够达到100%肯定或否定的水平。在概率上表示就是裁判者要么将一个事实认定为0(必然未发生),要么认定为1(必然发生),没有中间地带。这正好中了怀疑论者的圈套。换言之,如果认真地对待非此即彼的认识标准,结果必然走向怀疑论和不可知论。我们如何绝对确定地"证明"人的认识之外的客观世界是必然存在的?我们如何绝对确定地"证明"基于经验归纳所获得的知识可以适用于未知的世界?笛卡尔和休谟的怀疑论之所以有一定的力度,就在于他们均把认知对错的标准抬高到了人力无法企及的高度(绝对确定或否定)。"如果我们采用这样不切实际的高标准,就必然会得出这样的结论,即我们根本无法证明或者一无所知,除非是纯粹的数学真理。"[1]但在包括司法审判在内的所有人类实践活动中,类似"纯粹的数学真理"的确定性是不可能实现的乌托邦。

  因此,英国法学家特文宁教授在总结了英美证据法学历史传统后指出:"裁判中所主张事实之真相的建立是一个典型的概率问题,缺乏完全的确定

---

[1] [英]迪伦·埃文斯:《风险思维 如何应对不确定的未来》,石晓燕译,中信出版社2013年版,第65—66页。

性。"〔1〕美国内布拉斯加州法院在向陪审团解释定罪必须达到的认知程度时说道："你可以排除合理怀疑而相信一个事实真相，但同时又十分清楚你或许是错误的。假设你能够解除被告犯罪的任何合理怀疑，你就会发现被告有罪的可能性极大。"〔2〕以实质真实作为诉讼核心目标之一的德国联邦最高法院也承认："'确信'这个概念并不排除一个另一种的，甚至是相反的事态之可能性。更正确地说，'经常可遭受客观的可能怀疑'正是'确信'的本质。因为，人类基于其认知的不完美性，法官所要评价的事实之领域，人类永远是被拒于一个绝对确实的认知之门外的。"〔3〕

显而易见，正是由于认识到人类认识能力的极限，所以两大法系均没有要求裁判者必须达到100%的确定性，对误判的产生均保留了一定的容忍度，也承认了裁判活动的不确定性。承认判断的不确定性就必须承认误判的可能性是司法制度无法克服的宿命。但这并不意味着法律制度容忍任意确定事实，完全不顾及裁判的准确性。只要接受裁判活动的证明性质，放弃对绝对确定的不切实际的迷恋，从绝对确定模式走向合理证明度模式，就可以为实践提供更为务实的真相确定标准（表10-1）。

表10-1 非此即彼的绝对标准与非此即彼的合理标准

	绝对确定模式	合理证明度模式
裁判类型	有罪判决或无罪判决	有罪判决或无罪判决
客观事实	存在或不存在	存在或不存在
认识方法	形式演绎逻辑（formal deductive argument）	经验归纳逻辑（practical inductive argument）
结论效力	不可废止的（indefeasible）	可以废止的（defeasible）
论证力度	绝对确定或否定（all or nothing）	存在强弱程度（strong or weak）

---

〔1〕［英］威廉·特文宁：《反思证据：开拓性论著》，吴洪淇等译，中国人民大学出版社2015年版，第91页。

〔2〕［英］迪伦·埃文斯：《风险思维　如何应对不确定的未来》，石晓燕译，中信出版社2013年版，第70页。

〔3〕林立："反省'统计学方法'与'效率原则'在刑事证据法上的运用"，载《私法》2012年第1期，第369页。

其一，鉴于人类社会对法律制度的功能期待，非此即彼的二元模式在本体论上必须得到坚持，也就是说，我们必须相信存在一个不以人的意志为转移的客观事实，"它是不依赖语言的客观存在"，否则，"事实认定的实践将变得毫无意义"。[1]也就是说，犯罪事实要么存在，要么不存在。与此同时，就刑事司法领域来说，裁判者一般情况下也必须给出毫不含糊的判断：有罪判决或无罪判决。无论裁判者自己主观上的实际状态如何（确信、不确信或半信半疑）以及客观上的实际证明状态如何（证据确实充分、证据不足、真伪不明），都不允许裁判者给出一个形式上不确定的判决，他只能在不同的裁判中择一适用。

其二，司法活动中对于待证事实（控方提出的作为请求权基础的要件事实）的证明方法并没有逻辑上绝对有效的思维方法予以保障。演绎逻辑在形式上可保障结论绝对有效，因为演绎逻辑本就是指假设前提为真，结论必然为真的论证。也就是说，只要我们承认前提的真实性，就无法找到反例可以否定这个结论。在司法证明活动中，要想找到一个前提必然为真的知识在理论上根本就不存在。因此，即使是最强有力的事实认定，也不是绝对有效的演绎逻辑。作为事实认定基础的知识总是根据经验而来，但无论是经过科学检验的知识，还是普通人的日常知识，实际上均是归纳推理的产物。即使它们有时候会"伪装"成演绎推理的结构，但实际上只不过是归纳得来的知识在个案中的运用。

司法证明是一个根据当前证据材料逐步推论最终待证事实成立的过程（图10-2）。最终待证事实为案件事实，其核心组成部分为构成要件事实，例如被告人实施了故意杀人行为。最终待证事实可以再进一步分解为不同的命题，分解后的命题可以称为次终待证事实（P_1到P_n），例如，故意杀人案件的构成要件事实，可以进一步分解为以下次终待证事实：被害人已经死亡；犯罪行为引起被害人死亡；被告人是实施犯罪行为的人；被告人实施犯罪时的主观状态是故意。次终待证事实必须均被证明为可接受的，最终待证事实

---

[1] 参见［美］米尔吉安·R. 达马斯卡：《比较法视野中的证据制度》，吴宏耀等译，中国人民公安大学出版社2006年版，第47-48页。

才能确立。一般来说，证据材料（E）往往需要经过多次证明步骤才能与次终待证事实连接在一起。换言之，证据材料通常借助某些中间待证事实（A，B）才能实现对次终待证事实的证明。从证据材料 E 到次终待证事实的每一个环节，都存在一个与之相关的归纳性概括（G_1 到 G_3），为每一个证明环节提供正当理由。[1]

该理由不可能从证据材料本身中找到，因为它自己只能证明自身的存在。即使法官听到"张三作证说'4 月 12 日下午，他看见王五拿刀砍死了李四'"，而且其他证据表明张三与诉讼结果、当事人没有利害关系，还不足以成为"王五拿刀砍死了李四"事实认定结论的根据。为了得出该结论，法官需要一个归纳性概括（即生活经验知识）：通常情况下，与当事人没有利害关系的证人所说的话是真实可信的。否则，根据张三的证言认定"王五拿刀砍死了李四"，就是没有正当性的。从任何证据材料中得出特定的结论，都必须经历类似的证明过程。

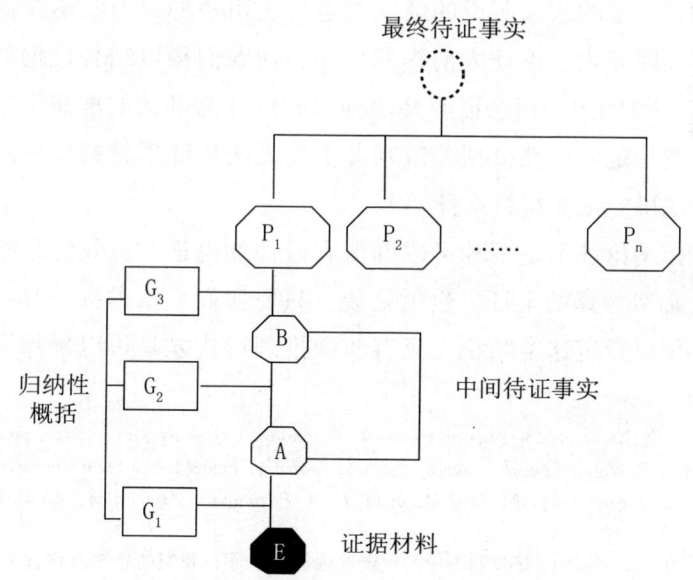

图 10-2 最终待证事实的司法证明过程

---

[1] Terence Anderson, David Schum, William Twining, *Analysis of Evidence*, Cambridge University Press, 2005, pp.61-62.

因此，当通过证据材料证明案件事实时，其步骤一般为：我们通过实际观察，能够接受的只能是证据材料本身在事实上是存在的，运用该材料进一步进行推理，要求我们进行论证，以便从证据材料中推论出待证事实，把证据材料和待证事实连接起来，并为论证提供了正当性根据的，是一个与特定证据材料有关的归纳性概括。因此，司法证明的一般结构，是由作为前提的证据材料、待证事实和为从前提推理出特定结论提供正当性根据的归纳性概括所组成的。与特定证据材料有关的归纳性概括，可以看作是把证据和待证事实粘贴在一起的"胶水"（glue）。借用图尔敏的话，归纳性概括是司法证明的"理据"（warrant）。[1]沃尔顿则把作为论证根据的一般性知识称为"论证型式"（argumentation schemes）。[2]归纳所得结论是任何通过证据证明案件事实的司法证明或明或暗的依据之所在。

归纳性概括通常源自日常生活经验、常识等得到普遍认同的一般性知识。通过对大量案件中证人作证可信性的归纳总结，我们获得了如下知识：与当事人没有利害关系的证人所说的话通常是真实可信的。由归纳获得的概括在司法证明中实际充当了论证大前提的作用，使我们得以结合证据材料，推论特定的事实。[3]因此，司法证明是一种以归纳法为基础的准演绎过程。没有与案件有关的特定归纳性概括，裁判者不仅无法从证据材料推理出特定的事实，甚至无法确定证据材料本身。[4]

其三，归纳论证不是一种可以确保有效性的论证。有效性是指假设前提为真，结论必然为真的论证。也就是说，只要我们承认前提的真实性，就无法找到反例可以否定这个结论。只有演绎推理形式才是可以确保证明有效性

---

[1] Stephen E. Toulmin, *The Uses of Argument*, Cambridge University Press, 2003, pp. 91-92.

[2] Douglas N. Walton, *Legal Argumentation and Evidence*, Pennsylvania State University Press, 2002.

[3] Terence J. Anderson, *On Generalizations I: A Preliminary Exploration*, 40 S. Tex. L. Rev. 455 (1999), p. 455.

[4] 我们在前文中提到，证据材料中的肯定性内容可以通过我们的感知器官直接获得，看起来是"不证自明的"。例如，当我们听到"证人甲说了事件E"，往往可以直接得出"证人甲说了事件E"的结论，无须再经过推论。但是，这是建立在对我们的感知器官的信任之上的。换句话说，它是建立在"眼见为实"的概括之上的。由于在实践推理中，对此概括也加以审查，既没有必要性，也使认知成本和负担过重，所以在此情形下进行的推论一般都是"前提—结论"的缺省（大前提）推理。但是，它背后所依赖的概括是无法否认的。

的推理，而归纳推理不可能做到这一点，因为即使归纳推理建立在较为扎实的基础之上，还是可能会出现前提为真而结论为假的情形。例如，我们根据自己的生活经验以及其他人的生活经验，作出这个推论：

在昨天之前太阳每天都会升起
昨天太阳也升起

明天太阳也会升起

但我们可以找到反例，例如明天可能有一颗大彗星撞击地球，导致地球在午夜时分停止自转，明天就不会有太阳从地球上升起。从目前的知识来看，这种事件的概率较小，但它是可能会出现的情况（Though it is not very probable, it is possible.）。因此，即使假设这个论证的前提是真实的，还是可能会出现结果不为真的情形。那么归纳论证是否是一个好的论证方式呢？论证的价值取决于论证的目标，归纳论证就像其他论证一样，它是为了给论证的结论提供好的理由。只是同形式演绎论证相比，归纳论证存在论证强度的差异。经过实践反复检验依然没有被证伪的归纳论证优于一两次的重复检验；样本数量多的归纳论证优于样本数量小的论证；等等。

其四，正是由于归纳论证存在强度差异：有的论证有微弱的理由支撑，有的论证有比较有力的理由支持，有的论证存在非常有力的理由支持。所以我们就不能问一个建立于归纳知识之上的司法证明是否绝对确定，而是它是否足够有力（strong enough），是否达到了做出某个行动所容许的合理证明度。合理证明度的确定则取决于具体的语境（context）和关涉的利益大小（stakes）。当我们作出某个决定可能会遭受很大的损失时，我们就需要更为有力的理由和更高的证明度。

要求认识必须符合客观真实的谬误不在于它本体论上的预设（存不存在），也不在于认识论上的预设（认识是否能够与客观符合），而在于证明度上的预设是错误的。导致证明度预设上的错误可能与裁判非此即彼的框架结构存在密切联系。事实上，在认识上无法绝对确定事实，并不就是否定客观事实的存在，也不意味着就不能认识事实，更不意味着确定事实无须达到合理可行的程度，可以恣意认定，毋宁是必须要接受裁判无法消除的风险并将其控制在合理的、可接受的限度之内。

四、风险分配的难题

认识到错案的风险无法消除是一件令人沮丧的事情，因为一方面它迫使人类必须要放弃对完备知识的自信，另一方面也击垮了确定性的美好感觉。古往今来，人类一直在孜孜不倦地根据不同时代的信仰、知识体系设计求真手段，力图消除认知风险，催生了灿烂多彩的诉讼文化和诉讼模式。就目前来看，没有哪个国家真正实现了目标。但几乎每个国家都宣称发现真相乃诉讼核心目标之一，可谓"虽不能至，然心向往之"。按照德国法学的主流观点，刑事诉讼有三个目标，排在首位的就是"实体事实之正确性"。[1]美国联邦最高法院宣称："一起审判的基本目标就是发现真相。"[2]我国《刑事诉讼法》第2条明文规定："中华人民共和国刑事诉讼法的任务，是保证准确、及时地查明犯罪事实，正确应用法律，惩罚犯罪分子，保障无罪的人不受刑事追究……"

从德美等国和我国时而发生的错案来看，确保实体裁判与真相相符的目标远未实现。因此，与其说消除错案风险确保发现真相是刑事诉讼的目标，倒不如说它是刑事诉讼的理想，甚至可以说是梦想。目标是"眼睛能看到的地方"。它是通过行动可以实现的任务。我的目标是下午2点半之前从家里赶到沙坪坝，根据对车辆状态的判断、路程距离的了解、交通拥堵状况的预测等因素，我估计开车需要半个小时，于是我下午1点出发，并在下午2点10分赶到目的地，顺利实现了目标。就目前来看，无论是法律设计者，还是法律执行者，都无法找到恰当的手段保证发现真相的目标必定实现。当然，理想是"指路明灯"，它可以照亮前行的方向，增添热情和动力。但刑事司法是一个实践活动，必须切实可行。以务实的态度来看，刑事诉讼发现真实的目标有必要予以重新阐释。鉴于错案风险的不可消除性，刑事诉讼发现真相的

---

〔1〕 其他两个目标为诉讼程序的合法性和法的和平性。参见［德］克劳思·罗科信：《刑事诉讼法》，吴丽琪译，法律出版社2003年版，第5页。

〔2〕 *Tehan v. U. S.*, 382 U.S. 406 (1966), at 416.

目标不是确保裁判与客观真实相符（这是理想），而是为了降低预期的错案风险，或者说是为了提高裁判预期的准确性。预期（rational expectations）是从事刑事诉讼活动的主体（如立法者、司法者等）在决定其当前的行动（设计规范、作出裁判）以前，根据已获得的所有信息，对未来的误判风险所作的一种估计。降低预期的错案风险就是根据这个估计选择相应的方案以降低风险。[1]

若不是斤斤计较词语的严谨性，也可把诸如提高事实认定的准确性、减少误判的可能性、预防错案的发生作为降低预期错案风险的通俗表达方式。在我国，针对错案的研究和政策应对，如何提高事实认定的准确性和预防错案的发生，一直以来都是主导性的价值目标。虽然提出的方案存在区别，但背后的支撑性价值观均是本研究所指出的预期错案风险的降低。例如，鉴于司法实践中时而发生的误判有罪事件，加之死刑案件可能导致剥夺生命的严重后果，有不少学者主张应当区别对待死刑案件和非死刑案件的证明标准，以期降低死刑案件的预期误判有罪的风险。就此而言，不同学者主张的具体标准在表达上略有差异，有的学者主张"一般刑事案件的证明标准为案件事实清楚，证据确实充分，排除合理怀疑；死刑案件的证明应当为案件事实清楚，证据确实充分，具有排他性和唯一性"。[2] 有的学者认为，在三种证明标准中"'确定无疑'最高，'排除合理怀疑'次之，'犯罪事实清楚，证据确实、充分'在三者中最低……死刑案件证明标准可表述为'犯罪事实清楚，证据确实、充分，并达到了确定无疑的程度'"。[3] 有的学者主张，"在适用普通程序的刑事案件中，证明标准是排除合理怀疑的证明，……在适用死刑的刑事案件中，证明标准则应该是排除一切怀疑的证明"。[4]

姑且不论裁判者适用不同法定标准面临的难题（如何区分排除合理怀疑

---

[1] 不能把预期风险降低等同于实际风险降低，因为实际风险的降低是预期方案实施后的实际后果。就刑事司法而言，由于它牵涉法律规范、规范运作环境和主体的相互影响和相互作用，完全可能产生预期方案产生非预期的结果。

[2] 参见黄芳：“论死刑适用的国际标准与国内法的协调”，载《法学评论》2003年第6期，第75页。

[3] 参见刘梅湘：“死刑案件证明标准检讨——以高攀死刑案为范例”，载《人民检察》2006年第7期，第26页。

[4] 参见何家弘：“刑事证据的采纳标准和采信标准”，载《人民检察》2001年第10期，第12页。

与排除一切怀疑），即使假设提高死刑案件的证明标准在司法实践中能够切实做到，并假设裁判者有能力正确地区分两类不同案件的证明程度要求，果真能够降低预期错案风险吗？假设现在进入审判的被告人共有 1000 名，他们的罪行分布情况如表 10-2 所示。

表 10-2 错案情况分布之一

	判决有罪（名）	判决无罪（名）	合计（名）
事实上有罪的被告人	790	100	890
事实上清白的被告人	10	100	110
合计	800	200	1000

在错案情况分布表中可以发现，共计有 110 份判决是错误判决。其中，100 名事实上有罪的被告人被宣告无罪（错判无罪），另外 10 名事实上清白的被告人被认定有罪（错判有罪）。假设为了进一步防止被告人被冤枉，我们提高了证明标准，使认定有罪更为困难。由于定罪标准的提高也会影响客观上有罪的被告人的定罪难度，即所有涉嫌死刑犯罪的被告人的证明难度均得到了提高，假设当把错误有罪判决的数量减少至当前的一半，那么事实上有罪的被告人的定罪数量也将会因此减少二分之一，我们就可以得出另一份错案情况分布表，见表 10-3。

表 10-3 错案情况分布之二

	判决有罪（名）	判决无罪（名）	合计（名）
事实上有罪的被告人	395	495	890
事实上清白的被告人	5	105	110
合计	400	600	1000

从表 10-3 中可以看出，即使错判有罪的被告人数量降低了一半，从 10 名减少到 5 名，但整体错误判决数量增加到了 500 名被告人。这主要是因为错判无罪的数量从 100 名被告人增加到了 495 名被告人。当然，我们所举的例子并不一定能够反映现实中的司法状况。它只是用来说明，以减少错误定

罪为目标而提高证明标准将必然会增加错判无罪的预期风险。[1]

任何一种使有罪判决更为艰难的证明标准，在减少错误有罪判决的同时，也将增加错判无罪的概率。提高证明标准，会让包括客观上无罪的被告人在内的所有被告人受益。如果任何国家的审前过滤机制都能过滤掉一些证据明显不足的无辜被告人的案件，实际进入审判的被告人中事实上有罪的被告人多于事实上清白的被告人，过高的证明标准会让部分无辜被告人受益的同时，也让更多的有罪被告人受益。

在治理错案风险时，有些举措表面看来是为了降低错误发生的可能性，但实质上只不过是降低了司法错误当中的一种风险，却是以提高另一种风险为代价。错案风险分配就是比较衡量不同类型误判风险的大小及成本并选择由谁承受风险及可能伴随的不利后果。错案风险分配问题的产生源自误判风险客观上的不可消除性、司法解决纠纷的现实紧迫性和裁判事实认定的工具主义属性。它是司法审判无法回避的普遍存在的难题。

首先，前面已经论证，对案件事实的认定无法达到绝对确定的程度。无论裁判者内心的确信度有多高，也不管客观的证据材料实际证明的程度有多高，我们都无法彻底消除误判的风险。裁判者必须在某种程度的不确定条件下进行事实的判定。当然，裁判者可以在判决中宣告某个事实得到了证实或确信其为真实，并且能够给出理性的论证，但这并不意味着就可以彻底排除误判的风险。判决中宣告的事实可以说只是"宣称某个事实已经得到了证明"或"当作是事实"。证明为真有可能实际上为假，更别说"信以为真"了，它也可能为假。无法绝对确定导致误判的风险在客观上无法完全消除，误判有罪或误判无罪的风险恒常伴随每个刑事司法制度。

其次，司法解决纠纷的现实紧迫性让裁判者无法回避风险条件下的案件如何裁判的问题。由于误判的风险无法完全消除，审判也可以看作是一场不确定条件下的风险管理活动。裁判者不像那些从事科学研究的学者，没有权力宣布事实无法完全确定，尚待进一步调查，因此无法作出决定。为了及时解决纠纷，法律均要求裁判者必须在合理的时限内作出裁判，没有权力无限

─────────────

〔1〕 See Erik Lillquist, *Balancing Errors in the Criminal Justice System*, 41 Tex. Tech L. Rev. 175（2008）.

期地拖延，甚至不允许久拖不决。就事实发现者而言，当要求作出一个判决时，"不做决定"并非备选项目。也就是说，他必须在风险条件下给出自己的判断和选择。

最后，风险条件下所给出的事实认定结论并非一种没有意义的、与实践没有联系的纯粹理论认定，而是一种具有严重社会影响的判定，并可能产生长期的法律后果。裁判中的事实认定并不是为了认定事实而认定事实，而是为了适用法律而认定事实。一旦法律适用结果确定，当事人的权利以及社会的利益均会受到影响。认定事实只是为了实现法律正义的手段。这正是司法活动的真相探知活动与纯粹的理论真理探求活动之间的核心差异。审判的终结性原则会使裁判后果的影响力进一步加剧。正如美国大法官布莱克门在闻名遐迩的道伯特（Daubert）一案中所言："法庭上对真相的探求与实验室中对真相的探求存在重大区别。科学结论会受到持续不断的永久性的修正。但法律必须终局性地、快速地解决纠纷。"[1]一旦错误地认定犯罪事实，有可能导致一个无辜的公民必须要承受（长时间甚至终身）刑罚的折磨乃至命丧黄泉（错判有罪），也可能导致一个有重大社会危害风险的杀人犯逍遥法外，进而使无辜的公民被其残忍杀害（错判无罪）。由此可见，裁判者多么期望拥有一颗"上帝之眼"。但现实却是，他们不仅无法像上帝般全知全能，且必须给出自己的事实认定结论，因此裁判者不得不权衡两种相互排斥的错案风险的大小并据此给出一个分配方案，以期在不确定条件下给出一个最优选择。就法律来说，错案治理的真正难题可能不是如何预防和纠正错误，而是如何分配错误风险。从根本上来说，错案的有效预防和及时纠正必须仰赖于人类认识能力的提升。这是法律制度无力解决的问题。如果哪一天我们能够发明一种科学仪器，只要用它扫描一下被告人的面部，就可以准确地读出他大脑中的全部记忆，所有其他的调查手段可能变成多余，错误判决有罪或无罪的可能性也会降低到接近为零。但我们还没有发明"真相测试仪"，在可以预见的人类未来，也可能不会出现。即使出现，也可能面临在运用上的伦理抉择。警察如果怀疑一个地方的1000个公民涉嫌犯罪，可以为了侦破一起犯罪，而

---

[1] *Daubert v. Merrell Dow Pharmaceuticals, Inc.*, 509 U.S. 579 (1993), at 596-597.

结　语　刑事证明的困境

要求他们牺牲自己的全部"内在隐私"吗？我们完全没有否定科技、知识甚至制度的价值，自近代科学革命以来，虽然没有实证数据能够证实，但我们相信，相比于古代，我们避免犯错的能力已经有所提升。但错案似乎并没有消失。依照我们在绪论中的论证，人类只能一步一步地减少预期可能发生的错案，但不可能达到终点——消灭错案。消灭错案必须要以人类穷尽了宇宙绝对真理为前提。此时，人将不人，而是上帝。这可能吗？

当我们无法完全避免犯错时，思考的方向就不能简单地放置于防错和纠错上，还必须直面人类的难题：哪一条路才是正确的选择？用一句话来说：即使犯错，我们也要犯在正确的方向上。诸如此类的选择题，其实充斥着人类生活，但"人们通常厌恶不确定性"。[1]由于对零风险的系统性依赖和确定性带来的美好感觉，人类经常为了避免一种风险的发生花去了太高的代价，但实质上只不过转移了风险而已。1958年，美国颁布的食品法禁止食品中含有任何致癌物质。这一以零风险为目标的举措看起来很好，但它导致了不致癌但更加危险的添加剂的滥用，最终不得不终止该法案的适用。认识到错案风险分配的必然性，必须要先"告别零风险的想象，学会怀着'没有什么是安全的'想法生活——无论是你的积蓄、你的健康、你的婚姻、你的友谊、你的敌人，还是你的土地"。[2]

这些年，我们听到了许多无辜者蒙冤入狱的故事。他们本可以像其他守法公民一样追求自己的幸福生活，却因蒙冤、申诉而不得不放弃追求，并付出了惨重的代价，有时候甚至无法挽回。我们油然而生一种怜悯、痛惜、同情的感受。为此，我们真切地期望国家在打击犯罪、维护社会安宁的时候一定要分清是非，避免伤及无辜，真正实现"保障无罪的人不受刑事追究"的目标，确保通过司法程序所认定的事实符合客观真相。

可惜的是，这对制度设计者来说，几乎是一个注定无法完成的"乌托邦"。当然，我们并不否认一种设计优良的制度可以降低错案发生的概率。不

---

[1]　[美]雷德·海斯蒂、罗宾·道斯：《不确定世界的理性选择——判决与决策心理学》，谢晓非、李纾等译，人民邮电出版社2013年版，第323页。
[2]　[德]罗尔夫·多贝里：《清醒思考的艺术——你最好让别人去犯的52种思维错误》，朱刘华译，中信出版社2013年版，第107页。

过,无论如何我们都不可能绝对消除错案发生的可能性。罗尔斯之所以将刑事司法制度称为"不完善的程序正义",就是因为无论人类如何设计程序规则和证据规则,都无法确保结果正义一定能够得以实现。人类的审判史表明:错判的风险与司法制度如影随形。从务实的角度来说,司法程序的目标与其说是为了实现真相,倒不如说是为了降低预期错判风险。

使问题加剧的是,刑事司法中的错案并不只是单指冤枉了无辜的人,有罪的人没有被侦查、逮捕、起诉、定罪,同样也是一种错误。一个国家的刑事司法制度必须致力于降低错判无辜的风险,还要致力于降低错放罪犯的风险。但是,这两个目标通常是相互冲突的。例如,为了降低错判无辜的风险,我们可以规定,除非对被告人的罪行达到100%确定性的程度,否则就必须宣告无罪。且不说这种绝对确定的认识标准是否可以达到,即使假设它可以达成,这意味着哪怕被告人的罪行已经证明到99%确定性的程度,都一律宣告无罪。可以想见的是,无辜者被错误定罪的风险确实降低了,有罪的人被错误释放的风险也大幅提高了。假设进入审判程序的人经过审前程序的过滤之后,客观上有罪的被告人的数量多于客观上无罪的被告人的数量,这种过高的定罪标准将使更多有罪的被告人受益,在整体上可能提高了错案的数量和概率。在错案治理方面,这就给每个国家的刑事司法制度设计者提出了一个棘手的难题:我们应当以降低哪一种错判风险作为优先选择?

当前流行的学术观点认为,应当以最大限度地降低错判无辜的风险作为唯一选项,做到"宁纵毋枉"。也就是说,宁可放纵再多的罪犯,也不可冤枉一个无辜的公民。该理论的基础以(国家)义务论为主。德沃金属于代表人物。他认为,冤案不仅仅是对无辜被告人的一种可以大致计算出成本的"赤裸裸"的直接伤害,包括名誉、财产、自由乃至生命的侵害,更关键的是,它还会产生一种无法用成本收益予以功利主义衡量的客观存在的伤害——"道德伤害"。它是一个"客观概念",一个无辜的人受到了惩罚,"即使没有人知道它或怀疑它,甚至当(也许尤其是当)只有极个别人非常关心它的时候,也发生了这个道德伤害"。[1]道德伤害是对康德绝对命令"任何时候都

---

[1] [美]罗纳德·德沃金:《原则问题》,张国清译,江苏人民出版社2005年版,第101页。

不得把人仅仅作为手段"这一基本原理的违反,因为当无辜者被错误定罪的时候,一个守法的公民没有被作为"目的"而是作为一种"手段"来对待,这是对个人尊严的漠视和侵犯。因此,每一个人都享有不被错误定罪的道德权利。为了保障每一个公民所享有的免受错误定罪的"绝对权利",国家在道义上有义务在设计诉讼制度时尽力避免出现冤案,哪怕这会增加有罪者被错判无罪的风险。

这种拒绝权衡的立场,乍一看来,似乎铿锵有力,但是,它也存在难以自圆其说的地方。当国家最大限度地保障无辜公民免受错误定罪的权利时,由于它不可能只把程序保障施惠于真正无辜的被告人,而是针对所有的被告人,那么许多客观上有罪的被告人也将因此受益。确保无辜之人免受错误定罪的最优方法就是增加定罪的难度,这必然会使更多的有罪之人逍遥法外,这将会使守法的无辜公民遭受犯罪侵害的风险大幅提高。无辜的被害人同样也享有免受犯罪侵害的"绝对权利"。那么此时国家是否也将其他无辜的公民作为一种"手段"而非"目的"来看待?此时,无辜的被害人是否也遭受了"道德伤害"?

对此质疑,道义论者给出的回应是这两种情形下的伤害并非处于同一个道德评价层次。他们认为,伤害他人与允许他人伤害是两回事。正如一个人将他人打伤是一回事,一个旁观者看到一个人被他人打伤却没有施以援手则是另一回事。后者的行为在道德上是中性的,即使对后者进行道德评价,其恶劣程度也远低于前者。因此,国家在设计司法程序时应当努力降低错判有罪的风险,而不是错判无罪的风险。

这种区分对于个人的道德评价而言或许有一定的价值,对于国家却没有多大意义。在现代国家,公民基本上已经完全让渡了自己手中保留的惩罚犯罪的权力,国家则通过建立专门的暴力机构代为行使惩罚权,以使公民能够生活在一个安全的环境中,预防公民遭受犯罪的侵害也是国家义不容辞的责任,而通过司法程序将真正的罪犯绳之以法则是基本途径之一。国家不能像一个旁观者那样轻而易举地声称,不是我侵害了他,而是罪犯侵害了他,因此我没有责任。所以,国家冤枉无辜的人是一种伤害,让罪犯得不到应得的惩罚而使无辜的公民遭受(错误释放的)罪犯的侵害也是一种伤害。以避免一种伤害为由完全放任另一种伤害，违背现代国家的政治伦理。正如诺奇克所言："最有效率的体制是那种最大限度地减少对我的额外损害的预期值的体制，这些损害是通过我被不公正地惩罚，或是通过我成为犯罪的受害者而加给我的。"[1]换言之，国家既有义务最大限度地降低错判无辜者有罪的风险，也有义务最大限度地降低无辜者遭受犯罪侵害的风险。从义务论的角度来看，两者难分伯仲。

道义论者认为，即使对于国家而言，保护无辜者免受错误定罪和免受犯罪的侵害都是她的责任，但是两种侵害的主观恶性却存在质的差异，从而使避免错误定罪成为绝对的优先选择。故意、有目的地制造伤害与过失或者意外造成的伤害并不是一回事。当国家在设计刑事司法制度时，没有采取最大的努力降低错判无辜者的风险，就相当于有目的地惩罚一个无辜的人，这比由于过失或者无法预见的原因没有保护一个无辜的被害人免受犯罪的侵害，会带来更大的道德伤害。毫无疑问，当国家有目的地构陷任何一个无辜的公民，哪怕是为了追求良好的社会效果和政治效果也是错误的。例如，在一个引起社会轰动的案件当中，不及时将罪犯抓捕定罪，就会引发社会暴动、秩序混乱，国家为了平息民愤，任意挑选一个无辜的公民将其定罪。这样一种赤裸裸的"陷害"如果在体制上得到允许，极权主义国家的温床就已然成形，这必将导致每一个公民缺乏最低限度的自由保障。但是，这与刑罚制度正常运作时所导致的冤案不可同日而语。即使我们对刑罚的必要性存在争议，它毫无疑问存在于当前每一个国家之中，属于"必要之恶"。当国家建立了一套刑罚运作制度之后，并具有一定概率的惩罚错误，它不是意图要伤害任何人。这是刑事司法制度本身不可克服的缺陷所致。如果明知存在惩罚无辜的风险在道德上等同于明知惩罚无辜的人，我们将永远无法惩罚任何人，因为只有彻底废除刑罚制度才可能实现这个目标。

在刑罚存在的条件下，道义论对制度设计者的限制主要体现在刑事司法程序和证据规则必须要致力于发现真相，因为只有这样才能实现道义论所主

---

[1] [美] 罗伯特·诺奇克：《无政府、国家与乌托邦》，何怀宏等译，中国社会科学出版社1991年版，第103页。

张的不枉不纵的理想目标。但是，刑事司法是一个在不确定性条件下的裁判活动，无论如何设计制度，都既不可能消除无辜者被错误定罪的风险，也不可能消除有罪者被错误释放的风险。面对应当以降低哪一种错判风险作为优先选择这个问题时，由于它拒绝权衡两种错误的不同效用，坚持以最大限度地降低误判有罪的风险作为目标，必然使其失去用武之地。由于这两种错判风险都是我们必须予以降低的，而且相互之间还存在此升彼降的紧张关系，我们必须要思考的就是误判风险的程度问题，而不是一味地要求以最大限度地降低其中一种风险为代价而导致另一种风险的过度增加。鉴于二者之间的冲突关系，我们必须追问的是，国家为了惩罚真正的罪犯在多大程度上可以牺牲无辜者的利益？换言之，国家为了保护无辜者免受错判在多大程度上可以容忍有罪的人不受追究？

　　这是一个艰难的问题。它主要取决于我们对两种类型错案的不同社会成本的精确评估。假如我们可以计算出错判无辜者有罪的社会成本是错误释放有罪者的十倍，那么程序设计者就必须确保诉讼的结果达到这个比率：每十名有罪的人宣告无罪将有一名无辜的人错判有罪。但是，这就如同实现不枉不纵目标一样不具有可行性。一方面，错判无辜者有罪和错误释放有罪者的成本主要是一种质的差异，无法予以量化；另一方面，即使可以予以量化，由于每一个案件都是不同的，二者之间的相对成本总是处于变动之中，有的案件错判无辜者有罪的成本可能高出错误释放有罪者二十倍（如毒品死刑犯罪），有的案件则可能只是高出一倍（如醉酒驾驶机动车案件），有的案件错判无辜者有罪的成本可能还没有错误释放有罪者的成本高（如处于预备阶段的恐怖主义犯罪）。除非我们根据每一个案件设计一套诉讼程序，否则就难以正确地贯彻这个目标，但这等于否定了法律规制的可能性。

　　这并不是说我们完全无法评估错判无辜者有罪和错误释放有罪者的相对成本。一种结合刑罚价值的大致准确的评估还是可以测算出哪一种错误的成本更高，有根据接受这样的直觉：通常情况下错判无辜者有罪比错误释放有罪者的代价更大。错误释放有罪者的主要代价是：一个有罪的人未受惩罚，可能还会实施其他的犯罪，刑罚剥夺犯罪能力、特殊预防、矫正罪犯的功能没有实现；有罪必罚的报应正义没有得到实现；被害人遭受的物质损失无人

"买单",精神上得不到宽慰;潜在的罪犯可能会跃跃欲试,降低了刑罚的一般预防功能,可能导致犯罪率的上升。这些代价不是微不足道的。然而,每一个错误定罪,也会产生非常类似的代价。真正有罪的罪犯,甚至没有被逮住,更不用说被判处刑罚。那些认识真正罪犯的有犯罪倾向的人会认为,他们也能够实施犯罪而逃避审判。"就这一点而言,两种类型的错误成本,或多或少地相互折抵(只不过,在错误定罪中,给了了犯罪被害人虚假的宽慰)。"[1]但是,错误定罪,还会产生其他更为严重的代价。这些代价令人心惊,显然要超过错判无罪所产生的代价。因此,通常情况下,国家必须把错判有罪的数量控制在必要的、合理的限度之内,只要它不会对正确定罪产生太大的、不合理的负面影响。

这种源自所有案件的一般性成本计算方法,去除了各种类型案件的特殊性,可以作为国家设计诉讼程序、证据规则的"指导性方针":原则上国家应当在司法资源允许的条件下把错判有罪的风险降低到一个合理的限度之内,哪怕这会导致错判无罪的风险升高。但是,国家还必须考虑特定类型案件错判无罪的风险控制问题。

以一个修改版的"电车难题"为例:

假设你是电车护卫员,在发生了许多起电车司机驾驶电车谋杀他人的事件之后,你被要求负责监督驾驶员,并要求你如果看到一个意图谋杀他人的电车正在行驶,你必须转动方向。你发现,一辆电车正在靠近;看起来似乎电车将会撞向5个工人,但是你不能确定;或许驾驶员正在计划在最后一刻踩住刹车。从你的位置看过去,电车驾驶员正在试图撞向那些工人;他似乎正在发狂地大笑。但是,由于距离因素,你不能完全确定驾驶员的意图。如果你转动方向,你将会把电车引向另一个轨道,撞到墙上,工人得以脱险,但是会伤害电车驾驶员。难道不去转动方向而让一个驾驶员杀死工人所造成的错误,比转动方向而伤害一个正准备减速的驾驶员所造成的错误,更好吗?如果是10个工人在轨道上,还是一样吗?20个人呢?

---

[1] [美]拉里·劳丹:《错案的哲学:刑事诉讼认识论》,李昌盛译,北京大学出版社2015年版,第75页。

这种情景在法庭上的类似情形如：警察抓住了一名严重犯罪（如连环杀人案、恐怖主义犯罪）的犯罪嫌疑人，但是他拒不认罪，在法庭审理时，虽然有相当可观的证据可以证明他的罪行，但是达不到"确实、充分"的程度，那么法官到底是宣告他有罪还是无罪？

很多人可能觉得此时宣告无罪带来的社会危害要大于宣告有罪，他们担心宣告无罪后可能导致严重犯罪增加，进而导致社会不安全。当然，这并不意味着法官在个案中就可以以此降低定罪的标准，因为明知未达标准而予以定罪，轻一点说是违反职业伦理，重一点说可能构成违法审判。假如授予法官这样的权力，由于每个法官的价值取向不同，那么就等于授权法官根据自己的价值权衡作出有罪无罪的判定。但是，国家在设计制度时，可以将这个因素纳入考虑之中，从而为"指导性方针"设置一定的例外情形，从而实现一种矫正后的合理风险度。例如，通过证明责任倒置给被告人适度降低诸如此类案件的定罪标准。当国家设计这种制度时，它不是针对任何特定的个人，也不是让法官根据个案的情况自由确定标准，那么由此导致的错案风险还是平等地分配给社会上的每一个公民。

制度设计者通常是指那些掌握了立法权的人群。他们只是一个国家当中的一小部分人。他们所感受到的错判风险以及相对成本与其他人群所感受到的错判风险以及相对成本并不一定一致。他们可能根据自己的经验判断这个社会错判无罪的成本太高了，超过了必要的限度，于是选择降低错判无罪的程序设计。但是，社会上绝大多数民众可能与他们的感受正好相反。由于错案风险分配的制度涉及每一个公民的利益，所以不应当由少数人决定，而应当通过民主的程序达成一致意见。该一致意见就是错案风险的合理接受度，一旦凝结为具体的程序、证据制度之后，那么按照这个制度所运作的结果，无论是错判有罪还是错判无罪，都是我们自己选择的结果。正如同，你选择乘坐飞机，就选择了空难的风险一样。

因此，面对错案，我们每一个人都必须要理性反思的真正问题是：

您愿意在多大程度上为了获得一个免受犯罪侵害的社会环境而提升自己被冤枉的风险？或者，您愿意在多大程度上为了避免自己被冤枉而提升自己被犯罪侵害的风险？

我们每一个人既期望国家保障我们的安全，也期望国家不要侵害我们的自由。对于国家来说，要满足人民对安全和自由的双重期待，必须要把刑事证明制度打造为一个可以准确区分有罪无罪的灵敏装置。由"铁三角"为主导力量并由其他诉讼主体协助的分段包干和选择性接力的证明结构，从其诞生之日起，就把准确分辨善恶是非作为首要目标。这一结构一直与时俱进，逐步优化，其区分能力也在日益增强。改革没有终点，优化没有句号，唯有不断求索，才能让这一结构真正成为"坏人"的"照妖镜"和"好人"的"守护神"！

后 记

本书的主要目标是尝试解读中国刑事证明活动的特色并阐释其根据。相比于以往的对策性研究经常把我国的法律作为革新的"病体",本书重在理解中国,理解证明的规律,理解中国证据法制的演化之路,理解证据法和刑事证明实践之间落差形成的结构性原因。

跟改革开放之后学界试图搬运西方尤其是美国的非法证据排除规则、证明责任规则、交叉询问规则、禁止双重危险原则等证明制度显著不同,本书主要立足于中国视角研究刑事证明问题。本书的"证明"一词绝不是英美法系意义上的当事人出示证据证实自己主张的活动。举证只是证明的一个环节,或者说它只是一种狭义的概念。

中国法中的证明是一种更加接近其日常含义的概念。举凡依赖证据得出结论的活动,都可以称之为证明,在节点上并不局限于法庭审判阶段,在程序上也不要求必须是三方构造。取证、举证、质证和认证,均是证明活动。前三者也可以概括为本书所说的"调查"环节,最后一个活动也可以概括为本书所说的"评价"环节。从本质上来说,无论是科学研究、日常决策,还是司法活动,证明均是由调查和评价两大环节构成。

近年来,受西方新证据学理论(New Evidence Scholarship)的影响,学界对证据问题的研究开始呈现日趋技术化的特征。与以往聚焦于证据规则不同,新证据学以证明过程、证明原理为着手点,力图给证据学一个系统完备的甚至放之四海而皆准的普适性证明方法。整体上来说,可以分为概率学派和非概率学派。其区别主要在于司法证明是否可以数学化及其程度问题。本书的重点不在于具体的证明方法,而在于宏观的证明结构。

证明结构是指侦诉审辩等诉讼主体在事实认定中的地位和相互关系。需要说明的是，本书把侦诉审之间的关系称为"横向结构"，把上下级审判机关的关系称为"纵向结构"。这与学界有关刑事诉讼结构的通说不一致。通说是把侦诉审的关系作为纵向结构，把控辩审的关系作为横向结构。之所以没有采用学界通说，主要原因有如下两点：

一是在我国由"铁三角"主导的刑事证明结构中，辩方无论是在立法中还是在司法中均不是可以决定证明范围、证明方式和证明结果的结构性力量。传统上把辩方作为三角结构中独立一极的横向结构理论只能算是"理想模型"。本书重点是描述和解释我国当前的刑事证明结构。这一理想模型固然值得期待和研究，但并不符合我国证明制度的现状，司法实践与这一理想模型差距可能更大。

二是我国政法工作与政府工作都存在比较显著的"条条块块"特色。侦诉审一般是同一行政区划内的"块块工作"，属于水平型的结构，而上下级审判则是不同层级法院内部的"条线"工作，属于垂直型的结构。

证明结构塑造了一个国家刑事证明的整体形态。一旦大结构形成，往往具有连续稳定性、自我进化性、排斥异体性或将异体改造为适合自身需要的新砖瓦的再造性。它就像是一个生命体，不断地根据环境的变化而调适微观构造，但目的都是维持自身的存续。

本书的撰写得到了国家社会科学基金一般项目"刑事错案风险分配研究"（12BFX059）的资助。在项目结题后，笔者并未停止研究有关问题。本书撰写前后历时将近十年。因此，部分章节中的内容已经先后在《比较法研究》《法学研究》《法律科学》《国家检察官学院学报》《学术界》《安徽师范大学学报》等刊物发表，收录本书时进行了一定程度的修改，以保证全书内容协调。在此诚挚感谢丁洁琳编辑、幸颜静编辑、熊秋红编辑、李强编辑、刘克毅编辑、宋浛沙编辑、邹秋淑编辑、张昌辉编辑在审查编校论文时所提出的宝贵意见！

感谢吴宏耀教授提供出版机会并将本书纳入"崇明中青年刑事法文库"。

后　记

　　本书最终付梓，离不开中国政法大学出版社牛洁颖编辑和崔开丽编辑所提供的专业敬业的帮助。从本书题目的商定到章节结构的安排，从每一句话的校对到每一个脚注的核查，从"政治正确"到"细节无误"，都凝结了二位编辑的心血！在此特向她们表示由衷的感谢！

　　当然，无论多么细致的校对，也不可能确保一部作品完全没有差错。恳请读者批评指正！

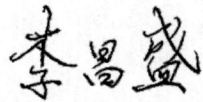

2023 年 6 月 24 日于果塘湖畔

策划编辑　牛洁颖
责任编辑　崔开丽
封面设计

崇明中青年刑事法文库

魏晓娜：《人民陪审员制度改革研究》

郭　恒：《辩护律师忠诚义务研究》

孙道萃：《认罪认罚从宽制度研究》

孙道萃：《网络刑法学初论》

刘树德：《司法改革：新时代与再进阶》

闫召华：《合作式司法的中国模式：认罪认罚从宽研究》

兰跃军：《刑事诉讼法律责任研究》

彭冬松：《我国司法管理改革研究》

▶ 李昌盛：《刑事证明结构：运行与优化》

引领法讯前沿
优惠尽在指尖

上架建议　刑事诉讼法

ISBN 978-7-5764-0804-1

定价：80.00元